Die österreichische EU-Ratspräsidentschaft 1998

Europäische Hochschulschriften
Publications Universitaires Européennes
European University Studies

Reihe XXXI
Politikwissenschaft

Série XXXI Series XXXI
Sciences politiques
Political Science

Bd./Vol. 444

PETER LANG
Frankfurt am Main · Berlin · Bern · Bruxelles · New York · Oxford · Wien

Helmut Lang

Die österreichische EU-Ratspräsidentschaft 1998

Die Präsidentschaft als Instrument der Integration

PETER LANG
Europäischer Verlag der Wissenschaften

Die Deutsche Bibliothek - CIP-Einheitsaufnahme

Lang, Helmut :

Die österreichische EU-Ratspräsidentschaft 1998 : die Präsidentschaft als Instrument der Integration / Helmut Lang. - Frankfurt am Main ; Berlin ; Bern ; Bruxelles ; New York ; Oxford ; Wien : Lang, 2002
(Europäische Hochschulschriften : Reihe 31, Politikwissenschaft ; Bd. 444)
Zugl.: Wien, Univ., Diss., 2000
ISBN 3-631-37429-1

Gedruckt mit Unterstützung der
Österreichischen Forschungsgemeinschaft.

ISSN 0721-3654
ISBN 3-631-37429-1

www.peterlang.de

DANK

Folgenden Personen und Institutionen möchte ich für ihren Anteil am Zustandekommen der vorliegenden Arbeit herzlich danken:

- An erster Stelle danke ich meinem Vater, *Dr. Gerold Lang*. Ohne seine moralische und finanzielle Unterstützung wäre diese Arbeit nicht möglich gewesen. Darüber hinaus leistete er auch als Lektor wertvolle Dienste.
- Meine Freundin, *MMag. Herta Baumann*, unterstützte mich vor allem beim Überwinden von Schreibblockaden, Motivationsproblemen und Sinnkrisen und stand mir bei allen Fragen - ob prozeduraler, formaler oder materieller Natur - hilfreich zur Seite. Sie leistete damit einen unentbehrlichen Beitrag für das Zustandekommen dieser Arbeit.
- Den wissenschaftlichen Betreuerinnen der Arbeit, *Univ.-Doz. Dr. Sonja Puntscher Riekmann* und *Univ.-Prof. Dr. Eva Kreisky*, danke ich für ihre ausgezeichnete Unterstützung. Vor allem Frau Dr. Puntscher Riekmann investierte als Erstbegutachterin viel Zeit, um meine Manuskripte sorgfältig zu lesen und lieferte mir in ausführlichen Gesprächen ein ausgezeichnetes Feedback und zahlreiche Anregungen für die Verbesserung der Arbeit.
- Herzlich danken möchte ich auch dem Delegationsleiter der SPÖ-Abgeordneten im Europäischen Parlament, *Dr. Hannes Swoboda*, in dessen Brüsseler Büro ich von Dezember 1998 bis Februar 1999 ein Praktikum absolvierte.
- Anläßlich eines Praktikums im niederösterreichischen Verbindungsbüro in Brüssel im September 1998 genoß ich auch dort eine vielfältige und umfangreiche Unterstützung. Mein Dank für diese Unterstützung gilt dem Leiter des Büros, *Mag. Roland Langthaler*, seinem Stellvertreter *Mag. Christof Planitzer* und *Corinne Juillard*.
- Zu großem Dank bin ich auch allen Personen verpflichtet, die ihre knapp bemessene Zeit für Interviews im Rahmen dieser Arbeit zur Verfügung stellten. Alle kontaktierten Personen und Dienststellen verhielten sich überaus kooperativ.
- Besonders hervorheben möchte ich die Beamten des Außenministeriums, *DDr. Christoph Thun-Hohenstein* und *Mag. Alexander Schallenberg*, die sich nicht nur für Interviews bereit erklärten, sondern mir auch das Manuskript ihres Buches über die österreichische Präsidentschaft vorab zur Verfügung stellten.
- Besonderer Dank geht auch an die Vertretung der Europäischen Kommission in Wien für die Zuerkennung eines Stipendiums.

INHALTSVERZEICHNIS

1. EINLEITUNG

1.1. Themenstellung

Am 1. Jänner 1995 trat Österreich gemeinsam mit Finnland und Schweden der Europäischen Union (EU) bei. Am selben Tag faßte der Rat der EU den formellen Beschluß über die Reihenfolge der Präsidentschaften bis zum Jahr 2003. Darin wurde festgelegt, daß Österreich, als erstes der neu beigetretenen Länder, in der zweiten Jahreshälfte 1998 den Vorsitz im Rat der EU ausüben wird.
Die Funktion des Vorsitzes im Rat der Europäischen Union ist in mehrfacher Hinsicht bemerkenswert. Vor allem bringt sie die Doppelnatur des Rates als intergouvernementales Verhandlungsgremium und als supranationales Organ der Gemeinschaft zum Ausdruck und stellt die Mitgliedstaaten vor die Aufgabe, während der Präsidentschaft die Vertretung der eigenen Interessen mit einer möglichst neutralen und unvoreingenommenen Vorsitzführung im Dienste der Gemeinschaft aller Mitgliedstaaten zu vereinbaren. Diese Feststellung wirft sofort eine Reihe von Fragen auf, die zentrale Aspekte der Integrationsforschung berühren. Wie gehen Mitgliedstaaten mit der angesprochenen doppelten Herausforderung der Präsidentschaft um? Welche Rolle spielen "nationale Interessen" während einer Präsidentschaft? Welche Vor- und Nachteile bringt eine Präsidentschaft einem Mitgliedstaat und der Gemeinschaft? Stärkt das Amt der Präsidentschaft die Nationalstaaten auf Kosten der Union? Fördert oder behindert die Funktion der Präsidentschaft die europäische Integration? Welche Bedeutung hat die Präsidentschaft aus integrationstheoretischer Sicht?
Die vorliegende Arbeit macht es sich zur Aufgabe, diese Fragen am Beispiel der österreichischen Präsidentschaft systematisch zu beantworten. Den Ausgangspunkt bildet die bisher zum Thema "Ratspräsidentschaft" vorliegende Literatur.

1.2. Literaturstand

Überraschenderweise stieß die zentrale Institution der EU, der Rat, und damit im Zusammenhang auch die Funktion der Präsidentschaft des Rates, bisher auf vergleichsweise geringes wissenschaftliches Interesse.[1]
Martin Westlake, der 1995 mit "The Council of the European Union" die erste umfassende Arbeit über den Ministerrat vorlegte, führt dies auf die entmutigen-

---

1 "There is surprisingly little literature on this most central body other than descriptions on its formal procedures and structures." (Middlemas 1995, 729, Anm. 4) Wolfgang Wessels konstatierte einige Jahre zuvor: "Though highly important, the academic work on the Council is rather limited." (Wessels 1991, 137)

de Komplexität dieser wichtigen europäischen Institution zurück (Westlake 1995, XXIII).
Die Autorinnen des zweiten in jüngerer Zeit entstandenen Standardwerkes zum Ministerrat, Fiona Hayes-Renshaw und Helen Wallace, erwähnen ebenfalls das vergleichsweise überraschend geringe wissenschaftliche Interesse am Rat und führen zwei mögliche Begründungen an: einerseits die Tatsache, daß der Rat unter Ausschluß der Öffentlichkeit agiert und bis vor kurzem nicht einmal Abstimmungsergebnisse bekannt gegeben wurden, andererseits, daß der Rat vielfach als wenig innovative Organisation angesehen wurde, in der Nationalstaaten auf traditionelle Weise miteinander verhandeln (vgl. Hayes-Renshaw/Wallace 1997, 3).
Zur Präsidentschaft liegen vor allem Arbeiten aus den 70er und 80er Jahren vor, deren Erkenntnisse auch die Grundlage der Kapitel bilden, die sich in den soeben erwähnten Werken von Westlake und Hayes-Renshaw/Wallace mit der Präsidentschaft befassen. Daß es kaum neuere Arbeiten zur Präsidentschaft gibt,[2] ist insofern überraschend, als sich Bedeutung und Aufgabenumfang der Präsidentschaft durch den Vertrag von Maastricht deutlich verändert haben.[3]
Mit der Literatur zur Präsidentschaft ist vor allem der Name Helen Wallace verbunden. Im Jahr 1976 veröffentlichte sie zusammen mit Geoffrey Edwards einen grundlegenden Artikel mit dem Titel "European Community: the Evolving Role of the Presidency of the Council" (Wallace/Edwards 1976), dem im darauffolgenden Jahr eine Publikation folgte, die 1978 auch auf Deutsch unter dem Titel "Die Präsidentschaft im Ministerrat" publiziert wurde (Edwards/-Wallace 1978). 1985 erschien eine von Colm O Nuallain und Jean-Marc Hoscheit herausgegebene Länderstudie,[4] zu der wiederum Helen Wallace die Einleitung und die Schlußfolgerungen beitrug. Darüber hinaus sind vor allem

---

2 Abgesehen von Artikeln, die sich zumeist kurz vor und kurz nach einer Präsidentschaft mit ihrem Arbeitsprogramm und den wesentlichen Ergebnissen befassen, nicht aber grundsätzlich mit dem Amt der Präsidentschaft und seiner Bedeutung.

3 Auch die Juristen Schallenberg/Thun-Hohenstein konstatieren, daß die Integrationswissenschaft dem Amt des Vorsitzes relativ wenig Beachtung geschenkt hat. Als mögliche Ursachen führen sie an, daß wegen der geringen Rolle, die der Präsidentschaft im Primärrecht der Gemeinschaft zukommt, eine rechtswissenschaftliche Betrachtung unergiebig bliebe und ein interdisziplinäres Herangehen den Wissenschaftler vor das Problem des Zugangs stellt, da sich die Präsidentschaft hinter verschlossenen Türen abspielt. "Diese Hemmschwelle für die wissenschaftliche Auseinandersetzung mit der Vorsitzfunktion", fahren die Autoren fort, "ist um so bedauerlicher, als die Bedeutung der Präsidentschaft mit jeder Erweiterung gestiegen ist." (Schallenberg/Thun-Hohenstein 1999, 11)

4 O Nuallain Colm, Hoscheit Jean-Marc (Hg), 1985: *The Presidency of the European Council of Ministers: impacts and implications for national governments*; Croom Helm, London.

noch zwei weitere Werke zu erwähnen: "Changing the Guard in Brussels" von Guy de Bassompierre,[5] der als hochrangiger Mitarbeiter des belgischen Außenministeriums interessante Einblicke aus eigener Erfahrung beitragen konnte, und "Decision Making in the European Community. The Council Presidency and European Integration" von Emil Joseph Kirchner.[6]

Aus meiner Sicht kann das relativ geringe wissenschaftliche Interesse an der Präsidentschaft der Europäischen Union auf folgende Faktoren zurückgeführt werden:

⇒Die Präsidentschaft ist ein Phänomen, das schwer in herkömmlichen politikwissenschaftlichen Kategorien zu fassen ist. Sie ist weder der bekannten Trias des Politikbegriffes - polity, politics, policy - noch der nationalstaatlichen oder der supranationalen Ebene klar zuzuordnen. Dazu kommt das Argument, das Westlake im Zusammenhang mit dem Rat erwähnte: die entmutigende Komplexität.

⇒Eine Präsidentschaft spielt sich, wie schon erwähnt, weitgehend hinter verschlossenen Türen ab. Der Zugang zu Informationen ist daher relativ schwierig und aufwendig und hängt maßgeblich von der Kooperationsbereitschaft der an einer Präsidentschaft beteiligten Personen ab.

⇒Eine Untersuchung des Amtes der Präsidentschaft wird offenbar weitgehend als wissenschaftlich unergiebig betrachtet. Ich wurde im Laufe meiner Arbeit mehrfach mit der Frage konfrontiert, ob eine Präsidentschaft genug Material für eine Dissertation liefern könne und eine Untersuchung überhaupt wert wäre.

1.3. Fragestellungen und Hypothesenbildung

Die soeben angeführten Arbeiten befassen sich, vereinfacht zusammengefaßt, mit der Entstehung, den wesentlichen Funktionen und den Charakteristika von Präsidentschaften. Dabei wurden auch die verschiedenen Vor- und Nachteile des Präsidentschaftssystems für die Gemeinschaft und für die einzelnen Mitgliedstaaten erörtert und festgestellt, daß die vorsitzführenden Staaten dazu tendieren, eigene Interessen während der Präsidentschaft zurückzustellen.
Es fehlt allerdings eine systematische Erörterung der Fragestellungen, welche Auswirkungen Präsidentschaften auf die europäische Integration haben und welche Rolle nationale Interessen während einer Präsidentschaft spielen.

---

5 Bassompierre Guy de, 1988: *Changing the Guard in Brussels*; Praeger Publishers, New York.

6 Kirchner Emil Joseph, 1992: *Decision Making in the European Community. The Council Presidency and European Integration*; Manchester Univ. Press, Manchester, New York.

Auf den ersten Blick liegt der Schluß nahe, daß das Amt der Präsidentschaft die Nationalstaaten stärkt und das intergouvernementale Element der Gemeinschaft betont, weil Mitgliedstaaten - und nicht etwa die Kommission oder das Ratssekretariat - den Vorsitz führen. Kann die Präsidentschaft daher den Mitgliedstaaten als Instrument dienen, um ihren Einfluß in der Union aufrechtzuerhalten und sich gegen einen immer engeren Zusammenschluß zu wehren? Sollte daher, aus der Sicht der "Supranationalisten", die Präsidentschaft in ihrer heutigen Form abgelehnt werden?
Ein zweiter Blick auf die Ratspräsidentschaft und ihre Auswirkungen liefert allerdings schon ein wesentlich differenzierteres Bild. In der vorliegenden Literatur wird festgestellt, daß die vorsitzführenden Staaten ihre nationalen Interessen während der Präsidentschaft meist zurückstellen und bemüht sind, der Gemeinschaft zu dienen. Ist das tatsächlich der Fall und wenn ja, warum? Aus der vertraglichen Verpflichtung der Mitgliedstaaten zur Unterstützung der Gemeinschaft und ihrer Organe[7] läßt sich nicht die Pflicht der Mitgliedstaaten ableiten, die eigenen Interessen zurückzustellen (vgl. Thun-Hohenstein/Cede 1995, 147ff.). Welche Einflußfaktoren und Motive können einen Mitgliedstaat dazu führen, sich während der Präsidentschaft besonders gemeinschaftsdienlich zu verhalten? Lassen sich Beispiele finden, die darauf hinweisen, daß eine Präsidentschaft integrationsfördernd wirkt?

Den integrationstheoretischen Hintergrund dieser Fragestellungen bildet der Gegensatz zwischen den beiden Hauptströmungen zur Erklärung der europäischen Integration. Das sind auf der einen Seite jene Ansätze, die die europäische Integration als gezielte Strategie der Nationalstaaten interpretieren, um ihre Autonomie aufrechtzuerhalten oder sogar zu stärken. Für diese theoretische Richtung, die zumeist als staatszentriert oder intergouvernemental bezeichnet wird, stehen die Autoren Milward, Moravcsik, Keohane oder Hoffmann. Aus dieser theoretischen Perspektive ist der Rat ein intergouvernementales Verhandlungsgremium. Die von den Mitgliedstaaten periodisch wahrgenommene Vorsitzführung ist demnach ebenfalls Ausdruck und Garant der andauernden Vormachtstellung der Nationalstaaten im Rahmen der Europäischen Union.
Dieser Ansicht stehen Ansätze gegenüber, die normativ die Überwindung der Nationalstaaten anstreben und ihr Interesse daher den supranationalen Organen der Union zuwenden. Als Beispiele sind hier vor allem der Neo-Funktionalismus,[8] aber auch der transaktionale Ansatz[9] zu nennen. Im Gegensatz zum In-

---

7 Vgl. Art. 10 EGV (ex-Art. 5 EGV).

8 Der auf Ernst B. Haas und sein 1958 erschienenes Werk "The Uniting of Europe" zurückgeht.

tergouvernementalismus sehen die Vertreter dieser theoretischen Richtung die supranationalen Institutionen als wichtige eigenständige Akteure an. Der Rat ist aus dieser Sicht jenes Organ, in dem die Mitgliedstaaten ihre Interessen gegenüber den supranationalen Organen zu verteidigen suchen, sich dabei aber in einem Abwehrkampf befinden. Der Rat wird daher einerseits als Hindernis der weitergehenden Integration angesehen, gehört aber andererseits zur supranationalen Ebene und hat - insbesondere bei der Entscheidung mit qualifizierter Mehrheit - eindeutig supranationale Elemente. Bei der Betrachtung der Präsidentschaft aus diesem Blickwinkel steht die Frage nach ihren integrativen Aspekten im Mittelpunkt.
Diese beiden theoretischen Stränge bilden die Leitlinien dieser Arbeit, wobei - wie im Titel der Arbeit schon programmatisch angedeutet - folgende Hypothese zugrundeliegt:

Die Präsidentschaft des Rates der EU stellt in der Praxis ein Instrument der Integration dar, obwohl sie von nationalen Regierungen und ihren Verwaltungen ausgeübt wird.

Bevor ich nun auf den Aufbau und die Methodik der Untersuchung eingehe, möchte ich die leitenden Fragestellungen in übersichtlicher Form zusammenfassen:

- **Welche Auswirkungen hat eine Präsidentschaft auf die europäische Integration?**
- Fördert oder behindert das Amt der Präsidentschaft die europäische Integration?
- Stärkt die Präsidentschaft eher den Nationalstaat oder die Union?
- **Welche Rolle spielen "nationale Interessen" während einer Präsidentschaft?**
- Wie gehen Mitgliedstaaten mit der doppelten Herausforderung der Präsidentschaft - neutrale Vorsitzführung und Vertretung der eigenen Interessen - um?
- Werden nationale Interessen tatsächlich zurückgestellt, und wenn ja, warum?

1.4. Aufbau der Arbeit und Methoden

Die soeben angeführten Fragestellungen werden am Beispiel der ersten österreichischen EU-Ratspräsidentschaft im zweiten Halbjahr 1998 untersucht. Die Konzentration auf ein einzelnes Fallbeispiel, die österreichische Präsident-

---

9 Hier ist das grundlegende Werk "Political Community and the North Atlantic Area" von Karl Deutsch et al.

schaft, hat Vor- und Nachteile. Der Hauptvorteil liegt in der Möglichkeit einer intensiveren und genaueren Betrachtung, der Hauptnachteil in der geringeren Verallgemeinbarkeit. Man muss sich auch vergegenwärtigen, dass die Untersuchung einen Kleinstaat zum Gegenstand hat, der das erste Mal eine Präsidentschaft durchführt. Die Ergebnisse könnten daher für die im Zuge der bevorstehenden Erweiterung beitretenden Länder größere Relevanz haben als etwa für die großen Gründerstaaten der Europäischen Gemeinschaft.
Insgesamt drei Gründe rechtfertigen meiner Ansicht nach eine Einzelfallstudie:

1. Die bereits vorliegende Literatur zur Präsidentschaft ermöglicht es, Hypothesen zu entwickeln und den Rahmen für eine Untersuchung festzulegen. So kann der Schwerpunkt auf Aspekte gelegt werden, die bisher keine systematische Untersuchung erfuhren. Die Ergebnisse der Einzelfalluntersuchung können dann Anhaltspunkte für weiterführende Untersuchungen geben.
2. Da Österreich erst seit einigen Jahren der Gemeinschaft angehört, gibt es noch relativ wenige wissenschaftliche Befunde über Österreich als EU-Mitglied. Die erste Präsidentschaft stellt eine große Herausforderung dar und leistet einen wichtigen Beitrag dazu, daß Österreich von einem neuen zu einem etablierten Mitglied der Gemeinschaft wird. Daher erscheint es mir sinnvoll, die erste Präsidentschaft etwas genauer unter die Lupe zu nehmen und anhand ihrer Behandlung auch Bilanz über die bisherige Integration Österreichs in die EU zu ziehen.
3. Der dritte Grund ist ein pragmatischer: Eine tiefergehende Analyse mehrerer Präsidentschaften übersteigt die zeitlichen und materiellen Ressourcen eines einzelnen Wissenschaftlers, insbesondere deshalb, weil Sekundärliteratur über andere Präsidentschaften äußerst spärlich ist.

Zur Untersuchung der Fragestellungen dieser Arbeit wird folgende Vorgangsweise gewählt:
Das zweite Kapitel gibt einen Überblick über den Aufbau und die Funktionen des Rates der EU, wobei zwei Aspekte im Vordergrund stehen:

- Der komplexe Aufbau des Rates wird im Hinblick darauf dargestellt, in welchen vielfältigen Bereichen die Präsidentschaft den Vorsitz führt und welche Aufgaben damit verbunden sind.
- Es soll die Doppelfunktion des Rates als supranationales und als intergouvernementales Organ und dessen Bedeutung für die Integration herausgearbeitet werden.

Daran anschließend werden im dritten Kapitel auf der Grundlage der vorliegenden Literatur die wesentlichen Merkmale der Präsidentschaft - von ihrer Entwicklung über die rechtlichen Grundlagen, ihre Aufgaben und Funktionen bis hin zu den wichtigsten Reformvorschlägen - zusammengefaßt.

Das vierte Kapitel wendet sich der österreichischen Präsidentschaft zu, wobei zuerst ein kurzer Überblick über den Weg Österreichs in die Europäische Union und die österreichischen Koordinationsstrukturen in EU-Angelegenheiten gegeben wird. Danach folgt eine Darstellung der Vorbereitungen Österreichs auf die Präsidentschaft, der internationalen, europäischen und nationalen Rahmenbedingungen und der wichtigsten Ereignisse und Ergebnisse des Vorsitzhalbjahres. Im Anschluß an die weitgehend deskriptive Darstellung der Vorkommnisse während der österreichischen Präsidentschaft werden die wesentlichen Schwächen und Stärken dieser Präsidentschaft herausgearbeitet. In einem Exkurs wird versucht, die Präsidentschaft in den Kontext der politischen Kultur Österreichs zu stellen.
Dieses Kapitel beruht neben Dokumentenanalysen und der Auswertung von Medienberichten - insbesondere von "Agence Europe" und der österreichischen Tageszeitung "Der Standard"[10] - auch auf qualitativen Experteninterviews, die vor, während und nach der Präsidentschaft durchgeführt wurden. Darüber hinaus konnten auch einige Erkenntnisse aus Tagungen und Vorträgen gewonnen werden.[11]

Das fünfte Kapitel wendet sich der Untersuchung der eingangs zusammengefaßten Fragestellungen zu. Methodisch wird dabei auf qualitative, leitfadenorientierte Interviews mit Beamten zurückgegriffen, die als Arbeitsgruppenvorsitzende oder als Leiter der österreichischen Delegation in Arbeitsgruppen während der Präsidentschaft tätig waren.
Befragt wurden je neun Beamte des Landwirtschafts- und des Innenministeriums. Diese beiden Ressorts wurden vor allem deshalb ausgewählt, weil die von ihnen vertretenen Politikfelder integrationsgeschichtlich an zwei entgegengesetzten Polen liegen. Die Landwirtschaft gilt als jener Bereich, der am längsten und weitgehendsten integriert ist, während der Bereich Justiz und Inneres das jüngste Integrationsfeld darstellt. Dieser Umstand und vor allem die unterschiedlichen Entscheidungsmechanismen sollten auch bei den Erfahrungen der vorsitzführenden Beamten Unterschiede erkennen lassen. Eine weitere forschungsleitende Fragestellung läßt sich somit folgendermaßen formulieren:

- Welche Auswirkungen auf die Vorsitzführung hat der unterschiedliche Integrationsgrad in der Ersten und der Dritten Säule?

---

10 Nähere Angaben zu den verwendeten Periodika finden sich im Quellenverzeichnis unter Punkt 7.2.1.

11 Eine Liste der Interviewpartner und der besuchten Tagungen und Vorträge befindet sich im Quellenverzeichnis. Die Aussagen der Interviewpartner werden in den meisten Fällen nicht namentlich zugeordnet, da den Interviewten Anonymität zugesichert wurde.

Der zentrale Begriff dieser Arbeit ist jener der "Integration", dessen Begriffsinhalt und Operationalisierung ich mich jetzt zuwende.

1.5. Begriffsdiskussion

1.5.1. Der Integrationsbegriff

Der Begriff der "Integration" wird zwar in der politikwissenschaftlichen Europaforschung häufig verwendet, er wird allerdings - wenn überhaupt - sehr unterschiedlich definiert. Stellvertretend seien nur vier Beispiele genannt:

1. Jürgen Bellers definiert Integration in Anlehnung an den neofunktionalistischen Integrationsbegriff von Ernst Haas als "Prozeß, als dessen Ergebnis aus zwei oder mehreren Akteuren ein neuer Akteur gebildet wird, als ein Prozeß des Loyalitätstransfers auf den neuen Akteur" (Bellers 1990, 215f.).
2. William Wallace definiert Integration als "creation and maintenance of intense and diversified patterns of interaction among previously autonomous units. These patterns of interaction may be partly economic in character, partly social, partly political" (Wallace 1990, 9).
3. Karl Deutsch versteht unter Integration "the attainment, within a territory, of a 'sense of community' and of institutions and practices strong enough and widespread enough to assure, for a 'long' time, dependable expectations of 'peaceful change' among its population" (Deutsch et al. 1957, 5). Mit anderen Worten: Integration ist dort erreicht, wo die kriegerische Austragung von Konflikten undenkbar erscheint.
4. Für Welz/Engel ist Integration dann gegeben, wenn es zu einer "(begrenzten) Verschmelzung zwischen vorher getrennten Einheiten durch die Aktion gemeinsamer Organe mit (begrenzten) eigenen Entscheidungsbefugnissen und Kompetenzen, die den beteiligten Einheiten (Staaten) effektiv genommen worden sind", kommt, und "die Schaffung einer neuen, autonomen Rechtsordnung angestrebt wird" (Welz/Engel 1993, 136).

Diese kleine Auswahl läßt schon erkennen, daß über den Inhalt des Integrationsbegriffes keineswegs Einigkeit besteht. Die Unschärfe des Begriffes hat mehrere Ursachen:

1. Er kann sowohl einen Zustand, einen Prozeß und eine normative Zielgröße bezeichnen (vgl. Kohler-Koch/Schmidberger 1996, 152). Häufig wird er auch synonym für die EU und ihre Politik gebraucht.
2. Hinzu kommt, daß das normative Ziel, das alle Integrationstheorien explizit oder implizit enthalten, zumeist nicht genauer definiert wird. Oft ist der Pro-

zeß selbst das Ziel. Diese Sichtweise kommt in der häufig zitierten Definition zum Ausdruck, wonach die Integration wie ein Fahrrad sei, das umfällt, sobald es stehen bleibt (vgl. Bogdandy 1993, 12). In der politischen Praxis ist das Ziel notwendigerweise nur vage beschrieben, vor allem weil es politisch unmöglich war, sich auf ein konkretes Ziel zu einigen. Gerade in der Offenheit liegt der Erfolg des bisherigen Einigungsprozesses. Je nach aktuellen Herausforderungen und Rahmenbedingungen konnten Teilziele definiert und erreicht werden (vgl. Mickel 1994, 219).

3. Der Integrationsbegriff kann verschiedene Ausschnitte der Realität bezeichnen: politische Systeme, Gesellschaften, Recht, Wirtschaft, Kultur etc. Dementsprechend beschäftigen sich auch verschiedene Wissenschaften mit unterschiedlichen Fragestellungen, Methoden und Zielen mit der "europäischen Integration".
4. Eine klare Abgrenzung zu verwandten Begriffen wie Kooperation oder Interdependenz ist schwierig.

Dementsprechend ist Integration zum

> "...Etikett für alles geworden, was mit Verständigung, Zusammenarbeit, Verflechtung und Vereinigung der Staaten im westeuropäischen Raum zusammenhängt, handle es sich um ökonomische oder um politische Vorhaben, um private oder öffentliche Bereiche des Handelns, um materielle oder ideelle Verknüpfungen und Beziehungen." (Schneider 1977, 225)

1.5.1.1. Begriffsgeschichte

Ein unklarer und mehrdeutiger Begriff kann durch einen Blick auf die Begriffsgeschichte besser verstanden werden. "Integration" ist ein aus dem Lateinischen stammendes Fremdwort, das in die deutsche Sprache erst vor relativ kurzer Zeit, im 19. und 20. Jahrhundert, Aufnahme fand. Es wurde aus "integratio" (= Wiederherstellung eines Ganzen), einer Ableitung von "integer" (= unbescholten, makellos) gebildet (Duden, Band 7). In den Bereich der Staatslehre und der Soziologie fand der Begriff nur zögernd Eingang.[12] Zu einer weiter verbreiteten Verwendung kam der Begriff erst nach dem Zweiten Weltkrieg im Zusammenhang mit den Bestrebungen einer westeuropäischen Einigungspolitik. Dabei dürfte der Begriff aus dem Amerikanischen übernommen worden sein, wo "integration" seit langem für Prozesse gesellschaftlicher und politischer Eini-

---

12 Hier ist vor allem die "Integrationslehre" Rudolf Smends zu nennen, der Integration als einen Grundvorgang staatlicher Existenz betrachtete, durch den die Einheit des Staates erhalten und immer wieder erneuert wird (Schneider 1977, 232).

gungsprozesse verwendet wurde (Schneider, 1977, 231ff.). Unter "Integration" begann man einen "Vorgang (und vielleicht auch dessen Prinzip und Resultat)" zu verstehen, "der über bloße zwischenstaatliche Kooperation hinausgeht, aber unterhalb der Ebene neuer, föderativer Staatsbildung verbleibt", wobei die Staatssouveränität Einschränkungen unterworfen wird (Schneider 1977, 231 und 228). Zu dieser politischen Bedeutung des Integrationsbegriffes trat gleichzeitig auch die wirtschaftliche Bedeutung hinzu.

Entscheidend ist, daß der Integrationsbegriff von Anfang an die Bezeichnung für den komplexen und vielschichtigen westeuropäischen Einigungsprozeß wurde. Diesem Einigungsprozeß lagen zwei Grundkonzepte zugrunde, die sich aus Kompromissen ergaben: im ersten Fall zwischen Föderalisten und Verfechtern der Kooperation souverän bleibender Staaten, im zweiten Fall zwischen Vertretern einer liberalen und einer interventionistischen Wirtschaftspolitik. Im ersten Fall führte der Kompromiß zum funktionalistischen Konzept, das in der Formulierung der "political authority with limited functions but real powers" zum Ausdruck kommt. Im zweiten Fall kam es zur "Verknüpfung von verschiedenen Programm- und Strukturelementen wirtschaftlicher Integration zu einem komplexen Projekt der Zusammenführung von Volkswirtschaften", wobei je nach Wirtschaftszweig deregulierende oder regulative Ansätze zur Anwendung kamen (Schneider 1992, 7).

Die damit geschaffene Mehrdeutigkeit der Integration war erfolgreich, da sie gegensätzliche Konzepte miteinander verband und je nach Interessenlage unterschiedlich interpretiert werden konnte. Für manche war sie die Methode, einer europäischen Föderation näherzukommen, für andere ein Projekt zur Erhaltung der Lebensfähigkeit von Staaten in Zeiten unvermeidbarer Interdependenz (Schneider 1992, 9). Für den Integrationsbegriff bedeutete dies, daß der Eindruck entstand, es handle sich um einen verschwommenen Allerweltsausdruck. Dieser Anschein ist jedoch, wie Heinrich Schneider feststellt, "eher oberflächlich, da im Ursprung der europapolitischen Verwendung des Integrationsbegriffs doch ein recht eindeutiger Komplex von Zielsetzungen und Vorgangsweisen in der zweifachen Dimension allmählichen wirtschaftlichen und politischen Zusammenschlusses vor Augen stand" (Schneider 1977, 267).
Die grundlegende Ambivalenz und Komplexität des europäischen Einigungsprozesses herrscht bis heute vor und findet auch in den Verträgen von Maastricht und Amsterdam ihren Ausdruck.

1.5.1.2. Der Integrationsbegriff bei Ernst B. Haas

Der einflußreichste Integrationsbegriff stammt vom "Papst der Integrationstheorie" (Welz/Engel 1993, 141), Ernst B. Haas. Seine oft zitierte Definition lautet:

> "Political integration is the process whereby political actors in several distinct national settings are persuaded to shift their loyalties, expectations and political activities toward a new centre, whose institutions possess or demand jurisdiction over the pre-existing national states. The end result of a process of political integration is a new political community, superimposed over the pre-existing ones." (Haas 1958, 16)

Das Ziel des Integrationsprozesses, die "political community", ist dadurch gekennzeichnet, daß "specific groups and individuals show more loyalty to their central political institutions than to any other political authority" (Haas 1958, 5). Durch den schrittweisen Loyalitätstransfer auf neue politische Institutionen soll eine neue "national consciousness" entstehen, die analog zum Nationalismus auf der Ebene des Nationalstaates in der Lage ist, Differenzen zwischen Gruppen innerhalb der "political community" zu überbrücken (Haas 1958, 14). Dabei konzentriert sich die Integrationstheorie von Ernst Haas ausschließlich auf die Rolle der Eliten, worunter die Führer aller wichtiger politischen Gruppen - namentlich Regierungspolitiker, höhere Beamte und die Führer von Gewerkschaften, Interessenvertretungen und Parteien - verstanden werden (Haas 1958, 17).[13]

Das normative Element des Funktionalismus ist die Überwindung des Nationalstaates zugunsten einer höheren Problemlösungskapazität supranationaler Institutionen und vor allem einer dauerhaften Gewährleistung friedlicher Zusammenarbeit (vgl. Jachtenfuchs/Kohler-Koch 1996, 10). Beim Neo-Funktionalismus als wichtigster und einflußreichster Integrationstheorie wird Integration als Prozeß beschrieben, durch den schrittweise das normative Ziel der Friedenssicherung und Problemlösung auf höherer Ebene angestrebt wird.
Supranationalität heißt bei Haas relativ unbestimmt "the existence of governmental authorities closer to the archetype of federation than any pat international organisation, but not yet identical with it" (Haas 1958, 59). Die Loyalitätsübertragung, die Entwicklung eines "community sentiment", gegenüber

---

13 Der in den 50er-Jahren in den Sozialwissenschaften allgemein vorherrschende elitistische Zeitgeist kommt in der Formulierung von Haas eindrucksvoll zum Ausdruck: "It is as impracticable as it is unnecessary to have recourse to general public opinion and attitude surveys, or even to surveys of specific interested groups, such as business or labour." (Haas 1958, 17).

einer neuen "political community" läßt sich an folgenden Verhaltensweisen der (vormals) nationalen Eliten erkennen:

1. Die Unterstützung supranationaler Aktivitäten.
2. Die transnationale Organisation und Definition von Interessen.
3. Die Entwicklung einer transnationalen Ideologie.
4. Die Anerkennung des supranationalen Rechtes, auch wenn einzelne Maßnahmen abgelehnt werden, sowie die Artikulation von Widerstand durch die dafür vorgesehenen Verfahren.
5. Verhandlungsführung im Sinne des gemeinsamen Interesses und der Verzicht auf Vetorechte (Haas 1958, 9f.).

1.5.1.3. Der Integrationsbegriff bei Karl Deutsch

Der von Karl Deutsch et al.[14] verwendete Integrationsbegriff sieht zwei oder mehrere politische Einheiten dann als integriert an, wenn Krieg als Mittel der Konfliktaustragung zwischen diesen Einheiten ausgeschlossen erscheint. In diesem Fall liegt eine "Sicherheitsgemeinschaft" (security-community) vor, die idealtypisch zwei Formen annehmen kann:

1. Bei der "verschmolzenen Sicherheitsgemeinschaft" (amalgamated security-community) entwickeln sich vormals unabhängige politische Einheiten zu einer größeren Einheit mit einer einzigen Regierung, die einheitlich oder föderal sein kann. Ein Beispiel dafür sind die USA.
2. Bei der "pluralistischen Sicherheitsgemeinschaft" (pluralistic security-community) bleiben getrennte und unabhängige Regierungen bestehen. Eine solche Sicherheitsgemeinschaft umfaßt beispielsweise die USA und Kanada (Deutsch et al. 1957, 6).

> "By Integration we mean the attainment, within a territory, of a 'sense of community' and of institutions and practices strong enough and widespread enough to assure, for a 'long' time, dependable expectations of 'peaceful change' among its population." (Deutsch et al. 1957, 5)

---

14 In der Princeton-Studie (Deutsch et al. 1957) untersuchte ein achtköpfiges Forscherteam unter der Leitung von Karl Deutsch Möglichkeiten, wie der Krieg als Mittel zwischenstaatlicher Konfliktaustragung unterbunden werden könnte. Zu den zehn ausgewählten historischen Fallstudien von Integration und Zerfall politischer Einheiten gehörten unter anderen die Entstehung der USA und der Schweiz, der Einigungsprozeß Deutschlands und Italiens und der Zerfall der Habsburger-Monarchie (Deutsch et al. 1957, 15ff.).

Die Idee des Funktionalismus[15] wird von Deutsch et al. zurückgewiesen: "But there seems to be no evidence in our cases that functionalism, in general and as such, would make any major contribution to success." (Deutsch et al. 1957, 82)

1.5.1.4. Intergouvernementalismus und Integration

Für den Intergouvernementalismus ist der Begriff der Integration weder empirisch noch normativ von Bedeutung. Die Europäische Union wird als eine Internationale Organisation betrachtet, in der die Nationalstaaten als dominante Akteure ihre Aktivitäten koordinieren. Die Nationalstaaten sind aus intergouvernementaler Sicht an der Aufrechterhaltung ihrer Souveränität und nationalen Integrität interessiert. Der Intergouvernementalismus wendet sich daher auch gegen die These von der Einzigartigkeit der europäischen Integration, die eine eigene Theorie "sui generis" erfordere.[16]

1.5.1.5. Der Integrationsbegriff dieser Arbeit

Der Integrationsbegriff dieser Arbeit leitet sich einerseits aus den durch die Begriffsanalyse gewonnenen Erkenntnissen ab und orientiert sich andererseits an den zu untersuchenden Fragestellungen. Es ist demnach ein weiter Integrationsbegriff, der nicht nur die Übertragung staatlicher Souveränität oder den Loyalitätstransfer nationaler Akteure auf supranationale Organe ins Auge faßt, sondern den gesamten Einigungsprozeß. Das heißt, auch die Intensivierung intergouvernementaler Kooperation oder ein positiver Einstellungswandel nationaler Akteure gegenüber der EU werden als integrativ betrachtet. Entsprechend dem qualitativen Ansatz dieser Arbeit werden die Veränderungen dieser Dimensionen der Integration nicht gemessen, sondern aus den Aussagen der interviewten Beamten abgeleitet.

Für die Verwendung eines weiten Integrationsbegriffes sprechen drei Argumente:

1. Der Ursprung des Integrationsbegriffes und die bisherige Geschichte der europäischen Integration zeigen, daß viele unterschiedliche Formen der Zusammenarbeit etabliert wurden, die in engem Zusammenhang miteinander

15 Der Funktionalismus als Integrationstheorie erwartet von der Zusammenlegung einzelner Regierungsfunktionen eine Förderung des Integrationsprozesses, der schließlich in eine vollständige Verschmelzung der zuvor getrennten Einheiten führt.

16 Moravcsik stellt fest, daß die weit verbreitete Ansicht, die europäische Integration brauche eigene Theorien zu ihrer Erklärung, zu dem paradoxen Ergebnis führt, daß keine Behauptung radikaler ist als die, zu behaupten die Regierungen der EU-Mitgliedstaaten verhielten sich *normal* im Sinne der rationalen Verfolgung von nationalen Eigeninteressen (Moravcsik 1999, 4).

stehen. Sie sind alle Teil jenes umfassenden Kompromisses, den die europäische Integration seit jeher darstellt. Daher halte ich es für sinnvoll und legitim, alle Formen der Zusammenarbeit innerhalb der Union - auch die intergouvernementalen - unter den Begriff der Integration zu subsumieren.

2. Die Erfahrung zeigt, daß die Einrichtung zwischenstaatlicher Koordination und Kooperation häufig die Voraussetzung für weitere Integrationsschritte im engeren Sinn, also der Schaffung supranationaler Institutionen oder Politiken, war. Als Beispiele seien hier nur die Entstehungsgeschichte der Wirtschafts- und Währungsunion (WWU) seit dem Werner-Plan und der Schengen-Prozeß genannt.
3. Positivere Einstellungen der nationalen Beamten gegenüber der Europäischen Union und ihren Institutionen können dazu beitragen, erreichte Integrationsschritte abzusichern und allfällige neue vorzubereiten.

Der Integrationsbegriff hat eine horizontale und eine vertikale Dimension. Horizontal, auf europäische Ebene, zeigen sich Integrationsfortschritte in der Verbesserung der Zusammenarbeit oder einer Stärkung der supranationalen Komponenten der Gemeinschaft. Die vertikale Dimension des Integrationsbegriffes umfaßt die Einbindung der Mitgliedstaaten in das Regierungssystem der Europäischen Union. Ein Integrationsfortschritt ist dann gegeben, wenn sich die Fähigkeit eines Mitgliedstaates zur konstruktiven Mitarbeit in den europäischen Institutionen verbessert. Veränderungen dieser Dimension können insbesondere bei neuen Mitgliedstaaten, die das erste Mal eine Präsidentschaft wahrnehmen, von großer Bedeutung sein. Die beiden Dimensionen des Integrationsbegriffes werden in dieser Arbeit im Auge behalten, aufgrund ihrer engen Verwobenheit aber nicht analytisch getrennt.

Integration kann außerdem in den unterschiedlichsten Bereichen festgestellt und untersucht werden: im Bereich politischer Institutionen, der Rechtsordnung, gesellschaftlicher Verflechtung, im Bereich nicht-staatlicher Organisationen, der Wirtschaft, der Einstellungen von "Eliten" oder der Bevölkerungen etc. Für den Zweck dieser Arbeit, die integrative Aspekte der Ratspräsidentschaft untersucht, konzentriere ich mich auf einige wenige dieser Bereiche: Es sind dies der institutionell-administrative Bereich, die Einstellungen von an der Präsidentschaft mitwirkenden Beamten sowie die Einstellungen der Bevölkerung.
Nicht untersucht werden konkrete Policies und Recht, obwohl diese Dimensionen für die Untersuchung und Beschreibung der europäischen Integration von größter Bedeutung sind. Der Perspektive dieser Arbeit, aus der Sicht der Präsidentschaft, läßt eine intensivere Einbeziehung dieser Bereiche allerdings als nicht sinnvoll erscheinen. Policy-Prozesse, die schließlich zu supranationalem Recht führen, sind umfangreiche, komplexe und vor allem längerfristige Pro-

zesse. Die lediglich sechs Monate dauernde Präsidentschaft würde hier nur einen willkürlichen, kurzen und völlig unvollständigen Ausschnitt liefern.
Nicht ins Auge gefaßt werden auch andere Dimensionen des Integrationsbegriffs, wie die Wirtschaft oder nicht-staatliche Organisationen, da von der Präsidentschaft als Aufgabe der nationalen Administration in Zusammenarbeit mit europäischen Institutionen, auf diese Bereiche keine unmittelbaren Auswirkungen zu erwarten sind.[17]

Konkret möchte ich integrative Aspekte in folgenden Bereichen untersuchen:

1. Die administrativ-organisatorische Dimension:
   Diese Dimension erfaßt die formelle und informelle Einbindung der nationalen Regierung und der Administration in das Entscheidungsfindungssystem der EU. Damit hängt als Voraussetzung auch die nationale Koordination in EU-Angelegenheiten zusammen.
2. Die Rolle nationaler Interessen während der Präsidentschaft:
   Dabei geht es um die Frage, ob Österreich die Funktion der Präsidentschaft als neutraler Vermittler und im Dienste der Union wahrgenommen hat und sich, gegebenenfalls unter Hintanstellung eigener Interessen, um Fortschritte in allen Bereichen der gemeinsamen Politik bemüht hat. Zum anderen wird gefragt, welche konkreten Politiken und Politikfelder die österreichische Präsidentschaft zu ihren Schwerpunkten erklärte und in den Vordergrund stellte und ob auch versucht wurde, neue Integrationsfelder zu erschließen.
3. Die Dimension der Einstellungen der Beamten:
   Haben die Erfahrungen der Präsidentschaft die allgemeinen Einstellungen der Beamten gegenüber der Europäischen Union verändert? Welche Erkenntnisse konnten die Beamten für ihre künftige Arbeit mit den europäischen Institutionen und den Partnern im Rat gewinnen?
4. Die Dimension der öffentlichen Meinung:
   Beeinflußte die intensive mediale Berichterstattung rund um die Präsidentschaft die Einstellungen der Bevölkerung gegenüber der Europäischen Union?

1.5.2. Nationalstaat und Europäische Union

Die vorliegende Arbeit konzentriert sich auf das Handeln der Regierung und der Verwaltung in der Wahrnehmung der Aufgaben, die sich aus dem Amt der Prä-

---

17 Damit soll nicht gesagt werden, daß die Präsidentschaft in diesen Bereichen völlig unbemerkt blieb. Mehrere Organisationen und Verbänden richteten ihre Wünsche an die Präsidentschaft. Allerdings unterscheidet sich dieses Verhalten nicht grundsätzlich von der Formulierung von Wünschen und Vorstellungen in der Zeit außerhalb der Präsidentschaft.

sidentschaft des Rates der EU ergeben. Daran orientiert sich auch der in dieser Arbeit verwendete enge, institutionelle Staatsbegriff. In diesem Sinn bezeichnet der Begriff "Staat", beziehungsweise die weitgehend synonym verwendeten Begriffe "Mitgliedstaat" und "Nationalstaat", die exekutive Gewalt. Das betrifft in erster Linie die Regierung und die Ministerialbürokratie. Der Staat in diesem Sinn steht, wie das beim Rat der Europäischen Union und der Präsidentschaft besonders deutlich wird, im Spannungsfeld zwischen der nationalen und der supranationalen Ebene und sieht sich mehreren Herausforderungen gegenüber. Er gilt einerseits als "überkommene Staatsform, deren Steuerungskompetenzen nicht mehr ausreichen und die sinnvoll durch supranationale Organisationen" ergänzt oder ersetzt werden können, andererseits gilt er als "auch künftig wirkungsvolle Form politischer Herrschaftsorganisation, die weltweites intergouvernementales Handeln erst ermöglicht" (Nohlen 1998, 413).
Analog zum erwähnten Staatsbegriff verwende ich auch einen engen, institutionellen Begriff der Europäischen Union. Das heißt, es stehen jene Akteure der EU im Blickfeld, die eng mit der Präsidentschaft zusammenarbeiten: die Kommission, das Europäische Parlament (EP) und natürlich der Rat der Europäischen Union.

1.6. Editorische Anmerkungen

Die vorliegende Arbeit bezieht sich aus Gründen der Aktualität auf die durch den Vertrag von Amsterdam veränderten und neu numerierten Verträge, obwohl die österreichische Präsidentschaft noch auf der Grundlage der Verträge in der Fassung von Maastricht basierte.[18] Alle genannten Vertragsartikel beziehen sich, sofern nicht anders erwähnt, auf die konsolidierten Fassungen des EG-Vertrages (EGV) und des EU-Vertrages (EUV). Auf die Ex-Artikel wird in Fußnoten verwiesen.
Der Artikel K.4 des EUV, der der Namensgeber für den K.4-Ausschuß war, wurde durch den Vertrag von Amsterdam zum Artikel 36, der Ausschuß daher zum Artikel 36-Ausschuß. Aus Gründen der Einfachheit verwende ich durchgehend die während der österreichischen Präsidentschaft noch vorherrschende Bezeichnung K.4-Ausschuß.

Die Struktur und die Entwicklungsgeschichte der Europäischen Union führt leicht zu terminologischer Verwirrung, weshalb ich hier kurz die Verwendung der Begriffe Europäische Union (EU) und Europäische Gemeinschaft (EG) klarstellen möchte. Prinzipiell verwende ich den Begriff Europäische Union. Nur wenn explizit die Europäische Gemeinschaft im Unterschied zur Europäi-

---

18 Der Vertrag von Amsterdam trat am 1.5.1999 in Kraft.

schen Union gemeint ist, wird der Begriff EG verwendet. Für die Zeit vor dem Vertrag von Maastricht verwende ich zumeist den Sammelbegriff "Europäische Gemeinschaften", der die Europäische Gemeinschaft für Kohle und Stahl (EGKS), die Euratom und die Europäische Wirtschaftsgemeinschaft (EWG) umfaßt.

2. DER RAT DER EUROPÄISCHEN UNION

Der Rat ist ein überaus komplexes und vielschichtiges Organ. Verantwortlich dafür ist unter anderem der komplizierte Aufbau der Europäischen Union. Der Rat ist das gemeinsame Organ der drei Europäischen Gemeinschaften und "beliehenes Organ" (Fischer/Köck 1995, 256) in der Zweiten und Dritten Säule der EU. Dazu kommt, daß es nicht *den* Rat, sondern rund 20 verschiedene Fachministerräte gibt, die von zahlreichen Ausschüssen, Komitees und Arbeitsgruppen unterstützt werden. Eine nicht zu unterschätzende Bedeutung kommt auch dem Generalsekretariat und natürlich der Präsidentschaft des Rates zu.
Der Rat erfüllt legislative und exekutive Funktionen als Organ der Gemeinschaft und dient gleichzeitig den Mitgliedstaaten als permanentes Verhandlungsforum. Die Minister, die im Rat zusammenkommen, sind gleichzeitig die Vertreter der Interessen ihrer Regierungen gegenüber den anderen Mitgliedstaaten und gemeinsam, als Rat der EU, dazu angehalten, die Interessen der Union zu vertreten. Der Rat weist somit supranationale und intergouvernementale Elemente auf, die einander wechselseitig beeinflussen. In den Worten von Wallace/Wallace:

> "The Council is both a European institution and the prisoner of the member states, or perhaps rather of the member governments." (Wallace/Wallace 1996, 59)

2.1. Aufgaben und Kompetenzen des Rates

2.1.1. Der Rat als Organ der Gemeinschaft

Der Rat ist das wichtigste Rechtssetzungsorgan der Gemeinschaften und übt auch zahlreiche exekutive Funktionen, meist im Zusammenwirken mit der Kommission, aus.
Aus den Verträgen ergeben sich folgende wesentliche Kompetenzen:

- **Rechtssetzung**: Der Rat ist das Hauptrechtssetzungsorgan[19] für sekundäres Gemeinschaftsrecht und wirkt auch am Verfahren zur Änderung der Ge-

---

19 Eine Ausnahme bildet die EGKS, wo die Kommission die führende Rolle spielt (vgl. Fischer/Köck 1995, 343).
Mit dem Vertrag von Amsterdam wird zwar die Rolle des EP im Rechtssetzungsprozeß deutlich aufgewertet, doch bleibt der Rat auch im neugestalteten Miteintscheidungsverfahren das dominierende Organ.

meinschaftsverträge entscheidend mit.[20]

Der Erlaß von Durchführungsvorschriften obliegt zwar in erster Linie der Kommission, der Rat wirkt jedoch in zahlreichen Fällen durch eine Vielzahl von Ausschüssen und Verfahren an der Ausübung dieser Befugnisse mit (Komitologie) (Thun-Hohenstein/Cede 1995, 107).[21]

- **Koordination**: Der Rat soll die Wirtschaftspolitik der Mitgliedstaaten untereinander und mit der Kommission abstimmen.[22]
- **Initiativrecht**: Der Rat kann die Kommission auffordern - aber nicht verpflichten - zum Erreichen der Vertragsziele tätig zu werden.[23]
  In der Praxis ist es der Kommission aufgrund des politischen Gewichtes des Rates nur schwer möglich, dessen Willensäußerungen zu ignorieren, gleichgültig, ob diese auf der Basis der Verträge oder als Resolutionen, Meinungen oder dergleichen geäußert werden (vgl. Nugent 1994, 124).
- **Budget**: Der Rat erstellt auf Vorschlag der Kommission und im Zusammenwirken mit dem EP den Haushaltsplan. Abgeschlossen wird das Verfahren durch die Feststellung des Budgets durch den Präsidenten des EP.[24]
- **Kontrolle**: Der Rat kann vor dem Europäischen Gerichtshof (EuGH) gegenüber anderen Organen die Nichtigkeits-[25] oder die Untätigkeitsklage[26] erheben. Außerdem kann der Rat die Amtsenthebung von Kommissionsmitgliedern beantragen.[27] Er nimmt auch gemeinsam mit dem EP die Zuständigkeit

---

20 Durch die Einberufung einer Regierungskonferenz gemäß Art. 48 EUV (ex-Art. N EUV).

21 Die verschiedenen Verfahren, durch die der Rat im Bereich der Durchführungsbefugnisse die Kommission berät und kontrolliert, wurden im sogenannten Komitologie-Beschluß des Rates vom 13.7.1987 festgelegt (87/373/EWG) (Thun-Hohenstein/Cede 1995, 109). Dieser Beschluß wurde am 28.6.1999 durch den Beschluß 1999/468/EG ersetzt. Zur Komitologie vgl. Kapitel 2.3.1.

22 Art. 202 EGV (ex-Art. 145 EGV).

23 Es besteht allerdings nach erfolgter Aufforderung die Möglichkeit einer Untätigkeitsklage, wenn die Untätigkeit als Verletzung des EG-Vertrages interpretiert werden kann (vgl. Art. 232 EGV; ex-Art. 175 EGV).

24 Art. 272 EGV (ex-Art. 203 EGV).

25 Die Nichtigkeitsklage kann gemäß Art. 230 EGV (ex-Art. 173 EGV) gegen verbindliche Rechtshandlungen der Kommission, des EP oder der EZB erhoben werden.

26 Die Untätigkeitsklage kann gemäß Art. 232 EGV (ex-Art. 175 EGV) gegen die Kommission oder das EP erhoben werden, wenn diese es gemeinschaftsrechtswidrig unterlassen, einen Beschluß zu fassen.

27 Art. 213 EGV (ex-Art. 157 EGV) und 216 EGV (ex-Art. 160 EGV).

zur Entlastung der Kommission bezüglich der Ausführung des Haushaltsplans wahr.[28]

- **Außenbeziehungen**: Der Rat ist für den Abschluß von Abkommen mit Drittstaaten oder Internationalen Organisationen zuständig. Die Vertragsverhandlungen werden von der Kommission auf der Basis inhaltlicher Vorgaben durch den Rat "im Benehmen" mit einem vom Rat eingesetzten besonderen Ausschuß (Art. 133-Ausschuß) geführt.[29]
  Beitrittsverhandlungen gemäß Art. 49 EUV[30] werden vom Rat - bzw. von der Präsidentschaft - im Rahmen einer "Konferenz über den Beitritt zur Europäischen Union" geführt (vgl. Thun-Hohenstein/Cede 1995, 229).
- **Ernennungen**: Der Rat ernennt die Mitglieder des Wirtschafts- und Sozialausschusses, des Ausschusses der Regionen und des Rechnungshofes.[31]
- **Zweite und Dritte Säule**: In den Bereichen der Gemeinsamen Außen- und Sicherheitspolitik (GASP) und der Zusammenarbeit in den Bereichen Justiz und Inneres (ZBJI)[32] ist der Rat das dominierende Organ und kann unabhängig von der Kommission in der Zweiten Säule gemeinsame Aktionen und gemeinsame Standpunkte,[33] in der Dritten Säule gemeinsame Standpunkte, Rahmenbeschlüsse, Beschlüsse oder Übereinkommen annehmen.[34]

2.1.2. Der Rat als Verhandlungsforum

Die angeführten Aufgaben erfüllt der Rat als Organ der Europäischen Union. Darüber hinaus hat der Rat jedoch noch eine weitere wichtige Funktion: Er ist jene Institution, in der die Mitgliedstaaten ihre nationalen Interessen vertreten und einen Ausgleich zwischen den Interessen der Mitgliedstaaten und der Gemeinschaftsinstitutionen suchen.

---

28 Art. 276 EGV (ex-Art. 206 EGV).

29 Vgl. Art. 300 EGV (ex-Art. 228) sowie Art. 133 EGV (ex-Art. 113). Zum Art. 133-Ausschuß vgl. auch Kapitel 2.2.4.5.

30 Ex-Art. O EUV.

31 Art. 258 EGV (ex-Art. 194 EGV), Art. 263 EGV (ex-Art. 198a EGV) und Art. 247 EGV (Ex-Art. 188b EGV).

32 Seit dem Vertrag von Amsterdam heißt Titel VI EUV (die Dritte Säule): "Bestimmungen über die polizeiliche und justitielle Zusammenarbeit in Strafsachen". In dieser Arbeit wird die alte Abkürzung (ZBJI) weiterverwendet.

33 Vgl. Art. 12-15 EUV (im EUV in der Fassung von Maastricht in Art. J.2 Abs. 2 (gemeinsamer Standpunkt) und Art. J.3 (gemeinsame Aktion) geregelt).

34 Vgl. Art. 34 Abs. 2 EUV (der EUV in der Fassung von Maastricht kannte gemäß Art. K.3 Abs. 2 gemeinsame Standpunkte, gemeinsame Maßnahmen und Übereinkommen).

Die Mitgliedstaaten verhandeln dabei auf allen Ebenen miteinander: auf der Ebene der Staats- und Regierungschefs, der Minister, der Diplomaten und der Beamten und Experten.
Die Verhandlungen im Rat weisen gegenüber anderen internationalen Verhandlungen eine Vielzahl von Besonderheiten auf. Sie sind erstens in hohem Maß strukturiert:

> "Relationships are structured, institutions rather well rooted, rules of procedure operate, judicial settlement of disputes is embedded, and many informal understandings support the formal arrangements." (Hayes-Renshaw/Wallace 1997, 264)

Weiters sind die Verhandlungen stark institutionalisiert, was in der Bedeutung der Kommission, der Präsidentschaft und des Ratssekretariates für das Vorantreiben der Verhandlungen und das Fördern von Kompromissen zum Ausdruck kommt. Die Verhandlungen sind dauerhaft und viele Politikfelder umfassend, was den Spielraum für Kompromisse durch Aussicht auf künftige Kompensationen und die Möglichkeit von Paketlösungen erhöht. Außerdem gibt es ein kollektives, unabhängiges Budget, so daß die Aussicht auf finanzielle Transfers ebenfalls die Verhandlungen beeinflussen kann. Nicht zuletzt gibt die Möglichkeit, in vielen Bereichen mit qualifizierter Mehrheit entscheiden zu können, den Verhandlungen einen erhöhten Spielraum (vgl. Hayes-Renshaw/Wallace 1997, 264ff.).
Diese Besonderheiten des Rates als multilaterales Verhandlungsforum fördern seine Effizienz und seine Fähigkeit, zu Lösungen zu kommen, die über den kleinsten gemeinsamen Nenner hinausgehen.[35] Dennoch bleibt das System verwundbar, wenn einzelne Mitgliedstaaten die etablierten Spielregeln verletzen und den gesamten Entscheidungsmechanismus zu blockieren versuchen.[36] Andererseits bringen die stark strukturierten Verhandlungen in einer Vielzahl von Politikfeldern eine hohe Wahrscheinlichkeit mit sich, daß alle Mitgliedstaaten insgesamt ein Interesse daran haben, die Problemlösungskapazität des Rates aufrechtzuerhalten.

---

35 Vgl. etwa Eichener 1996, der für die Bereiche des Arbeits- und des Umweltschutzes nachweist, daß viel eher sogar ein größtes gemeinsames Vielfaches in den Verhandlungen erreicht wurde.

36 Der Ansatzpunkt ist dabei die Blockade von Entscheidungen, die einstimmig gefaßt werden müssen.

2.1.3. Die im Rat vereinigten Vertreter der Regierungen der Mitgliedstaaten

Das Primärrecht der Gemeinschaft weist einige Aufgaben nicht dem Rat, sondern den Regierungen der Mitgliedstaaten zu. Das ist vor allem bei einigen wichtigen Ernennungen der Fall: Die Mitglieder der Kommission,[37] die Richter und Generalanwälte des EuGH,[38] die Mitglieder des Europäischen Gerichtshofs erster Instanz[39] und das Direktorium der Europäischen Zentralbank (EZB)[40] werden von den Regierungen der Mitgliedstaaten ernannt.[41]
In der Praxis fassen die Vertreter der Mitgliedstaaten solche Beschlüsse anläßlich von Ratssitzungen oder von Tagungen des Europäischen Rates, indem sie "die Hüte wechseln" und sich zu den "im Rat vereinigten Vertretern der Regierungen der Mitgliedstaaten" erklären.[42] Die solcherart gefaßten Beschlüsse werden in der Literatur "uneigentliche Ratsbeschlüsse" genannt und kommen auf völkerrechtlicher Basis, aber in engem Zusammenhang mit dem EU-Recht, zustande.[43] Uneigentliche Ratsbeschlüsse werden auch zur Absicherung von Rechtsakten des Rates eingesetzt, wenn der genaue Umfang der Gemeinschaftszuständigkeit unklar ist (vgl. Thun-Hohenstein/Cede 1995, 80f.).
Das Treffen von Entscheidungen durch die "im Rat vereinigten Vertreter der Mitgliedstaaten" und die Verabschiedung von uneigentlichen Ratsbeschlüssen verweisen besonders deutlich auf die eigentümliche Position des Rates an der Schnittstelle zwischen Nationalstaat und Europäischer Union.

---

37 Art. 214 EGV (ex-Art. 158 EGV).

38 Art. 223 EGV (ex-Art. 167 EGV).

39 Art. 225 EGV (ex-Art. 168a EGV).

40 Art. 112 EGV (ex-Art. 109a EGV). Im Fall des Präsidenten, des Vizepräsidenten und des Direktoriums der EZB legt der Vertrag fest, daß die Ernennung von den Regierungen der Mitgliedstaaten auf der Ebene der Staats- und Regierungschefs erfolgen muß.

41 Auch der Sitz der Organe wird durch die Regierungen der Mitgliedstaaten festgelegt. Vgl. Art. 289 EGV (ex-Art. 216 EGV).

42 Die Möglichkeit, als "im Rat vereinigte Vertreter der Mitgliedstaaten" zusammenzutreten, besteht grundsätzlich auf allen Ebenen. Daher können Beschlüsse, sofern im Vertrag nicht anders vorgesehen, auch auf der Ebene der Ständigen Vertreter getroffen werden.

43 Die rechtliche Kategorisierung dieser Beschlüsse ist schwierig und nicht unumstritten (vgl. Fischer/Köck 1995, 347).

2.2. Struktur des Rates

2.2.1. Der Europäische Rat

Der Europäische Rat gehört nicht zum Ministerrat und ist ein von diesem zu unterscheidendes Organ der Europäischen Union. Er hat allerdings trotz geringer rechtlicher Verknüpfungspunkte große politische Bedeutung für den Rat und ist mit diesem vor allem durch die Vorbereitungsarbeit durch den Rat für Allgemeine Angelegenheiten (RAA) in der Zusammensetzung der Außenminister und durch die Präsidentschaft verbunden.

2.2.1.1. Zusammensetzung und Aufgaben

Am Europäischen Rat nehmen die Staats- und Regierungschefs der Mitgliedstaaten in Begleitung ihrer Außenminister sowie der Präsident und ein weiteres Mitglied der Kommission teil. Die Wirtschafts- und Finanzminister werden eingeladen, wenn Fragen der WWU erörtert werden. Darüber hinaus ist die Teilnahme am Europäischen Rat auf einige Beamte der Kommission, des Ratssekretariates und der Präsidentschaft sowie je einen Beamten jedes Mitgliedstaates, üblicherweise die Mitglieder der Antici-Gruppe,[44] beschränkt. Die Ständigen Vertreter nehmen am Europäischen Rat nicht direkt teil (Westlake 1995, 26; Nugent 1994, 156).

Der Europäische Rat ist das einzige Organ der EU und hat vor allem die Aufgabe, "der Union die für ihre Entwicklung erforderlichen Impulse" zu geben und "die allgemeinen politischen Zielvorstellungen für diese Entwicklung" festzulegen.[45] Außerdem soll der Europäische Rat "die Grundsätze und die allgemeinen Leitlinien der GASP" bestimmen[46] sowie gemeinsame Strategien beschließen[47] und Schlußfolgerungen zu den Grundzügen der Wirtschaftspolitik der Mitgliedstaaten erörtern.[48] In dem durch den Vertrag von Amsterdam neu eingefügten Beschäftigungskapitel obliegt es dem Europäischen Rat, jährlich Schlußfolge-

---

44 Die nach ihrem ersten Vorsitzenden benannte Antici-Gruppe koordiniert die Sitzungen des AStV II.

45 Art. 4 EUV (ex-Art. D EUV).

46 Art. 13 Abs. 1 EUV (im Vertrag von Maastricht Art. J.8 EUV).

47 Art. 13 Abs. 2 EUV (durch den Vertrag von Amsterdam neu eingeführt).

48 Art. 99 EGV (ex-Art. 103 EGV).

rungen zur Beschäftigungslage anzunehmen, auf deren Basis der Rat Leitlinien zur Beschäftigungspolitik erläßt.[49]

Die Staats- und Regierungschefs treffen ihre Beschlüsse auf unterschiedlichen Rechtsgrundlagen, was allerdings weitgehend unbemerkt bleibt, da alle Entscheidungen in der Regel im Rahmen von Tagungen des Europäischen Rates getroffen werden. Folgende Varianten können unterschieden werden:

1. Der eigentliche Europäische Rat auf der Basis von Art. 4 EUV[50] kann keine rechtlich verbindlichen Beschlüsse fassen. Seine Schlußfolgerungen sind rein politische Entscheidungen, die einer Umsetzung durch den Ministerrat bedürfen, um rechtlich wirksam zu werden.
2. Neben dem formalen Europäischen Rat gibt es auch die Möglichkeit, einen informellen Europäischen Rat abzuhalten.[51] Dabei handelt es sich um einen unverbindlichen Gedankenaustausch der Staats- und Regierungschefs, der von der Präsidentschaft organisiert wird.
3. Wenn die Verträge ein Handeln der Regierungen der Mitgliedstaaten vorsehen, spricht man von den "im Rat vereinigten Vertretern der Regierungen der Mitgliedstaaten". Diese sogenannte institutionalisierte Regierungskonferenz kann auch auf der Ebene der Staats- und Regierungschefs zusammentreten, was insbesondere dann der Fall ist, wenn es um die Ernennung der Kommissionsmitglieder geht. Für die Auswahl und Ernennung des Direktoriums der EZB ist im Vertrag sogar explizit festgehalten, daß "die Regierungen der Mitgliedstaaten auf der Ebene der Staats- und Regierungschefs" einvernehmlich entscheiden.[52]
4. Gemäß Artikel 48 EUV[53] kann der Rat eine Regierungskonferenz zur Änderung der Verträge, auf denen die Union beruht, befürworten, die dann vom Präsidenten des Rates einberufen wird. In diesem Fall handeln die Vertreter der Mitgliedstaaten auf völkerrechtlicher Grundlage. Änderungen der Ver-

---

49 Art. 128 EGV (neu eingefügt durch den Vertrag von Amsterdam).

50 Ex-Art. D EUV.

51 Einen informellen Europäischen Rat gab es vor der österreichischen Präsidentschaft erst einmal - am 22./23. September 1995 unter spanischer Präsidentschaft in Formentor auf Mallorca. Im Auftrag des Europäischen Rates von Cardiff (vgl. Anhang) fand auch unter österreichischem Vorsitz ein informelles Treffen der Staats- und Regierungschefs statt. Siehe dazu Kapitel 4.5.1.1.

52 Art. 112 EGV (ex-Art. 109a EGV). Eine analoge Formulierung gab es für die Ernennung des Präsidenten des EWI in Art. 117 Abs. 1 EGV (ex-Art. 109f Abs. 1 EGV). Vgl. auch die Ausführungen in Kapitel 2.1.3.

53 Ex-Art. N EUV.

träge können nur einstimmig beschlossen werden und treten erst nach der Ratifikation in allen Mitgliedstaaten in Kraft.

5. Der Rat der Europäischen Union kann - analog zu den in unterschiedlicher personeller Zusammensetzung tagenden Fachministerräten - auch in der Zusammensetzung der Staats- und Regierungschefs zusammenkommen. Primärrechtlich ist dies in den Artikeln 121 Abs. 2-4 und 122 Abs. 2 EGV[54] für den Eintritt in die dritte Stufe der WWU sowie seit dem Vertrag von Amsterdam in Art. 7 EUV zur Feststellung einer schwerwiegenden und anhaltenden Verletzung der Grundsätze der Union durch einen Mitgliedstaat und in Art. 11 EGV für den Beschluß der "verstärkten Zusammenarbeit" vorgesehen.[55] Der Rat in der Zusammensetzung der Staats- und Regierungschefs handelt auf der Grundlage der Geschäftsordnung des Rates, kann Rechtsakte erlassen, die der Gerichtsbarkeit des EuGH unterliegen und kann insbesondere - je nach Rechtsgrundlage - auch mit qualifizierter Mehrheit entscheiden.[56]

Der Europäische Rat weist einige Besonderheiten auf. Er ist kein Organ der Europäischen Gemeinschaften und kann keine rechtliche Bindewirkung gegenüber Organen der Gemeinschaften entfalten.[57] Umgekehrt unterliegt der Europäische Rat auch nicht der Kontrolle des EuGH. Außerdem werden dem Europäischen Rat von den Verträgen nur wenige und sehr allgemein formulierte Aufgaben zugewiesen. Für die Tagungen des Europäischen Rates gibt es keine formelle Tagesordnung, kein Protokoll und keine Verfahrensregeln. Die Ergeb-

---

54 Ex-Art. 109j Abs. 2-4 EGV bzw. ex-Art. 109k Abs. 2 EGV.

55 Schon in der Schlußerklärung des Pariser Gipfels vom 10.12.1974, in der die regelmäßige Abhaltung des Europäischen Rates beschlossen wurde, ist festgehalten, daß sich die Staats- und Regierungschefs, wann immer es nötig ist, als Rat der Europäischen Gemeinschaft treffen können. Als Gründe dafür, daß von dieser Möglichkeit bisher nicht Gebrauch gemacht wurde, führt Martin Westlake an: "...a desire to avoid getting bogged down in technicalities; a determination to retain spontaneity and flexibility; and a generalized refusal of the Heads of State or Government to submit themselves to Community voting procedures." (Westlake 1995, 29, FN 17)

56 Die Regelungen für den Eintritt in die dritte Stufe der WWU gemäß Art. 121 EGV (ex-Art. 109j EGV) und 122 EGV (ex-Art. 109k EGV) sehen Beschlüsse mit qualifizierter Mehrheit vor.

57 Lediglich Art. 99 EGV (ex-Art. 103 EGV) sieht vor, daß der Rat auf der Basis von Schlußfolgerungen des Europäischen Rates mit qualifizierter Mehrheit eine Empfehlung zu den Grundzügen der Wirtschaftspolitik der Mitgliedstaaten erläßt. Im Bereich der GASP handelt der Rat auf der Grundlage der allgemeinen Leitlinien und gemeinsamen Strategien des Europäischen Rates (Art. 13 EUV; vgl. im Vertrag idF. von Maastricht Art. J3 EUV und J8 EUV).

nisse eines Europäischen Rates werden in den "Schlußfolgerungen der Präsidentschaft" zusammengefaßt, die keine rechtliche Verbindlichkeit besitzen. Allfällige förmliche Beschlüsse werden von den Staats- und Regierungschefs als Regierungskonferenz getroffen.[58]
Trotz dieser rechtlichen Außenseiterrolle ist der Europäische Rat aufgrund seines politischen Gewichtes in der Praxis "das zentrale Entscheidungsgremium der Gemeinschaft geworden" (Wessels 1995, 181). Eine nicht unbedeutende Rolle spielte dabei auch die Flexibilität, die sich aus den geringen rechtlichen Vorgaben und der Möglichkeit ergab, selbst zu entscheiden, welche Aufgaben wahrgenommen werden sollen. Die Tätigkeiten des Europäischen Rates sind vielfältig und können ein Spektrum von grundsätzlichen Diskussionen über die Zukunft der europäischen Integration, der Koordination von Politiken, dem Ergreifen neuer Initiativen über die Diskussion außenpolitischer Fragen und konkreter politischer Probleme bis hin zu informellem Informationsaustausch und bilateralen Verhandlungen umfassen. Außerdem bietet der Europäische Rat den Rahmen, in den weiter oben genannten Varianten konkrete Entscheidungen zu treffen.

2.2.1.2. Integrationspolitische Bedeutung

Die integrationspolitische Bilanz des Europäischen Rates fällt zwiespältig aus. Die Position der nationalen Regierungen im politischen System der EU wurde gestärkt und die relative Bedeutung des Europäischen Parlamentes und des EuGH geschwächt.[59] Der Europäische Rat stellt außerdem ein intergouvernementales Element dar, da er üblicherweise im Konsens entscheidet (Nugent 1994, 171f.). Die Kommission wird zwar in ihrer "Agenda-setting"-Funktion zunehmend von der faktischen Bedeutung des Europäischen Rates konkurriert, sie konnte ihre Bedeutung im Entscheidungsprozeß aber durch ihr Initiativmonopol behaupten. Durch ihre Zugehörigkeit zum Europäischen Rat ergaben sich für die Kommission außerdem neue Möglichkeiten, auf höchster Ebene Einfluß auszuüben.
Durch die systematische Einbeziehung der Staats- und Regierungschefs wurde der Entscheidungsprozeß auf europäischer Ebene ergänzt und eine notwendige Entsprechung für die große politische Bedeutung der Regierungschefs in den

---

58 Förmliche Beschlüsse können auch vom Rat in der Zusammensetzung der Staats- und Regierungschefs gefaßt werden, was bisher, bis auf die primärrechtlich festgelegten Beschlüsse bzgl. der WWU im Mai 1998, noch nie der Fall war.

59 Indirekt wurde die Bedeutung des EP allerdings erheblich gefördert, da die Regierungschefs als Zugeständnis an integrationsfreundliche Kräfte im Zuge der Einrichtung des Europäischen Rates der Direktwahl des EP zustimmten (Johnston 1994, 23f.).

nationalen Systemen geschaffen (vgl. Johnston 1994, 43ff.). Der Europäische Rat und die damit verbundene mediale Präsenz stärkte das Interesse der Regierungschefs für europäische Themen und förderte das gegenseitige Verständnis und das gemeinsame Problemlösungsbewußtsein. Die Staats- und Regierungschefs spielen durch ihre regelmäßigen Treffen "...an important role in gradually shaping commonly held perceptions and creating a greater convergence of their policies" (Bassompierre 1988, 87).
Mit seinen Entscheidungen seit Mitte der 80er Jahre hat der Europäische Rat im Gleichschritt mit der Kommission maßgeblich die neue Integrationsdynamik mitgetragen und wesentlich zur Stabilisierung Westeuropas beigetragen (Johnston 1994, 135; Wessels 1995, 183).

2.2.2. Die Fachministerräte

2.2.2.1. Zusammensetzung und Aufgaben

Die Ministerräte setzen sich aus je einem Vertreter jedes Mitgliedstaates auf Ministerebene[60] zusammen, die befugt sind, für die Regierungen der Mitgliedstaaten verbindlich zu handeln.[61] Darüber hinaus nehmen an Ratssitzungen einige Beamte pro Delegation sowie Mitglieder des Ratssekretariates und der Kommission teil.[62] Der Vorsitz im Rat wird gemäß Art. 203 EGV[63] von den Mitgliedstaaten nacheinander für sechs Monate wahrgenommen, wobei das vorsitzführende Land in dieser Zeit zwei Delegationen - den Vorsitz und die nationale Delegation - stellt.
Die Aufgabe des Rates ist die Wahrnehmung der in Kapitel 2.1. genannten Kompetenzen. Rechtlich ist der Rat ein einheitliches Organ, faktisch tagt er in

---

60 Es können auch Regierungsmitglieder der Länder an Ratssitzungen teilnehmen, wenn diese nach innerstaatlichem Recht befugt sind, für den Gesamtstaat verbindlich zu handeln. Diese Möglichkeit besteht in Österreich gemäß Art. 23d B-VG.

61 Vgl. Art. 203 EGV (ex-Art. 146 EGV). In der Praxis nehmen auch Staatssekretäre an Ministerratssitzungen teil. Es besteht auch die Möglichkeit der Stimmrechtsübertragung auf ein anderes Ratsmitglied und der Vertretung durch Beamte (in erster Linie den Ständigen Vertreter oder dessen Stellvertreter). Letztere sind allerdings ohne Stimmrecht.

62 Die Teilnahme der Kommission an Ratssitzungen (ebenso wie an Sitzungen des AStV und der Arbeitsgruppen) ist primärrechtlich nicht vorgesehen. In der GO des Rates von 1979 wurde in Art. 3 die seit langem geübte Praxis festgehalten, wonach die Kommission zu Ratssitzungen eingeladen wird, der Rat aber jederzeit entscheiden kann, ohne die Kommission zu beraten. In der GO des Rates aus dem Jahr 1993 findet sich diese Bestimmung nicht mehr, was Mentler auf ein redaktionelles Versehen zurückführt. An der Praxis hat sich jedenfalls nichts geändert (Mentler 1996, 70f.).

63 Ex-Art. 146 EGV.

rund 20 verschiedenen Formationen.[64] Die wichtigsten Fachministerräte sind der Rat für Allgemeine Angelegenheiten, der Agrarministerrat und der Wirtschafts- und Finanzministerrat (Ecofin), die alle im Schnitt einmal pro Monat tagen. Die restlichen Fachministerräte tagen zumeist ein- bis dreimal pro Präsidentschaft.

2.2.2.2. Der Rat für Allgemeine Angelegenheiten

Der Rat für Allgemeine Angelegenheiten, aufgrund seiner Zusammensetzung auch als Außenministerrat bezeichnet, genießt traditionell die Stellung eines "primus inter pares" unter den Fachministerräten. Dieser Vorrang ergab sich logisch aus der Tatsache, daß zu Beginn der Gemeinschaft ausschließlich die Außenminister und der ihnen unterstellte diplomatische Apparat für die zwischenstaatlichen Beziehungen verantwortlich waren. Diese Vorrangstellung, die der RAA trotz zunehmender Konkurrenz durch die Fachministerräte aufrecht erhalten konnte, wurde in den 70er Jahren durch die Einführung der Europäischen Politischen Zusammenarbeit (EPZ) und den Europäischen Rat, dessen Vorbereitung den Außenministern überantwortet wurde, weiter gestärkt (vgl. Westlake 1995, 164ff.). Darüber hinaus sind die Außenminister in den meisten EU-Staaten auf nationaler Ebene für die Koordination der EU-Angelegenheiten zuständig (Hayes-Renshaw/Wallace 1997, 29).
Neben den Funktionen der Vorbereitung des Europäischen Rates und der Wahrnehmung der GASP ist der RAA traditionell für konstitutionelle und institutionelle Fragen und für die Koordination und Kontinuität der von verschiedenen Fachministerräten wahrgenommenen Politiken zuständig.[65] Ferner besorgt der RAA die Außenbeziehungen der Gemeinschaften und diskutiert allgemeine oder schwer einzelnen Fachministerräten zuzuordnende Politiken (Hayes-Renshaw/Wallace 1997, 29).

Die Stellung des RAA ist allerdings in den letzten Jahren von mehreren Seiten angegriffen worden. Viele Funktionen nimmt in zunehmendem Maß der Europäischen Rat wahr, wenngleich der RAA nach wie vor das vorbereitende Gremium und damit auch der "gate-keeper" für den Europäischen Rat bleibt (Hayes-Renshaw/Wallace 1997, 165). Die Koordinationsfunktion und die Be-

---

64 Während der österreichischen Präsidentschaft tagten genau 20 verschiedene Ratsformationen. Eine Liste aller Ratstagungen unter österreichischem Vorsitz findet sich im Anhang.

65 Die Aufgaben, für Konsistenz und Kontinuität zu sorgen und die Tagungen des Europäischen Rates vorzubereiten, werden in der Feierlichen Deklaration von Stuttgart explizit dem RAA zugewiesen.

handlung wichtiger, die gesamte Union betreffender politischer Themen wird dem RAA auch zunehmend von den Finanzministern streitig gemacht, deren Bedeutung mit der WWU rasch wuchs. Die Finanzminister haben außerdem mit dem "Euro-11 Rat" zur Koordination der Staaten der Euro-Zone ein neues Gremium geschaffen, von dessen Vorbereitung die Ständigen Vertreter - die als Diplomaten den Außenministerien entstammen - ausgeschlossen blieben (Barber 1998, 10).
Die Fähigkeit des RAA, die Vielzahl seiner traditionellen Aufgaben wahrzunehmen, wird auch durch die ausufernde Arbeitsbelastung eingeschränkt. Insbesondere die ständig zunehmenden Außenbeziehungen der Union und die GASP nehmen die Außenminister immer mehr in Anspruch (Hayes-Renshaw/Wallace 1997, 30).[66]

2.2.2.3. Informelle Ministerräte[67]

Informelle Ministertagungen sollen in erster Linie dem ungezwungenen Informationsaustausch dienen. In der Praxis treffen die Minister aber häufig auch Entscheidungen, die dann bei der nächsten formellen Ratssitzung beschlossen werden.
Die informellen Räte spielen sich vollkommen außerhalb der Gemeinschaftsstrukturen ab und werden von der jeweiligen Präsidentschaft im eigenen Land abgehalten und organisiert. Das Ratssekretariat leistet dabei keinen Beitrag.[68] Allerdings kann das Generalsekretariat anwesend sein, um sich über die aktuellen Entwicklungen auf dem laufenden zu halten. In der Regel nimmt an den informellen Ministerräten der zuständige Generaldirektor des Ratssekretariates teil (Egger 1994, 282).
Zur Wahrung des informellen Charakters hat der RAA Leitlinien festgelegt, wonach es keine offizielle Tagesordnung geben darf, die Anwesenheit von Mitarbeitern auf das absolute Minimum beschränkt werden soll und auf keinen Fall vor oder nach der Tagung offizielle Dokumente erstellt werden dürfen.[69]

---

66 Eine Reform der Arbeitsweise des RAA war daher auch ein Thema der österreichischen Präsidentschaft.

67 In der Literatur werden die informellen Räte häufig als "Gymnich-Treffen", "Gymnich method" oder ähnlich bezeichnet, weil der erste informelle Rat (Allgemeine Angelegenheiten) 1974 auf Schloß Gymnich in der Nähe von Bonn stattfand (Westlake 1995, 116).

68 Mit Ausnahme des gemeinsamen Dolmetscher-Konferenzdienstes von Rat und Kommission, der auch bei den informellen Treffen im jeweiligen Vorsitzland eingesetzt werden kann (Rat der EU 1997c, 4).

69 Vgl. die "Schlußfolgerungen des Rates über die Verbesserung der Arbeitsmethoden" vom 19.12.1988, die nicht veröffentlicht wurden und nur auf Antrag im Ratssekretariat erhältlich sind.

Die Anzahl der informellen Ratstagungen sollte acht je Vorsitz nicht übersteigen.[70] Diese Beschränkung wurde allerdings ebenso wie jene, die Anwesenheit von Mitarbeitern gering zu halten, weitgehend ignoriert.[71]

2.2.2.4. Integrationspolitische Bedeutung

Die regelmäßig stattfindenden Ratstagungen führen dazu, daß die Minister einander gut kennenlernen und auch einen "esprit de corps" gegenüber anderen Fachministerräten, anderen Organen der EU und sogar gegenüber den Mitgliedstaaten entwickeln können (Westlake 1995, 60). So kann beispielsweise das gemeinsame "Feindbild" der Agrar- oder der Umweltminister der Ecofin sein. Eine auffallende Charakteristik des Rates ist die Suche nach möglichst weitgehendem Konsens auch in jenen Bereichen, in denen Beschlüsse mit qualifizierter Mehrheit getroffen werden können (Hayes-Renshaw/Wallace 1997, 53). Das stark am Konsens orientierte Verhalten hat im wesentlichen zwei Ursachen: zum einen ist man in einem permanenten Verhandlungsprozeß, weshalb es zum Vorteil aller ist, ein möglichst gutes und konstruktives Verhandlungsklima aufrecht zu erhalten, und zweitens ist es der Umsetzung einer vom Rat beschlossenen Maßnahme nicht förderlich, wenn ein Mitgliedstaat ohne seine Einwände ernsthaft berücksichtigt zu sehen, überstimmt wird (vgl. Nugent 1994, 145f.).

---

70 Ebenda. Allerdings ist in den Schlußfolgerungen von 1988 noch von 7 informellen Ratstagungen je Vorsitz die Rede. Später wurde ein Treffen der Innen- und Justizminister hinzugefügt.

71 In einem Bericht vom 24.5.1995 an den Rat (7495/95), betreffend die Arbeitsmethoden des Rates, hält der AStV fest, daß es nützlich erscheint, die Regelungen bzgl. informeller Räte aus dem Jahr 1988, die schon mehrmals in Erinnerung gerufen wurden, ein weiteres Mal zu wiederholen. Zur Begründung finden sich im Anhang eine Auflistung der informellen Ministertreffen von 1990 bis 1995 sowie einige Beispiele zur Anzahl der Teilnehmer. Demnach hielt Dänemark (1. Halbjahr 1993) 17 informelle Ministertreffen ab, Italien (2. Halbjahr 1990) 15 sowie Griechenland und Deutschland (1. bzw. 2. Halbjahr 1994) je 13. Die Teilnehmerzahl überschritt fallweise 100. So nahmen am informellen Treffen der Transportminister am 20./21. Jänner 1995 in Paris 106 Personen teil (davon 14 von der Präsidentschaft, zwischen vier und acht aus den Mitgliedstaaten, elf von der Kommission und vier vom Generalsekretariat).

Österreich hielt insgesamt elf informelle Ministertreffen ab, davon wurden acht als informelle Räte und drei als Ministerkonferenzen bezeichnet.

2.2.3. Der Ausschuß der Ständigen Vertreter

2.2.3.1. Zusammensetzung und Aufgaben

Der Ausschuß der Ständigen Vertreter (AStV) bereitet die gesamte Ratstätigkeit inhaltlich und formal vor. Er tagt wöchentlich und seit 1962 in zwei Formationen. Der AStV II, zusammengesetzt aus den Ständigen Vertretern, ist zuständig für institutionelle Fragen, die Vorbereitung der Tagungen des RAA (und damit auch des Europäischen Rates), des Ecofin, sowie der Fachräte für Justiz und Inneres, Entwicklung und Haushalt. Der AStV I, der die Stellvertreter der Ständigen Vertreter umfaßt, betreut die restlichen Räte (Rat der EU 1997a, 18). Die beiden Teile des AStV arbeiten dabei unabhängig voneinander direkt mit den von ihnen betreuten Räten zusammen.
Österreich gelang es, bei der Besetzung der Ständigen Vertretung für zwei Novitäten zu sorgen. Die Stellvertreterin des Ständigen Vertreters Österreichs, Judith Gebetsroithner, ist die erste Frau in der 40jährigen Geschichte der EU, die einer der beiden Formationen des AStV angehört (Hayes-Renshaw/Wallace 1997, 75, FN 3). Proporzmäßig - und dies ist die zweite Novität - wurde ihr ein zweiter Stellvertreter beigestellt, der für die GASP und die politische Koordination zuständig ist.[72]

Koordiniert und vorbereitet wird die umfangreiche Arbeit der AStVs durch zwei Arbeitsgruppen, die die Namen ihrer ersten Vorsitzenden tragen. Die Antici-Gruppe[73] betreut den AStV II und hat auch deshalb besondere Bedeutung, weil ihre Mitglieder üblicherweise die einzigen Beamten sind, die Zugang zum Konferenzraum des Europäischen Rates haben. Analog dazu koordiniert die Mertens-Gruppe[74] die Arbeit des AStV I.
Die beiden Koordinationsgruppen sind ein besonders wichtiges Instrument der jeweiligen Präsidentschaft, da hier bereits im Vorfeld Probleme erkannt und Lösungen entworfen werden können (Westlake 1995, 292f.).

---

72 Was aus österreichischer Sicht nicht weiter ungewöhnlich erscheint, sorgt andernorts für Verwunderung: "The Austrians have taken the rather unusual step of appointing two Deputies, one of whom is responsible for COREPER I; while the other is charged with CFSP issues and political coordination." (Hayes-Renshaw/Wallace 1997, 76)

73 Paolo Antici war während der italienischen Präsidentschaft im ersten Halbjahr 1975 der erste Vorsitzende der Gruppe (Westlake 1995, 292).

74 Vincent Mertens de Wilmars war der erste Vorsitzende der Gruppe, die erst während der belgischen Präsidentschaft im zweiten Halbjahr 1993 etabliert wurde (Westlake 1995, 293). Hayes-Renshaw/Wallace führen die Koordinationsgruppe des AStV I unter der Bezeichnung "the Deputies' Deputies'" (Hayes-Renshaw/Wallace 1997, 77).

An den wöchentlichen Sitzungen der AStVs nehmen neben den Ständigen Vertretern maximal fünf Berater pro Delegation teil, die je nach behandelter Thematik wechseln. Die Kommission und das Ratssekretariat sind ebenfalls mit einigen Beamten vertreten, so daß eine AStV-Sitzung rund 35 bis über 100 Personen umfassen kann (Hayes-Renshaw/Wallace 1997, 77).
Die Hauptaufgabe des AStV ist es, eine möglichst große Zahl von Dossiers so weit auszuverhandeln, daß sie im Rat als "A-Punkte" ohne weitere Diskussion angenommen werden können.[75] Sollte auf der Ebene des AStV eine Lösung nicht möglich sein, müssen für den Rat zumindest Lösungsvorschläge erarbeitet werden.[76] Außerdem sind die Ständigen Vertreter für die Beobachtung und Koordination der Arbeitsgruppen und für die Vorbereitung und Information ihrer Minister zuständig (Hayes-Renshaw/Wallace 1997, 78).

Neben dem AStV gibt es noch einige Sonderausschüsse mit teilweise überschneidenden Zuständigkeiten. Es sind dies der Sonderausschuß Landwirtschaft (SAL), der Wirtschafts- und Finanzausschuß,[77] das Politische Komitee (POKO), der K.4-Ausschuß und der Art. 133-Ausschuß.[78]

2.2.3.2. Integrationspolitische Bedeutung

Auf der Ebene des AStV zeigt sich besonders deutlich die Doppelnatur des Rates. Die Ständigen Vertreter sind einerseits die diplomatischen Vertreter der Mitgliedstaaten und ihrer Interessen bei den Europäischen Gemeinschaften, als AStV bilden sie andererseits ein gemeinschaftsrechtliches Gremium. Diese Personalunion ist durch Art. 207 EGV[79] rechtlich festgeschrieben:

> "Ein Ausschuß, *der sich aus den Ständigen Vertretern der Mitgliedstaaten zusammensetzt,*[80] hat die Aufgabe, die Arbeiten des

---

75 Die "A-Punkte" werden üblicherweise zu Beginn einer Ratssitzung (im Teil A der Tagesordnung) im Paket verabschiedet. "B-Punkte" werden im Anschluß daran im Rat diskutiert.

76 Hayes-Renshaw/Wallace schätzen, daß rund 85% aller Dossiers im Vorfeld der Ministerratssitzung beschlußreif gemacht werden können, davon rund 70% bereits auf der Ebene der Arbeitsgruppen und 15% im AStV (Hayes-Renshaw/Wallace 1997, 79).

77 Der Wirtschafts- und Finanzausschuß ersetzte mit dem Übergang zur dritten Stufe der WWU den Währungsausschuß.

78 Der ehemalige Art. 113-Ausschuß.

79 Ex-Art. 151 EGV.

80 Hervorhebung HL.

Rates vorzubereiten und die ihm vom Rat übertragenen Aufträge auszuführen" (Art. 207 Abs. 1 EGV).[81]

Die Ständigen Vertreter sind automatisch, ohne ausdrückliche Ernennung, kraft ihres Amtes Mitglieder des AStV. Sie können allerdings jederzeit als Vertreter der Regierungen der Mitgliedstaaten zu einer intergouvernementalen Konferenz zusammentreten (Mentler 1996, 29).[82]
Diese Doppelrolle führt rechtlich und faktisch zur Ausprägung einer doppelten Loyalität. Die Ständigen Vertreter sind als Beamte ihres Herkunftsstaates weisungsgebunden, als Mitglieder einer Institution der Gemeinschaft unterliegen sie dem Loyalitätsgebot.[83] Das heißt:

> Die nationale Weisungsgebundenheit der Ständigen Vertreter gilt daher nicht absolut, sondern lediglich modifiziert im Lichte dieser wechselseitigen Treuepflichten." (Mentler 1996, 44)

Auch faktisch entwickelt sich eine doppelte Loyalität. Primär fühlen sich die Ständigen Vertreter ihrem jeweiligen Herkunftsland verpflichtet, dessen Interessen sie in Brüssel vertreten. Doch die intensive Zusammenarbeit mit den Vertretern der anderen Staaten, die häufigen Zusammentreffen, nicht nur bei den wöchentlichen Arbeitssitzungen, sondern auch in informellem Rahmen, beim Essen und bei Cocktail-Parties, verbunden mit den relativ langen Aufenthalten in Brüssel, führen zu gegenseitigem Vertrauen und Respekt, oft zu Freundschaft. Dieser Sozialisationseffekt ist ein wesentlicher Faktor der europäischen Integration und dieser in mehrfacher Hinsicht nützlich. Das gegenseitige Verstehen und Vertrauen ist eine gute Basis für konstruktive Verhandlungen. Das Verhandlungsklima ist von der Suche nach dem breitest möglichen Kompromiß geprägt. Auch völlig isolierte Minderheitenpositionen stoßen, sofern sie auf rationalen und nachvollziehbaren Argumenten beruhen, auf Verständnis und das Bemühen, eine akzeptable Lösung zu finden. Die enge Zusammenarbeit

---

81 Rechtlich eingeführt wurde diese zwingende Zusammensetzung des AStV aus den Ständigen Vertretern der Mitgliedstaaten mit dem Fusionsvertrag vom 8.4.1965. Die ursprüngliche Fassung des Art. 207 EGV sprach von einem "Ausschuß aus Vertretern der Mitgliedstaaten". Faktisch bestand die Personalunion schon vor 1965 (vgl. Mentler 1996, 25ff.).

82 Vgl. Kapitel 2.1.3.

83 Dies ergibt sich aus Art. 10 EGV (ex-Art. 5 EGV), wonach die Mitgliedstaaten verpflichtet sind, den Gemeinschaften die Erfüllung ihrer Aufgaben zu erleichtern und alle Maßnahmen zu unterlassen, "welche die Verwirklichung der Ziele dieses Vertrages gefährden könnten". Darüber hinaus hat der EuGH (Rs. 230/81) aus dieser Vorschrift die umfassende Verpflichtung aller Beteiligten (Mitgliedstaaten und Gemeinschaftsorgane) zur gegenseitigen Loyalität abgeleitet (Mentler 1996, 44).

fördert auch eine institutionelle Solidarität, die den Rat gegenüber anderen Institutionen und den Mitgliedstaaten verteidigt. Der Aufbau enger und persönlicher Beziehungen zwischen hohen Beamten aller Mitgliedstaaten schafft ein Netzwerk an Kontakten, das die Stabilität und Identität der Gemeinschaft stärkt (vgl. Westlake 1995, 290f.; Hayes-Renshaw/Wallace 1997, 81f.).[84]

2.2.4. Sonstige Ausschüsse zur Vorbereitung der Ratstätigkeit

2.2.4.1. Der Sonderausschuß Landwirtschaft

Der Sonderausschuß Landwirtschaft teilt seine Zuständigkeit mit dem AStV I, wobei der Sonderausschuß die technischen Details und der AStV allgemeinere Fragen wie die Angleichung der Rechtsvorschriften, finanzielle Aspekte und den Agrarhandel mit Drittstaaten behandelt. Zusammengesetzt ist der SAL aus hohen Beamten der Landwirtschaftsministerien, wiederum ergänzt durch Beamte der Kommission und des Ratssekretariates (Hayes-Renshaw/Wallace 1997, 84).

2.2.4.2. Der Wirtschafts- und Finanzausschuß

Der Wirtschafts- und Finanzausschuß trat mit Beginn der dritten Stufe der WWU an die Stelle des Währungsausschusses und soll den Rat in Angelegenheiten der WWU unterstützen. Außerdem soll er die Wirtschafts- und Finanzlage der Mitgliedstaaten und der Gemeinschaft sowie den Kapitalverkehr und die Freiheit des Zahlungsverkehrs beobachten und regelmäßig darüber an Kommission und Rat berichten. Der Ausschuß setzt sich aus je zwei Repräsentanten der Mitgliedstaaten, Vertretern der Kommission und zwei Vertretern der EZB zusammen.[85]

Der Wirtschafts- und Finanzausschuß stellt die einzige Ausnahme dar, auf die der halbjährlich wechselnde Vorsitz der Präsidentschaft keine Anwendung findet. Der Vorsitz wird von den Mitgliedern des Ausschusses für die Dauer von zwei Jahren gewählt (Westlake 1995, 260).

2.2.4.3. Das Politische Komitee

Das Politische Komitee wurde bei der Errichtung der Zweiten Säule der EU aus der EPZ übernommen und setzt sich aus den Politischen Direktoren der Au-

---

84 Die doppelte Loyalität und das gelegentliche Abweichen der Ständigen Vertreter von Weisungen, um Gesamtlösungen zu ermöglichen, hat ihnen aus mitgliedstaatlicher Sicht den Beinamen der "Ständigen Verräter" eingebracht (Mentler 1996, 109).

85 Art. 114 EGV (ex-Art. 109c EGV).

ßenministerien zusammen. Es bereitet die Tätigkeit des RAA - und damit auch des Europäischen Rates - in Angelegenheiten der GASP vor und beobachtet die außen- und sicherheitspolitische Lage der Gemeinschaft und ihrer Mitgliedstaaten.[86] Die Aufgabenteilung mit dem AStV ist nicht vollständig geklärt, was insbesondere in der Anfangsphase zu Koordinationsproblemen führte.[87]

2.2.4.4. Der K.4-Ausschuß

Im Bereich der Dritten Säule der EU wurde mit dem Vertrag von Maastricht im Artikel K.4 die Einrichtung eines Ausschusses zur Unterstützung des Rates vorgesehen, der sich aus hohen Vertretern der Innen- und Justizministerien der Mitgliedstaaten zusammensetzt. Auch in diesem Fall ist das Verhältnis zwischen dem Ausschuß und dem AStV nicht völlig geklärt (Westlake 1995, 239f.).

2.2.4.5. Der Artikel 133-Ausschuß[88]

Der Artikel 133-Ausschuß bildet das Bindeglied zwischen Rat und Kommission bei der Vorbereitung von Handelsabkommen mit Drittstaaten oder Internationalen Organisationen. Die Kommission führt dabei die Verhandlungen "im Benehmen" mit dem Ausschuß auf der Basis eines Verhandlungsmandates des Rates.

2.2.5. Die Arbeitsgruppen

2.2.5.1. Zusammensetzung und Aufgaben

Die Basis der Entscheidungsstruktur des Rates wird von Arbeitsgruppen gebildet, die vom AStV, oder mit dessen Zustimmung von Dritten, wie beispielsweise der Präsidentschaft, eingesetzt werden können.[89] Da die meisten Arbeitsgruppen ad hoc, je nach Bedarf, eingerichtet werden und in völlig unterschiedlichen Intervallen tagen, ist ihre genaue Anzahl nicht feststellbar. Die meisten

---

86 Art. 25 EUV (im Vertrag von Maastricht Art. J8, Abs. 5 EUV).

87 In der Schlußakte des EUV hat die Regierungskonferenz in Teil III, Erklärung 28, festgehalten, daß die Arbeitsteilung zwischen AStV und Politischem Komitee einer späteren Prüfung vorbehalten bleibt. Im Vertrag von Amsterdam findet sich die Bestimmung über das POKO praktisch unverändert wieder. Lediglich der Einschub, daß sich das POKO aus den Politischen Direktoren zusammensetzt, wurde gestrichen. Vgl. Art. 25 EUV (im Vertrag von Maastricht Art. J8, Abs. 5 EUV).

88 Der ehemalige Art. 113-Ausschuß.

89 Vgl. GO des Rates, Art. 19 Abs. 2.

Schätzungen nehmen rund 250 Ratsarbeitsgruppen an, von denen rund 50 als permanent bezeichnet werden können.[90] Das Handbuch für den Ratsvorsitz der österreichischen Präsidentschaft listet nur für den Bereich Landwirtschaft und Fischerei 78 Arbeitsgruppen auf, von "Ölsaaten" über "Trockenfutter" bis zu "Agrarfragen - Pestizidrückstände".

Die Arbeitsgruppen setzen sich aus Experten, meist den zuständigen Beamten, der Mitgliedstaaten sowie Vertretern der Kommission und des Ratssekretariates zusammen. Außerdem nehmen häufig die für den jeweiligen Fachbereich zuständigen Attachés der Ständigen Vertretungen der Mitgliedstaaten teil (Stengg 1998, 6).

Den Vorsitz führt auch in den Arbeitsgruppen die Präsidentschaft, wobei die Geschäftsordnung des Rates eine Ausnahme vorsieht, wenn ein Fachministerrat, der nur einmal pro Halbjahr zusammentritt, in den ersten drei Monaten einer Präsidentschaft stattfindet. In diesem Fall kann die künftige Präsidentschaft schon im Halbjahr davor in den entsprechenden Arbeitsgruppen den Vorsitz führen.[91]

In den Arbeitsgruppen beginnt die legislative Arbeit des Rates. Kommissionsvorschläge werden dort auf Expertenebene beraten. In vielen Fällen kann auch schon Übereinstimmung erzielt werden, so daß der AStV und der Ministerrat nur noch formal das Verfahren zu Ende bringen müssen. Kommt keine endgültige Einigung zustande, werden die Probleme identifiziert und Lösungsmöglichkeiten ausgelotet, ehe das Dossier auf die Ebene des AStV weitergeleitet wird (Westlake 1995, 313ff.).

2.2.5.2. Integrationspolitische Bedeutung

In den Arbeitsgruppen tritt ein ähnlicher Sozialisationseffekt ein wie im AStV. Die dort zusammenkommenden Experten aus den Ministerien der Mitgliedstaaten treffen sich oft auch in anderem Zusammenhang, in der Form von bera-

---

90 Westlake schätzt für das Jahr 1995 "roughly 250" (Westlake 1995, 312), Mentler ebenfalls ca. 250 (Mentler 1996, 77), Thun-Hohenstein/Cede sprechen von über 200 (Thun-Hohenstein/Cede 1995, 117), Hayes-Renshaw/Wallace differenzieren zwischen rund 50 permanenten und ca. 50-150 ad hoc - Arbeitsgruppen (Hayes-Renshaw/Wallace 1997, 97), während Nugent rund 150 annimmt (Nugent 1994, 133).

91 Vgl. GO des Rates, Art. 19 Abs. 3. Diese Regelung hat allerdings in der Praxis keine große Bedeutung. Bis 1996 wurde davon noch nie Gebrauch gemacht (Rat der EU 1997a, 12).

Die österreichische Präsidentschaft überließ übrigens die Vorsitzführung in den Arbeitsgruppen, die mit dem Seeverkehr befaßt sind, mangels kundiger Personen auf diesem Gebiet den Briten. Eine diesbezügliche Vorkehrung in der GO des Rates gibt es nicht.

tenden Ausschüssen der Kommission, in Komitologie-Ausschüssen[92] oder auf wissenschaftlichen Kongressen. So können auch hier gute Bekanntschaften und Freundschaften und ein "esprit de corps" entstehen.
Spannungen bilden sich oft zwischen den Spezialisten in den Arbeitsgruppen, die an den technischen Details feilen und den Generalisten im AStV, die das Allgemeine im Auge haben und eher bereit sind, das eine oder andere Detail einem Kompromiß oder einer Paketlösung zu opfern: "Where the Council seeks agreement, experts tend to seek perfection." (Westlake 1995, 319) Dies kann - zum Vorteil des AStV - zu vermehrten Anstrengungen der Arbeitsgruppen führen, bereits Übereinstimmung zu erzielen, anstatt ein Dossier einem ungewissen Schicksal im AStV zu übergeben. Das Solidaritätsgefühl innerhalb der Arbeitsgruppen wird dadurch gesteigert (vgl. Westlake 1995, 318ff.; Hayes-Renshaw/Wallace 1997, 99).

Die Teilnehmer an den Arbeitsgruppen sind meist Beamte aus den Ministerien der Mitgliedstaaten. Ihre intensive Einbeziehung in den europäischen Entscheidungsprozeß zwingt sie und ihre Dienststellen nicht nur zu laufender Beschäftigung mit europäischen Fragen, sondern die Zusammenarbeit mit den Experten der anderen Länder verändert auch die rein auf nationalstaatliche Probleme fixierte Perspektive.
Die Arbeitsgruppen sind somit

> "one of the more subtle but persistent ways in which national civil servants have been sensitized about the aims and objectives of the Community and inculcated with its logic and its spirit." (Westlake 1995, 320)

2.2.6. Das Generalsekretariat des Rates

2.2.6.1. Zusammensetzung und Aufgaben

Das Ratssekretariat beschäftigt rund 2400 Personen, von denen rund ein Zehntel A-Beamte und ein Sechstel Dolmetscher und Übersetzer sind.[93] Es gliedert sich in zehn Generaldirektorate plus den juristischen Dienst und wird vom Generalsekretär und seinem Kabinett geleitet.

---

92 Zur Komitologie vgl. 2.3.1.

93 Am 31.12.1997 verfügte das Ratssekretariat über 2417 Dauerplanstellen und 18 Stellen auf Zeit (Europäische Kommission - Gesamtbericht über die Tätigkeit der EU 1997, 456).

Die Aufgaben des Ratssekretariates sind vielfältig und gehen weit über reine Sekretariatsarbeit hinaus. In organisatorischer Hinsicht ist das Ratssekretariat zuständig für die Bereitstellung der Infrastruktur für alle Sitzungen der Arbeitsgruppen, des AStV und des Rates. Der Europäische Rat wird vom Ratssekretariat gemeinsam mit der Präsidentschaft organisiert.[94]

Die organisatorische Tätigkeit umfaßt das Bereitstellen der Räumlichkeiten und des Übersetzungsdienstes, die Übersetzung, Vervielfältigung und Verteilung von Dokumenten aller Art sowie die Führung von Protokollen, das Verfassen von Berichten und deren Verwaltung im Archiv. Außerdem verwaltet das Ratssekretariat das "schriftliche Verfahren"[95] und vertritt den Rat in den Ausschüssen des EP. Der Juristische Dienst des Ratssekretariates bietet seine Hilfe bei der Formulierung von Ratsdokumenten an und vertritt den Rat vor dem EuGH.[96]

Das Generalsekretariat arbeitet eng mit der jeweiligen Präsidentschaft zusammen und stellt in diesem Zusammenhang ein wichtiges Element der Kontinuität dar. Nicht nur die langjährige Erfahrung des Sekretariates in organisatorischen Belangen - etwa bei der Erstellung des Tagungskalenders - sondern auch die inhaltliche Kompetenz ist, insbesondere für Präsidentschaften kleinerer Länder, von großer Bedeutung. Jeder Rechtsakt wird von einem Beamten des Ratssekretariates den gesamten Entscheidungsprozeß hindurch begleitet. Dieser kennt daher sehr genau die jeweiligen Probleme und die verschiedenen Positionen der Mitgliedstaaten und kann der Präsidentschaft in regelmäßig vor den Sitzungen stattfindenden Besprechungen wertvolle Informationen und Hinweise für die Verhandlungstaktik geben. Außerdem erstellt das Generalsekretariat vor jeder Sitzung des AStV und des Ministerrates eine "note au président", die den Diskussionsstand zu jedem Thema auf der Tagesordnung zusammenfaßt und Anregungen für die weitere Vorgangsweise gibt.

---

94 Nicht in die Kompetenz des Sekretariates fallen die informellen Ministerräte, die im jeweiligen Land der Präsidentschaft stattfinden und auch von dieser organisiert werden.

95 Die "written procedure" kann gemäß Art. 8 GO des Rates zur Anwendung kommen, wenn der Rat oder der AStV einstimmig die Anwendung dieses Verfahrens im voraus befürwortet haben. Unter besonderen Umständen kann das schriftliche Verfahren auch vom Ratspräsidenten vorgeschlagen werden, wobei in diesem Fall alle Mitgliedstaaten im Rahmen des Verfahrens auch ihre Zustimmung zur Anwendung desselben geben müssen. Das Ratssekretariat holt die schriftlichen Stellungnahmen der Mitgliedstaaten ein und stellt fest, ob die ausreichende Mehrheit erreicht wurde (Westlake 1995, 85).

96 Eine wesentliche Rolle spielte der Juristische Dienst zum Beispiel im Vorfeld des Europäischen Rates von Edinburgh im Dezember 1992 bei der Ausarbeitung einer Lösung für die schwierige Situation, die nach der Ablehnung des Vertrages von Maastricht durch eine Volksabstimmung in Dänemark entstanden war (Garel-Jones 1993, 263).

Nicht zuletzt entwirft und verwaltet das Ratssekretariat das Budget des Rates und kümmert sich um die Öffentlichkeitsarbeit (Westlake 1995, 326ff., Hayes-Renshaw/Wallace 1997, 101-134).
Der Generalsekretär selbst nimmt neben seinen administrativen und koordinativen Funktionen als Vorsitzender des Generalsekretariates an allen Sitzungen des AStV II, des RAA und des Europäischen Rates teil. Bei letzterem bildet er zusammen mit der Präsidentschaft und dem Generalsekretär der Kommission jene Gruppe, die in der Nacht vom ersten zum zweiten Gipfeltag den Entwurf für die "Schlußfolgerungen der Präsidentschaft" überarbeitet (Westlake 1995, 323).

2.2.6.2. Integrationspolitische Bedeutung

Das Ratssekretariat stellt das kollektive Gedächtnis des Rates dar und trägt zur Bildung einer institutionellen Identität bei. Es ist - insbesondere angesichts des ständig wechselnden Ratsvorsitzes - ein wichtiges Element der Stabilität und Kontinuität. Das Ratssekretariat verkörpert damit in erster Linie den Rat als Organ der Union - es macht gewissermaßen "die Summe der Mitgliedstaaten erst zum Rat" (Egger 1994, 245). Egger schreibt weiter:

> "Das Generalsekretariat bringt auch die supranationale Natur des Rates zur Geltung und drängt damit die zweite Natur des Rates zurück, die von seiner Zusammensetzung aus Angehörigen nationaler Regierungen geprägt wird." (Egger 1994, 245)

Das Selbstverständnis des Generalsekretariates als Verkörperung der supranationalen Komponente des Rates kommt auch deutlich in einer Aussage des ehemaligen Generalsekretärs des Rates, Niels Ersbøll,[97] zum Ausdruck:

> "Our master is the Council - not the individual Presidencies. We have ways of acting as a brake on national Presidency initiatives if ever they should take on an excessive national colouring." (zitiert nach Westlake 1995, 327)

Das vorrangige Interesse des Ratssekretariates gilt dem Herbeiführen möglichst vieler und möglichst umfassender Vereinbarungen zwischen den Mitgliedstaaten und der Kommission. Damit unterstützt das Ratssekretariat den Integrationsprozeß.
Auch im Bereich der Sozialisation nationaler Beamter und Experten erfüllt das Ratssekretariat eine integrative Funktion. Es setzt sich aus über 2400, aus allen

---

97 Der Däne Niels Ersbøll war von 1980 bis 1994 Generalsekretär des Rates und ist wesentlich für die heutige Rolle und Bedeutung des Ratssekretariates verantwortlich (Hayes-Renshaw/Wallace 1997, 108).

Mitgliedstaaten kommenden Personen zusammen, die auf besonders intensive Weise täglich mit der gesamteuropäischen Sichtweise der laufenden Rechtssetzungsprozesse konfrontiert sind. Außerdem bilden sich natürlich auch hier grenzüberschreitende Bekanntschaften und Freundschaften, die ein weiteres Mosaiksteinchen der europäischen Integration darstellen.

2.3. Institutionalisierte Beziehungen zu anderen Organen

2.3.1. Gemeinsame Ausschüsse mit der Kommission: Die Komitologie

2.3.1.1. Zusammensetzung und Aufgaben

Gemäß Art. 202 EGV[98] überträgt der Rat der Kommission in den von ihm angenommenen Rechtsakten Durchführungsbefugnisse und legt die Modalitäten dafür fest.[99] Als Modalitäten kommen nach dem sogenannten Komitologie-Beschluß des Rates aus dem Jahr 1987[100] etwas vereinfacht drei Varianten in Frage: beratender Ausschuß, Verwaltungsausschuß oder Regelungsausschuß.
Der beratende Ausschuß gibt eine Stellungnahme zu einer geplanten Maßnahme der Kommission ab, die diese so weit wie möglich berücksichtigt. Im Verwaltungsausschußverfahren kann der Rat mit qualifizierter Mehrheit einen anderslautenden Beschluß fassen, wenn jener der Kommission vom Ausschuß mit qualifizierter Mehrheit abgelehnt wurde.[101] Im Falle eines Regelungsausschusses fällt die Entscheidung dem Rat zu, sofern der Kommissionsentwurf vom Ausschuß nicht mit qualifizierter Mehrheit unterstützt wird.[102]

---

98 Ex-Art. 145 EGV.

99 Art. 202 EGV, dritter Spiegelstrich, lautet: "Zur Verwirklichung der Ziele und nach Maßgabe dieses Vertrages überträgt der Rat der Kommission in den von ihm angenommenen Rechtsakten die Befungnisse zur Durchführung der Vorschriften, die er erläßt. Der Rat kann bestimmte Modalitäten für die Ausübung dieser Befungnisse festlegen. [...]"

100 Beschluß des Rates vom 13.7.1987 (87/373/EWG). Am 28.6.1999 erließ der Rat einen neuen Komitologie-Beschluß, in dem auch Mitwirkungsrechte des Europäischen Parlamentes vorgesehen sind (1999/468/EG). Die Kurzdarstellung basiert hier noch auf dem alten Komitologiebeschluss, der während der österreichischen Präsidentschaft Geltung hatte.

101 Der Komitologie-Beschluß sieht zwei Varianten vor, nach denen die Kommission die Anwendung ihrer Maßnahme um einen oder um bis zu drei Monate verschieben kann. Innerhalb dieser Zeit kann der Rat eine anderslautende Entscheidung treffen.

102 Ist die Entscheidung an den Rat gefallen, kann dieser innerhalb von drei Monaten über den Vorschlag der Kommission mit qualifizierter Mehrheit befinden. Entscheidet er

Von diesen Ausschüssen gab es im Jahr 1997 rund 376.[103] Sie setzen sich in den meisten Fällen aus nationalen Beamten zusammen, die häufig dieselben sind, die die Mitgliedstaaten auch in den Arbeitsgruppen des Rates vertreten. Den Vorsitz in den Komitologie-Ausschüssen führt die Kommission.

2.3.1.2. Integrationspolitische Bedeutung

Die Komitologie wurde als Kontrollorgan des Rates gegenüber der Kommission eingerichtet und soll den Einfluß der Mitgliedstaaten auch bei der Durchführung gemeinschaftlicher Politik sicherstellen. Doch auch hier zeigen sich in der Praxis viele integrative Aspekte.

Die Kommission dominiert das Geschehen in den Ausschüssen, sie führt den Vorsitz, das Protokoll, setzt die Tagesordnung fest und formuliert die Arbeitsvorlagen. Die Entscheidungen der Ausschüsse fallen trotz der Möglichkeit zur Abstimmung nach qualifizierter Mehrheit meist im Konsens und fast immer zugunsten des Kommissionsvorschlages. Auch wenn ein Ausschuß eine Kommissionsvorlage ablehnt, trifft der Rat meist Entscheidungen im Sinne der Kommission (Puntscher Riekmann 1998a, 172ff.).

Die Ausschüsse befassen sich nicht nur mit der ihnen formell zugewiesenen Aufgabe, über eine vorgeschlagene Maßnahme der Kommission zu beraten und abzustimmen, sondern verwenden beträchtliche Zeit auch darauf, Fragen der nationalen Umsetzung und praktischen Anwendung von Rechtsakten zu diskutieren. Die Ausschüsse dienen also allen Beteiligten als wertvolle Informationsquelle und geben der Kommission eine informelle Kontrolle über die Umsetzung des Gemeinschaftsrechtes. Außerdem dient die Erarbeitung eines gemeinsamen Verständnisses bei der Anwendung von Rechtsvorschriften der Integration (Töller 1998, 11). Bezeichnenderweise äußern die Kommissionsmitglieder große Zufriedenheit mit der Komitologie und fühlen sich in ihrer Entscheidungsfreiheit kaum eingeschränkt. Interessanterweise äußern sich auch die nationalen Beamten positiv und sehen ihre Rolle als einflußreich (Puntscher Riekmann 1998a, 174f.).

Außerdem kommt in der Komitologie auch der schon bei den Arbeitsgruppen und beim AStV angesprochene Sozialisationseffekt zum Tragen, der nicht nur persönliche Beziehungen auf europäischer Ebene und eine veränderte, europäisierte Sichtweise der Dinge mit sich bringt, sondern auch ein Gemeinschaftsgefühl entstehen läßt (Töller 1998, 23; Puntscher Riekmann 1998a, 173).

---

nicht, setzt die Kommission ihre Maßnahme in Kraft, sofern der Rat nicht mit einfacher Mehrheit widerspricht.

103 Diese Zahl geht aus dem Haushalt mit dem "Posten A-2510" hervor, wobei sich eine Ungenauigkeit daraus ergibt, daß manche Ausschüsse nicht mehr aktiv sind oder "über andere Haushaltslinien (v.a. A-2511)" laufen (Töller 1998, 5, FN 7).

2.3.2. Der Vermittlungsausschuß mit dem Europäischen Parlament

Der Vermittlungsausschuß zwischen Rat und EP ist eine mögliche Variante im Mitentscheidungsverfahren gemäß Art. 251 EGV.[104] Er setzt sich aus jeweils 15 Vertretern zusammen, wobei auf der Seite des Rates üblicherweise die Mitglieder des AStV I teilnehmen. Den Vorsitz führen ein Vizepräsident des EP und die Ratspräsidentschaft, üblicherweise vertreten durch einen Minister oder Staatssekretär, gemeinsam. Auch die Kommission nimmt an den Sitzungen des Vermittlungsausschusses teil. Der Ausschuß entscheidet mit qualifizierter Mehrheit der Ratsmitglieder[105] und einfacher Mehrheit der Parlamentsvertreter über einen gemeinsamen Entwurf, der dann noch vom Rat und vom EP gebilligt werden muß, um in Kraft zu treten.

2.4. Institutionalisierte Außenbeziehungen[106]

2.4.1. Assoziierungs- und Koopprationsabkommen

Nach Art. 310 EGV[107] kann die Gemeinschaft "mit einem oder mehreren Staaten oder einer oder mehreren internationalen Organisationen Abkommen schließen, die eine Assoziierung mit gegenseitigen Rechten und Pflichten, gemeinsamem Vorgehen und besonderen Verfahren herstellen". Auf dieser Rechtsgrundlage basieren die Assoziierungsabkommen, die Kooperationsabkommen sowie der Europäische Wirtschaftsraum (EWR) und das Lomé-Abkommen.

Die Assoziierungs- und Kooperationsabkommen umfassen nicht nur wirtschaftliche Aspekte, sondern bilden auch die Grundlage für eine soziale, finanzielle, wissenschaftliche, technologische und kulturelle Zusammenarbeit. Die Assoziationsabkommen unterscheiden sich von den Kooperationsabkommen im wesentlichen dadurch, daß erstere mit einer Beitrittsperspektive verbunden sind.[108] Die Struktur der Abkommen und ihre institutionelle Ausprägung sind

---

104 Ex-Art. 189b EGV.

105 Mit einigen Ausnahmen, bei denen der Rat im Rahmen des Verfahrens gemäß Art. 251 einstimmig entscheidet, zB.: Art. 151 EGV (ex-Art. 128 EGV (Kultur)) oder Art. 18 EGV (ex-Art. 8a EGV (Unionsbürgerschaft)).

106 Der folgende Überblick über die Außenbeziehungen der EU erhebt nicht den Anspruch auf Vollständigkeit. Er soll in erster Linie einen Eindruck von der Vielfalt der Aufgaben geben, die von der Präsidentschaft auch in diesem Bereich wahrzunehmen sind.

107 Ex-Art. 238 EGV.

108 Wobei diese Systematik und die Realität teilweise auseinanderklaffen, was vor allem der Fall der Türkei belegt. Obwohl sie seit Abstand am längsten durch ein Assoziierungsab-

ähnlich. Zur Durchführung der Abkommen existieren im allgemeinen zwei Gremien, ein Rat auf Ministerebene (Assoziations- oder Kooperationsrat) und ein gemischter Ausschuß hoher Beamter. Der gemeinsame Rat setzt sich aus Mitgliedern des Rates der Union, der Europäischen Kommission und Regierungsvertretern des Assoziationspartners zusammen und befaßt sich mit der politischen Dimension der Zusammenarbeit. Der Vorsitz wechselt periodisch zwischen der Ratspräsidentschaft und dem Assoziationspartner.[109] Der gemischte Ausschuß setzt sich ebenfalls aus Vertretern der Mitgliedstaaten, der Kommission und des Drittstaates zusammen, wobei die Position der Gemeinschaft üblicherweise von der Kommission vertreten wird (Rat der EU 1997a, 44f.).

Assoziationsabkommen[110] bestehen mit der Türkei, Zypern, Malta, Polen, Ungarn, der Tschechischen Republik, der Slowakei, Bulgarien, Rumänien, Lettland, Estland, Litauen und Slowenien (Rat der EU 1997a, 47).[111]
Mit elf Nachfolgestaaten der ehemaligen Sowjetunion wurden sogenannte Partnerschafts- und Kooperationsabkommen abgeschlossen, die die Grundlage für eine vertiefte wirtschaftliche, politische, soziale, finanzielle, wissenschaftliche, technologische und kulturelle Zusammenarbeit darstellen.[112]
Kooperationsabkommen bestehen mit Algerien, Marokko, Tunesien, Ägypten, Jordanien, Syrien, dem Libanon, Israel und dem Golf-Kooperationsrat.[113]

---

kommen mit der EU verbunden ist, verfügte sie zum Zeitpunkt der österreichischen Präsidentschaft noch immer nicht über eine klare Beitrittsoption (vgl. Thun-Hohenstein/Cede 1995, 217).

109 Dabei ist üblicherweise vorgesehen, daß der Vorsitz am 1. April oder am 1. Oktober wechselt, um jeder Präsidentschaft die Möglichkeit zu geben, diesen Organen vorzusitzen (di Bucci 1988, 104).

110 Die Abkommen mit den mittel- und osteuropäischen Ländern (MOEL) werden auch als Europaabkommen bezeichnet.

111 Die Reihenfolge der Staaten ist chronologisch. Mit der Türkei besteht ein Assoziationsabkommen bereits seit 1.12.1964, das Abkommen mit Slowenien wurde am 10.6.1996 unterzeichnet.

112 Partnerschafts- und Kooperationsabkommen bestehen mit: Armenien, Aserbaidschan, Georgien, Kasachstan, Kirgisistan, Moldau, Rußland, Turkmenistan, Ukraine, Usbekistan und Weißrußland. Die Ratifizierung des Abkommens mit Weißrußland wurde wegen anhaltender Verletzungen der Menschenrechte am 15.9.1997 suspendiert (Fischer Weltalmanach 1999, 1052).

113 Dem Golf-Kooperationsrat gehören Saudi-Arabien, Kuwait, die Vereinigten Arabischen Emirate, Oman, Katar und Bahrein an.

Zusätzlich wurde mit den soeben genannten Staaten plus Zypern, Malta, der Türkei, dem Westjordanland und dem Gaza-Streifen auf der Konferenz von Barcelona vom 27./28.11.1995 die Europa-Mittelmeer-Partnerschaft begründet. In diesem Zusammenhang sind regelmäßige Tagungen der Außenminister sowie weiterer Minister, Beamter und Sachverständiger vorgesehen. Für die Vorbereitung der Außenministertreffen und die Überwachung des gemeinsamen Arbeitsprogrammes ist der "Europa-Mittelmeer-Ausschuß für den Barcelona-Prozeß", zusammengesetzt aus der Troika sowie je einem Vertreter der Partnerländer, zuständig (Rat der EU 1997a, 52).

2.4.2. Der strukturierte Dialog

Der Europäische Rat von Essen beschloß, zusätzlich zu den bilateralen Assoziationsräten mit den mittel- und osteuropäischen Beitrittskandidaten, einen multilateralen Dialog über Angelegenheiten von allgemeinem Interesse einzurichten. Demgemäß finden regelmäßig Treffen auf verschiedenen Ebenen statt, jene auf der Ebene der Staats- und Regierungschefs einmal jährlich am Rande eines Europäischen Rates. Die Vorbereitung der Treffen obliegt dem AStV II.

2.4.3. Die Europa-Konferenz

Die Einrichtung der Europa-Konferenz wurde vom Europäischen Rat im Dezember 1997 beschlossen und fand am 12. März 1998 erstmals in London statt.[114] Die Europa-Konferenz soll ein "der politischen Konsultation dienendes multilaterales Gremium sein", in dem Themen von allgemeinem Interesse erörtert und die Zusammenarbeit intensiviert werden soll. Den Vorsitz der Europa-Konferenz führt jener Staat, der auch den Vorsitz im Rat der EU innehat. Die Europa-Konferenz soll einmal jährlich auf der Ebene der Staats- und Regierungschefs und einmal jährlich auf der Ebene der Außenminister tagen.

2.4.4. Der Europäische Wirtschaftsraum

Der EWR umfaßt nach dem EU-Beitritt der drei ehemaligen EFTA-Mitglieder Schweden, Finnland und Österreich und der Nichtteilnahme der Schweiz auf EFTA-Seite nur Norwegen, Island und Liechtenstein. Der EWR stellt eine umfassende Freihandelszone dar (vgl. Fischer/Köck 1995, 91f.).
Das oberste Organ des EWR ist der EWR-Rat, der sich aus Angehörigen des EU-Ministerrates, der Kommission und je einem Regierungsmitglied der drei EFTA-Staaten zusammensetzt. Er gibt die Impulse für Änderungen des EWR-

---

[114] Zur Europa-Konferenz vgl. Europäischer Rat von Luxemburg, 12./13. Dezember 1997, Schlußfolgerungen des Vorsitzes, Punkte 4 - 9.

Rechts und ist das oberste politische Streitbeilegungsorgan. Den Vorsitz führt abwechselnd die EU-Ratspräsidentschaft und ein Regierungsmitglied eines EFTA-Staates jeweils für sechs Monate. Der EWR-Rat tagt zumindest zweimal pro Jahr.
Das Hauptorgan zur Durchführung des EWR-Abkommens ist der Gemeinsame EWR-Ausschuß, der sich aus hohen Beamten zusammensetzt und in dem die Kommission abwechselnd mit den EFTA-Staaten den Vorsitz führt.[115]

2.4.5. Das Lomé-Abkommen

Zur Förderung der wechselseitigen Beziehungen wurde am 15. Dezember 1989 mit 69 afrikanischen, karibischen und pazifischen Staaten (kurz: AKP)[116] das Lomé IV-Abkommen geschlossen.[117] Inhalt des Abkommens sind neben der Förderung des Handels durch den Abbau von Zöllen ein System zur Stabilisierung der Exporterlöse, Entwicklungshilfe, die Verschuldungsfrage, der Umweltschutz und die Menschenrechte (Schmuck 1995, 130).
Das oberste Organ zur Durchführung des Abkommens ist der Ministerrat, der vom Botschafterausschuß unterstützt wird. Den Vorsitz in beiden Gremien führt die EU-Ratspräsidentschaft, unterstützt von der Kommission, abwechselnd mit einem AKP-Staat für jeweils sechs Monate. Der EU-AKP-Ministerrat tritt üblicherweise einmal pro Jahr zusammen (Westlake 1995, 391).

2.4.6. Teilnahme an Internationalen Organisationen

Die Formen der Zusammenarbeit der EU mit Internationalen Organisationen sind vielfältig und orientieren sich in erster Linie an den internen Regelungen der jeweiligen Organisation. In der Regel wird die Gemeinschaft von der Kommission vertreten. Die Aufgabe des Vorsitzes ist es, den gemeinsamen Standpunkt der Gemeinschaft im Rat festzulegen und für den Fall, daß nicht nur die Gemeinschaft, sondern auch die Mitgliedstaaten Mitglieder der Organisation sind, die Kohärenz des internationalen Vorgehens sicherzustellen.
Bei den Vereinten Nationen wird die Gemeinschaft vom Ratsvorsitz und vom Leiter der Delegation der Europäischen Kommission vertreten. Der gemeinsame

---

115 Zur genaueren Funktionsweise des EWR-Ausschusses und der weiteren Organe des EWR siehe Fischer/Köck 1995, 94ff.

116 Nach der Aufnahme von Namibia (1990) und Südafrika (1997) gehören dem Lomé-Abkommen nunmehr 71 Staaten an.

117 Wie die Numerierung andeutet, ist Lomé IV ein Nachfolgeabkommen von Lomé I (1975), Lomé II (1979) und Lomé III (1984). Für nähere Details zum Lomé-Vertragswerk siehe Fischer/Köck 1995, 652ff.

Standpunkt der Gemeinschaft wird in der Generalversammlung grundsätzlich vom Vorsitz dargelegt (Rat der EU 1997a, 57).
Bei den Treffen der "Gruppe der Acht" (G-8) nehmen von seiten der Europäische Union Vertreter der Kommission und des Ratsvorsitzes teil, wobei die G-8 Treffen nach Möglichkeit während des Vorsitzes eines G-8 Mitgliedes abgehalten werden (Hayes-Renshaw/Wallace 1997, 150).

2.4.7. Sonstige Außenbeziehungen

Zusätzlich zu den bisher erwähnten Formen internationaler Kooperation, die vom Vorsitz vorbereitet und koordiniert - in einigen Fällen auch organisiert und abgehalten - werden müssen, gibt es zahlreiche weitere Kontakte mit Drittstaaten oder Staatengruppen, deren Grundlage zumeist eine gemeinsame Erklärung ist. Die Form des Dialoges kann von der Ebene von Sachverständigen bis zu jener der Staats- und Regierungschefs reichen, die Periodizität der Treffen bewegt sich zwischen "falls erforderlich" bis zu "einmal pro Vorsitz".[118]
Im Bereich der Zusammenarbeit mit Asien besteht die Ministerkonferenz der EU mit den ASEAN-Staaten,[119] die alle 18 Monate zusammentritt. Am 1./2. März 1996 wurde das erste Asien-Europa-Treffen (ASEM I) auf der Ebene der Staats- und Regierungschefs in Bangkok abgehalten, an dem neben den ASEAN-Staaten auch China, Japan und Südkorea teilnahmen. ASEM II fand am 4. April 1998 unter britischem Vorsitz in London statt.
Weitere regelmäßige Kontakte auf multilateraler Ebene gibt es unter anderem mit der Rio-Gruppe,[120] Mercosur[121] und der SADC,[122] auf bilateraler Ebene unter anderem mit den USA und Kanada.

---

[118] Eine Übersicht über die Verpflichtungen des politischen Dialoges mit den assoziierten sowie mit Drittstaaten mit Stand vom 23.7.1996 findet sich in: Rat der EU 1997a, 69ff.

[119] Die ASEAN umfaßt die südostasiatischen Staaten Thailand, Indonesien, Malaysia, Philippinen, Singapur, Brunei, Vietnam, Laos und Myanmar.

[120] Die 1986 in Rio de Janeiro gegründete "Rio-Gruppe" umfaßt Argentinien, Bolivien, Brasilien, Chile, Ecuador, Kolumbien, Mexiko, Panama, Paraguay, Peru, Uruguay und Venezuela. Zwei periodisch wechselnde Staaten nehmen als Beobachter für Mittelamerika bzw. die Karibik teil.

[121] Mercosur setzt sich aus Argentinien, Brasilien, Paraguay und Uruguay zusammen.

[122] Die Gruppe der "Southern African Development Community" umfaßt 14 Staaten des südlichen Afrika: Angola, Botsuana, die Demokratische Republik Kongo, Lesotho, Malawi, Mauritius, Mosambik, Namibia, Sambia, die Seychellen, Simbabwe, Südafrika, Swasiland und Tansania.

2.5. Der Rat aus integrationstheoretischer Sicht

Oberflächlich betrachtet scheint der Rat, zusammengesetzt aus Vertretern der nationalen Regierungen, ein eindeutig intergouvernementales Gremium zu sein, das den supranationalen Organen Kommission, Europäisches Parlament und EuGH gegenübersteht. Dementsprechend argumentieren Befürworter des Intergouvernementalismus üblicherweise für eine Stärkung des Rates als oberstem Entscheidungsgremium, während Vertreter des Supranationalismus die Rolle des Rates als Vertreter der Interessen der Mitgliedstaaten beschneiden wollen. Diese klare Gegenüberstellung läßt sich allerdings bei näherer Betrachtung nicht aufrechterhalten (vgl. Hayes-Renshaw/Wallace 1997, 2).
Schon Ernst Haas stellte fest, daß der Rat trotz seiner intergouvernementalen Struktur kein Garant für die Kontrolle des Integrationsprozesses sein muß:

> "Therefore the supporters of Council powers may be equally seriously mistaken in thinking that an intergovernmental structure automatically guarantees the prevalence of diplomatic decision-making techniques and thereby controls integration." (Haas 1958, 486f.)

Keith Middlemas stellte fest:

> "Informally it [the Council] is the most obviously 'powerful' of the EU's three main institutions yet, at the same time, it is the one where the power of member states has most clearly, and from the beginning, been channelled and demarcated." (Middlemas 1995, 266)

Der Rat zeigt auf allen Ebenen - von den Ministerräten bis zu den Arbeitsgruppen - eine charakteristische Mischung aus intergouvernementalen und supranationalen Elementen. Einerseits versuchen die Regierungen, ihren Einfluß aufrechtzuerhalten oder auszuweiten, andererseits fördern sie in gewissem Ausmaß durch dieses Bemühen auch die Integration. Das vielleicht beste Beispiel dafür liefert die Komitologie, die letztlich für die Kommission Information, Expertise und Legitimation liefert, ohne daß die Mitgliedstaaten die Kommission effektiv kontrollieren könnten.[123]
Der Rat befindet sich so im Zentrum einer "Integrationsdialektik", in der er "zugleich supranationale Institution und Summe der nationalen Souveräne, Repräsentant des neuen Zentrums und der Peripherie" ist:

123 Vgl. Kapitel 2.3.1.

> "Es ist daher durchaus kein Widerspruch, den Rat zugleich als Triebwerk und als Bremse in der Integrationsmechanik zu lokalisieren" (Puntscher Riekmann 1998a, 75).

Die ständig wachsende Zusammenarbeit der Mitgliedstaaten im Rat, die zunehmende Anzahl der Akteure und die damit verbundene Komplexität der Verfahren machen es den Regierungen immer schwerer, den Integrationsprozeß zu kontrollieren.

Stellt man die in diesem Abschnitt herausgearbeiteten Charakteristika des Rates den zentralen Aussagen von Integrationstheorien gegenüber, so zeigt sich, daß der Rat viele dieser Aussagen empirisch bestätigt. Gerade wegen seiner Zusammensetzung aus Vertretern der Mitgliedstaaten übt der Rat eine starke Integrationsfunktion aus.

Die Aussagen des Neo-Funktionalismus werden in zwei wesentlichen Punkten durch die Entwicklung des Rates gestützt. Haas definiert Integration als Prozeß, in dem

> "..actors in several distinct national settings are persuaded to shift their loyalties, expectations and political activities toward a new centre, whose institutions possess or demand jurisdiction over the preexisting national states" (Haas 1958, 16).

Dies kennzeichnet die Situation der im Rat miteinander interagierenden Personen, auch wenn eher die Ausbildung einer doppelten Loyalität als eine Übertragung der Loyalität auf ein neues Zentrum zuzutreffen scheint.

Auch das Konzept des "spill-over", wonach sich die Integration nach einer inneren Logik auf immer weitere Bereiche ausweitet, findet im Rat mit seinen mittlerweile rund 20 verschiedenen Fachräten seine Bestätigung.

Der von Deutsch et al. herausgearbeitete Katalog wesentlicher Integrationsfaktoren für das erfolgreiche Entstehen einer verschmolzenen Sicherheitsgemeinschaft liest sich beinahe wie eine Beschreibung von wesentlichen Merkmalen des Rates. Dies wird besonders an folgenden Integrationsfaktoren deutlich: (vgl. Deutsch et al. 1957, 46ff.)

1. Gemeinsame Werte und Erwartungen der politisch relevanten Akteure. Dies wird manchmal durch ein "tacit agreement" unterstützt, unvereinbare Werte ihrer politischen Bedeutung zu berauben.[124] Die gemeinsamen Er-

---

[124] Deutsch et al. führen als Beispiel ua. die Depolitisierung des religiösen Gegensatzes zwischen Protestanten und Katholiken als Vorbedingung der deutschen und der Schweizer Einigung an (Deutsch et al. 1957, 46). Im österreichischen Kontext erinnert dies an die vorübergehende Depolitisierung der Neutralität im Zuge der Beitrittsverhandlungen.

wartungen betreffen die Hoffnung auf gemeinsame Gewinne, vor allem im ökonomischen Bereich.

2. Funktionierende Kommunikationsprozesse zwischen den integrierenden politischen Einheiten ebenso wie innerhalb dieser Einheiten.
3. Mobilität von Personen zwischen den zu integrierenden Einheiten, zumindest der politisch relevanten Akteure.
4. Eine große Vielfalt gemeinsam wahrgenommener Funktionen und Leistungen sowie verschiedener Institutionen und Organisationen zu deren Durchführung.
5. Ein gewisses Gleichgewicht von Kommunikation und Transaktionen sowie von Initiativen, die von den einzelnen politischen Einheiten ausgehen. Dieses Gleichgewicht sollte über längere Zeit durch nicht zu seltenen Rollenwechsel zwischen den zu integrierenden Einheiten hergestellt werden. Jeder Teil der Union sollte gelegentlich die Initiative innehaben, bei Entscheidungen abwechselnd der Mehrheit und der Minderheit angehören und manchmal Geber und manchmal Empfänger materieller Vorteile sein.
6. Wechselseitige Vorhersehbarkeit des Verhaltens.[125]

Doch der Rat kann auch aus der Perspektive des Intergouvernementalismus beschrieben werden. Demnach entschließen sich die Mitgliedstaaten angesichts transnationaler Problemstellungen zu gemeinsamer Entscheidungsfindung, um für alle eine vorteilhaftere Stellung im internationalen System zu erreichen (vgl. Hoffmann 1995b, 222). Dabei steht nicht der Wunsch nach Integration, sondern der Erhalt nationaler Souveränität im Mittelpunkt.
Der unterschiedliche Zugang und das unterschiedliche Erkenntnisinteresse machen es möglich, die verschiedenen Seiten der in diesem Kapitel mehrfach angesprochenen Doppelrolle des Rates hervorzuheben. Doch ich halte es für unverzichtbar, beide Seiten, die in einer dialektischen Beziehung zueinander stehen, im Auge zu behalten. Der Rat weist sowohl intergouvernementale als auch supranationale Elemente auf, und der Versuch, die nationale Kontrolle von supranationalen Elementen der Union durch den Rat zu verstärken, kann durchaus auch gegenteilige Folgen nach sich ziehen.

---

125 Die Punkte 5 und 6 bezeichnen Deutsch et al. vorbehaltlich weiterer Untersuchungen als höchst wahrscheinlich wesentlich für den Erfolg einer verschmelzenden Sicherheitsgemeinschaft (Deutsch et al. 1957, 54f.).
Außer den hier angeführten Kriterien führen Deutsch et al. noch folgende an: die Entwicklung eines charakteristischen "way of life"; die Zunahme politischer und administrativer Handlungsfähigkeit; höheres wirtschaftliches Wachstum; Verbreiterung der politischen Elite.

3. DIE PRÄSIDENTSCHAFT DES RATES

3.1. Entwicklung

Die Präsidentschaft des Rates der Europäischen Union entwickelte sich "more by default than by design" (Kirchner 1992, 71) von bescheidenen Anfängen zu einer der wichtigsten Funktionen der Union. Für die Zunahme der Bedeutung der Präsidentschaft waren vor allem folgende Faktoren verantwortlich:

- der Bedeutungsgewinn des Rates auf Kosten der Kommission,
- die Übernahme neuer Aufgaben außerhalb des institutionellen Rahmens der Gemeinschaften,
- die Zunahme der Gemeinschaftszuständigkeiten, mit der eine Ausdifferenzierung des Rates und ein starkes Wachstum der den Rat unterstützenden Komitees und Arbeitsgruppen einherging und
- das Wachstum der Gemeinschaft von sechs auf derzeit 15 Mitgliedstaaten.

Ihren Ursprung hat die Präsidentschaft bereits im Vertrag von Paris zur Begründung der EGKS.[126] Seit damals bestehen jene beiden Grundprinzipien, die den Vorsitz im Rat bis heute bestimmen: die Wahrnehmung des Vorsitzes durch die Mitgliedstaaten selbst (und nicht einen kollektiven Repräsentanten) und die Rotation des Vorsitzes, unabhängig von der Größe oder Bedeutung eines Landes (Wallace 1985a, 2). Die Römer Verträge vom 25.3.1957 zur Gründung der EWG und der Euratom legten die Dauer des Ratsvorsitzes im Unterschied zur EGKS mit sechs Monaten fest.[127]
In den ersten Jahren hatte die Präsidentschaft eine relativ geringe Bedeutung. Die Kommission spielte eine aktivere und einflußreichere Rolle und der Rat stand unter dem Einfluß des politischen Gewichtes der Gründungsväter der Gemeinschaft: Monnet, Spaak, Schuman und Adenauer.
Der Luxemburger Kompromiß 1966 stellte einen Wendepunkt dar, von dem an die Bedeutung der Präsidentschaft rasch zu wachsen begann. Das institutionelle Gleichgewicht veränderte sich zugunsten des Rates. Gleichzeitig nahm dessen Aufgabenumfang ständig zu, und damit vermehrte sich die Zahl der Ratssitzungen und der sie vorbereitenden Arbeitsgruppen (Westlake 1995, 38).

---

126 Abgeschlossen am 18.4.1951 in Paris, in Kraft seit 23.7.1953 (Fischer/Köck 1995, 73).

127 Der ursprünglich alle drei Monate wechselnde Vorsitz im Bereich der EGKS verlängerte sich erst mit dem Fusionsvertrag von 1965 (in Kraft seit 1.1.1967) auf sechs Monate (Hayes-Renshaw/Wallace 1997, 136).

Als im Jahr 1970 die Europäische Politische Zusammenarbeit außerhalb des Institutionengefüges der Gemeinschaften etabliert wurde, fiel es der Präsidentschaft zu, die EPZ zu organisieren und das Sekretariat sowie die Finanzierung zur Verfügung zu stellen.[128] Weiters legte der Luxemburger Bericht vom 27.10.1970 fest, daß die Präsidentschaft einmal im Jahr dem EP über die EPZ berichten soll. 1973 wurde das unter der französischen Abkürzung COREU (Correspondance Européenne) bekannt gewordene Kommunikationssystem eingeführt, dessen Koordinierung ebenfalls die Präsidentschaft übernahm (Wallace 1985a, 8). 1981 wurde das Prinzip der Troika institutionalisiert, wonach die Präsidentschaft bei Außenkontakten im Rahmen der EPZ von der vorhergehenden und der folgenden Präsidentschaft unterstützt wird. Dadurch sollten die Legitimation, die Kontinuität und das Gewicht der EPZ erweitert werden (Westlake 1995, 41).[129]
Eine weitere deutliche Ausweitung ihrer Aufgaben erfuhr die Präsidentschaft im Jahr 1974 mit der Einführung des Europäischen Rates und informeller Ministertreffen. Auch die Organisation und Vorsitzführung dieser beiden außerhalb der Verträge angesiedelten Einrichtungen fiel der Präsidentschaft zu. Seit 1977 liegt es in der Verantwortung der Präsidentschaft, nach jedem Europäischen Rat dessen Ergebnisse in den Schlußfolgerungen der Präsidentschaft zusammenzufassen,[130] seit 1983 muß die Präsidentschaft dem EP über jeden Europäischen Rat Bericht erstatten (Westlake 1995, 37f.).[131]
Die Einheitliche Europäische Akte 1986 und der Vertrag von Maastricht 1991 brachten auch für die Präsidentschaft neue Herausforderungen. Das faktische Ende des Luxemburger Kompromisses und die Ausweitung der Möglichkeit, mit qualifizierter Mehrheit im Rat zu entscheiden, erweiterte den Spielraum des Vorsitzes in den Verhandlungen, erhöhte damit aber auch die Anforderungen und die Verantwortung.

---

[128] Mit der EEA wurde ein EPZ-Sekretariat in Brüssel geschaffen (Schoutheete 1989, 98), das 1995 in die für Außenbeziehungen zuständige Generaldirektion E des Ratssekretariates eingegliedert wurde. Der Umstand, daß die für die GASP zuständige Abteilung der DG E nach wie vor in erster Linie aus nationalen Beamten zusammengesetzt wird, sorgte dabei für interne Koordinationsprobleme (Hayes-Renshaw/Wallace 1997, 110).

[129] Die Regelungen über die Troika finden sich im Londoner Bericht, der am 13.10.1981 vom Rat angenommen wurde.

[130] Niedergeschrieben in der Deklaration des Europäischen Rates von London, am 29./30.6.1977.

[131] Die "Feierliche Erklärung" von Stuttgart vom 19.6.1983 sieht nach jeder Tagung des Europäischen Rates einen mündlichen Bericht an das EP durch den Präsidenten des Europäischen Rates und einen schriftlichen Bericht pro Jahr über den Fortschritt der Europäischen Union vor.

Die Erweiterung der Zuständigkeiten der EG auf neue Politikfelder und das ambitionierte Programm des Gemeinsamen Marktes brachten eine enorme Arbeitsbelastung mit sich, der aufeinanderfolgende Präsidentschaften durch verbesserte Koordination und Zusammenarbeit (sogenannte "rolling programmes") Herr zu werden versuchten.
Die Einführung des Kooperationsverfahrens und später des Mitentscheidungsverfahrens mit dem EP veränderte nachhaltig die Beziehung des Rates zum EP und damit auch die Rolle der Präsidentschaft, die nun nicht mehr nur im Rat, sondern auch zwischen Rat und EP Übereinstimmung herbeiführen muß.
Die EPZ entwickelte sich mit dem Vertrag von Maastricht zur GASP weiter, in der die Präsidentschaft der dominante Akteur blieb. Auch in der neu eingeführten Zusammenarbeit in den Bereichen Justiz und Inneres ist die Präsidentschaft der Hauptakteur.
Um dem erhöhten Koordinationsbedarf zwischen den Organen der Union Rechnung zu tragen, findet zwischen Rat, Kommission und Parlament ein sogenannter Trilog statt, der je nach Bedarf auf allen Ebenen stattfinden kann.

Doch nicht nur der Aufgabenumfang der Präsidentschaft hat ständig zugenommen, auch die Zahl der Mitgliedstaaten wuchs von den sechs Gründungsmitgliedern auf mittlerweile 15 Staaten. Für die Präsidentschaft bedeutet dies eine enorme Zunahme der Arbeitsbelastung, da nunmehr 15 verschiedene Standpunkte zu berücksichtigen und auf einen Nenner zu bringen sind. Die inhaltliche und organisatorische Vorbereitung der Sitzungen ist aufwendiger, die Dynamik des Verhandlungsverlaufes schwieriger einzuschätzen und die Dauer der Sitzungen länger.
Auch die ständig wachsenden Außenkontakte der Union fordern die Präsidentschaft. Neben der Wahrnehmung der Assoziations- und Kooperationsräte und der Organisation und Durchführung zahlreicher bi- und multilateraler Zusammenkünfte auf allen Ebenen sind insbesondere die Kontakte mit den Beitrittswerbern - von strukturiertem Dialog über die Europakonferenz bis zu den Beitrittsverhandlungen - von der Präsidentschaft vorzubereiten und zu leiten.[132]

3.2. Rechtliche Grundlagen[133]

Wie die Entwicklung der Präsidentschaft zeigt, wuchs ihre Bedeutung nicht durch rechtliche Vorgaben, sondern in der Praxis einerseits durch den Bedeu-

---

132 Siehe die tabellarische Übersicht über die Zuständigkeitsbereiche der Präsidentschaft im Anhang 6.3.

133 Einen ausführlichen Überblick über die rechtlichen Grundlagen der Präsidentschaft bieten Hummer/Obwexer 1999.

tungsgewinn des Rates, andererseits durch die Übernahme zahlreicher informeller und außerhalb des institutionellen Rahmens angesiedelter Aufgaben. Dementsprechend finden sich im Primärrecht relativ wenige Hinweise auf die Präsidentschaft, wobei vor allem im Vertrag von Maastricht - durch die Institutionalisierung des bislang außerhalb der Verträge stehenden Europäischen Rates und der intergouvernemental ausgerichteten Zweiten und Dritten Säule - die Präsidentschaft häufiger Erwähnung findet. Der Vertrag von Amsterdam brachte für die Präsidentschaft vor allem in der Zweiten Säule einige Veränderungen.

3.2.1. Die Rotation der Präsidentschaft

Bis zur Einheitlichen Europäischen Akte (EEA) 1986[134] fand die Präsidentschaft nur in Artikel 146 EGV[135] Erwähnung, der bezüglich der Reihenfolge, in der die Mitgliedstaaten den Vorsitz wahrnehmen sollten, durch die Erweiterungen der Gemeinschaft mehrmals geändert wurde.
Artikel 203 Abs. 2 EGV legt fest:

> "Der Vorsitz im Rat wird von den Mitgliedstaaten nacheinander für sechs Monate wahrgenommen; die Reihenfolge wird vom Rat einstimmig beschlossen".

Ursprünglich galt die alphabetische Reihenfolge der Mitgliedstaaten in ihrer jeweiligen Landessprache.[136] Anläßlich des Beitrittes von Spanien und Portugal im Jahr 1986 wurde vom Prinzip der alphabetischen Reihenfolge insofern abgegangen, als bei jedem zweiten Sechsjahreszyklus die Reihenfolge innerhalb eines Jahres gestürzt wurde, so daß jedes Land abwechselnd einmal im ersten und einmal im zweiten Halbjahr die Präsidentschaft innehatte. Dadurch sollten die durch die ungleiche Verteilung von Urlaubszeiten auf die beiden Halbjahre entstehenden unterschiedlichen Belastungen ausgeglichen werden.[137]
Portugal, das entsprechend dieser Reihenfolge bereits im ersten Jahr seiner Mitgliedschaft (1986) die Präsidentschaft zu übernehmen gehabt hätte, fühlte

---

134 Titel III der EEA regelte die EPZ und kodifizierte jene Aufgaben, die die Präsidentschaft in der Praxis ohnehin schon wahrnahm. Mit dem Vertrag von Maastricht wurde Titel III der EEA durch die Bestimmungen über die GASP ersetzt.

135 Nach der Umnumerierung durch den Vertrag von Amsterdam nunmehr Art. 203 EGV.

136 Daher fanden sich beispielsweise Spanien (España) und Griechenland (Ellas) unter E.

137 Der August gilt in Brüssel traditionell als Urlaubsmonat. Da auch Ende Juli und Ende Dezember weitgehend ausfallen, beschränkt sich die Arbeitszeit im wesentlichen auf September bis Mitte Dezember, wodurch in dieser Zeit eine besonders hohe Belastung entsteht.

sich der Aufgabe nicht gewachsen und verzichtete. Die erste Präsidentschaft Portugals fand daher im ersten Halbjahr 1992 statt (Westlake 1995, 50f.).
Völlig umgestellt wurde das Rotationsprinzip der Präsidentschaften mit der Erweiterung im Jahr 1995. Seither wird die Reihenfolge der Präsidentschaften durch einen einstimmigen Beschluß des Rates festgelegt.[138] Die Reihenfolge der Präsidentschaften bis zum Jahr 2003 wurde durch einen Beschluß des Rates Allgemeine Angelegenheiten am 1.1.1995 fixiert.[139] Die Umstellung erfolgte vor allem im Hinblick darauf, daß möglichst jede Troika zumindest einen großen Staat der Union enthalten sollte.[140] Außerdem werden die drei neu hinzukommenden neutralen Länder von jeweils zwei NATO- und WEU-Mitgliedern flankiert (Westlake 1995, 48).

3.2.2. Die Präsidentschaft nach Maastricht[141]

Im Vertrag von Maastricht finden sich Bestimmungen zur Präsidentschaft vor allem in vier Bereichen: im Zusammenhang mit dem Europäischen Rat, der WWU, der GASP und der ZBJI.
Zum Europäischen Rat legt Artikel 4 EUV[142] fest, daß jenes Land den Vorsitz führt, das auch im Rat den Vorsitz innehat. Die Aufgabe des Europäischen Rates, dem EP Bericht zu erstatten, wird hingegen nicht explizit dem Vorsitz zugeschrieben, in der Praxis aber von diesem wahrgenommen.
Die Bestimmungen im Zusammenhang mit der WWU betreffen Informationspflichten der Ratspräsidentschaft gegenüber dem EP bezüglich der multilateralen Überwachung der Wirtschaftspolitik,[143] der Beschlüsse im Verfahren zur Vermeidung übermäßiger öffentlicher Defizite,[144] der Festlegung, Änderung

---

138 Diese neue Regelung wurde durch Art. 12 des Beitrittsvertrages mit Österreich, Finnland und Schweden dem heutigen Art. 203 EGV (ex-Art. 146) hinzugefügt (Fischer/Köck 1995, 345).

139 Die politische Entscheidung dafür traf bereits der Europäische Rat in Brüssel am 10./11. Dezember 1993 (vgl. Anlage III: Der Platz der beitrittswilligen Länder in den Gemeinschaftsorganen und -einrichtungen).

140 Trotzdem bestand die Troika 1996/97 aus Irland, den Niederlanden und Luxemburg. Die Niederlande gelten allerdings im Zusammenhang mit der Troika als großer Staat (Hayes-Renshaw/Wallace 1997, 137).

141 In diesem Kapitel wird ausschließlich auf Bestimmungen der Verträge in der Fassung von Maastricht Bezug genommen. Es wird allerdings auch hier die durch den Vertrag von Amsterdam veränderte Numerierung verwendet.

142 Ex-Art. D EUV.

143 Art. 99 Abs. 4 EGV (Ex-Art. 103 Abs. 4 EGV).

144 Art. 104 Abs. 11 EGV (Ex-Art. 104c Abs. 11 EGV).

oder Aufgabe der ECU-Leitkurse[145] und des Beschlusses über die Zusammensetzung des Wirtschafts- und Finanzausschusses.[146]
In Artikel 113 EGV[147] wird das Recht des Ratspräsidenten und eines Mitgliedes der Kommission festgehalten, ohne Stimmrecht an den Sitzungen des EZB-Rates teilzunehmen, wobei der Präsident des Rates dem EZB-Rat auch einen Antrag zur Beratung vorlegen kann.[148]
In Angelegenheiten der GASP wird die Union vom Ratsvorsitz vertreten, der auch für die Durchführung der gemeinsamen Aktionen verantwortlich ist und daher in internationalen Organisationen und auf internationalen Konferenzen den Standpunkt der Union darlegt. Dabei kann die Präsidentschaft vom vorhergehenden und nachfolgenden Vorsitz unterstützt werden.[149] In dringenden Fällen kann die Präsidentschaft von sich aus oder auf Antrag der Kommission oder eines Mitgliedstaates innerhalb von 48 Stunden, bei absoluter Notwendigkeit auch in kürzerer Zeit, eine außerordentliche Tagung des Rates einberufen.[150]
Das EP wird vom Vorsitz regelmäßig über die Entwicklung der GASP unterrichtet und zu den wichtigsten Aspekten und den grundlegenden Weichenstellungen der GASP gehört, wobei der Vorsitz darauf zu achten hat, daß die Auffassungen des EP gebührend berücksichtigt werden.[151]
Im Bereich der ZBJI ist der Vorsitz vom Vertrag her nur dazu angehalten, das EP zu informieren, zu hören und gebührend zu berücksichtigen.[152]

Darüber hinaus findet die Präsidentschaft noch im Artikel 48 EUV,[153] im Artikel 204 EGV[154] und im Artikel 251 EGV[155] Erwähnung. Gemäß Art. 48 EUV wird eine Regierungskonferenz vom Präsidenten des Rats einberufen, sofern der

---

145 Art. 111 Abs. 1 EGV (Ex-Art. 109 Abs. 1 EGV).

146 Art. 114 Abs. 3 EGV (Ex-Art. 109c Abs. 3 EGV).

147 Ex.-Art. 109b EGV.

148 Der EZB-Rat besteht gemäß Art. 112 EGV (Ex-Art. 109a EGV) aus den Mitgliedern des Direktoriums der EZB und den Präsidenten der nationalen Notenbanken.

149 Art. 18 Abs. 1-3 EUV (Ex-Art. J.5 Abs. 1-3 EUV).

150 Art. 22 Abs. 2 EUV (Ex-Art. J.8 Abs. 4 EUV).

151 Art. 21 EUV (Ex-Art. J.7 EUV).

152 Art. 39 EUV (Ex-Art. K.6 EUV).

153 Ex-Art. N EUV.

154 Ex-Art. 147 EGV.

155 Ex-Art. 189b EGV.

Rat eine entsprechende Stellungnahme abgegeben hat. Artikel 204 legt fest, daß der Rat von seinem Präsidenten aus eigenem Entschluß oder auf Antrag eines seiner Mitglieder oder der Kommission einberufen wird und im Mitentscheidungsverfahren nach Artikel 251 beruft der Präsident des Rates gemeinsam mit dem Präsidenten des EP den Vermittlungsausschuß ein.[156]

3.2.3. Die Präsidentschaft nach Amsterdam

Der Vertrag von Amsterdam bringt für die Präsidentschaft vor allem in der Zweiten Säule einige Änderungen. Der Vorsitz vertritt nach wie vor die Union in Angelegenheiten der GASP und ist für die Durchführung der Beschlüsse und die Darlegung des Standpunktes der Union in Internationalen Organisationen und Konferenzen verantwortlich.[157] Er wird dabei allerdings nicht mehr vom vorangegangenen und zukünftigem Vorsitz, sondern vom Generalsekretär des Rates, der die Aufgabe eines Hohen Vertreters für die GASP wahrnimmt, der Kommission und gegebenenfalls dem nachfolgenden Vorsitz unterstützt.[158] Der Hohe Vertreter für die GASP kann auf Ersuchen des Vorsitzes im Namen des Rates den politischen Dialog mit Dritten führen.[159] Durch den Hohen Vertreter soll insbesondere die Kontinuität der GASP verbessert werden.
Neu ist auch die Bestimmung des Artikels 24, wonach der Rat den Vorsitz ermächtigen kann, Verhandlungen mit einem oder mehreren Staaten oder Internationalen Organisationen aufzunehmen, wenn der Abschluß einer Übereinkunft zur Durchführung der GASP erforderlich ist. Der Vorsitz wird dabei gegebe-

---

156 Das Mitentscheidungsverfahren wurde durch den Vertrag von Amsterdam geändert. Nach Ex-Art. 189b Abs. 3 wurde ein Vermittlungsausschuß einberufen, wenn der Rat nach Änderungsvorschlägen des EP und der Stellungnahme der Kommission binnen drei Monaten keine Entscheidung traf. Ein Vermittlungsausschuß konnte vom Rat auch dann einberufen werden, wenn das Parlament seine Absicht kundtat, den Gemeinsamen Standpunkt des Rats abzulehnen. In diesem Fall sprach Art. 189b Abs. 2 lit. c allerdings nicht vom Präsidenten des Rates, sondern vom Rat, der den Vermittlungsausschuß einberufen kann. In der Praxis wurde der Vermittlungsausschuß aber auch in diesem Fall vom Ratspräsidenten einberufen.

Im reformierten Mitentscheidungsverfahren nach Amsterdam kann weiterhin ein Vermittlungsausschuß gemäß Art. 251 Abs. 3 vom Präsidenten des Rates im Einvernehmen mit dem Parlamentspräsidenten einberufen werden. Die Regelung gemäß Ex-Art. 189b Art. 2 lit. c sieht keinen Vermittlungsausschuß mehr vor.

157 Art. 18 Abs. 1 und 2 EUV (Ex-Art. J.5 EUV).

158 Art. 18 Abs. 3 und 4 EUV. Die bisherigen Aufgaben des Generalsekretärs des Rates übernimmt dann ein Stellvertretender Generalsekretär. Beide werden vom Rat durch einstimmigen Beschluß ernannt (Art. 207 EGV; ex-Art. 151 EGV).

159 Art. 26 EUV.

nenfalls von der Kommission unterstützt. Der Rat beschließt solche Übereinkünfte einstimmig auf Empfehlung des Vorsitzes. Eine analoge Formulierung gilt auch für Angelegenheiten der Dritten Säule.[160]
Von den Veränderungen durch den Vertrag von Amsterdam unberührt bleiben die Aufgaben des Vorsitzes gegenüber dem EP[161] sowie die Möglichkeit des Vorsitzes, in dringenden Fällen kurzfristig außerordentliche Tagungen des Rates einberufen zu können.[162]

Die anderen Vertragsgrundlagen für die Präsidentschaft blieben durch den Vertrag von Amsterdam weitgehend unverändert.

3.2.4. Die Geschäftsordnung des Rates

3.2.4.1. Entwicklung

Der Rat hat, ebenso wie die Kommission und das EP, die Kompetenz, sich autonom eine Geschäftsordnung zu geben. Diese Kompetenz ergibt sich aus der lakonischen Feststellung von Artikel 207 Abs. 3: "Der Rat gibt sich eine Geschäftsordnung."[163]
Bereits 1958 wurde eine provisorische Geschäftsordnung erlassen, die erst 1979 durch eine endgültige Geschäftsordnung ersetzt wurde, allerdings ohne wesentliche Änderungen zu bringen (Westlake 1995, 125f.).
Für die geringe Eile bei der Festlegung der endgültigen Geschäftsordnung können mehrere Gründe angeführt werden: Eine Regel festzulegen verringert nicht nur die Flexibilität, ihre Mißachtung kann auch zur Aufhebung einer Entscheidung durch den EuGH führen. Außerdem kostet die Diskussion über eine neue Geschäftsordnung viel Zeit, wovon der chronisch überlastete Rat nur wenig hat (Westlake 1995, 129).
In Reaktion auf die Änderungen durch die EEA bezüglich qualifizierter Mehrheitsabstimmungen und die Einführung des Kooperationsverfahrens wurde die Geschäftsordnung im Jahr 1987 adaptiert. Eine Abstimmung im Rat kann seither nicht nur auf Initiative der Präsidentschaft, sondern auch auf Antrag der

---

160 Vgl. Art. 38 EUV.

161 Art. 21 EUV (Ex-Art. J.7 EUV).

162 Art. 22 EUV Abs. 2 (Ex- Art. J.8 Abs. 4 EUV).

163 Ex-Art. 151 Abs. 3. Durch den Vertrag von Amsterdam wurde Art. 207 Abs. 3 um eine Bestimmung erweitert, die den Rat verpflichtet, in seiner Geschäftsordnung die Bedingungen festzulegen, unter denen die Öffentlichkeit Zugang zu den Dokumenten des Rates erhält.

Kommission oder eines Mitgliedstaates durchgeführt werden, sofern die Mehrheit der Mitglieder des Rates den Antrag unterstützt. Die zweite wesentliche Änderung legte fest, daß aus der provisorischen Tagesordnung hervorgehen soll, welche Tagesordnungspunkte zur Abstimmung gelangen könnten.
Schließlich führte der Vertrag von Maastricht in Verbindung mit den Schlußfolgerungen des Europäischen Rates von Edinburgh im Dezember 1992 zu einer umfassenden Überarbeitung der Geschäftsordnung.
Von den zahlreichen Änderungen sind für die Präsidentschaft vor allem zwei interessant: Die Einführung von öffentlichen Debatten über das Arbeitsprogramm einer neuen Präsidentschaft und die Reform des schriftlichen Verfahrens (Westlake 1995, 126ff.).[164]
Nach Inkrafttreten des Vertrages von Amsterdam beschloß der Rat am 31. Mai 1999 eine überarbeitete Geschäftsordnung, in der neben einigen editorischen Änderungen[165] gegenüber der Geschäftsordnung von 1993 vor allem Bestimmungen über die Öffentlichkeit von Beratungen und die Veröffentlichung von Rechtsakten im Amtsblatt eingefügt worden sind. Für den Ratsvorsitz ergab sich nur eine Neuerung im Zusammenhang mit der Veranlassung des schriftlichen Verfahrens.[166]

3.2.4.2. Die Bestimmungen im einzelnen[167]

Gemäß Art. 1 der GO wird der Rat von seinem Präsidenten aus eigenem Beschluß, oder auf Antrag eines seiner Mitglieder oder der Kommission einberufen,[168] wobei die vorgesehenen Termine der Ratstagungen bereits sieben Monate vor Amtsantritt mitgeteilt werden müssen.
Art. 2 legt fest, daß die Präsidentschaft die vorläufige Tagesordnung jeder Tagung aufstellt und den anderen Ratsmitgliedern und der Kommission spätestens vierzehn Tage im voraus übermittelt.[169] In der vorläufigen Tagesordnung muß

164 Vgl. Art. 4 und Art. 10 der GO des Rates.

165 Das betrifft vor allem die Anpassung an die neue Numerierung der Verträge und die Berücksichtigung der Änderungen an der Spitze des Generalsekretariates des Rates durch die Einführung des Hohen Vertreters für die GASP.

166 Vgl. Art. 10 Abs. 5 GO des Rates.

167 Die folgenden Ausführungen basieren zur besseren Auffindbarkeit derArtikel auf der Geschäftsordnung in der Fassung vom 31.5.1999.

168 Art. 1 Abs. 1 der GO des Rates wiederholt damit wortgleich Art. 204 EGV (ex-Art. 147).

169 Punkt a der der GO angefügten "Erklärungen für das Ratsprotokoll" präzisiert Art. 2 GO dahingehend, daß sich der Vorsitz bemüht, die vorläufige Tagesordnung für Ratstagungen, auf denen die Umsetzung der Bestimmungen des Titels VI EUV (ZBJI) behandelt wird, bereits 21 Tage vor Beginn dieser Tagung zu übermitteln.

vermerkt sein, über welche Punkte der Vorsitz, ein anderes Ratsmitglied oder die Kommission eine Abstimmung verlangen können. Dadurch sollen vor allem Überraschungsabstimmungen vermieden werden.
Art. 4 sieht die öffentlichen Orientierungsaussprachen über das jeweilige Arbeitsprogramm zu Beginn jeder Präsidentschaft vor und ermöglicht es, auch über andere Fragen, die vom Vorsitz, der Kommission oder einem anderen Ratsmitglied vorgeschlagen werden, öffentliche Aussprachen abzuhalten.
Nach Art. 9 führt der Vorsitz eine Abstimmung im Rat auf eigene Veranlassung durch. Auf Antrag eines anderen Ratsmitgliedes oder der Kommission leitet der Vorsitz das Abstimmungsverfahren dann ein, wenn sich die Mehrheit der dem Rat angehörigen Mitglieder dafür ausspricht.
Art. 10 regelt das schriftliche Verfahren, das entweder vom Rat oder vom AStV vorab einstimmig beschlossen wird, oder vom Vorsitz im Rahmen des schriftlichen Verfahrens vorgeschlagen werden kann. In diesem Fall ist die Zustimmung zum Verfahren Teil des Verfahrens selbst. Die Präsidentschaft kann im Bereich der GASP auch das vereinfachte schriftliche Verfahren zur Anwendung bringen, wonach ein Vorschlag nach einer festgesetzten Frist als angenommen gilt, wenn kein Ratsmitglied einen Einwand erhebt.[170]
Art. 11 und 13 legen fest, daß Protokolle über die Tagungen sowie die vom Rat und die vom Rat gemeinsam mit dem EP angenommenen Rechtsakte vom amtierenden Präsidenten des Rates (und vom Generalsekretär) unterzeichnet werden.[171]
Gemäß Art. 17 führt das Land, das den Vorsitz im Rat führt, auch den Vorsitz im AStV und sonstigen Ausschüssen und Arbeitsgruppen des Rates, mit Ausnahme des Wirtschafts- und Finanzausschusses.
Art. 18 verlangt vom Vorsitz, die Sitzungen der verschiedenen Ausschüsse und Arbeitsgruppen so zu organisieren, daß ihre Berichte rechtzeitig vor der Tagung des AStV, auf der sie behandelt werden, vorliegen.
Nach Art. 23 wird der Rat vor dem EP und seinen Ausschüssen vom Vorsitz oder im Auftrag des Vorsitzes vom Generalsekretär oder hohen Beamten des Generalsekretariates vertreten.

---

170 Dieses vereinfachte Verfahren kann nach der GO-Änderung 1999 auch "im Hinblick auf Beschlüsse zur Anhörung anderer Organe oder Einrichtungen in allen Fällen, in denen eine solche Anhörung nach dem Gemeinschaftsrecht erforderlich ist" vom Vorsitz veranlaßt werden.

171 Im Falle der gemeinsam mit dem EP gemäß Art. 251 EGV (ex-Art. 189b) erlassenen Rechtsakte unterzeichnet auch der Präsident des EP (vgl. Art. 254 EGV; ex-Art. 191).

Schließlich legt Art. 25 fest, daß für den Rat bestimmte Schreiben an den Präsidenten am Sitz des Rates zu richten sind.[172]

3.3. Funktionen der Präsidentschaft

Die Funktionen der Präsidentschaft sind vielfältig und stehen in wechselseitigem Zusammenhang. Sie ergeben sich einerseits aus den Verträgen und aus der Geschäftsordnung, andererseits sind sie langjährig etablierte oder ad hoc geübte Praxis. Die Zuständigkeit des Vorsitzes erstreckt sich horizontal auf die Europäischen Gemeinschaften (Erste Säule), die GASP (Zweite Säule), die ZBJI (Dritte Säule), Außenkontakte, Regierungskonferenzen und sonstige außerhalb des institutionellen Rahmens angesiedelte Formen der Zusammenarbeit (informelle Räte) und vertikal auf die verschiedenen Ebenen der Ratstätigkeit, von jener der Staats- und Regierungschefs, über die der Minister und die hohen Beamten (AStV I + II, SAL etc.) bis zu den Experten in den Arbeitsgruppen.[173] Es ist daher schwierig, die verschiedenen Funktionen analytisch zu trennen und übersichtlich darzustellen. Dementsprechend hat sich in der Literatur zur Präsidentschaft auch noch keine einheitliche Beschreibung ihrer Funktionen durchgesetzt. Kirchner unterscheidet "administrative, initiative, co-ordination, and representational functions" (Kirchner 1992, 79). Nugent spricht von (1) "arranging [...] and chairing, all Council meetings from ministerial level downwards", (2) "launching and building a consensus for initiatives", (3) "ensuring some continuity and consistency of policy development" und (4) "representing the Council in dealings with outside bodies" (Nugent 1994, 127). Hayes-Renshaw/Wallace übernehmen die Kategorisierung, die Helen Wallace bereits Mitte der 70er Jahre zusammen mit Geoffrey Edwards verwendet hat:[174] Business Manager, Promoter of Initiatves, Package-broker, Liaison Point und Collective Representative (Hayes-Renshaw/Wallace 1997, 140ff.).

Ich möchte im folgenden in Anlehnung an Kirchner zwischen vier wesentlichen, auf alle Bereiche der präsidentschaftlichen Tätigkeit zutreffenden Funktionen unterscheiden: der Organisation und Koordination der gesamten Ratstä-

---

172 Nach dem Beschluß der Vertreter der Regierungen der Mitgliedstaaten vom 12.12.1992, basierend auf Art. 289 EGV (ex-Art. 216), hat der Rat seinen Sitz in Brüssel und hält im April, Juni und Oktober seine Sitzungen in Luxemburg ab. Die Anschrift des Rates lautet: Rat der Europäischen Union, Rue de la Loi 175, 1048 Brüssel (Art. 25 GO des Rates).

173 Siehe die tabellarische Übersicht im Anhang 6.3.

174 Vgl. Wallace/Edwards 1976 und Edwards/Wallace 1977.

tigkeit, der Vorsitzführung, der Funktion der kollektiven Repräsentation und der Initiativfunktion.

3.3.1. Organisation und Koordination

Diese Funktion ist unbestritten die Hauptaufgabe jeder Präsidentschaft und hat das möglichst reibungslose Funktionieren der Ratstätigkeit zum Ziel. Gute Organisation und Koordination sind die unentbehrliche Grundlage einer erfolgreichen Präsidentschaft.

Der Vorsitz ist dafür verantwortlich, den Tagungskalender zu erstellen und zu führen, die Sitzungen einzuberufen, die Tagesordnung aufzustellen und dafür zu sorgen, daß die notwendige Infrastruktur - vor allem Räumlichkeiten, Dokumente und Dolmetscher - bereitsteht. Außerdem nimmt die Präsidentschaft an den Rat gerichtete Schreiben entgegen und unterzeichnet die vom Rat angenommenen Rechtsakte.

Bei diesen Aufgaben wird der Vorsitz im Bereich der Ersten bis Dritten Säule intensiv vom Generalsekretariat des Rates unterstützt, wobei die Intensität der Zusammenarbeit von der jeweiligen Präsidentschaft abhängt. Tendenziell stützen sich kleinere Länder stärker auf das Ratssekretariat (Kirchner 1992, 78). Beim Europäischen Rat obliegt die Organisation weitgehend, bei informellen Veranstaltungen zur Gänze der Präsidentschaft.

Zur organisatorischen Tätigkeit gehört auch die Koordination der gesamten Ratstätigkeit. Die Koordination hat eine zeitliche und eine inhaltliche Komponente. In zeitlicher Hinsicht muß bei der Erstellung des Tagungskalenders auf sämtliche Fristen Rücksicht genommen werden. Dabei kann es sich zum Beispiel um primärrechtlich festgelegte, von Europäischen Räten vorgegebene oder durch das Entscheidungsverfahren festgelegte Fristen handeln. Außerdem ist die zeitliche Abstimmung der verschiedenen Ebenen zu beachten. Zwischen zwei dasselbe Thema behandelnden Sitzungen müssen in der Regel drei Wochen für die Abfassung, Übersetzung, Vervielfältigung und Verteilung der entsprechenden Dokumente einkalkuliert werden (Rat der EU 1997c, 5).[175] Außerdem sind die Kontakte mit den anderen Institutionen der Gemeinschaft zeitgerecht zu planen.

In inhaltlicher Hinsicht sind der Europäische Rat, die verschiedenen Fachministerräte und die Handlungen in der Zweiten und Dritten Säule so aufeinander

[175] In der Praxis sind diese Fristen allerdings wesentlich kürzer. Außerdem wird in der Verhandlungsphase de facto mit Dokumenten in französischer und englischer Fassung gearbeitet. Die Übersetzung in alle Amtssprachen erfolgt meist erst unmittelbar vor der formellen Beschlußfassung.

abzustimmen, daß die von Artikel 3 EUV[176] vorgeschriebene Kohärenz der verschiedenen Politiken gewährleistet werden kann.

3.3.2. Vorsitzführung

Die Präsidentschaft führt mit Ausnahme des Wirtschafts- und Finanzausschusses in allen Ratsgremien und darüber hinaus auch im intergouvernementalen Bereich den Vorsitz.
Dabei geht es nicht nur um die Gewährleistung eines reibungslosen Sitzungsverlaufes, sondern vor allem um die inhaltliche Führung der Verhandlungen. Um die Verhandlungen zu steuern, steht dem Vorsitz eine Reihe von Möglichkeiten zur Verfügung:[177]
Tour de table: Wenn der Vorsitz dieses Instrument ergreift, ist jede Delegation aufgerufen, ihre Position zum vorliegenden Dossier bekanntzugeben. Diese Methode kann zum Beispiel eine Debatte eröffnen, um einen generellen Überblick zu geben oder dem Vorsitz Aufschluß darüber bringen, welche Positionen die Mitgliedstaaten vertreten. Die "tour de table" hat allerdings den großen Nachteil, bei 15 Mitgliedern zu viel Zeit in Anspruch zu nehmen. Sie wird daher immer seltener verwendet. Ein weiterer Nachteil kann sich daraus ergeben, daß die Delegationen gezwungen sind, sich öffentlich zu deklarieren, was die nachfolgenden Verhandlungen unter Umständen schwieriger machen kann, da etwas, was einmal öffentlich ausgesprochen wurde, schwerer zurückgenommen oder abgeändert werden kann.
Sitzungsunterbrechungen: Die Sitzung kann jederzeit vom Vorsitzenden unterbrochen werden. An bestimmten Punkten der Verhandlungen kann es notwendig sein, den Delegationen die Möglichkeit zu geben, sich mit ihrer jeweiligen Hauptstadt zu verständigen oder informelle Gespräche untereinander, mit der Kommission oder dem Vorsitz zu führen.
Beichtstuhlverfahren: Der Vorsitz führt bilaterale, streng vertrauliche Gespräche mit einzelnen Delegationen, um die Hintergründe einer bestimmten Position zu erfahren und den Verhandlungsspielraum auszuloten. Dieses Mehrwissen kann es dem Vorsitz ermöglichen, einen akzeptablen Kompromiß zu finden.
Non-papers: Die Präsidentschaft kann jederzeit ein "Nicht-Papier" in Umlauf bringen, das offiziell nicht existiert und daher nicht im Detail ausformuliert und mit allen Mitgliedstaaten bereits abgestimmt sein muß. Ein "Non-paper" dient

---

176 Ex-Art. C EUV.

177 Zum Folgenden vgl. Westlake 1995, 114ff.

in erster Linie als Diskussionsgrundlage und kann einzelne neue Ideen, Kompromißvorschläge oder Entwürfe für ganze Texte enthalten.[178]

Package-deals: Paketlösungen sind ein wichtiges Verhandlungsinstrument, mittels dessen Konzessionen bei einem Verhandlungsgegenstand gegen Zusagen in anderen Bereichen erreicht werden können. In diesem Fall ist besonders die Koordinationsfähigkeit der Präsidentschaft gefordert, um Verhandlungen in verschiedenen Bereichen für Paketlösungen nutzen zu können.

Lunch: Ein integrativer Bestandteil der Brüsseler Entscheidungsprozesse sind Arbeitsessen, für die die Präsidentschaft zumeist eine Themenliste zusammenstellt. Der Vorteil der Arbeitsessen liegt in der überschaubaren Teilnehmerzahl[179] und der informellen Atmosphäre, die auch dadurch gefördert wird, daß im Gegensatz zu den offiziellen Sitzungen überwiegend nur auf Englisch und Französisch konversiert wird.

Marathon-Sitzungen: Eine Marathon-Sitzung soll eine Lösung von zunehmend erschöpften Verhandlungsteilnehmern erzwingen. Diese Methode kommt allerdings nur selten zum Einsatz, da sie unbeliebt und nur bei wirklich wichtigen und unter Zeitdruck stehenden Verhandlungen angemessen ist. Sie läßt sich allerdings - wie der Abschluß der österreichischen Beitrittsverhandlungen 1994 zeigte - medial sehr gut inszenieren und ist "...a suitably dramatic way of showing the domestic electorate that a minister has fought hard (and long) to defend his Member State's interests" (Westlake 1995, 116).[180]

Probeabstimmung: Um die aktuellen Mehrheitsverhältnisse auszuloten, kann die Präsidentschaft eine Probeabstimmung durchführen, die die Delegationen nicht bindet.

Eintrag ins Protokoll: Die Präsidentschaft kann einer Delegation anbieten, ihre Bedenken, Hoffnungen oder Interpretationen eines Beschlusses in das Sitzungsprotokoll aufzunehmen. Diese Protokolleinträge sind nicht öffentlich und rechtlich nicht verbindlich, sie können allerdings vom EuGH zur Auslegung und Interpretation herangezogen werden.

Vor allem aber liegt es in der Hand der Präsidentschaft, den Verhandlungsprozeß abzuschließen. Falls keine Einigung möglich ist, kann die Präsidentschaft die Verhandlungen vertagen oder das Dossier auf eine andere Ebene des Rates

---

178 Der EUV mit seiner "Säulenstruktur" entstand zum Beispiel auf der Grundlage eines "Non-papers" der Luxemburger Präsidentschaft (Corbett 1993, 31).

179 Üblicherweise nehmen an Arbeitsessen nur die Minister, die Kommission und zwei bis drei Beamte der Präsidentschaft teil (Westlake 1995, 115).

180 Dieses Instrument kam während der österreichischen Präsidentschaft im Verkehrsministerrat erfolgreich zur Anwendung. Vgl. Kapitel 4.5.3.5.

weiterleiten. Im Falle des absehbaren Vorliegens der notwendigen Mehrheit hat der Vorsitz zwei Möglichkeiten. Einerseits kann ein Beschluß gefaßt werden, indem die Präsidentschaft - ohne Abstimmung - feststellt, daß die notwendige Mehrheit erreicht ist. Erhebt niemand einen Einwand, gilt der betreffende Vorschlag als angenommen.[181] Andererseits kann die Präsidentschaft jederzeit eine formale Abstimmung durchführen. Gemäß Artikel 7 der GO des Rates muß eine Abstimmung auch auf Antrag eines anderen Mitgliedstaates oder der Kommission stattfinden, wenn eine Mehrheit der Mitglieder des Rates den Antrag unterstützt.

Diese Aufgaben erfordern gut vorbereitete Vorsitzende, die über Verhandlungsgeschick verfügen und gruppendynamische Prozesse steuern und nutzen können. Der Vorsitzende sollte seine Kollegen möglichst gut kennen, um ihr Verhalten einschätzen und ihre Eigenheiten berücksichtigen zu können. Wesentlich ist auch die Fähigkeit des Vorsitzenden, aussichtslose Diskussionen abzubrechen und sich statt dessen auf jene Themen zu konzentrieren, bei denen Fortschritte erzielt werden können. Zur guten Vorbereitung gehört es auch, sich mit Themen vertraut zu machen, die für das vorsitzführende Land nicht oder nur von marginaler Bedeutung sind (Wallace/Edwards 1976, 544f.).[182] Gerade diese Themen ermöglichen der Präsidentschaft eine wirklich neutrale, von nationalen Erwägungen unbeeinträchtigte Vorsitzführung.
Im Bereich der Vorsitzführung wird die Präsidentschaft nicht nur in den drei Säulen, sondern auch beim Europäischen Rat intensiv vom Generalsekretariat unterstützt.
Darüber hinaus ist es für den Erfolg einer Präsidentschaft von großer Bedeutung, mit der Kommission eng zusammenzuarbeiten (Bassompierre 1988, 25). Dies vor allem deshalb, weil die Kommission jederzeit ihre Gesetzesvorlagen abändern kann, während der Rat gegen den Willen der Kommission Änderungen nur einstimmig vornehmen darf.[183]

3.3.3. Kollektive Repräsentation

Die Präsidentschaft erfüllt auch die Funktion, den Rat gegenüber den anderen Institutionen, gegenüber Drittstaaten oder Internationalen Organisationen und

---

181 Auf diese Weise wird die überwiegende Anzahl der Rechtsakte (zwischen 6.12.1993 und 31.3.1995 75%; Westlake 1995, 87) beschlossen, weshalb auch keine vollständigen Statistiken über die Abstimmungen im Rat erstellt werden können.

182 Dies ist etwa der Fall, wenn ein österreichischer Vorsitzender Verhandlungen über die Hochseefischerei zu führen hat.

183 Vgl. Art. 250 EGV (ex-Art. 189a).

gegenüber der Öffentlichkeit zu vertreten. Unterstützt wird der Vorsitz dabei wieder innerhalb des institutionellen Bereichs vom Generalsekretariat und im Bereich der GASP gegebenenfalls vom vorhergehenden und nachfolgenden Vorsitz.[184]

3.3.3.1. Kontakte zum Europäischen Parlament

Kontakte zwischen dem Rat und dem EP werden von seiten des Rates in der Regel von der Präsidentschaft, meist unterstützt vom Generalsekretariat, wahrgenommen. Die Verträge schreiben dem Vorsitz vor allem Informationspflichten gegenüber dem EP vor.[185]
Darüber hinaus stellt der Vorsitz zu Beginn seiner Amtszeit dem EP sein Arbeitsprogramm vor und erstattet nach Ablauf der Amtszeit Bericht über die erzielten Fortschritte.
An einem Tag jeder Plenartagung des EP ist der Präsident des Rates - der Außenminister oder der Minister oder Staatssekretär für Europaangelegenheiten - zur Teilnahme verpflichtet. Der Ratspräsident muß auf Anfragen antworten und hin und wieder an Debatten teilnehmen, die von besonderer Bedeutung sind oder Erklärungen zu bestimmten Punkten abgeben. Die Fragestunden bezeichnet Bassompierre als "exercise in frustration", da der Ratspräsident lediglich einen zuvor von den 15 Mitgliedstaaten abgesegneten Text in Beantwortung der einige Zeit vor der Fragestunde schriftlich vorgelegten Anfragen der Parlamentarier verliest. Bei mündlichen Zusatzfragen, die vom Rat nicht antizipiert und daher nicht abgestimmt worden sind, kann der Ratspräsident seine eigene Meinung äußern, muß aber klar machen, daß er nur für sich selbst und nicht für den Rat sprechen kann (Bassompierre 1988, 93f.).
An Ausschußsitzungen des EP nimmt zumindest einmal pro Präsidentschaft der Vorsitzende des jeweiligen Fachministerrates teil. An den Sitzungen des Ausschusses für auswärtige Angelegenheiten und Sicherheit nimmt der Ratspräsident, dessen Vertreter oder der für Außenbeziehungen zuständige Generaldirektor des Ratssekretariates regelmäßig teil (Rat der EU 1997a, 35ff.).
Gute Kontakte der Präsidentschaft zum EP und insbesondere der Vorsitzenden der jeweiligen Fachministerräte zu den für sie fachlich zuständigen Parlamentsausschüssen haben parallel zur Ausweitung der parlamentarischen Kompetenzen stark an Bedeutung gewonnen. Daher ist es mittlerweile üblich, daß die zukünftigen Vorsitzenden im Halbjahr vor der Präsidentschaft zumindest

---

184 Nach Inkrafttreten des Vertrages von Amsterdam wird die Präsidentschaft vom Hohen Vertreter für die GASP, der Kommission und gegebenenfalls dem nachfolgenden Vorsitz unterstützt (Art. 18 EUV).

185 Vgl. Kapitel 3.2.

einmal die für sie relevanten Ausschüsse besuchen, um Kontakte zu knüpfen und das bevorstehende Arbeitsprogramm zu besprechen.[186]

3.3.3.2. Vertretung gegenüber Drittstaaten und Internationalen Organisationen

Die Präsidentschaft ist der wesentliche Akteur im Bereich der GASP und vertritt den Rat im Verhältnis zu Drittstaaten und Internationalen Organisationen. Die Präsidentschaft führt den Vorsitz in der Europakonferenz und abwechselnd mit den Kooperationspartnern in den institutionalisierten Beziehungen zu Drittstaaten - also im EWR-Rat, in den Assoziationsräten usw. Darüber hinaus sind auch zahlreiche andere Kontakte auf politischer Ebene wahrzunehmen. Nicht zuletzt führt die Präsidentschaft auch die Beitrittsverhandlungen.

Die Union wird in ihren Außenbeziehungen von Rat und Kommission gemeinsam vertreten, wobei sich die konkrete Aufgabenverteilung danach unterscheidet, ob die Außenbeziehungen in die Zuständigkeit der Europäischen Gemeinschaft, der GASP oder der Mitgliedstaaten fallen. Häufig betreffen Verträge mit Dritten sowohl gemeinschaftliche als auch mitgliedstaatliche Kompetenzen. In diesem Fall werden "gemischte Abkommen", von der Gemeinschaft und den Mitgliedstaaten gemeinsam, abgeschlossen.
Bei ausschließlich gemeinschaftlichen Abkommen wird die Union hauptsächlich von der Kommission, unterstützt von Repräsentanten des Rates, vertreten. In wichtigen Fragen, insbesondere wenn Beschlüsse mit Rechtswirkung im Rahmen eines internationalen Abkommens getroffen werden sollen, muß zuvor ein gemeinsamer Standpunkt im Rat festgelegt werden. Der Vorsitz muß dafür sorgen, daß der Rat seine Aufgabe zeitgerecht wahrnimmt.
Bei gemischten Abkommen ist nicht nur ein gemeinsamer Standpunkt der Gemeinschaft erforderlich, es müssen auch die Positionen der Mitgliedstaaten akkordiert werden. Dies kann durch einen Beschluß der im Rat vereinigten Vertreter der Mitgliedstaaten geschehen, wobei der Vorsitz für die größtmögliche Kohärenz der beiden Standpunkte zu sorgen hat.
Zur Durchführung der gemischten Abkommen werden üblicherweise zwei Gremien eingesetzt, ein Rat auf Ministerebene und ein gemischter Ausschuß hoher Beamter. In beiden Gremien sind sowohl die Mitgliedstaaten, die Kommission und die Vertragspartner vertreten, wobei der Vorsitz abwechselnd mit

---

186 Besonders intensiv bemühten sich die Briten vor ihrer Präsidentschaft im ersten Halbjahr 1998 um gute Kontakte zum EP. Die österreichische Europaabgeordnete Maria Berger berichtete, daß manchmal mehrere Minister an einem Tag im Parlament anwesend waren. Der "running-gag" unter den Abgeordneten sei gewesen: "Welchen britischen Minister hast du heute zum Lunch?".

dem Vertragspartner im Ministerrat von der Ratspräsidentschaft, im gemischten Ausschuß von der Kommission, wahrgenommen wird. Gemischte Abkommen sind unter anderen das EWR-Abkommen, die Europa-Abkommen, die Partnerschafts- und Kooperationsabkommen mit den Staaten der ehemaligen UdSSR oder die Assoziationsabkommen mit den Mittelmeer-Staaten inklusive der Türkei (Rat der EU 1997a, 43ff.).
Bei der UNO wird die Gemeinschaft in erster Linie durch den Ratsvorsitz vertreten, der den gemeinsamen Standpunkt der Mitgliedstaaten in der Generalversammlung darlegt. Vor Ort finden Koordinierungssitzungen statt, an denen auch die Kommission beteiligt ist. Außerdem kann der Vorsitz auf die Unterstützung des Generalsekretariates zurückgreifen, das in Genf und New York Verbindungsbüros unterhält (Rat der EU 1997a, 57).
Außerdem sind die Botschaften des Präsidentschaftslandes in Drittstaaten für die Vertretung der gemeinsamen Interessen und für die Koordination der Mitgliedstaaten der Union vor Ort zuständig. In jenen Ländern, in denen die Präsidentschaft nicht vertreten ist, werden die entsprechenden Funktionen vom nächsten in der Rotation der Präsidentschaft folgenden Land, das einen Botschafter vor Ort hat, wahrgenommen (Westlake 1995, 39; FN 1).
Die Akkreditierung der Botschafter von Drittstaaten wird bei der Kommission eingereicht und von dieser an den Rat weitergeleitet. Nach erfolgter Zustimmung der Mitgliedstaaten empfängt der Vorsitzende des RAA die neuen Botschafter am Rande einer Ratstagung und nimmt die Beglaubigungsschreiben entgegen. An dem Zusammentreffen nehmen üblicherweise neben dem Ratspräsidenten der Vorsitzende des AStV II, der Generalsekretär oder Protokollchef des Rates sowie der für auswärtige Beziehungen zuständige Generaldirektor des Ratssekretariates teil. (Rat der EU 1997a, 77).[187]

3.3.3.3. Vertretung gegenüber den Medien

Die Präsidentschaft ist der Sprecher des Rates und hält nach jeder Ratstagung im Beisein des zuständigen Kommissionsmitgliedes eine Pressekonferenz ab (Rat der EU 1997c, 6). Auch in diesem Bereich wird der Vorsitz vom Generalsekretariat unterstützt, das vor allem Presseaussendungen durchführt, für die Öffentlichkeit bestimmte Dokumente herausgibt und auch informelle Hintergrundinformationen bereitstellt. All dies geschieht in Abstimmung mit dem nationalen Pressedienst der jeweiligen Präsidentschaft (Hayes-Renshaw/Wallace 1997, 114).

---

187 Der zeitliche Aufwand für den Ratspräsdidenten ist dabei nicht unerheblich. Bei fast jeder Ratstagung werden Beglaubigungsschreiben überreicht, wobei mit den durchschnittlich zwei bis acht Botschaftern ein jeweils rund zehnminütiges Gespräch geführt wird (Rat der EU 1997a, 77).

3.3.4. Die Initiativfunktion

Die Initiativfunktion ist im Kernbereich der Ersten Säule von geringer Bedeutung und beschränkt sich im wesentlichen auf die Auswahl einiger Schwerpunkte aus den im Entscheidungsprozeß befindlichen Dossiers. In jenen Bereichen, in denen die Kommission nicht über das Initiativmonopol verfügt, ist der Spielraum der Präsidentschaft hingegen etwas größer, unterliegt aber auch dort einigen Einschränkungen. Laufende Aufgaben müssen wahrgenommen werden, auf aktuelle Ereignisse muß reagiert und die Wünsche der Kommission und der anderen Mitgliedstaaten müssen berücksichtigt werden (vgl. Westlake 1995, 30). Dies trifft auf den Europäischen Rat und die Zweite und Dritte Säule zu. Beim "Rahmenprogramm" der informellen Treffen und Konferenzen hingegen steht es der Präsidentschaft fast völlig frei, neue Themen aufzugreifen. Konkrete Ergebnisse können aber auch diese Initiativen nur bringen, wenn sie von nachfolgenden Präsidentschaften im intergouvernementalen Bereich weitergeführt werden oder in den institutionellen Bereich der Union Aufnahme finden und zu Beschlüssen des Europäischen Rates, des Ministerrates oder zu Vorschlägen der Kommission führen.

3.4. Der Ablauf einer Präsidentschaft

3.4.1. Rahmenbedingungen und externe Einflüsse

Die Charakteristik, der Verlauf und die Erfolgsaussichten einer Präsidentschaft hängen ganz wesentlich von ihren Rahmenbedingungen ab. Dabei kann zwischen globalen, europäischen und nationalen Voraussetzungen unterschieden werden.

3.4.1.1. Globale Faktoren

Zu nennen sind hier vor allem die geopolitische Lage, krisenhafte Entwicklungen, Kriege und die Lage der Weltwirtschaft, wobei der Einfluß von Krisen und Kriegen mit der geographischen Nähe stark ansteigt. Vor allem die Kriege im ehemaligen Jugoslawien haben mehrere Präsidentschaften massiv überschattet. So stand zum Beispiel auch die österreichische Präsidentschaft sehr stark im Zeichen der Kosovo-Krise.[188]

Ein Unterschied in den Auswirkungen auf eine Präsidentschaft ergibt sich auch daraus, ob eine Krise oder ein Krieg völlig unerwartet ausbricht und sofortiges Krisenmanagement des Vorsitzes erfordert, oder ob eine Entwicklung schon seit

---

188 Siehe Kapitel 4.4.1.1.

längerem erkennbar war und daher in den Vorbereitungen der Präsidentschaft bereits berücksichtigt werden konnte, wie das bei der österreichischen Präsidentschaft bei der Kosovo-Krise der Fall war.
Die Herausforderungen an die Gemeinsame Außen- und Sicherheitspolitik, die sich aus globalen Ereignissen ergeben, sind für eine Präsidentschaft und ihre öffentliche Beurteilung von besonderer Bedeutung, weil sie in solchen Fällen meist im Scheinwerferlicht der internationalen und nationalen Medien agieren muß. Dabei machen es die strukturellen Voraussetzungen der GASP der Präsidentschaft sehr schwer, eine gute Figur zu machen.[189]

3.4.1.2. Unionsinterne Rahmenbedingungen

An unionsinternen Einflußfaktoren auf eine Präsidentschaft sind vor allem krisenhafte Entwicklungen zu nennen, die - analog zur internationalen Ebene - um so schwerer zu bewältigen sind, je unvorhergesehener sie eintreten. Einige markante Beispiele aus jüngerer Zeit, die ganze Präsidentschaften überschatteten, sind die überraschende Ablehnung des Vertrages von Maastricht durch ein Referendum in Dänemark im Juni 1992, der Ausbruch der BSE-Krise im Frühjahr 1996 oder der Rücktritt der Kommission im März 1999.
Großen Einfluß auf eine Präsidentschaft können auch Wahlen in anderen Mitgliedstaaten, vor allem in einem oder mehreren der großen Länder, haben. In Wahlkampfzeiten ändert sich oft das Verhalten von Regierungen, die Kompromißbereitschaft sinkt und die Tendenz zur Betonung nationaler Sonderinteressen steigt.[190] Die Zusammenarbeit im Rat kann darunter und unter den zeitlichen Belastungen, unter denen die wahlkämpfenden Regierungsmitglieder stehen, leiden. Die Arbeit im Rat kann auch dadurch gelähmt werden, daß sich eine Regierung kurz vor Wahlen in bestimmten Bereichen nicht festlegen will und neue Regierungen nach Wahlen einige Zeit brauchen, sich einzuarbeiten und ihre Politik zu definieren.
Ein Regierungswechsel kann die Positionen eines Landes völlig verändern und eine fast sicher scheinende Einigung platzen lassen oder plötzlich neue Chancen eröffnen. Der Vorsitz kann so, fast ohne sein Zutun, plötzliche Erfolge erreichen oder überraschende Mißerfolge erleiden.

---

189 Die Entscheidungen im Bereich der GASP müssen einstimmig getroffen werden, was bei 15 völlig unterschiedlichen Mitgliedstaaten zumeist sehr schwierig ist. Die Versuche, im Vertrag vom Amsterdam Vorkehrungen für eine effizientere und kohärentere Außenpolitik zu treffen, müssen sich erst in der Praxis bewähren.

190 Emil Kirchner formuliert: "A by-product of elections can be an undue prominence of the national interest." (Kirchner 1992, 85)

Auch der Arbeitsanfall für eine Präsidentschaft kann quantitativ und qualitativ sehr unterschiedlich sein. In manchen Halbjahren stehen kaum bedeutende Entscheidungen an, in anderen häufen sich wichtige Entscheidungen und hochrangige Veranstaltungen. Vor allem die Abhaltung und der Abschluß von Regierungskonferenzen bedeuten besondere Herausforderungen für den Vorsitz.

3.4.1.3. Nationale Faktoren

Auf der nationalen Ebene des Vorsitzlandes möchte ich zwischen strukturellen und aktuellen Faktoren unterscheiden. Zu den strukturellen Faktoren gehören die Größe eines Landes, die Dauer seiner Mitgliedschaft, die Regierungsform, die Koordinationsstrukturen und die grundsätzliche Einstellung maßgeblicher politischer Kräfte zur europäischen Integration.
Durch die Größe eines Landes ergeben sich für die Präsidentschaft einige wichtige Unterschiede. Größere Staaten verfügen über höhere administrative Ressourcen und haben daher eher die Möglichkeit, unabhängiger vom Generalsekretariat des Rates zu agieren. Für einen größeren Staat hat vor allem die relative Bedeutung der Präsidentschaft eine wesentlich geringere Rolle als für kleine Mitgliedstaaten, da erstere durch ihre größere geopolitische Bedeutung auch mit zahlreichen anderen Aufgaben und Problemen befaßt sind. Kleinere Länder können sich oft voll auf die Präsidentschaft konzentrieren und haben dadurch, daß sie auf weniger Gebieten klar definierte Interessen haben und es aufgrund ihres geringeren Einflusses eher gewöhnt sind, Kompromisse zu suchen, eine bessere Ausgangsposition dafür, ein Vermittler und "ehrlicher Makler" während der Präsidentschaft zu sein. Kleine Staaten absolvieren daher oft auch bessere Präsidentschaft als große (vgl. Hayes-Renshaw/Wallace 1997, 147, 153).
Die Dauer der Mitgliedschaft in der Union beeinflußt ebenfalls eine Präsidentschaft. Neue Mitglieder, die das Amt das erste Mal ausüben, haben noch keine Erfahrungen gesammelt, kompensieren diesen Nachteil aber häufig durch eine gewissenhafte und sorgfältige Vorbereitung. Außerdem wollen sie ihre Fähigkeit, das Amt kompetent auszufüllen, unter Beweis stellen (Wallace 1985b, 274). Umgekehrt haben ältere Mitgliedstaaten zwar schon mehrere Präsidentschaften hinter sich und können damit auf Erfahrungen zurückgreifen, allerdings sinkt die Bedeutung bereits absolvierter Präsidentschaften durch den im Zuge der Erweiterungen immer größer gewordenen zeitlichen Abstand zwischen zwei Vorsitzen. Die Gefahr, die bei älteren Mitgliedstaaten potentiell besteht ist die, daß man sich zu sehr auf die vermeintliche Routine verläßt und eine sorgfältige Vorbereitung vernachlässigt.
Die Regierungsform beeinflußt eine Präsidentschaft ebenfalls, vor allem ergeben sich große Unterschiede zwischen Einparteien- und Koalitionsregierungen, was auch schon zum nächsten Punkt, dem der Koordinationsstrukturen überlei-

tet. Ein föderal strukturiertes Land, mit starken Ministerien und einer Koalitionsregierung - wie etwa Deutschland oder Österreich - hat einen wesentlich höheren Koordinationsaufwand zu leisten als ein stärker zentralistisches Land mit einer Einparteienregierung, wie etwa Großbritannien.
Ein sehr wichtiger Faktor ist die grundsätzliche Einstellung der maßgeblichen politischen Kräfte eines Landes zur europäischen Integration. Wird sie weitgehend befürwortet, ist die Wahrscheinlichkeit einer engagierten und guten Präsidentschaft wesentlich größer, als wenn maßgebliche Teile des politischen Systems einer EU-Mitgliedschaft skeptisch bis ablehnend gegenüberstehen.

Zu den aktuellen Faktoren gehören nationale Wahlen, die bisherige Regierungsdauer, die Existenz konkurrierender politischer Fragen und nicht zuletzt die Persönlichkeiten in wichtigen Regierungsfunktionen, allen voran des Staats- oder Regierungschefs.
Besondere Schwierigkeiten können entstehen, wenn während oder kurz nach der Präsidentschaft nationale Wahlen stattfinden. Die Anforderungen der Präsidentschaft, sowohl was den Zeitaufwand als auch was die möglichst neutrale Vermittlerrolle des Vorsitzes betrifft, vertragen sich nur schlecht mit den Erfordernissen eines Wahlkampfes.
Von Bedeutung ist auch die Dauer, die eine Regierung vor dem Antritt einer Präsidentschaft bereits an der Macht ist. Um einen guten Vorsitz führen zu können, ist es von großem Vorteil, wenn man seine Kollegen im Rat möglichst gut kennt und ihr Verhalten einschätzen kann. Außerdem lernt man die Feinheiten der Prozeduren und Arbeitsweisen des Rates erst im Lauf der Zeit kennen, so daß Regierungen, die kurz vor der Präsidentschaft ihr Amt angetreten sind, auf diesem Gebiet ein großes Handicap haben.
Große Unterschiede können auch hinsichtlich der Aufmerksamkeit, die eine Regierung der Präsidentschaft zukommen lassen kann, bestehen. Wenn zur Zeit der Präsidentschaft andere wichtige Probleme zu lösen sind, kann die Vorsitzführung darunter leiden. Viele Länder versuchen daher, möglichst viele politische Fragen noch vor dem Antritt der Präsidentschaft zu lösen.
Auch die wichtigsten handelnden Personen einer Präsidentschaft können großen Einfluß ausüben und wesentlich über Erfolg oder Mißerfolg eines Vorsitzes mitentscheiden. So war zum Beispiel vor allem die griechische Präsidentschaft im zweiten Halbjahr 1988 durch die schwere Krankheit von Präsident Andreas Papandreou beeinträchtigt, aber auch Persönlichkeiten wie François Mitterrand, Margaret Thatcher oder Helmut Kohl konnten auf ihre Weise einer Präsidentschaft einen Stempel aufdrücken (vgl. Kirchner 1992, 110).

3.4.2. Organisatorische Vorbereitung

Die organisatorischen Vorbereitungsarbeiten auf eine Präsidentschaft beginnen heute rund zwei Jahre im voraus und umfassen die Vorbereitungen der Administration und die Planung des zeitlichen Ablaufs und die Festlegung der Tagungsorte.[191]

3.4.2.1. Vorbereitung der Administration

Je nachdem, ob die Präsidentschaft zum ersten oder zum wiederholten Mal ausgeübt wird, werden die Erfahrungen anderer oder die der vorangegangenen eigenen Präsidentschaften analysiert und ausgewertet. Das Hauptproblem besteht dabei in der Schaffung effizienter Koordinationsstrukturen innerhalb und zwischen den Ministerien sowie zwischen der Hauptstadt und der Vertretung in Brüssel. In föderalistisch organisierten Staaten muß auch die Ebene der Länder einbezogen werden. Außerdem ist zu überlegen, ob und wie das Parlament, die Oppositionsparteien und die Interessenvertretungen einbezogen werden sollen.
In der Regel werden allerdings bestehende Strukturen beibehalten und lediglich ergänzt und personell verstärkt. Strukturelle administrative Schwächen bleiben häufig bestehen (Wallace 1985b, 272).
Rechtzeitig muß auch überlegt werden, wer die Präsidentschaft in den verschiedenen Ausschüssen und Gruppen vertreten soll. Als Grundsatz gilt die Regel, daß der künftige Vorsitzende bereits einige Zeit dem jeweiligen Gremium angehören sollte, um nicht nur mit den Verfahren und den Materien vertraut zu sein, sondern auch um die Vertreter der anderen Staaten und ihre persönlichen Eigenheiten möglichst gut zu kennen. Zumindest in den Schlüsselpositionen werden daher bereits in der Vorbereitungszeit der Präsidentschaft üblicherweise keine personellen Veränderungen mehr vorgenommen (Wallace 1985b, 274).[192]
Auch allfällige Ausbildungs- und Schulungsprogramme für Beamte, die den Vorsitz in einer Arbeitsgruppe führen sollen, müssen rechtzeitig in Angriff genommen werden.

Vor allem auf Ministerebene müssen rechtzeitig persönliche Kontakte zu den wichtigsten Personen in der Kommission, dem EP, dem Ratssekretariat und den anderen Mitgliedstaaten aufgebaut und gepflegt werden. Alle Minister sollten Kontakt aufnehmen mit den Kommissaren, den Kabinetten und natürlich auch

---

[191] Kirchner veranschlagt 12 bis 18 Monate für die Vorbereitung des Europäischen Rates und allgemeiner technischer Aspekte und sechs bis zehn Monate für inhaltliche Schwerpunkte (Kirchner 1992, 89, FN 32).

[192] Aus diesem Grund ist ein Regierungswechsel kurz vor oder während einer Präsidentschaft ein großes Handicap für eine erfolgreiche Vorsitzführung.

den Generaldirektoren ihres Fachbereichs, wobei es zu berücksichtigen gilt, daß bei Kabinetten und Generaldirektoren nicht immer dieselbe Meinung herrscht. Im EP muß man in den Ausschußsitzungen bekannt sein und den Ausschußvorsitzenden sowie die Berichterstatter persönlich kennen.[193]
Bei der Übernahme der Präsidentschaft müssen die Vorsitzenden und die nationalen Sprecher jeder Gruppe und jedes Ausschusses benannt werden. Unter den Beamten der Ständigen Vertretung ist ein Koordinator zu benennen, der für die organisatorischen Belange in Zusammenarbeit mit dem Generalsekretariat des Rates verantwortlich ist. Der Koordinator ist für den reibungslosen Ablauf des Vorsitzes von großer Bedeutung (Rat der EU 1997a, 12f.).

3.4.2.2. Planung des zeitlichen Ablaufes und der Tagungsorte

Der Zeitplan für die Ratstagungen muß entsprechend der Geschäftsordnung des Rates sieben Monate vor dem Antritt der Präsidentschaft vorliegen und beim Generalsekretariat des Rates hinterlegt werden. Der Terminkalender wird in enger Zusammenarbeit mit dem Ratssekretariat erstellt und muß insbesondere auf alle bereits bekannten Termine, die Staats- und Regierungschefs oder Minister in Anspruch nehmen, Rücksicht nehmen.[194] Die Feiertage in den 15 Mitgliedstaaten sollten berücksichtigt werden, Überschneidungen vermieden und die Ratstagungen möglichst gleichmäßig über das ganze Halbjahr verteilt werden (Rat der EU 1997a, 9). Außerdem sollen Sitzungen des RAA und des Ecofin im Jänner und im September nach Möglichkeit vermieden werden, um eine "angemessene Vorbereitung" dieser Räte zu gewährleisten.[195]
Neben der zeitlichen Planung müssen auch rechtzeitig die Tagungsorte der informellen Ministerräte, der Konferenzen und Tagungen und insbesondere des Europäischen Rates festgelegt werden. Die entsprechenden Räumlichkeiten müssen reserviert und die Ausschreibungen für diverse Leistungen - von der technischen Ausstattung bis zum Catering und den unvermeidlichen Begrüßungsgeschenken für die Delegationen und Journalisten - durchgeführt werden.

---

193 Die Bedeutung dieses Punktes betonte Marc Ungeheuer, der während der Luxemburger Präsidentschaft 1997 Vorsitzender der Antici-Gruppe war, in einem Vortrag am Renner-Institut in Wien im März 1998.

194 Das klingt zwar relativ einfach, ist aber eine sehr komplexe und verantwortungsvolle Aufgabe. Bei der Planung des Terminkalenders der österreichischen Präsidentschaft blieb zB. rund ein Jahr lang unbemerkt, daß der für einen allfälligen außerordentlichen Europäischen Rat freigehaltene Termin am 16./17.10.1998 mit dem Ibero-Amerikanischen Gipfel in Lissabon kollidiert hätte.

195 Vgl. Schlußfolgerungen des Rates vom 19.12.1988, Punkt 1b.

3.4.3. Inhaltliche Vorbereitung

Vor Antritt der Präsidentschaft muß ein detailliertes Arbeitsprogramm erstellt werden, das die Grundlage für die Gestaltung der Arbeiten des Rates darstellt. Die Erstellung des Arbeitsprogrammes erfolgt in Abstimmung mit dem Ratssekretariat und im Kontakt mit den Generalsekretariaten der Kommission und des EP sowie dem vorangegangenen und dem folgenden Vorsitz.

> "Für die Präsidentschaft gilt es dabei, einen guten Mittelweg zu finden. Sind die gesteckten Ziele zu hoch, wird man später von einem Flop sprechen, sind sie zu niedrig, wird man - das ist der in der Insidersprache unglaublich negative Ausdruck - von einer "Übergangspräsidentschaft" sprechen. Das ist natürlich auch absolut zu vermeiden." (Ungeheuer Marc)[196]

Das Arbeitsprogramm ist am Beginn einer Präsidentschaft Gegenstand einer öffentlichen Orientierungsaussprache im Rat und wird vom Außenminister des vorsitzführenden Landes im EP präsentiert (Rat der EU 1997a, 10f.).
In den letzten Jahren ist es allgemein übliche Praxis, daß der Außenminister kurz vor Antritt der Ratspräsidentschaft eine "tour des capitales" durchführt, um mit den Regierungen der Mitgliedstaaten die Schwerpunkte des Arbeitsprogrammes und allfällige sensible Fragen bilateral zu besprechen.
Ebenfalls seit einigen Jahren ist es üblich, zu Beginn der Präsidentschaft eine Arbeitstagung der gesamten Kommission mit der Regierung des neuen Vorsitzes abzuhalten. Schon in den Monaten zuvor statten die meisten Mitglieder der Kommission der künftigen Präsidentschaft einen Arbeitsbesuch ab.

3.4.4. Ablauf des Beschlußfassungsprozesses

3.4.4.1. Die Arbeitsgruppen

Nach Vorliegen eines Kommissionsvorschlages[197] wird vom Vorsitz in Zusammenarbeit mit dem Generalsekretariat eine Tagesordnung erstellt und die Mitglieder der zuständigen Gruppe mindestens acht Tage vor der Sitzung verständigt.

---

196 Vgl. Fußnote 193.

197 Die Darstellung des Beschlußfassungsprozesses beginnt mit dem Vorliegen eines Kommissionsvorschlages, da damit die Arbeit des Ratsvorsitzes in der Ersten Säule anfängt. Es kommt allerdings auch vor, daß ein Mitgliedstaat rechtzeitig vor dem Beginn seiner Präsidentschaft versucht, dahingehend auf die Kommission einzuwirken, daß diese bestimmte Initiativen zeitlich so plant, daß ein Abschluß unter der betreffenden Präsidentschaft möglich wird (Interview in der Kommission).

Vor der Sitzung stimmt sich der Vorsitzende häufig mit dem zuständigen Beamten des Generalsekretariates und gegebenenfalls dem Vertreter der Kommission ab. Außerdem muß vor der Sitzung die Beziehung zwischen dem Vorsitzenden und dem Vertreter der nationalen Delegation des vorsitzführenden Landes geklärt werden, wobei vor allem die Trennung der beiden Funktionen klar gemacht werden sollte.[198]
Liegt ein neuer Kommissionsvorschlag vor, wird dieser in einer ersten Lesung, die bei längeren oder komplizierteren Vorlagen mehrere Sitzungen lang dauern kann, Absatz für Absatz und oft Wort für Wort durchgearbeitet. Dabei auftauchende Probleme, Einwände oder Änderungsvorschläge werden im Bericht, den das Generalsekretariat erstellt, festgehalten.
In der zweiten Phase werden die aufgetauchten Probleme entweder gelöst oder zumindest der Rahmen für mögliche Kompromisse abgesteckt (Westlake 1995, 315).
Das Ergebnis einer Gruppensitzung wird vom Vorsitzenden in seinen Schlußfolgerungen zusammengefaßt, wobei insbesondere die weitere Vorgangsweise - erneute Diskussion in der Gruppe oder Weiterleitung an den AStV - festgelegt wird. In letzterem Fall muß der Vorsitzende unverzüglich den Koordinator des Vorsitzes sowie die Vorsitzenden der Antici- und der Mertens-Gruppe verständigen (Rat der EU 1997a, 15ff.).
Zur Erleichterung ihrer Arbeit erhalten die Vorsitzenden auf allen Ebenen sogenannte "Sprechzettel" vom Ratssekretariat. Diese Unterlagen können, je nach den individuellen Wünschen, mehr oder weniger wörtlich den Text für den Vorsitzenden vorsehen oder stichwortartig die wichtigsten Informationen festhalten. Im ersten Fall kann der Sprechzettel mit der Begrüßungsformel beginnen und dann Schritt für Schritt durch die Tagesordnung führen, wobei je nach Verhandlungsverlauf unterschiedliche Schlußformeln vorgeschlagen sein können. Ein stichwortartiger Sprechzettel enthält üblicherweise die Punkte "Thema", "Bezugsdokumente", "Ziele", "Hintergründe und mögliches Vorgehen" sowie "Mögliche Folgerungen". Dabei kann auch darauf hingewiesen werden, welche Punkte vermutlich bei welchen Delegationen zu Ablehnungen führen können und ähnliches mehr.
Üblicherweise findet vor den Sitzungen ein Briefing des Vorsitzenden durch das Ratssekretariat statt, damit der Sprechzettel "funktioniert". Manche Vorsitzende verlassen sich ganz auf die Sprechzettel des Ratssekretariates, andere

---

198 Dabei muß man nicht so weit gehen wie die dänische Präsidentschaft 1982, die dem Vorsitzenden nicht gestattete, die dänische Verhandlungsposition zu lesen (Wallace 1985b, 273).

haben zusätzlich oder statt dessen Sprechzettel aus der eigenen Hauptstadt (Interview im Ratssekretariat).[199]

3.4.4.2. Der Ausschuß der Ständigen Vertreter

Die vorläufige Tagesordnung des AStV wird eine Woche vor der Tagung festgelegt und gliedert sich in zwei Teile. Teil I umfaßt jene Punkte, über die in der Gruppe bereits Einvernehmen erzielt wurde und die daher ohne Aussprache gebilligt werden können. Erhebt eine Delegation Einspruch, wird das entsprechende Dossier für die nächste Tagung in Teil II der Tagesordnung aufgenommen, die jene Punkte umfaßt, die vom AStV diskutiert werden.
Generell gilt bei der Erstellung der Tagesordnung der Grundsatz, daß sie so eindeutig und vorhersehbar wie möglich sein sollte, um eine ausreichende Vorbereitung zu ermöglichen und Überraschungen zu verhindern. Bei der Annahme der endgültigen Tagesordnung am Beginn der Tagung können einstimmig neue Punkte hinzugefügt werden, doch sollte dies durch außergewöhnliche Umstände gerechtfertigt sein (Rat der EU 1997a, 19).
Nach der Annahme der Tagesordnung werden die Beratungsergebnisse der Antici- bzw. der Mertens-Gruppe[200] und die Punkte unter Teil I der Tagesordnung angenommen, wobei Vorbehalte eingelegt und Erklärungen abgegeben werden können.
Die Führung und Gestaltung der Beratungen obliegt dem Vorsitz, der dabei auf die in Kapitel 3.3.2. genannten Methoden zurückgreifen kann. Erweist sich ein Text als änderungsbedürftig, wird der Vorsitz beauftragt, diesen mit Unterstützung des Generalsekretariates zu überarbeiten.
Zum Abschluß der Beratungen stellt der Präsident fest, ob ein Dossier als A- oder B-Punkt an den Rat weitergeleitet werden soll, einer erneuten Beratung im AStV bedarf oder zur Klärung verschiedener Detailfragen an die zuständige Arbeitsgruppe zurückverwiesen wird (Rat der EU 1997a, 21f.).

---

199 Die Niederländer sollen laut Auskunft eines Beamten des Ratssekretariates in dieser Beziehung am kompliziertesten sein. Sie haben Weisungen aus der Hauptstadt, die Unterlagen vom Ratssekretariat und welche von ihren Mitarbeitern, sodaß sie drei Sprechzettel nebeneinander haben, was einer effizienten Vorsitzführung unter Umständen hinderlich sein kann.

200 Die Beratungen der Antici- und der Mertens-Gruppe umfassen vor allem die Reihenfolge der Tagesordnungspunkte, die Bestätigung der Kurzniederschriften vorangegangener AStV-Sitzungen sowie die Beschlüsse unter Punkt I der Tagesordnung.

3.4.4.3. Der Ministerrat

Der Terminplan der Ratssitzungen muß gemäß Art. 1 Abs. 2 der GO mindestens sieben Monate vor Amtsantritt bekanntgegeben werden. Damit sind Änderungen des Terminplans durch den Vorsitz nicht ausgeschlossen, sie müssen jedoch einen Monat vor der entsprechenden Ratstagung angekündigt werden (Rat der EU 1997a, 9). Im Bereich der GASP kann in den Fällen, in denen eine rasche Entscheidung notwendig ist, innerhalb von 48 Stunden, bei absoluter Notwendigkeit auch in kürzerer Zeit, eine außerordentliche Tagung des Rates einberufen werden.[201]

Der Vorsitz erstellt die vorläufige Tagesordnung spätestens 14 Tage vor der betreffenden Ratssitzung und nimmt darin auch Punkte auf, die von einer anderen Delegation oder der Kommission mindestens 16 Tage vor der Ratstagung beantragt werden, sofern die entsprechenden Dokumente vorliegen.

Die Tagesordnung gliedert sich analog zu jener des AStV in zwei Teile. Teil A umfaßt jene Punkte ("A-Punkte"), die der Rat ohne weitere Diskussion annehmen kann. Allerdings kann jedes Ratsmitglied jederzeit einen Vorbehalt gegen die Verabschiedung eines A-Punktes erheben[202] oder zu einzelnen Punkten Erklärungen abgeben. Teil B der Tagesordnung umfaßt jene Punkte, die vom Rat erörtert werden.

Die Ratstagung wird durch ein Treffen des Präsidenten und des Ständigen Vertreters (bzw. dessen Stellvertreter) mit dem Generalsekretär des Rates und/oder dessen Mitarbeitern sowie eines Vertreters des Juristischen Dienstes vorbereitet. Das Generalsekretariat erstellt zu jedem Punkt auf der Tagesordnung einen Bericht an den Vorsitz, der neben den neuesten Informationen auch Hinweise bezüglich inhaltlicher, rechtlicher, verfahrensmäßiger oder taktischer Fragen enthält.

Der Ablauf der Sitzung selbst erfolgt analog dem Schema der AStV-Sitzungen. Nach der Entgegennahme allfälliger Änderungsanträge werden die Tagesordnung und danach die A-Punkte in ihrer Gesamtheit angenommen.[203] Wird bei einem der B-Punkte Einvernehmen erreicht, erfolgt die förmliche Annahme des Rechtsaktes im allgemeinen erst nach der Überarbeitung der Texte durch

---

201 Vgl. Art. 22 Abs. 2 EUV (Ex-Art. J.8 Abs. 4 EUV).

202 In diesem Fall wird der Punkt entweder mit einfacher Mehrheit in Teil B der Tagesordnung übernommen, sofern er 14 Tage vorher in die Tagesordnung aufgenommen worden war, oder auf einer späteren Tagung erneut behandelt (Rat der EU 1997a, 24).

203 Dabei wird zu jedem A-Punkt ein Vermerk verfaßt, in dem das voraussichtliche Abstimmungsergebnis, wie es aus den Verhandlungen des AStV hervorgeht, festgehalten wird. Den Ratsmitgliedern steht es frei, diese Abstimmungsergebnisse in ihrem Sinn zu ändern (Rat der EU 1997b, 8).

Rechts- und Sprachsachverständige in einer späteren Ratssitzung als A-Punkt. Kommt keine einhellige Einigung zustande, kann eine Abstimmung durchgeführt oder das Dossier an den AStV rückverwiesen werden.
Neben der konkreten Verhandlung von Dossiers können im Rat auch Orientierungsaussprachen stattfinden oder der Rat - vor allem von der Kommission - informiert werden.

3.4.5. Veranstaltungen im Vorsitzland

Die Organisation der Ratstätigkeit und die Vertretung der Union nach außen bedeuten sehr viel Arbeit, bringen aber, abgesehen vom Europäischen Rat, kaum öffentliche Aufmerksamkeit und Anerkennung. Außerdem sind die eigenen Gestaltungsmöglichkeiten sehr gering, da entweder die anstehende Arbeit erledigt oder auf unvorhergesehene Ereignisse reagiert werden muß.
Einen gewissen Ausgleich finden die Präsidentschaften durch die Veranstaltung eines "Rahmenprogrammes", das Platz läßt für öffentlichkeitswirksame Inszenierungen im eigenen Land und für das Setzen von Initiativen. In diese Kategorie gehören die informellen Ministerräte sowie Konferenzen und Tagungen.
Die informellen Ministerräte erfüllen nicht nur die Funktion eines zwanglosen Diskussionsforums, sie dienen auch wesentlich der Selbstdarstellung des Veranstalterlandes nach innen und nach außen. Nach innen soll signalisiert werden, daß die Präsidentschaft nicht nur im fernen Brüssel hinter verschlossenen Türen stattfindet, nach außen sollen vor allem attraktive Bilder von schönen Landschaften und malerischen Städten übermittelt werden. Häufig finden informelle Ministertreffen daher in Fremdenverkehrsregionen statt, die eine ideale Kulisse für Fototermine darstellen.[204] Nicht zuletzt soll natürlich das Image der gastgebenden Minister aufpoliert werden, indem sie als charmante Gastgeber von europäischem Format präsentiert werden.
Tagungen und Konferenzen können im wesentlichen zwei Funktionen haben: sie können Schwerpunkte der Präsidentschaft unterstreichen und Lösungsansätze für aktuelle Probleme diskutieren, oder sie können mögliche neue Bereiche einer europäischen Zusammenarbeit erörtern.
In den letzten Jahren ist es auch üblich geworden, den AStV I und II sowie verschiedene Arbeitsgruppen einmal pro Halbjahr ins Vorsitzland einzuladen.

---

[204] Bei der Auswahl des Tagungsortes muß dabei sehr vorsichtig vorgegangen werden, da Ortsname und Tagungsort zu unerfreulichen Metaphern in der Presse Anlaß geben könnten. So wurde die informelle Ecofin-Tagung während der österreichischen Präsidentschaft rechtzeitig nach Wien verlegt. Ursprünglich war das *Casino* in *Baden* bei Wien als Veranstaltungsort vorgesehen - ein doppelt unpassender Ort für Finanzminister (vgl. Jungwirth 1998, 83).

3.4.6. Der Europäische Rat

Die Abhaltung eines Europäischen Rates ist in organisatorischer und in inhaltlicher Hinsicht zum Großteil die Aufgabe der jeweiligen Präsidentschaft. Allerdings leistet das Generalsekretariat des Rates der Präsidentschaft wertvolle Dienste bei der Erstellung von Dokumenten. Es erarbeitet in der Regel den Entwurf der Einladung des Präsidenten des Europäischen Rates an seine Amtskollegen (mit der de-facto Tagesordnung), erstellt häufig den ersten Entwurf der "Schlußfolgerungen der Präsidentschaft" und übernimmt deren Fertigstellung.[205]
Der Europäische Rat findet üblicherweise im Land der Präsidentschaft gegen Ende der halbjährigen Vorsitzperiode statt und stellt ihren unumstrittenen Höhepunkt dar. Er hat sich im Lauf der Zeit zu einem so bedeutenden Medienereignis entwickelt, daß die Gesamtbeurteilung einer Präsidentschaft in der Öffentlichkeit ganz wesentlich davon abhängt.
Die Vorbereitung des Europäischen Rates obliegt dem RAA und dessen vorgelagerten Gremien - dem AStV, dem Politischen Komitee und der Antici-Gruppe. Die Themen eines Europäischen Rates sind vielfach vorgegeben und können nur zu einem geringen Teil von der Präsidentschaft selbst bestimmt werden. Zum einen hat der Europäische Rat "its own sort of 'rolling programme'" geschaffen, das aus Verpflichtungen früherer Räte oder der Behandlung angeforderter Berichte besteht (Westlake 1995, 30). Ferner muß der Europäische Rat ungelöste unionsinterne Probleme diskutieren und auf aktuelle internationale Entwicklungen reagieren. Schließlich drängt auch die Kommission darauf, bestimmte Themen zum Gegenstand eines Europäischen Rates zu machen, so daß der Präsidentschaft kein allzu großer Spielraum mehr für eigene Initiativen verbleibt.[206]
Wenige Tage vor dem Gipfeltreffen verschickt der Präsident des Europäischen Rates Einladungen an seine Amtskollegen, die eine Liste der vorgeschlagenen

---

205 Marc Ungeheuer (vgl. Fußnote 193) betonte in seinem Vortrag im März 1998 in Wien, daß der erste Entwurf der Schlußfolgerungen immer vom Generalsekretariat des Rates kommen sollte, da dort Leute mit 20-jähriger Erfahrung (das heißt rund 50 Europäische Räte) sitzen. Erst danach sollte der Input der Präsidentschaft kommen.

206 Die Tatsache, daß der RAA als Vorbereitungsgremium letztendlich über die Tagesordnung des Europäischen Rates bestimmt, kann insbesondere in Koalitionsregierungen des Vorsitzlandes zu Spannungen führen, wenn Lieblingsthemen des Regierungschefs oder anderer Regierungsmitglieder nicht in die inoffizielle Tagesordnung aufgenommen werden (vgl. Bassompierre 1988, 32).

Themen enthalten.[207] Wie erwähnt gibt es keine offizielle Tagesordnung, um den informellen Charakter des Europäischen Rates zu bewahren.[208]
Üblicherweise unternimmt der Präsident des Europäischen Rates in den Tagen vor dem Gipfel eine Rundreise durch Europas Hauptstädte, um in bilateralen Gesprächen die Positionen abzuklären (Hayes-Renshaw/Wallace 1997, 166).
Der Europäische Rat selbst bietet neben den offiziellen Arbeitssitzungen auch zahlreiche Möglichkeiten zu informellen Beratungen während der Mahlzeiten und bei den "Kamingesprächen" am ersten Abend eines Gipfels. Dabei kann die Präsidentschaft bestimmte Themen zur Erörterung vorschlagen.[209]
In der Nacht vom ersten zum zweiten Gipfeltag wird die Schlußerklärung des Europäischen Rates, die sogenannten "Schlußfolgerungen der Präsidentschaft", von der Präsidentschaft (üblicherweise in der Person des Ständigen Vertreters) und den Generalsekretären der Kommission und des Ratssekretariates überarbeitet.
Abgeschlossen wird der Gipfel durch eine gemeinsame Pressekonferenz des Präsidenten des Europäischen Rates und des Kommissionspräsidenten.
Schließlich obliegt es der Präsidentschaft, das EP über die Ergebnisse des Europäischen Rates zu informieren.

3.5. Der begrenzte Spielraum des Vorsitzes

Die Bezeichnung der Vorsitzfunktion als Präsidentschaft des Rates der Europäischen Union, oder verkürzt oft als Unionspräsident oder Vorsitzender der EU, suggeriert eine hohe und wichtige Machtposition. Im Vorfeld einer Präsidentschaft entstehen daher in der Öffentlichkeit, den Medien und den Interessenvertretungen häufig Wünsche und Vorstellungen, wie die vermeintliche Machtposition der Präsidentschaft zur Förderung bestimmter (nationaler) Anliegen zu nützen sei.[210]

---

207 Im Anhang befindet sich das Einladungsschreiben zum Europäischen Rat von Wien, das Bundeskanzler Klima an seine Amtskollegen schickte.

208 Bassompierre bezeichnet die terminologische Verleugnung einer Tagesordnung als "rather naive notion today" (Bassompierre 1988, 82).

209 Siehe die Einladung von Bundeskanzler Klima zum Europäischen Rat in Wien im Anhang.

210 So lautet etwa die Frage Nr. 6 einer Anfrageserie der Abgeordneten der Grünen zum österreichischen Parlament, Doris Pollet-Kammerlander, an alle Ministerien noch vor Beginn der Präsidentschaft: "In welcher Form wird die *Machtstellung*, [Hervorhebung HL] die ein EU-Land während der Ratspräsidentschaft innehat, seitens Ihres Ressorts genutzt werden (z.B. Beeinflussung der Tagesordnung der Ratssitzungen o.ä.) und für wel-

Doch der Spielraum einer Präsidentschaft ist deutlich beschränkt und zahlreichen Zwängen und externen Einflußfaktoren unterworfen.
Die Präsidentschaft hat zwar eine Vielzahl von Aufgaben zu erfüllen, sie ist dafür aber nicht mit besonderen Exekutivbefugnissen ausgestattet. Die Autorität eines Vorsitzenden hängt daher in erster Linie nicht von seiner Funktion, sondern von seiner Fähigkeit ab, die ihm zur Verfügung stehenden Mittel der Vorsitzführung geschickt einzusetzen. Verspielt ein Vorsitzender seine Autorität durch Inkompetenz, ineffiziente Vorsitzführung oder mangelnde Sensibilität gegenüber den Bedürfnissen und Wünschen anderer Delegationen, ist damit auch jeglicher Einfluß geschwunden.[211]
Doch selbst ein erfahrener, gut vorbereiteter und über großes Verhandlungsgeschick verfügender Vorsitzender ist auf die Kooperation und die Kompromißbereitschaft der Kommission und der anderen Delegationen angewiesen und schafft sich mit einer effizienten und anerkannten Vorsitzführung bestenfalls eine bessere Ausgangsposition zur Vertretung eigener Interessen. Es gibt, wie Helen Wallace feststellt, durch eine gute Vorsitzführung wenig zu gewinnen, durch eine ineffiziente oder parteiliche Präsidentschaft aber viel zu verlieren (Wallace 1985b, 277).
Außerdem wird der Einfluß des Vorsitzes in der ersten Säule durch das Initiativmonopol der Kommission beschränkt. Ohne Vorschlag der Kommission kann der Rat nicht legislativ tätig werden. Die Präsidentschaft erstellt zwar ein Arbeitsprogramm, setzt Schwerpunkte und hat die Möglichkeit, die Tagesordnungen zu erstellen, sie kann bei alledem aber nur unter jenen Themen auswählen, die auf dem Tisch liegen.[212] In den Worten von Peter Ludlow: "Agendas make Presidencies. Presidencies can only fine-tune agendas." (Ludlow 1998, 1)
Die Präsidentschaft kann allerdings unliebsame Themen in begrenztem Ausmaß blockieren, indem sie die Diskussionen in den Sitzungen nicht ergebnisorientiert laufen läßt oder versucht, sie überhaupt nicht in die Tagesordnung aufzu-

---

che inhaltlichen Vorstöße [...] ist dies vorgesehen?" (Parlamentarische Anfragen Nr. 3178/J - 3190/J; XX. Gesetzgebungsperiode).

Vgl. auch Schallenberg/Thun-Hohenstein, 110f.: "Die Bedeutung der Präsidentschaft war in der Wahrnehmung durch die österreichische Öffentlichkeit deutlich überzeichnet."

211 Peter Ludlow faßt die Konsequenz, die das parteiliche und unangemessene Verhalten des britischen Finanzministers als Vorsitzender des informellen Ecofin-Treffens in Bath im September 1992 hatte, folgendermaßen zusammen: "...the Community was therefore obliged to operate with a president of Ecofin whom nobody inside and, as a result, nobody outside could take seriously." (Ludlow 1993, 251).

212 Das Arbeitsprogramm einer Präsidentschaft läßt sich daher, wie ein österreichischer Diplomat laut dem Journalisten Michael Jungwirth pointiert formulierte, an einem Abend erstellen: man müsse sich nur im Ratssekretariat die Liste der aktuellen Dossiers besorgen und daraus eine Auswahl treffen (Jungwirth 1998, 29).

nehmen. Doch auch von dieser Methode kann nur sehr beschränkt Gebrauch gemacht werden, um die anderen Mitgliedstaaten nicht zu verärgern (Wallace/Edwards 1976, 544).
Angesichts des durchschnittlich eineinhalb bis zwei Jahre dauernden Rechtssetzungsprozesses - vom Kommissionsvorschlag bis zur Verabschiedung durch den Rat - läßt es allein die Dauer der Präsidentschaft von sechs Monaten kaum zu, entscheidenden Einfluß auszuüben. Die Dossiers werden in einem bestimmten Verhandlungsstadium von der vorangegangenen Präsidentschaft übernommen und werden häufig an die folgende weitergegeben, was den Handlungsspielraum der einzelnen Präsidentschaft gering hält.[213]

Schließlich wird vom Vorsitz eine neutrale Vermittlerrolle erwartet. Jeder Versuch, die Präsidentschaft zur Durchsetzung nationaler Vorlieben zu benutzen, stößt auf klare Ablehnung und ist daher kontraproduktiv:

> "The Presidency is first and foremost an office of the Union: it is not an instrument with which to pursue national objectives." (Ludlow/Ersbøll 1995, 38)

Doch die Präsidentschaft ist nicht nur ungeeignet, nationale Themen zu forcieren, sie kann sogar einen gegenteiligen Effekt zeigen:

> "...participants from all countries, even France, argue that the Presidency is costly in terms of national interests" (Wallace/Edwards 1976, 544)

Von der Präsidentschaft wird erwartet, Einigungen durch Konzessionen gegenüber den eigenen Interessen zu ermöglichen und einen entschlossenen Gemeinschaftssinn an den Tag zu legen.[214]
Die österreichische Vorsitzende des AStV I, Judith Gebetsroithner, faßt diese Situation vor dem Beginn der österreichischen Präsidentschaft folgendermaßen zusammen:

> "Inhaltlich jedenfalls wird Österreich möglicherweise bei einigen Dossiers Kompromisse machen müssen. Während wir jetzt noch bei von uns ungeliebten Dossiers unsere vier Stimmen einer Sperr-

---

213 So versuchte sich beispielsweise die niederländische Präsidentschaft in den Verhandlungen über den EUV über den bisherigen Verhandlungsverlauf hinwegzusetzen und legte im September 1991 einen völlig neuen Vertragsentwurf vor. Das darauf folgende Außenministertreffen am 30.9.1991 ging als "Schwarzer Montag" in die Geschichte der holländischen Diplomatie ein. Die Verhandlungen waren bereits zu weit fortgeschritten, um ihnen noch eine andere Richtung geben zu können (Corbett 1993, 32).

214 Vgl. dazu zB. Garel-Jones 1993, 262.

> minorität zuschlagen können, werden wir während der Präsidentschaft diese vier Stimmen eher einer sich abzeichnenden qualifizierten Mehrheit geben müssen." (Gebetsroithner 1998, 12)

3.6. Vor- und Nachteile des Präsidentschaftssystems

3.6.1. Aus Sicht der Mitgliedstaaten

Bereits Mitte der 70er-Jahre galten die Belastungen, die die Präsidentschaft für den jeweiligen Mitgliedstaat mit sich bringt, als enorm. So stellten Edwards und Wallace schon 1977 fest:

> "Von keiner Seite wird bestritten, daß die jeweils sechsmonatige Amtszeit eine erdrückende Fülle von Aufgaben mit sich bringt." (Edwards/Wallace 1978, 12)

Insbesondere kleinere Länder mit geringen personellen Ressourcen können die Vielfalt der Aufgaben kaum noch bewältigen. Dennoch sind es vor allem die kleineren Länder, die am massivsten für die Beibehaltung des derzeitigen Rotationssystems eintreten, weil dadurch die Gleichheit großer und kleiner Staaten in dieser Beziehung gewährleistet bleibt.[215]

Die Belastungen, die die Präsidentschaft für die Verwaltung mit sich bringt, zwingt diese andererseits, in regelmäßigen Abständen ihre Effizienz zu steigern und gegebenenfalls die Verfahren der Koordination und Kooperation zu überdenken. Vorteilhaft ist auch, daß die Vorsitzführung vertiefte Einblicke in das Funktionieren des Entscheidungsprozesses der EU ermöglicht, wovon die Beamten in der Folge profitieren können (vgl. Westlake 1995, 46).

Trotz der im vorangegangenen Kapitel zusammengefaßten Faktoren, die den Einfluß und Spielraum einer Präsidentschaft beschränken, hat ein Vorsitzland mehr Möglichkeiten als sonst. Schwerpunkte können gesetzt werden, mißliebi-

---

215 Auf einer Tagung des Renner-Institutes anläßlich der österreichischen Präsidentschaft in Wien betonte Marc Ungeheuer (vgl. Fußnote 193) die Bedeutung dieses Punktes. Trotz der enormen physischen Belastung, die viele Luxemburger Beamte zu Weihnachten und in den Wochen danach krank werden ließ, müsse das System der Rotation weiterbestehen, "weil das ein Grundstein des Funktionierens unserer Gemeinschaft ist". Bezeichnenderweise polemisierte Reinhard Schweppe, Leiter der Unterabteilung Europa im Auswärtigen Amt in Bonn, als nächster Referent gegen das "archaische Modell von halbjährlich sich aneinanderreihenden Präsidentschaften". Außerdem bekomme es einer Großmacht nicht gut, "wenn die Leute zu Weihnachten mit Grippe unter dem Tannenbaum liegen".

ge Themen können vernachlässigt und Initiativen gesetzt werden. So gelang es zum Beispiel Spanien, seine Interessen während der Präsidentschaft im zweiten Halbjahr 1995 durch den Start des "Barcelona-Prozesses" auf europäischer Ebene durchzusetzen (vgl. Westlake 1995, 46).

Vor allem für kleinere Mitgliedstaaten bieten Präsidentschaften die Möglichkeit, für einige Zeit erhöhte internationale Aufmerksamkeit zu genießen und zu einem Akteur auf der Bühne der Weltpolitik zu werden. Die internationale Medienaufmerksamkeit erhöht sich schlagartig und bringt die Chance mit sich, das Land international zu präsentieren. Für die vorsitzführenden Politiker ergeben sich zahlreiche Gelegenheiten für Fototermine mit ausländischen Staats- und Regierungschefs, die sich dann oft in Wahlkampfbroschüren wiederfinden (vgl. Westlake 1995, 46; Nugent 1994, 128).
Allerdings weisen mehrere Autoren darauf hin, daß der Chance, sich zu profilieren, auch die große Gefahr, sich zu blamieren, gegenübersteht:

> "It [the presidency] is an excellent way of raising one's profile, but it can also lead to acute embarrassment." (Bassompierre 1988, 103)[216]

Eine Begleiterscheinung der Präsidentschaft, die von fast allen Autoren betont wird, ist die deutlich erhöhte öffentliche Aufmerksamkeit, die der europäischen Integration im Vorsitzland vor und während einer Präsidentschaft zuteil wird. Bassompierre sieht in dieser erzieherischen Funktion neben der Notwendigkeit, den Rat zu leiten, sogar den Hauptvorteil der Präsidentschaft (Bassompierre 1988, 122).[217]

3.6.2. Aus europäischer Sicht

Der auffallendste Mangel des ständig wechselnden Ratsvorsitzes ist die damit verbundene Diskontinuität. Dies verwirrt zum einen außenstehende Regierungen und Wirtschaftstreibende, die mit ständig wechselnden Ratsvorsitzenden konfrontiert werden (Bassompierre 1988, 1). Zum anderen kann dies auch der Kontinuität des Politikprozesses innerhalb der Gemeinschaft abträglich sein, wenn aufeinanderfolgende Präsidentschaften unterschiedliche Schwerpunkte setzen und mit unterschiedlichen Ansätzen an die Dossiers herangehen.
In der Außenvertretung ist die Union mit dem Problem konfrontiert, daß sie häufig von einem international weitgehend unbekannten Außenminister eines kleinen Mitgliedstaates vertreten wird. Dieser Tatsache stehen vor allem die

---

216 Vgl. auch Nugent 1995, 128.

217 Vgl. auch Hayes-Renshaw/Wallace 1997, 153.

großen Mitgliedstaaten und die Kommission skeptisch gegenüber. Daher bildete schon die Troika den Versuch, zumindest einen großen Staat immer in die Außenvertretung einzubeziehen. Diese Motivation stand auch hinter der Neuregelung der Rotationsfolge der Präsidentschaften im Zusammenhang mit der letzten Erweiterungsrunde im Jahr 1995.[218]
Die Unzufriedenheit mit der Diskontinuität in der GASP führte im Vertrag von Amsterdam zu dem Versuch, durch die Einführung des Hohen Vertreters für die GASP zumindest für personelle Kontinuität zu sorgen.

Andererseits bringt der häufige Wechsel des Vorsitzes immer wieder frischen Wind, neue Motivation und neue Methoden, die dem Beschlußfassungsprozeß förderlich sein können. Außerdem wird dadurch verhindert, daß eine schlechte Präsidentschaft zu lange den Rat blockiert und die Belastungen für die Mitgliedstaaten zumindest zeitlich in Grenzen bleiben.
Durch den rotierenden Vorsitz müssen alle Mitgliedstaaten in regelmäßigen Abständen die Verantwortung übernehmen. Sie werden dadurch gezwungen, sich mit allen Themen, die im Rat diskutiert werden, auch Detailfragen, die nur einzelne Delegationen betreffen, intensiv auseinanderzusetzen, wodurch das gegenseitige Verständnis erhöht werden kann. Der Wechsel der Perspektive, von der nationalen Delegation zur neutralen Vermittlerposition bringt es mit sich, daß die eigenen nationalen Anliegen im größeren Zusammenhang wahrgenommen werden (Westlake 1995, 46f.). Im Bereich der GASP werden auch die kleineren Mitgliedstaaten dazu gezwungen, global zu denken (Bassompierre 1988, 64).
Während aus nationalstaatlicher Sicht häufig die Verhinderung eines Beschlusses im Vordergrund steht, ist die Zielsetzung der Präsidentschaft der möglichst rasche Abschluß von Dossiers. Der Rollenwechsel vom nationalen Vertreter zum Vertreter der Gemeinschaft kann somit dazu dienen, den Gegensatz zwischen Nationalstaat und Union zu verringern und wirkt sich außerdem positiv auf das Verhandlungsklima in den Ratsgremien aus. Da jeder einmal selbst den Vorsitz übernimmt, ist das gegenseitige Verständnis und die Bereitschaft zu konstruktiver Zusammenarbeit höher, als wenn es einen permanenten Vorsitz gäbe.

3.6.3. Präsidentschaft und europäische Integration

Im ersten Kapitel dieser Arbeit wurde dargestellt, daß der Rat eine eigenartige Zwitterstellung zwischen der nationalen und der gemeinschaftlichen Ebene einnimmt. Der Rat und seine Mitglieder sind gleichzeitig Gemeinschaftsorgan

---

218 Vgl. Kapitel 3.2.1.

und Ort der Interessenvertretung der Mitgliedstaaten. In dieser Widersprüchlichkeit befindet sich natürlich auch die Präsidentschaft, die gleichzeitig die Interessen des eigenen Landes beachten und als kollektiver Manager sowie Vermittler handeln muß (Wallace 1986, 586). Die Präsidentschaft ist daher gefangen "...between the instinct for self-protection and the need to take a broader and more collective view of the overall Community interest" (Wallace 1985a, 2), wobei die meisten Länder Eigeninteressen während der Präsidentschaft zurückstecken.
Der Bedeutungszuwachs, den die Präsidentschaft im Lauf der Zeit erfahren hat, stärkte auf den ersten Blick das intergouvernementale gegenüber dem supranationalen Prinzip. Doch wie schon beim Rat lassen sich auch hier bei näherer Betrachtung einige integrationsfördernde Elemente des Systems der rotierenden Präsidentschaft erkennen.
Unzweifelhaft hat die Präsidentschaft im Bereich der ersten Säule Funktionen übernommen, die ursprünglich der Kommission zugedacht waren: Management, Initiative und Kompromißsuche (Schoutheete 1989, 99). Doch einerseits erfolgt die Ausübung dieser Funktionen in der Regel in enger Zusammenarbeit mit der Kommission,[219] andererseits stehen die vorsitzführenden Mitgliedstaaten permanent unter dem Druck, ihren "community spirit" unter Beweis zu stellen (Wallace/Edwards 1976, 544).
Auch im Bereich der GASP läßt sich nicht eindeutig beantworten, ob das intergouvernementale oder das supranationale Prinzip gestärkt wurde. Die Einführung der EPZ im Jahr 1970 schuf ein neues, intergouvernementales Feld der Zusammenarbeit, das die Bedeutung der Präsidentschaft steigerte. Die Kommission blieb vorerst weitgehend unbeteiligt und wurde damit relativ geschwächt. Im Luxemburger Bericht 1970 wurde die Rolle der Kommission folgendermaßen beschrieben:

> "Sofern die Arbeiten der Minister Auswirkungen auf die Tätigkeit der Europäischen Gemeinschaften haben, wird die Kommission zur Stellungnahme aufgefordert." (Schoutheete 1989, 100)

Heute ist die Präsidentschaft zwar nach wie vor der dominante Akteur in der GASP, die Kommission wird aber an der Gemeinsamen Außen- und Sicherheitspolitik in vollem Umfang beteiligt.[220] Konkret kann die Kommission bei-

---

219 Zum Beispiel bedarf es häufig der Vermittlung eines Mitgliedstaates, um Kompromisse zu ermöglichen, die die Kommission nicht erreichen könnte: "..in any case it sometimes needs a politician with a clear political mandate to steer through a difficult compromise, with accompanying face-savers for delegations under pressure." (Hayes-Renshaw/Wallace 1997, 147)

220 Art. 18 Abs. 4 EUV (Ex-Art. J.9 EUV).

spielsweise den Rat mit einer Frage der GASP befassen und ihm Vorschläge unterbreiten.[221] Die EPZ hat also nicht nur die Aufgaben und die Bedeutung der Präsidentschaft, sondern letztendlich auch die Rolle der Kommission, erweitert.

3.7. Reformvorschläge[222]

Bereits seit den 70er-Jahren existiert der Vorschlag, die Dauer der Präsidentschaft auf ein Jahr zu erhöhen, um die Kontinuität zu verbessern und die Autorität der Präsidentschaft zu steigern (Wallace/Edwards 1976, 550).[223] Gegen eine Verlängerung der Präsidentschaft sprechen allerdings mehrere Argumente: die negativen Auswirkungen einer schlechten Präsidentschaft würden sich verstärken; die Integrationsfunktion, die darin besteht, daß sich die Mitgliedstaaten regelmäßig intensiv mit EU-Angelegenheiten befassen müssen, würde geschwächt; die administrative Belastung, insbesondere für kleinere Mitgliedstaaten wäre enorm; der Abstand zwischen zwei Präsidentschaften eines Landes würde angesichts von 15 Mitgliedstaaten und möglicherweise bevorstehender neuerlicher Erweiterungen zu groß (Hayes-Renshaw/Wallace 1997, 156).
Team-Präsidentschaften, die von mehreren Staaten gemeinsam ausgeführt werden,[224] würden einen hohen Koordinationsaufwand zwischen den beteiligten Staaten bedeuten und könnten zu großen Reibungsverlusten führen, wenn sich die Mitglieder der Team-Präsidentschaft nicht auf ein einheitliches Vorgehen einigen können. Das Problem der Diskontinuität bliebe bestehen.
Ein Vorschlag, der ebenfalls hohe Koordinationsanforderungen an die beteiligten Länder stellen würde, wären verschiedene Vorsitzende in unterschiedlichen Politikbereichen. So könnte zum Beispiel vor allem der Vorsitz in der Ersten Säule und jener in der Zweiten von unterschiedlichen Ländern wahrgenommen werden.
Der Vorschlag, daß nach dem Vorbild des Währungsausschusses der Vorsitz gewählt wird, läßt die Frage offen, wie die anderen Funktionen der Präsidentschaft, namentlich die Koordination, effizient erfüllt werden sollen. Vor allem

---

221 Art. 22 Abs. 1 EUV (Ex-Art. J.8 Abs. 3 EUV).

222 Einen Überblick über verschiedene Reformvorschläge im Vorfeld der Regierungskonferenz 1996 geben Falkner/Nentwich 1995, 81ff.

223 So zB. Leo Tindemans in seinem Bericht über eine Europäische Union an den Europäischen Rat von Rom im Dezember 1975.

224 Peter Ludlow und Niels Ersbøll schlugen beispielsweise vor, die Mitgliedstaaten in vier bis fünf Gruppen einzuteilen, die je rund 100 Millionen Bürger umfassen. Jede Gruppe könnte dann alle sechs Jahre für 18 Monate die Präsidentschaft ausüben (Ludlow/Ersbøll 1995, 40).

auf Ministerebene bestünde zusätzlich die Gefahr, daß die Vorsitzwahl zur politischen Streitfrage wird und damit wertvolle Zeit kostet und Gegensätze heraufbeschwört. Außerdem ließe sich kaum vermeiden, daß nicht nur Kompetenz, sondern auch das Streben nach nationaler Verhältnismäßigkeit der verschiedenen Vorsitze die Wahl bestimmt. Ein Kompromiß könnte darin bestehen, die Vorsitzenden der Arbeitsgruppen für längere Zeit zu wählen, die Rotation auf politischer Ebene aber beizubehalten.[225]

Alle Vorschläge haben den Nachteil gemeinsam, daß sie das bestehende System verändern würden, wodurch das delikate institutionelle Gleichgewicht ins Wanken käme. Vor allem für die kleineren Staaten ist eine Änderung der gleichmäßigen Rotation, trotz der enormen Belastungen, nicht akzeptabel.

225 Diese Variante wird auch vom österreichischen Außenministerium unterstützt (Interview im Außenministerium). Außenminister Schüssel äußerte sich in diesem Sinn in einer Rede Anfang 1999 zum Thema: "Politische Führung in Europa. Erfahrungen der EU-Ratspräsidentschaft".

4. DIE ÖSTERREICHISCHE PRÄSIDENTSCHAFT

Bevor ich auf den Verlauf der ersten österreichischen EU-Ratspräsidentschaft eingehe, stelle ich kurz den historischen und organisatorischen Kontext dieser Präsidentschaft dar. Zunächst folgt ein kurzer Überblick über die wichtigsten Eckdaten der österreichischen Nachkriegsgeschichte im Zusammenhang mit den EG,[226] mit einer etwas ausführlicheren Darstellung der wichtigsten Themen der sehr emotional und kontroversiell geführten innerösterreichischen Diskussionen im Vorfeld der Volksabstimmung über den Beitritt Österreichs zur Europäischen Union. Dadurch wird erkennbar, welche Themen die österreichische Öffentlichkeit im Zusammenhang mit der EU besonders interessieren, was im Hinblick auf den Umgang mit diesen Themen während der Präsidentschaft von Interesse ist.

Die Regierungskonferenz 1996, die im Vertrag von Amsterdam ihren Abschluß fand, stellte nach dem EU-Beitritt die erste große Herausforderung für den neuen Mitgliedstaat Österreich dar und machte eine Positionierung Österreichs im Hinblick auf die Themen der Konferenz erforderlich. Ich lege den Schwerpunkt der Betrachtung dabei auf Österreichs Positionen zur Institutionenreform und zur Reform der Dritten Säule, weil dabei die grundsätzliche Haltung Österreichs zur Europäischen Integration erkennbar wird. Die Dritte Säule stelle ich auch deshalb etwas ausführlicher dar, weil sie Gegenstand meiner Untersuchung in Kapitel 5 sein wird.

In Kapitel 4.2. folgt ein kurzer Überblick über die institutionellen Grundstrukturen der österreichischen Willensbildung in EU-Angelegenheiten, die natürlich auch während der Präsidentschaft weiterbestanden.

Die daran anschließenden Kapitel geben einen Überblick über die Vorbereitungen und den Ablauf der österreichischen EU-Ratspräsidentschaft 1998.

---

226 Bei historischen Rückblicken, die die Zeit vor und nach dem Vertrag von Maastricht (in Kraft seit 1.11.1993) behandeln, droht immer eine gewisse Begriffsverwirrung. Daher möchte ich kurz zusammenfassen, welche Abkürzungen ich im folgenden verwende: für die Zeit vor dem Vertrag von Maastricht verwende ich zumeist den Sammelbegriff "Europäische Gemeinschaften" (EG), die die EGKS, die Euratom und die Europäische Wirtschaftsgemeinschaft (EWG) umfassen. Nach Maastricht wird der Begriff "Europäische Union" (EU) verwendet, außer es wird explizit auf die EG (vormals EWG) verwiesen.

4.1. Österreichs Weg in die Europäische Union

4.1.1. Die Neutralität als Hindernis für einen EG-Beitritt

Als die Europäischen Gemeinschaften mit den Verträgen von Paris (EGKS, 1951) und Rom (EG, Euratom, 1957) begründet wurden, kämpfte Österreich noch um das Erreichen und Erhalten seiner staatlichen Unabhängigkeit. Eine rasche Annäherung Österreichs an die Europäischen Gemeinschaften, die aufgrund der wirtschaftlichen Verflechtungen naheliegend gewesen wäre, scheiterte zunächst allerdings nicht nur aufgrund der Unvereinbarkeit von Neutralität und EG-Mitgliedschaft,[227] sondern auch am Entwicklungsrückstand der österreichischen Wirtschaft (vgl. Luif 1991).
In Reaktion auf die Gründung der EG schlossen sich Österreich und sechs weitere Staaten, die den Europäischen Gemeinschaften aus unterschiedlichen Gründen nicht angehören konnten oder wollten, im Jahr 1960 zur EFTA zusammen.[228] Während Großbritannien und Dänemark schon 1961 Anträge auf EG-Mitgliedschaft stellten, bemühten sich die neutralen Staaten Schweden, Schweiz und Österreich um eine Assoziierung. Nach der Ablehnung des britischen Beitrittsantrags durch den französischen Präsidenten Charles de Gaulle Anfang 1963 zogen Schweden und die Schweiz ihre Assoziationsansuchen zurück. Österreich hingegen setzte seine Assoziationsbestrebungen in einem "Alleingang nach Brüssel" bis 1967 fort (vgl. Schneider 1990, 33ff.). Ein bilaterales Freihandelsabkommen Österreichs mit den Europäischen Gemeinschaften kam allerdings erst 1972 zustande, nachdem die Verhandlungen lange Zeit von Italien - wegen der Südtirolfrage - und Frankreich - aufgrund einer grundsätzlichen Ablehnung jeder Erweiterung der Europäischen Gemeinschaften - blokkiert worden waren (Fischer/Köck 1995, 85; Schaller 1994, 236).
Geänderte internationale und nationale Rahmenbedingungen führten ab der Mitte der 80er-Jahre zu einer Neubewertung des Verhältnisses Österreichs zu den Europäischen Gemeinschaften, die schließlich zum Beitrittsantrag 1989 und zum Beitritt 1995 führte.

---

227 Dies war nicht nur die vorherrschende völkerrechtliche Ansicht (Luif 1991, 686), sondern auch politische Realität. Spätestens nach der sowjetischen Kritik an Österreichs (verbalem) Verhalten in der Ungarn-Krise war ein EG-Beitritt kein Thema mehr (Luif 1995, 185). Selbst die Verhandlungen Österreichs über ein Assoziierungsabkommen mit den EG in den 60er-Jahren waren von der wiederholten Warnung der Sowjetunion begleitet, daß eine weitgehende wirtschaftliche Annäherung eine Abkehr vom Staatsvertrag bedeuten würde (Kramer 1991, 645).

228 Gründungsmitglieder der EFTA waren Österreich, Dänemark, Großbritannien, Norwegen, Portugal, Schweden und die Schweiz.

Die EG hatte durch die Erweiterung auf zwölf Mitglieder (darunter die drei ehemaligen EFTA-Mitglieder Großbritannien, Dänemark und Portugal) und die neue Dynamik im Zusammenhang mit dem Binnenmarktprojekt deutlich an Gewicht gegenüber der EFTA gewonnen, so daß zunehmend gravierende Wettbewerbsnachteile für die österreichische Wirtschaft befürchtet wurden. Gleichzeitig leiteten die Reformen des sowjetischen Staats- und Parteichefs Gorbatschow die Überwindung des Ost-West-Konfliktes und damit der Teilung Europas ein, wodurch auch die österreichische Neutralität im Hinblick auf ihre Vereinbarkeit mit einem EG-Beitritt neu interpretiert werden konnte (Schieder 1995, 17).
In Österreich wurde schon bald nach dem Rücktritt von Bundeskanzler Kreisky im Jahr 1983 dessen "global orientierte aktive Neutralitätspolitik" von einer Konzentration auf (EG-)Europa und Nachbarschaftspolitik abgelöst (Kramer 1991, 650). Damit im Zusammenhang stand eine ab 1983/84 immer deutlicher zutage tretende wirtschaftliche Strukturkrise,[229] zu der sich durch zahlreiche Skandale[230] und die Auseinandersetzungen um die Wahl von Bundespräsident Waldheim 1986[231] auch eine Image- und Identitätskrise gesellte (Schaller 1994, 152).

---

229 Seit langem auftretende Budgetdefizite führten zu einer wachsenden Staatsverschuldung, wobei vor allem die Verluste der verstaatlichten Industrie grundlegende Reformen verlangten. Der große staatliche Sektor ging auf Verstaatlichungen nach dem Zweiten Weltkrieg zurück. Dadurch sollte das ehemalige "deutsche Eigentum" vor dem Zugriff der Besatzungsmächte geschützt, aber auch eine "gemeinwirtschaftliche" Komponente geschaffen werden, die es der SPÖ ermöglichte, von einem gemischten Wirtschaftssystem in Österreich zu sprechen (vgl. Schneider 1990, 16).

230 Zum Beispiel der persönliche Empfang des Kriegsverbrechers Walter Reder durch den damaligen Verteidigungsminister Friedhelm Frischenschlager im Jänner 1985 oder der Wein-Skandal im Sommer 1985. Außerdem begannen zwei der größten Skandale der Zweiten Republik - der Lucona- und der Noricum-Skandal - ihre Schatten vorauszuwerfen. Bei ersterem ging es um enge Verbindungen und Hilfestellungen sozialistischer Spitzenpolitiker für Udo Proksch, dem ein großangelegter Versicherungsbetrug durch die Versenkung des Frachters "Lucona" vorgeworfen wurde, wobei sechs Menschen ums Leben gekommen waren. Bei der Noricum-Affäre ging es um illegale Waffenexporte in den Irak und den Iran. Beide Skandale führten in den Jahren 1988 und 1989 zu aufsehenerregenden parlamentarischen Untersuchungsausschüssen.

231 Im Wahlkampf für die Bundespräsidentenwahlen im Juni 1986 brach eine intensive Debatte über die bis dahin unbekannte Kriegsvergangenheit von Kurt Waldheim aus, die weltweit Resonanz fand. Nach sehr emotional geführten Auseinandersetzungen, in denen Österreichs Rolle im Zweiten Weltkrieg und die Verantwortung der Kriegsgeneration generell diskutiert wurden, wurde Kurt Waldheim zum Bundespräsidenten gewählt. In den USA wurde der Bundespräsident schließich auf die sogenannte "Watchlist" gesetzt, wo-

In dieser Situation gewann eine Umorientierung der Europapolitik zunehmend an Attraktivität. Das Anstreben eines Beitritts zu den Europäischen Gemeinschaften sollte einerseits dabei helfen, die ökonomischen und politischen Krisen zu überwinden, andererseits den Befürchtungen vor erheblichen Wettbewerbsnachteilen entgegentreten, die eine Nichtteilnahme Österreichs am Binnenmarkt angesichts der engen Verflechtungen der österreichischen Wirtschaft mit den Gemeinschaften ausgelöst hatte (Kramer 1991, 651; Schneider 1990, 97ff.).[232]

4.1.2. Die Neubewertung der Beziehung zu den Europäischen Gemeinschaften

Nachdem ab 1984 eine öffentliche Diskussion begonnen hatte, in der verschiedene Varianten der Annäherung Österreichs an die EG erörtert wurden,[233] gewann der Annäherungsprozeß ab dem Regierungsantritt der Großen Koalition (gebildet von der Sozialdemokratischen Partei Österreichs (SPÖ) unter Bundeskanzler Franz Vranitzky und der Österreichischen Volkspartei (ÖVP) unter Vizekanzler und Außenminister Alois Mock) zu Beginn 1987 enorm an Dynamik. Innerhalb von rund zwei Jahren sprachen sich alle Sozialpartner, die Landeshauptleutekonferenz[234] und die beiden Regierungsparteien klar für einen Beitritt zu den Europäischen Gemeinschaften aus.
Der Einigung der Regierungsparteien im Sommer 1989 gingen allerdings lebhafte Auseinandersetzungen über Art und Zeitpunkt des österreichischen Beitrittsantrages sowie über die Festlegung der innenpolitischen Mechanismen der künftigen Integrationspolitik voraus. Während die ÖVP auf eine möglichst rasche Vorgangsweise drängte, dauerte der innerparteiliche Meinungsbildungsprozeß bei der SPÖ noch bis zum Frühjahr 1989.[235] Erst am 3.4.1989 billigte

---

mit der ehemalige UN-Generalsekretär (1972-1981) nicht mehr in die USA einreisen durfte. Konkrete Kriegsverbrechen konnten Dr. Waldheim nicht nachgewiesen werden.

232 Rund 2/3 des österreichischen Außenhandels wurden mit den EG abgewickelt (Schneider 1990, 98).

233 Um nur einige Beispiele zu nennen: ÖVP-Abgeordneter Khol sprach im Juni 1985 von einer "Drei-Sprung-Theorie": von der Kooperation über die Assoziation sollte eine Mitgliedschaft unter Beibehaltung der Neutralität angestrebt werden. Der außenpolitische Sprecher der SPÖ, Peter Jankowitsch, sprach sich Ende 1985 für eine stärkere Annäherung an die EG "bis zu einer Art Mitgliedschaft" aus. Ähnlich Bundeskanzler Franz Vranitzky, der im Herbst 1986 für eine "Quasi-Mitgliedschaft" in Form bilateraler Verträge eintrat (Schaller 1994, 238f.).

234 In der Landeshauptleutekonferenz kommen die Landeshauptleute der neun österreichischen Bundesländer zusammen, um Fragen von gemeinsamem Interesse zu diskutieren.

235 Neben der Frage der künftigen Bedeutung der österreichischen Neutralität mußten vor allem ideologische Differenzen innerhalb der Partei geklärt werden. Der "linke Flügel"

der SPÖ-Bundesparteivorstand einen österreichischen Antrag auf EG-Mitgliedschaft unter "gewissen unumstößlichen Voraussetzungen", vor allem der Wahrung der Neutralität.

Am 26. Juni 1989 schlossen SPÖ und ÖVP eine Parteienvereinbarung zur weiteren Vorgangsweise in der Integrationspolitik, in der sich die beiden Parteien zur Zusammenarbeit in der Integrationspolitik über die laufende Legislaturperiode hinaus, bis zum Abschluß des Verhandlungsprozesses mit den Europäischen Gemeinschaften, verpflichteten. Das Abkommen regelte neben sachpolitischen Leitlinien und der Betonung der Aufrechterhaltung der immerwährenden Neutralität auch Fragen der Verhandlungsführung und der innerstaatlichen Koordination. Besonders umstritten war der letzte Punkt, da die ÖVP und das Außenministerium unter Alois Mock darauf beharrten, nicht nur für die Verhandlungsführung mit Brüssel, sondern auch für die innerösterreichische Koordination zuständig zu sein, während die SPÖ und das Bundeskanzleramt unter Berufung auf das Bundesministeriengesetz die innerösterreichische Koordination für sich reklamierten.[236] Die Parteienvereinbarung legte schließlich eine Teilung der Kompetenzen fest, wonach für die innerösterreichische Koordination und die Vorbereitung der grundlegenden inhaltlichen Verhandlungspositionen der Regierung gegenüber den Europäischen Gemeinschaften das Bundeskanzleramt zuständig ist,[237] und die konkrete Verhandlungsvorbereitung und -führung vom Außenministerium wahrgenommen wird (Schaller 1994, 120ff.).[238]

---

wollte nach einer Sanierung der verstaatlichten Industrie am Prinzip einer Volkswirtschaft mit starker gemeinwirtschaftlicher Komponente festhalten und lehnte das "kapitalistische" Europa ab, während das Regierungsteam rund um Kanzler Vranitzky den Binnenmarkt als "eine Herausforderung, die wir annehmen wollen", bezeichnete und Deregulierungs- und Liberalisierungseffekte als eindeutig positiv bewertete (Schneider 1990, 219f.).

236 Vgl. die Anlage zu § 2 des Bundesministeriengesetzes, BGBl. Nr. 76/1986, wonach dem Bundeskanzleramt die Koordination der gesamten Verwaltung des Bundes sowie die Wahrung der Einheitlichkeit der allgemeinen Regierungspolitik obliegt.

237 In der Sektion Koordinationsangelegenheiten wurde zu diesem Zweck die Abteilung "Integrationspolitische Koordination" (BKA IV/5) unter der Leitung der späteren Abgeordneten zum EP, Maria Berger, eingerichtet.

238 Der gesamte Text der "Parteienvereinbarung zwischen SPÖ und ÖVP zur weiteren Vorgangsweise in der Integrationspolitik vom 26. Juni 1989" ist abgedruckt in Rauchenberger 1995, 144ff.

Parallel zu Österreichs zweitem "Alleingang nach Brüssel"[239] begannen ab 1990 Verhandlungen zwischen den EG und der EFTA über die Errichtung eines Europäischen Wirtschaftsraumes, die von Österreich aber nur als Zwischenschritt auf dem Weg zur Vollmitgliedschaft betrachtet wurden.[240]

4.1.3. Chronologie des Beitrittsprozesses[241]

Der Beitrittsprozeß, der mit dem Regierungsantritt der Großen Koalition unter der Führung von Bundeskanzler Franz Vranitzky (SPÖ) und Vizekanzler und Außenminister Alois Mock (ÖVP) begann und mit dem Beitritt Österreichs zur EU am 1.1.1995 abgeschlossen wurde, läßt sich am prägnantesten in der Form einer Chronologie zusammenfassen:

28.01.1987	Die Regierungserklärung der Großen Koalition spricht vom "Ausbau des Verhältnisses zur EG"
03.02.1987	Einsetzung der "Arbeitsgruppe für Europäische Integration" unter dem Vorsitz von Botschafter Manfred Scheich,[242] die die Auswirkungen des EG-Binnenmarktes und die sich daraus ergebenden Handlungsoptionen Österreichs überprüfte
März 1987	Ein Gutachten der Völkerrechtler Hummer und Schweitzer hält einen EG-Beitritt unter Beachtung eines Neutralitätsvorbehaltes für möglich[243]
14.05.1987	Die Vereinigung Österreichischer Industrieller spricht sich für einen Vollbeitritt zu den Europäischen Gemeinschaften aus
03.11.1987	Beschluß der Landeshauptleutekonferenz für einen Beitritt

239 Die Beitrittsansuchen von vier weiteren EFTA-Staaten folgten erst zwei bis drei Jahre nach dem österreichischen Antrag: Schweden (1.7.1991), Finnland (18.3.1992), Schweiz (16.5.1992) und Norwegen (25.11.1992).

240 Der EWR, der die EFTA-Staaten bereits zur Übernahme von rund 80% der Binnenmarktvorschriften verpflichtete, trat schließlich zu einem Zeitpunkt in Kraft (1.1.1994), als die Beitrittsverhandlungen mit Österreich, Schweden, Finnland und Norwegen schon in die Endphase gingen.

241 Dieser Abschnitt basiert auf folgenden Quellen: Karlhofer/Tálos 1996b, 69ff.; Schieder 1995, 17ff.; Schaller 1994, 235ff..

242 Botschafter Scheich war später ab dem österreichischen Beitritt zur EU 1.1.1995 der erste Ständige Vertreter Österreichs in Brüssel. Diese Funktion hatte er auch noch während der österreichischen Präsidentschaft inne.

243 Hummer Waldemar/Schweitzer Michael - Österreich und die EWG. Neutralitätsrechtliche Beurteilung der Möglichkeit der Dynamisierung des Verhältnisses zur EWG; Signum Verlag; Wien; 1987.

09.12.1987	Bundeswirtschaftskammer-Präsident Sallinger plädiert für einen Vollbeitritt
07.01.1988	Die ÖVP legt sich auf das Ziel eines EG-Beitrittes fest
20.06.1988	Die "Arbeitsgruppe für Europäische Integration" legt ihren Bericht vor, der einen Beitritt befürwortet
12.07.1988	Der Österreichische Gewerkschaftsbund (ÖGB) spricht sich für einen EG-Beitritt mit Bedingungen aus
31.01.1989	Der Österreichische Arbeiterkammertag befürwortet einen Beitritt
Februar 1989	In einem Memorandum befürwortet auch die Präsidentenkonferenz der Landwirtschaftskammern einen Beitritt
01.03.1989	Gemeinsame Stellungnahme der Sozialpartner zugunsten eines EG-Beitrittes
03.04.1989	Der Bundesparteivorstand der SPÖ entscheidet sich für einen Beitritt unter Neutralitätsvorbehalt
26.06.1989	Parteienvereinbarung zwischen SPÖ und ÖVP zur weiteren Vorgangsweise in der Integrationspolitik
29.06.1989	Mehrheitsbeschluß des Nationalrates (175:7 Stimmen)[244] für ein Beitrittsansuchen
	Gesetzliche Verankerung des Rates für Integrationsfragen[245]
04.07.1989	Die Bundesregierung beschließt die Aufnahme von Beitrittsverhandlungen
17.07.1989	Außenminister Mock übergibt dem Vorsitzenden des EG-Ministerrates das österreichische Beitrittsgesuch ("Brief nach Brüssel")
20.06.1990	Aufnahme offizieller Verhandlungen zwischen den Europäischen Gemeinschaften und der EFTA zur Errichtung des EWR
31.07.1991	Ein Avis der Kommission befürwortet die Aufnahme von Beitrittsverhandlungen mit Österreich
02.05.1992	Unterzeichnung des EWR-Abkommens in Porto

244 Nur die Grünen votierten zum damaligen Zeitpunkt gegen einen EG-Beitritt (Luif 1995, 197).

245 Vgl. BGBl. 368/1989. Der Rat für Integrationsfragen wurde beim Bundeskanzleramt zur "Beratung der Bundesregierung in Fragen der österreichischen Integrationspolitik, der Erörterung und Koordination integrationspolitischer Entscheidungen und der gegenseitigen Information auf diesem Gebiet" eingerichtet (§ 2 Abs. 1). Ihm gehören Regierungsmitglieder, Vertreter der parlamentarischen Klubs, Vertreter der Länder, der Sozialpartner und des Städte- und Gemeindebundes an.

12.12.1992	Beschluß des Europäischen Rates von Edinburgh zur Aufnahme von Beitrittsverhandlungen mit Österreich, Finnland, Schweden und Norwegen
01.02.1993	Formelle Aufnahme der Beitrittsverhandlungen
01.01.1994	Der EWR tritt in Kraft
30.03.1994	Abschluß der Beitrittsverhandlungen
12.04.1994	Formeller Abschluß der Beitrittsverhandlungen
22.04.1994	Europa-Abkommen zwischen SPÖ und ÖVP, das die Beteiligung der Sozialpartner an der innerösterreichischen Entscheidungsfindung in EU-Angelegenheiten zusichert
04.05.1994	Das EP stimmt mit 378 von 517 Stimmen für einen Beitritt Österreichs
05.05.1994	Der österreichische Nationalrat befürwortet mit 140:35[246] Stimmen das Bundesverfassungsgesetz über den Beitritt Österreichs zur EU
07.05.1994	Auch der Bundesrat befürwortet den österreichischen EU-Beitritt
12.06.1994	Die Volksabstimmung über den EU-Beitritt endet mit 66,58% Pro-Stimmen
24.06.1994	Unterzeichnung des Beitrittsvertrages und der Schlußakte auf Korfu
09.10.1994	Die Nationalratswahlen bringen massive Verluste für die Regierungsparteien
11.11.1994	Der Nationalrat genehmigt den Beitrittsvertrag
17.11.1994	Der Bundesrat stimmt dem Beitrittsvertrag zu
15.12.1994	Begleit-BVG im Nationalrat beschlossen[247]
01.01.1995	Österreich wird Vollmitglied der EU

4.1.4. Die Hauptthemen der Beitrittsdiskussion

Einige Politikfelder spielten in den Beitrittsverhandlungen und der intensiven öffentlichen Diskussion im Vorfeld der Volksabstimmung am 12. Juni 1994 aufgrund spezifischer österreichischer Interessen und einer sensibilisierten Öffentlichkeit eine besondere Rolle. Hier ist an erster Stelle die Frage der Vereinbarkeit von EU-Beitritt und Neutralität zu nennen, die jahrelang die Diskussion bestimmte, in den Beitrittsverhandlungen allerdings nicht gestellt wurde. Dane-

---

246 SPÖ, ÖVP und Liberales Forum stimmten für den Beitritt, die FPÖ und die Grünen - mit einer Ausnahme - dagegen.

247 Das Begleit-BVG paßte die Bundesverfassung an die Mitgliedschaft in der EU an und regelte unter anderem die Mitwirkung der Länder und des Parlamentes in Angelegenheiten der EU, die Wahlen zum EP und Unvereinbarkeiten von bestimmten Ämtern.

ben sind vor allem die Transitproblematik, die friedliche Nutzung der Atomenergie, die Umwelt und die Landwirtschaft zu nennen.[248]

4.1.4.1. Die immerwährende Neutralität

Die österreichische Neutralität stellte das dominierende Thema der Europa-Diskussion dar, da sie sowohl von österreichischer als auch von EG-Seite als das Hauptproblem eines Vollbeitrittes gesehen wurde. In Österreich galt bis Mitte der 80er-Jahre die Neutralität mit einem EG-Beitritt als unvereinbar. Im März 1987 wurde in einem Gutachten der Völkerrechtler Hummer und Schweitzer eine EG-Mitgliedschaft unter Beachtung eines Neutralitätsvorbehaltes für möglich gehalten,[249] während die meisten anderen Völkerrechtler[250] Neutralität und EG-Mitgliedschaft für unvereinbar hielten (Schaller 1994, 240f.). Da die Neutralitätsfrage aus rechtlicher Sicht offenbar nicht eindeutig zu beantworten war, wurde sie zum Gegenstand heftiger politischer Kontroversen, wobei die Befürworter eines Beitritts zu den Europäischen Gemeinschaften nicht nur von der Vereinbarkeit einer Mitgliedschaft mit der immerwährenden Neutralität ausgingen, sondern ab 1989 auch begannen, sie neu zu interpretieren oder in ihrer Bedeutung zu relativieren (Schaller 1994, 153).[251] Für die Gegner eines EG-Beitritts blieb die Unveränderlichkeit und Unvereinbarkeit der Neutralität mit einem Vollbeitritt das Hauptargument.
In den österreichischen Beitrittsantrag im Sommer 1989 wurde folgender Neutralitätsvorbehalt aufgenommen:

> "Österreich geht bei der Stellung dieses Antrages von der Wahrung seines international anerkannten Status der immerwährenden Neutralität, die auf dem Bundesverfassungsgesetz vom 26. Oktober 1955 beruht, sowie davon aus, daß es auch als Mitglied der Euro-

---

248 Ein weiteres wichtiges Thema der Beitritts-Verhandlungen war der Grundverkehr (Zweitwohnsitze) (vgl. Scharsach 1996, 255ff.), in der öffentlichen Diskussion vor der Volksabstimmung spielten unter anderem die Lebensmittelqualität und die Anonymität der Sparbücher eine große Rolle (vgl. Scharsach 1996).

249 Vgl. Fußnote 243.

250 Unter ihnen Peter Fischer, Heribert Franz Köck und Manfred Rotter (vgl. Luif 1995, 192: FN. 25; Schaller 1994, 240f.).

251 Unter Zurückdrängung des völkerrechtlichen Aspektes der österreichischen Neutralität betonte beispielsweise ÖVP-Bundesparteiobmann und Vizekanzler Josef Riegler im Juli 1989, nach einem Vorschlag des belgischen Außenministers Eyskens, die Neutralität Österreichs zum Diskussionsgegenstand zwischen der EG und der UdSSR zu machen: "Die [...] Interpretation unserer Neutralität ist ausschließlich Österreichs Angelegenheit und kann weder von der EG, noch von [...] einem anderen Staat zum Gegenstand von Verhandlungen und Gesprächen gemacht werden." (zit. nach Scharsach 1996, 33).

päischen Gemeinschaften aufgrund des Beitrittsvertrages mit der EG in der Lage sein wird, die ihm aus seinem Status als immerwährend neutraler Staat erfließenden rechtlichen Verpflichtungen zu erfüllen und seine Neutralitätspolitik als spezifischen Beitrag zur Aufrechterhaltung von Frieden und Sicherheit in Europa fortzusetzen." (Beitrittsantrag Österreichs vom 17.7.1989; zitiert nach Rauchenberger 1995, 152)

Im Avis zum österreichischen Beitrittsantrag betonte die EG-Kommission, daß sich der Beitritt des neutralen Österreich sowohl hinsichtlich der Vereinbarkeit mit bestehenden EG-Vorschriften als auch bezüglich der damals im Planungsstadium befindlichen GASP, problematisch darstelle.[252] Die Kommission hielt diese Schwierigkeiten allerdings vom rechtlichen Standpunkt aus nicht für unüberwindlich und betonte, daß die Gemeinschaft von Österreich die klare Zusicherung erhalten müßte, daß die Regierung rechtlich in der Lage ist, die mit der GASP verbundenen Verpflichtungen zu übernehmen (Avis der Kommission (Auszüge); in: Kunnert 1992, 563ff.).

In der Parteienvereinbarung vom 26.6.1989 erklärten die beiden österreichischen Regierungsparteien die Wahrung der immerwährenden Neutralität für unabdingbar, weshalb sie "in den Verhandlungen mit den Europäischen Gemeinschaften völkerrechtlich entsprechend abgesichert" werden müsse. Bis kurz vor Verhandlungsbeginn herrschte allgemein die Auffassung vor, die Neutralität müsse ein wichtiges Kapitel der Verhandlungen über einen österreichischen EU-Beitritt darstellen. Dennoch beschloß die österreichische Bundesregierung, die Neutralität nicht zu einem Gegenstand der Beitrittsverhandlungen zu machen, womit auch auf eine völkerrechtliche Absicherung verzichtet wurde (vgl. Scharsach 1996, 181ff.).

Im Bericht zum Verhandlungsergebnis über den EU-Beitritt erklärt die Bundesregierung im Kapitel "Außen- und Sicherheitspolitik", daß sie davon ausging,

---

[252] Wörtlich heißt es unter Bezugnahme auf den Neutralitätsvorbehalt im österreichischen Beitrittsantrag: "Damit stellt Österreich die Gemeinschaft vor ein spezifisches Problem, das bisher in der Reihe der Beitritte seinesgleichen sucht." Die Kommission führt weiter aus, daß die Neutralitätspflicht in Kriegszeiten bereits in Friedenszeiten ein bestimmtes Verhalten auferlegt. Von diesen "Vorwirkungen" der Neutralität sind zwei ausdrücklich im Neutralitätsgesetz genannt (kein Beitritt zu militärischen Bündnissen, keine ausländischen militärischen Stützpunkte in Österreich), während die übrigen Vorwirkungen eher dem politischen Bereich zuzuordnen sind: "Diese Vorwirkungen - selbst wenn sie nur politischer Natur sind - könnten für die Gemeinschaft jedoch zum Problem werden, wenn sich Österreich veranlaßt sähe, sich systematisch bestimmten Maßnahmen zu widersetzen, die aus seiner Sicht seiner Neutralitätspolitik zuwiderlaufen - dieser Fall könnte insbesondere im Rahmen der künftigen Außenpolitik und der gemeinsamen Sicherheitspolitik eintreten." (Avis der Kommission vom 31.7.1991; in: Kunnert 1992; S.565f.).

daß zwischen den Verpflichtungen eines EU-Mitgliedstaates und den Kernelementen der Neutralität kein Widerspruch bestehe,[253] weshalb davon abgesehen wurde, die Neutralität zu einem Thema der Beitrittsverhandlungen zu machen.[254]

Die EU gab sich mit einer gemeinsamen Erklärung Österreichs (zusammen mit Norwegen, Finnland und Schweden) in der Schlußakte zum Beitrittsvertrag zufrieden, in der die Beitrittskandidaten ausdrücklich den gemeinschaftlichen Besitzstand und insbesondere auch die politischen Ziele des Vertrages über die Europäische Union in vollem Umfang akzeptierten. Die Erklärung betonte darüber hinaus, daß "die neuen Mitgliedstaaten ab dem Zeitpunkt ihres Beitritts bereit und fähig sein werden, sich in vollem Umfang und aktiv an der Gemeinsamen Außen- und Sicherheitspolitik" zu beteiligen.[255]

Eine klare Antwort auf die Frage, ob und unter welchen Umständen die österreichische Neutralität mit einem EU-Beitritt vereinbar ist, wurde somit vermieden.

4.1.4.2. Transitverkehr

Die österreichische Bundesregierung hatte sich seit Jänner 1988 unter großem öffentlichen Druck bemüht, ein bilaterales Abkommen mit der EG zur Regulierung des Transitverkehrs[256] auszuverhandeln, das schließlich am 13.10.1991 abgeschlossen werden konnte. Der Transitvertrag, der am 1.1.1993 in Kraft trat, sah innerhalb seiner Laufzeit von zwölf Jahren eine 60%ige Reduktion der Stickoxydemissionen vor, die durch ein komplexes "Ökopunktesystem" erreicht werden sollte. Die Zielsetzung, eine dauerhafte Regelung zu finden, die auch nach einem EG-Beitritt Bestand hat, wurde allerdings verfehlt, was schon kurz nach dem Vertragsabschluß zu massiver Kritik der Grünen und der Anti-

---

253 Unter den Kernelementen der Neutralität versteht die Bundesregierung, daß Österreich weder zur Teilnahme an Kriegen verpflichtet werden kann, noch Militärbündnissen beitreten oder der Errichtung militärischer Stützpunkte fremder Staaten auf seinem Gebiet zustimmen muß (vgl. Klecatsky/Morscher 1995, 253).

254 Weiter heißt es: "Diese Linie beruhte auf der festen Auffassung, daß die Interpretation der österreichischen Neutralität sich nicht als Verhandlungsgegenstand eignet, sondern ausschließlich Österreich überlassen bleiben muß." (Bericht der Bundesregierung über das Ergebnis der Verhandlungen über einen Beitritt Österreichs zur EU; zit. nach Rauchenberger 1995, 228)

255 Schlußakte zum Beitrittsvertrag, Erklärung Nr. 1: "Gemeinsame Erklärung zur Gemeinsamen Außen- und Sicherheitspolitik".

256 Der Transitverkehr stellte und stellt insbesondere in Tirol ein massives Problem dar, da der Großteil des Verkehrs zwischen Deutschland und Italien über die Inntalautobahn und den Brenner-Paß rollt.

Transit-Initiativen führte (Schaller 1994, 200ff.). Die EG-Kommission hatte schon in ihrem Avis 1991 darauf hingewiesen, daß Österreich im Falle eines Beitritts seine restriktive Transitpolitik aufgeben müsse und ein allfälliges Abkommen[257] daher nur vorläufigen Charakter haben könne. Dennoch wurde in der Öffentlichkeit die Position vertreten, der hart erkämpfte Vertrag sei gesichert und werde auch nach dem EU-Beitritt uneingeschränkt weiterbestehen. Zudem hatten die österreichische Regierung am 12.11.1991 und der Nationalrat in einer Entschließung vom 4.6.1992 festgelegt, daß die Sicherstellung aller Inhalte des Transitvertrages für die volle vorgesehene Laufzeit eine "unabdingbare Voraussetzung für einen Beitritt Österreichs" zur EG darstelle.
Entsprechend dieser schwierigen Ausgangsposition konnte das Transitproblem erst am Ende der Beitrittsverhandlungen auf der "Jumbo"-Ministertagung vom 26.2. bis zum 1.3.1994 zum Abschluß gebracht werden. Der Inhalt des Transitvertrages konnte zwar weitgehend gesichert werden, doch hatte die Regierung in der öffentlichen Diskussion alle Hände voll zu tun, um die komplizierte Kompromißregelung zu erläutern (vgl. Scharsach 1996, 231ff.).[258]

4.1.4.3. Atomenergie

Das Thema Atomenergie trifft seit der intensiven öffentlichen Diskussion im Zuge der Volksabstimmung über die Inbetriebnahme des Atomkraftwerkes Zwentendorf (ca. 30 Kilometer westlich von Wien) auf eine sensibilisierte Öffentlichkeit. Die Ereignisse von Tschernobyl ließen den knappen Ausgang der Volksabstimmung 1978 gegen eine Inbetriebnahme von Zwentendorf rückblickend als richtige und zukunftsweisende Entscheidung erscheinen, auf deren Grundlage die Regierung seither das Ziel eines kernkraftwerksfreien Mitteleuropa verfolgt.[259]

---

257 Der Transitvertrag war zum Zeitpunkt des Avis noch nicht beschlossen.

258 Die Geltungsdauer des Transitvertrages wurde ab dem Beitrittszeitpunkt 1.1.1995 in drei dreijährige Perioden unterteilt. Am Ende der ersten drei Jahre kann der Rat eine Überprüfungskonferenz einberufen und den Vertrag einstimmig beenden, wenn die Zielsetzungen bereits erreicht sind. Am Ende der zweiten Periode soll eine wissenschaftliche Studie die Zielerreichung des Vertrages überprüfen. Je nach Ergebnis der Studie endet der Vertrag oder läuft weitere drei Jahre, außer der Rat beschließt mit qualifizierter Mehrheit eine Regelung, mit der die Zielsetzung ebenfalls oder besser erreicht wird.

259 Im Sommer 1978 hatte der damalige Bundeskanzler Bruno Kreisky überraschend die Abhaltung einer Volksabstimmung über die Inbetriebnahme des bereits fertig gestellten Atomkraftwerkes in Zwentendorf beschlossen, die nach intensiven Diskussion schließlich eine knappe Mehrheit (50,5%) gegen die Inbetriebnahme brachte. In der Folge wurde ein sogenanntes Atomsperrgesetz beschlossen, dass die friedliche Nutzung der Atomenergie auf österreichischem Staatsgebiet untersagt.

In den Beitrittsverhandlungen, die ja auch den Beitritt zur Euratom umfaßten, mußte daher sichergestellt werden, daß das österreichische Atomsperrgesetz unangetastet bleibt und Österreich nicht gezwungen werden kann, Importe radioaktiver Abfälle zuzulassen. Obwohl dieses Ziel in den Beitrittsverhandlungen relativ rasch durch eine gemeinsame Erklärung in der Schlußakte zum Beitrittsvertrag erreicht wurde, spielte das Thema in der öffentlichen Diskussion vor der Volksabstimmung - aufgrund der gegenüber der Kernenergie sehr kritischen österreichischen Öffentlichkeit - eine große Rolle (Scharsach 1996, 248ff.; Bericht der Bundesregierung, in: Rauchenberger 1995, 217f.).

4.1.4.4. Umwelt

Ziel der österreichischen Verhandlungen war es, die hohen Umweltstandards Österreichs zu bewahren. Die Verhandlungen führten in einigen Bereichen zu Übergangsfristen,[260] im Chemiebereich wurde eine sogenannte "horizontale Lösung" vereinbart, wonach die neuen Mitgliedstaaten ihre Standards für vier Jahre beibehalten durften.[261] In dieser Zeit sollte die Union in einem "Review-Prozeß" ihre Normen mit dem Ziel überprüfen, möglichst hohe Standards zu erreichen. Danach muß Österreich den Acquis übernehmen.[262]

4.1.4.5. Landwirtschaft

Im Bereich der Landwirtschaft ging es vor allem um das Ausverhandeln von Förderungen und Übergangsfristen, um Einkommensverluste der Bauern hintanzuhalten. Zielsetzung war und ist die Sicherung der flächendeckenden Bewirtschaftung, insbesondere auch die Absicherung von Bergbauern und Betrieben in benachteiligten Gebieten.
Die Verhandlungen konnten erst in der letzten Verhandlungsrunde abgeschlossen werden und entsprachen weitgehend den österreichischen Vorstellungen. Den Bauern wurden insbesondere Ausgleichszahlungen und Investitionsförderungen zugestanden.

---

260 ZB. beim Schwefelgehalt von Diesel oder dem Landeverbot für besonders laute Düsenflugzeuge.

261 Das betrifft ua. den Schwefelgehalt von Heizöl, den Benzolgehalt von Benzin, den Kadmiumgehalt in Düngemitteln und die Verwendung von Kadmium in Batterien und in PVC (vgl. Bericht der Bundesregierung; zit. nach Rauchenberger 1995, 203f.). Die vollständige Liste findet sich in Anhang VIII zur Beitrittsakte.

262 Zum "Review-Prozeß", der während der österreichischen Präsidentschaft im zweiten Halbjahr 1998 abgeschlossen werden sollte, vgl. auch Kapitel 4.5.3.7.

4.1.5. Die Regierungskonferenz 1996

Die grundsätzliche Haltung der Regierung gegenüber der EU und der europäischen Integration formulierten die SPÖ und die ÖVP in ihrem Koalitionsübereinkommen vom 11.3.1996 folgendermaßen:

> "Das Gewicht und der Einfluß der einzelnen Mitgliedstaaten hängt wesentlich vom Grad ihrer aktiven Solidarität und vollen Integrationsbereitschaft ab. Dies gilt insbesondere für die Teilnahme an der Wirtschafts- und Währungsunion, am Sozialprotokoll, an Europol und Schengen sowie an der gemeinsamen Außen-, Sicherheits- und Verteidigungspolitik." (Koalitionsabkommen, 16)

Dementsprechend bemühte sich Österreich von Anfang an, rasch eine möglichst vollständige Integration zu erreichen und sich als "integrationspolitischer Musterschüler" (Schneider 1996, 141) zu profilieren.[263]

- Schon vor dem Beitritt legte Österreich, trotz der Neutralität, ein umfassendes Bekenntnis zur GASP ab.
- Der Schilling gehörte seit 9.1.1995 dem europäischen Wechselkursmechanismus an.
- Am 28.4.1995 wurde das Schengener Abkommen unterzeichnet.

Die Regierungskonferenz 1996 zur Reform der EU stellte die erste große Herausforderung für den neuen Mitgliedstaat Österreich dar und bot zudem eine Gelegenheit, ein spezifisch österreichisches Themenprofil zu entwickeln und sich integrationspolitisch zu positionieren.[264] Die Themenauswahl war allerdings durch den Vertrag von Maastricht und mehrere Beschlüsse des Europäischen Rates vorgegeben (Wintoniak 1997, 174).[265]
Inhaltlich versuchte Österreich in jenen Bereichen Akzente zu setzen, die den allgemeinen politischen Präferenzen entsprachen. Dies betraf vor allem die Aufwertung der Beschäftigungs- und der Umweltpolitik.

---

[263] Dem stand entgegen, daß Österreich nach dem Bericht der Kommission vom Mai 1996 bei der Umsetzung der Binnenmarkt-Richtlinien an letzter Stelle unter den EU-Staaten lag (Schneider 1996, 141).

[264] Zur Regierungskonferenz liegen zwei Dokumente der österreichischen Bundesregierung vor: die "Leitlinien zu den voraussichtlichen Themen der Regierungskonferenz 1996", die am 3.5.1995 beschlossen wurden (im folgenden zitiert als "Leitlinien") und "Regierungskonferenz 1996. Österreichische Grundsatzpositionen", angenommen am 26.3.1996, unmittelbar vor dem Beginn der Konferenz (zitiert als "Grundsatzpositionen").

[265] Vgl. insbesondere die "Agenda für die Regierungskonferenz", die vom Europäischen Rat in Turin am 29.3.1996 angenommen wurde.

Im Bereich der Institutionenreform unterstützte Österreich fast überall, wo eine Chance zur Vertiefung der Integration, zur Festigung des gemeinsamen Besitzstandes oder zur Stärkung der Gemeinschaftsinstitutionen bestand, die entsprechenden Reformvorschläge und befand sich damit in einer Reihe mit den klassischen Integrationsländern Belgien, den Niederlande, Luxemburg, Deutschland und Italien (Wintoniak 1997, 182; Schneider 1996, 140).
Im Bereich der Zweiten Säule setzte Österreich seine, schon aus den Beitrittsverhandlungen bekannte, widersprüchliche Position fort, sich umfassend zur GASP und ihrer Weiterentwicklung zu bekennen und weiterhin an der Neutralität festzuhalten, ohne diese auch nur mit einem Wort zu erwähnen.[266] Den Hintergrund dieser mehrdeutigen Position bildeten die Differenzen der beiden Koalitionsparteien bezüglich der künftigen sicherheitspolitischen Grundsatzpositionen Österreichs.[267]
Im Zusammenhang dieser Arbeit ist vor allem die Frage der Institutionenreform und die Dritte Säule von Interesse, weshalb ich darauf kurz näher eingehe.[268]

4.1.5.1. Österreichs Positionen zur Institutionenreform

In den "Leitlinien zu den voraussichtlichen Themen der Regierungskonferenz 1996" konstatiert die österreichische Regierung eine "Frontstellung zwischen den Befürwortern einer Vertiefung der Integration durch die Stärkung der supranationalen Organe, und jenen, die durch intergouvernementale Kooperationsstrukturen möglichst viel Souveränität auf nationaler Ebene bewahren wollen" (Leitlinien, 20). Österreich tritt dabei klar für eine "Vertiefung" der Integration ein und spricht sich "konsequent gegen eine Schwächung des erreichten Integrationsstandes" aus (Leitlinien, 21). Mehrfach betont die Regierung, daß sowohl die Funktionsfähigkeit und Effizienz der Union gewährleistet und verbessert werden müssen, als auch, daß die relativ starke Stellung der kleineren und mittleren Staaten im EU-Entscheidungsprozeß aus österreichischer Sicht

---

266 Vgl. die Ausführungen zur GASP in den "Grundsatzpositionen" für die Regierungskonferenz 1996. Indirekt läßt sich das Spannungsverhältnis zwischen der GASP und der Neutralität aus der sowohl im Koalitionsabkommen als auch in den Grundsatzpositionen vorkommenden Formulierung erkennen, daß Österreich sich zur Perspektive einer gemeinsamen Verteidigungspolitik verpflichtet hat und sich "im Sinn der im EU-Vertrag verankerten Perspektive an diesbezüglichen Bemühungen aktiv beteiligen und die Ergebnisse der Regierungskonferenz *loyal und in europäischer Gesinnung* umsetzen" wird (Hervorhebung HL).

267 Siehe dazu auch Kapitel 4.3.1.4.

268 Die Landwirtschaft spielte im Rahmen der Regierungskonferenz 1996 keine Rolle, weshalb sie in den "Grundsatzpositionen" nicht vorkommt.

ein "unverzichtbares Charakteristikum der europäischen Integration" ist und daher erhalten bleiben muß (Leitlinien, 22).
Bezüglich der Präsidentschaft tritt Österreich für eine Beibehaltung des Status quo ein. Eine Entlastung könnte durch die Stärkung des Ratssekretariates und eine stärkere Heranziehung der Troika erreicht werden (Leitlinien, 28).
Demokratische Legitimation und Transparenz der Unionspolitik sollten durch eine Vereinfachung der Gesetzgebungsverfahren, eine verbesserte Zusammenarbeit von Rat und EP und durch die verstärkte Rückkoppelung zu den nationalen Parlamenten erhöht werden (Grundsatzpositionen, 2).

Die österreichische Bundesregierung bekennt sich in den Positionspapieren für die Regierungskonferenz ausdrücklich zu ihrer integrationsfreundlichen Grundeinstellung, betont gleichzeitig aber ganz klar ihre nationalen Interessen. Österreich werde sich bei institutionellen Fragen, die auf eine relative Schwächung kleinerer Staaten hinauslaufen, massiv zur Wehr setzen. Diese Fragen betreffen die Stimmgewichtung im Rat, die Neuregelung der Präsidentschaft und die Zusammensetzung der Kommission und des Europäischen Parlamentes.
Daneben tritt die österreichische Regierung für eine Stärkung der demokratischen Legitimität ein, hat aber Schwierigkeiten, dieses Postulat mit anderen Positionen in Übereinstimmung zu bringen. Daher wird argumentiert, daß die Verwirklichung der Demokratie in der Union "einen anderen Ansatz als im Nationalstaat" erfordert, worunter vor allem eine starke Repräsentation der Mitgliedstaaten in der Gesetzgebung verstanden wird: "Dabei muß den kleinen und mittleren Mitgliedstaaten auch weiterhin überproportionales Gewicht zukommen." (Grundsatzpositionen, 2) Mit dieser Argumentation wird im Namen der demokratischen Legitimität das föderale über das demokratische Prinzip gestellt.
An anderer Stelle wird festgestellt, daß die demokratische Legitimation der Rechtssetzung in der EU primär durch die Kontrolle der im Rat agierenden Regierungsmitglieder durch die nationalen Parlamente erfolgt. Diese parlamentarische Kontrolle sollte daher gestärkt werden. Angesichts der mangelnden Transparenz der Ratsverhandlungen und der tatsächlichen Entwicklung der parlamentarischen Mitwirkung in Österreich wird damit letztlich nur der große Mangel an demokratischer Legitimität auf europäischer Ebene konstatiert.[269]
Widersprüchlich argumentiert Österreich auch in der Frage der Ausweitung von Mehrheitsentscheidungen. Der Befürwortung des abstrakten Prinzips folgen im konkreten Bereich sofort Einschränkungen. Österreich steht im Interesse der Handlungsfähigkeit einer erweiterten EU der Ausweitung von Mehrheitsent-

---

269 Zur Mitwirkung des österreichischen Parlamentes in EU-Angelegenheiten siehe Kapitel 4.2.2.

scheidungen positiv gegenüber, wobei aber jeder einzelne Bereich gesondert geprüft werden muß (Leitlinien, 27). Im Umweltbereich heißt es dann beispielsweise in den Grundsatzpositionen:

> "Österreich steht einer Ausdehnung der Mehrheitsentscheidungen im Umweltbereich positiv gegenüber. Allerdings ist es unabdingbar, daß besonders sensible Fragen (Raumordnung, Bodennutzung, Wasserressourcen, Wahl des Energieträgers) auch in Zukunft dem Einstimmigkeitsprinzip unterliegen." (Grundsatzpositionen, 9)[270]

4.1.5.2. Verstärkte Integration in der Dritten Säule

Die Analyse der Zusammenarbeit in den Bereichen Justiz und Inneres bis zum Beginn der Regierungskonferenz führte die Bundesregierung zu dem Schluß, daß die Instrumente der Dritten Säule zu wenig genutzt wurden und die Effizienz mangelhaft war. Um diese Probleme zu beheben, schlug Österreich in seinen Grundsatzpositionen zahlreiche Maßnahmen zur verstärkten Integration dieses Politikbereiches vor: (Grundsatzpositionen, 5ff.)

- Ein Großteil der Aufgaben sollte in die Erste Säule übertragen werden.[271]
- Aufgaben und Ziele sollten im EUV vorgegeben und durch Jahres- und Fünfjahresprogramme konkretisiert und kontinuierlich weiterentwickelt werden.

---

270 Interessant ist die diesbezügliche Bewertung der Ergebnisse der Regierungskonferenz durch Bundeskanzler Klima und Außenminister Schüssel vor dem Hauptausschuß des österreichischen Parlamentes. Klima argumentierte laut stenographischem Protokoll: "Wenn Österreich darauf bestehe, daß ohne seine Zustimmung zum Beispiel in den Bereichen des umweltorientierten Steuersystems, des Wasserhaushaltes, der Raumordnung oder der Energiepolitik keine Änderungen vorgenommen werden dürften, könne es auch anderen Ländern nicht verargen, daß sie mit ihrem Veto die weitere Entwicklung Europas behindern können."

Schüssel erkärte wenig später: "Die Ausweitung des Bereichs der Mehrheitsentscheidungen sei aus österreichischer Sicht in zu geringem Ausmaß erfolgt, doch habe die Summe der nationalen Ausnahmewünsche nur sehr geringe Fortschritte ermöglicht. Österreich sei in zehn der vorgeschlagenen elf Bereiche bereit gewesen, den Übergang von der einstimmigen Entscheidung zur Mehrheitsentscheidung mitzutragen." (Österreichisches Parlament: Stenographisches Protokoll der Hauptausschußsitzung vom 3.7.1997)

271 In den österreichischen Grundsatzpositionen werden folgende Bereiche für die Vergemeinschaftung vorgeschlagen: "Visapolitik, Asylrechtsfragen, Außengrenzkontrolle, Einwanderungspolitik und Politik gegenüber Drittstaatsangehörigen, Bekämpfung des Drogenhandels, Bekämpfung von Betrügereien im internationalen Maßstab und Zusammenarbeit im Zollbereich, einschließlich der Bekämpfung von Betrug und anderen Zuwiderhandlungen in diesem Bereich." (Grundsatzpositionen, 6)

- Mehrheitsentscheidungen sollten schrittweise eingeführt werden.
- Die komplexe Struktur mit fünf Ebenen[272] sollte vereinfacht und die Leistungsfähigkeit des Ratssekretariates gesteigert werden.
- Die Rolle der Kommission sollte gestärkt werden, um Kontinuität, Dynamik und Kohärenz zu verbessern.
- Der Notwendigkeit einer einheitlichen Interpretation der Rechtsnormen zur Entwicklung einer gemeinsamen Rechtsordnung sollte durch die Erweiterung der Zuständigkeit des EuGH entsprochen werden.
- Informations- und Konsultationsrechte des EP sollten ausgeweitet und die Zusammenarbeit mit den nationalen Parlamenten verbessert werden.
- Die Transparenz sollte dadurch verbessert werden, daß ab der Ebene des K.4-Ausschusses alle Dokumente, für die nicht ausdrücklich Vertraulichkeit festgelegt wird, veröffentlicht werden.
- Das Schengener Abkommen sollte in den rechtlichen Rahmen der Union eingebettet werden.

In der Steigerung der Effizienz in den Bereichen Justiz und Inneres erblickt die österreichische Regierung wegen der Bedeutung der Thematik "für den Bürger" eine "besondere Chance für die EU, zusätzliche Glaubwürdigkeit und Unterstützung in der Öffentlichkeit zu gewinnen" (Grundsatzpositionen, 5).

4.1.5.3. Bewertung der Ergebnisse der Regierungskonferenz

Die Regierung bezeichnete die Ergebnisse der Regierungskonferenz als großen Erfolg für Österreich, da sie "weitgehend Übereinstimmung mit den österreichischen Grundsatzpositionen" aufwiesen. Laut Bundeskanzler Klima konnte Österreich sowohl seine "aktiven Forderungen" – wie den neuen Beschäftigungstitel im Vertrag, die Bestimmungen zu Sozialpolitik, Gleichbehandlung und Umweltschutz sowie die Reformen im Innen- und Justizbereich – als auch die "defensiven Zielsetzungen" weitgehend durchsetzen. Abgewehrt wurde zum Beispiel die Aufhebung der Einstimmigkeit in der Verfügung über die Wasserressourcen, im Hinblick auf die Energiepolitik und die Raumordnung.[273]
Außenminister Schüssel formulierte seine Bilanz der Regierungskonferenz folgendermaßen:

---

272 Zur normalen Dreistufigkeit Ratsarbeitsgruppe - AStV - Rat kommen im Bereich der Dritten Säule zwei weitere Ebenen, die Lenkunsgruppen und der K.4-Ausschuß.

273 Österreichisches Parlament: Stenographisches Protokoll der Hauptausschuß-Sitzung vom 3. Juli 1997.

> "Für Österreich sei die Konferenz ein großer Erfolg geworden. Es sei gelungen, Österreich als ein Land zu positionieren, das gemeinsam mit anderen kleinen Ländern fest für die Vertiefung der Union eintrete und das Projekt der europäischen Einigung weiter voranbringen wolle. Das österreichische Engagement für integrationspolitische Fortschritte habe breite Anerkennung gefunden."[274]

Der Grundstein für die erfolgreiche Bewertung der Ergebnisse der Regierungskonferenz durch die österreichische Regierung wurde bereits mit den Grundsatzpositionen für die Verhandlungen gelegt, die zwar ambitiös, aber auch sehr realistisch am wahrscheinlichen Konsens orientiert waren. Schneider bezeichnete diese Positionierung als die eines "progressiven Realisten" (Schneider 1996, 140).

4.1.6. Österreich am Vorabend der Präsidentschaft

Aufgrund der kurzen Mitgliedschaft Österreichs in der Europäischen Union liegen bisher noch relativ wenige wissenschaftliche Untersuchungen über die politischen,[275] gesellschaftlichen und wirtschaftlichen[276] Auswirkungen der österreichischen EU-Mitgliedschaft vor. Daher sollen hier nur einige wenige Anmerkungen gemacht werden, die auch im Hinblick auf die Präsidentschaft von Interesse sind.

Rückblickend wird von den meisten Beobachtern konstatiert, daß sich Österreich nach leichten Anlaufschwierigkeiten rasch und problemlos in die EU eingefügt hat. Allerdings mußte sich Österreich an den Rhythmus der Entscheidungsprozesse in der EU erst gewöhnen. "Le Figaro" zitierte nach einem Jahr österreichischer EU-Mitgliedschaft einen hohen französischen Diplomaten mit den Worten:

> "Sie scheinen zu glauben, daß sie im Europarat sind. In diesem Rhythmus brauchen die Österreicher noch 10 Jahre, bis sie wirklich integriert sein werden." (Woschnagg 1996, 385)

---

274 Ebenda.

275 Vgl. dazu unter anderem Tálos/Falkner, 1996 und Falkner/Müller, 1998.

276 Die Bundeswirtschaftskammer zieht eine durchwegs positive Zwischenbilanz: "..die Inflationsrate ist auf einem historischen Tief, die Konjunktur hat sich deutlich belebt, heimische und mulitinationale Unternehmen schätzen Österreich als Standort für ihre Investititonen, der Export floriert." (Bundeswirtschaftskammer 1998, 5) Das Hauptproblem stellt die wachsende Abeitslosigkeit dar, die allerdings im EU-Vergleich die zweitbeste (hinter Luxemburg) ist.

Ähnlich sind die Erkenntnisse eines in Brüssel arbeitenden österreichischen Journalisten: Österreich warte oft ab, es fehle an Präsenz, an Initiativen und an strategischem Denken. Oft werde erst gehandelt, wenn das Wasser bis zum Hals steht und Klagen drohen (Jungwirth 1998, 123ff.). Ein hoher Beamter im Ratssekretariat faßte dies folgendermaßen zusammen:

> "Die Österreicher zeigen zuwenig Profil. Sie sind zwar nicht störend, sie kommen aber oft zu spät." (Jungwirth 1998, 123)[277]

Vor allem bei der Umsetzung von Gemeinschaftsrecht in nationales Recht bildete Österreich lange Zeit das Schlußlicht innerhalb der EU, was zwar teilweise auf die Komplexität eines föderalen Systems, andererseits aber auch auf Trägheit oder die falsche Annahme, daß eine gewisse Großzügigkeit auch in der EU toleriert werde, zurückgeführt werden konnte (Brunmayr 1996, 411).[278] Jungwirth begründete die langsame Umsetzung des Gemeinschaftsrechts mit Umstellungsproblemen der Verwaltung, wodurch Fristen versäumt und Unterlagen an falsche Adressen geschickt wurden (Jungwirth 1998, 155).
Allerdings bestehen im Bereich der Umsetzung von Gemeinschaftsrecht in Österreich noch große Forschungslücken, so daß bezüglich der Dauer und der Qualität der Umsetzung und der Ursachen für eine verzögerte Umsetzung noch keine wissenschaftlich fundierten Aussagen gemacht werden können.

Falkner/Müller stellen in ihrer Untersuchung der österreichischen Umwelt- und Sozialpolitik im europäischen Mehrebenensystem mehrere Veränderungen im österreichischen politischen System fest, die hier kurz zusammengefaßt werden sollen: (vgl. Falkner 1998)

- Die Anforderungen sind für alle Akteure gestiegen. Dies betrifft die Komplexität der Strukturen, die Menge an Information und den Zeitdruck.
- Die nationale Ebene bleibt sehr wichtig.
- Im Bewußtsein, daß auf europäischer Ebene nur eine konsistente nationale Position Durchsetzungschancen hat, verringerten sich Zielkonflikte zugunsten von Kompetenzkonflikten.

---

277 In mehreren Gesprächen mit Rats- und Kommissionsbeamten wurden gegenüber dem Verfasser dieser Arbeit ähnliche Aussagen gemacht.

278 Agrarkommissar Franz Fischler machte in einem Interview mit der Wochenzeitung "Falter" eine ähnliche Beobachtung: "Es gibt einige Elemente in der EU, die die Seelen der Österreicher in Aufruhr versetzen. Was sie nicht besonders lieben, ist zum Beispiel die Striktheit. Daß eine Entscheidung einfach gefällt wird - und die gilt dann, und man kann nicht 'Ja, vielleicht' oder 'Es wird ja nicht so heiß gegessen wie gekocht' sagen" ("Falter", 51/52/1997).

- Die Regierung und die Verwaltung wurden auf Kosten des Parlamentes gestärkt.
- Die effektive Mitwirkung der Länder und Gemeinden gestaltet sich sehr schwierig.
- Vor allem durch den Zeitdruck kommt es zu einer Abflachung der Hierarchie der Verwaltung, ohne jedoch bisher zu tiefgreifenden dienstrechtlichen Reformen zu führen.

4.2. Die Willensbildung in EU-Angelegenheiten in Österreich

4.2.1. Die Ministerien

Die Ministerien stehen im Zentrum der innerösterreichischen Willensbildung. Sie erarbeiten die österreichische Verhandlungsposition und vertreten diese auf allen Ebenen des EU-Ministerrates sowie in den Ausschüssen der Kommission. Sie sind hauptverantwortlich für den Informationsfluß zwischen den EU-Institutionen und anderen österreichischen Akteuren. Ihre Stellung im politischen System Österreichs wird zusätzlich dadurch gestärkt, daß sie neben der Vollziehung von EU-Verordnungen durch die Erarbeitung von Regierungsvorlagen[279] auch die Hauptakteure bei der Umsetzung von Richtlinien sind.
Für die ressortübergreifende Koordination sind die sogenannten Koordinationsressorts zuständig.

4.2.1.1. Die Koordinationsressorts

Die Koordinationsressorts sind das Bundesministerium für auswärtige Angelegenheiten (BMaA) und das Bundeskanzleramt (BKA) - oder genauer: die Sektion III (Wirtschafts- und integrationspolitische Sektion) im Außenministerium und die Abteilung "Integrationspolitische Koordination" (BKA IV/5) im Bundeskanzleramt. Daneben werden die beiden Ressorts entsprechend der ihnen durch das Bundesministeriengesetz zugewiesenen Zuständigkeiten auch als Fachministerien tätig.[280]

279 Die Regierungsvorlage ist die bei weitem häufigste Form der Gesetzesinitiative in Österreich. Dabei wird vom fachlich zuständigen Ministerium ein Gesetzesentwurf erarbeitet, der nach einstimmiger Annahme durch die Regierung dem Parlament zur weiteren Behandlung zugeleitet wird. Rund zwei Drittel aller vom Parlament beschlossenen Gesetze gehen auf Regierungsvorlagen zurück.

280 Das BKA zum Beispiel in Angelegenheiten der Kunst und des Sports.

Als Koordinationsressorts sind sie in enger Zusammenarbeit und bei wöchentlich wechselndem Vorsitz dafür verantwortlich, daß ressortübergreifende Fragen entsprechend koordiniert werden oder treten subsidiär auf, wenn politisch heikle Fragen auftauchen. Auch wenn sich abzeichnet, daß auf ministerieller Ebene ein Standpunkt nicht zeitgerecht fertiggestellt werden kann, treten die Koordinationsressorts auf den Plan.

Die Doppelzuständigkeit in Koordinationsfragen geht auf die Parteienvereinbarung vom 26.6.1989[281] zurück und wurde auch nach Abschluß der Beitrittsverhandlungen beibehalten. In der Doppelzuständigkeit manifestiert sich nicht nur ein Charakteristikum des österreichischen politischen Systems ("Proporz")[282] und der Kompetenzkonflikt der beiden Koalitionsparteien um die führende Rolle in der EU-Politik, sondern auch die offene Frage, ob es sich in EU-Angelegenheiten um eine "erweiterte" Innenpolitik (=Koordination durch das BKA) oder um eine besondere Form der Außenpolitik (=Koordination durch das Außenamt) handelt.
Neben den schon erwähnten Funktionen sind die Koordinationsressorts vor allem für die Vorbereitung der wöchentlichen AStV-Sitzungen zuständig. Zu diesem Zweck wurde ein "Jour fixe" eingerichtet, bei dem jeden Dienstag Vertreter aller Ministerien, der Sozialpartner, der Industriellenvereinigung, der Nationalbank sowie der Länder und Gemeinden unter dem wechselnden Vorsitz der Koordinationsressorts zusammenkommen, um den österreichischen Standpunkt festzulegen. Dieser wird in der Folge vom Außenministerium schriftlich an die Ständige Vertretung in Brüssel übermittelt.[283]
In der Praxis läuft dies nach Auskunft eines Beamten im Außenministerium so ab, daß die Fachministerien untergeordnete Beamte mit strikten Weisungen in die Koordinationssitzung schicken, die keinen Verhandlungsspielraum haben und nur feststellen können, wo es Probleme und unterschiedliche Auffassungen gibt. Die eigentliche Koordination findet danach in hochrangigen Telefonaten

---

281 Siehe Kapitel 4.1.2.

282 Österreich wird immer wieder als Musterbeispiel einer "Konkordanzdemokratie" bezeichnet, die ihren Ausdruck findet in Großen Koalitionen, der Sozialpartnerschaft und dem Proporz. Darunter wird die proportionale Aufteilung aller Positionen im staatlichen Einflußbereich verstanden (vgl. Luther 1998, 5).

283 Der zeitliche Ablauf sieht dabei so aus, daß die Tagesordnung der bevorstehenden AStV-Sitzung einige Zeit vorher nach Wien geschickt wird und die Ministerien ihre Bemerkungen dazu anbringen und dem BMaA mitteilen können. Am Montag finden die ressortinternen Koordinationssitzungen statt, am Dienstag der wöchentliche "Jour fixe" und am Mittwoch findet die AStV-Sitzung in Brüssel statt (Interview im Außenministerium).

statt.[284] Die Weisungen werden zwar vom Außenministerium übermittelt, enthalten aber meist nur die Position des federführenden Ministeriums, zu der das BMaA ein Deckblatt hinzufügt.
Die Vorbereitung des Europäischen Rates erfolgt ebenfalls durch das Außenamt und das BKA gemeinsam, bei periodisch wechselndem Vorsitz.

4.2.1.2. Die Fachministerien

Die innerösterreichische Koordination unter Einbeziehung der relevanten gesellschaftlichen Interessen, die Vertretung der österreichischen Position in den Gremien der EU sowie die Erfüllung der innerstaatlichen Informationspflichten obliegt dem jeweils fachlich zuständigen Ressort. Bei Querschnittmaterien, die die Kompetenz zweier oder mehrerer Ministerien berühren, ist es die Aufgabe des federführenden Ressorts, diese Aufgaben wahrzunehmen.[285] Kommt es zwischen zwei Ministerien zu keiner Einigung auf eine österreichische Position, versuchen die Koordinationsressorts zu vermitteln, sie können aber einen gemeinsamen Standpunkt nicht erzwingen. In der Praxis wird in einem solchen Fall meist auf einen Kompromiß mit allgemein gehaltenen Formulierungen zurückgegriffen.
Die Koordinationsressorts müssen auf allen Ebenen auf dem laufenden gehalten werden, eine gesamtösterreichische Koordination setzt jedoch im wesentlichen erst auf der Ebene des AStV ein, was nach Meinung vieler Beobachter zu spät ist (Brunmayr 1996, 409; Reiterer 1997, 195f.).
Werden bei einer Ratstagung verschiedene Angelegenheiten behandelt, für die in Österreich unterschiedliche Ministerien zuständig sind, besteht gemäß Art. 73 Abs. 2 Bundes-Verfassungsgesetz (B-VG) die Möglichkeit, die Befugnis zur Verhandlungsführung und Stimmabgabe auf ein anderes Regierungsmitglied zu übertragen, so daß im Sinne der Sparsamkeit und Effizienz nur ein Regierungsmitglied an der Sitzung teilnehmen muß.
Die ressortinterne Organisation und Koordination in EU-Angelegenheiten liegt in der autonomen Verantwortung jedes einzelnen Ministers.

---

284 Dadurch kann es bei erhöhtem Koordinationsaufwand vorkommen, daß die Weisungen erst sehr spät in der Vertretung einlangen, was es schwierig macht, allfällige Unklarheiten noch zu bereinigen, da Mittwoch früh bereits die AStV-Sitzung beginnt.

285 Das federführende Ressort ist jenes, das durch den gemeinsam zu behandelnden Sachverhalt vorwiegend betroffen ist. Können sich die betreffenden Ministerien nicht einigen, welchem Ressort die führende Geschäftsbehandlung zukommt, muß die Federführung von der Bundesregierung festgelegt werden (vgl. § 5 Bundesministeriengesetz).

4.2.2. Das Parlament

4.2.2.1. Rechtliche Grundlagen

In keinem anderen Land der EU hat das Parlament formell so umfassende Mitwirkungsbefugnisse in EU-Angelegenheiten wie in Österreich. Dafür lassen sich zwei Ursachen anführen. Zum einen fiel der österreichische Beitritt zur EU in die Zeit nach der Ratifikation des Vertrages von Maastricht, die eine intensive öffentliche Debatte über die europäische Integration und ihr Demokratiedefizit ausgelöst hatte (vgl. Grande 1996, 341). Daher lag es für die Länder der vierten Erweiterungsrunde, darunter Österreich, auf der Hand, dem Problem des Demokratiedefizites und der Rolle des nationalen Parlamentes im Rahmen der EU erhöhte Aufmerksamkeit zu schenken (vgl. Westlake 1995, 346).[286]
Zum anderen mußten die entsprechenden Verfassungsänderungen just zu jenem Zeitpunkt vorgenommen werden, als die Große Koalition zum ersten Mal in der Zweiten Republik die Verfassungsmehrheit[287] verloren hatte und daher zu Zugeständnissen an die Opposition gezwungen war.[288]

Gemäß Art. 23c B-VG hat die Regierung bei der Ernennung von Mitgliedern der Kommission, des Europäischen Gerichtshofes, des Gerichtes erster Instanz und des Verwaltungsrates der Europäischen Investitionsbank das Einvernehmen mit dem Hauptausschuß des Nationalrates[289] herzustellen. Bezüglich der Er-

---

286 Eine stärkere Beteiligung der einzelstaatlichen Parlamente an den Tätigkeiten der EU wurde auch in der Erklärung 3.13 der Schlußakte des EUV gefordert.

287 Die österreichische Bundesverfassung sieht für das Zustandekommen von Verfassungsgesetzen die Anwesenheit von zumindest der Hälfte der Abgeordneten und eine Mehrheit von zwei Dritteln der abgegebenen Stimmen vor (Art. 44 Abs. 1 B-VG). Nach den Nationalratswahlen vom 9.10.1994 verfügten die Koalitionsparteien SPÖ und ÖVP nur noch über 118 von 189 Sitzen im Nationalrat.

288 Das Begleit-BVG, das die durch den Beitritt zur Union notwendig gewordenen Verfassungsänderungen enthielt, hätte bereits vor den Nationalratswahlen im Oktober 1994 beschlossen werden können. Da das Begleit-BVG aber mit der schlußendlich gescheiterten Bundesstaatsreform junktimiert worden war, kam ein Beschluß vor den Wahlen nicht mehr zustande.
Die wichtigsten Zugeständnisse, die die Opposition erreichte, waren die Umwandlung des geplanten Anhörungsrechtes in eines zur Abgabe von bindenden Stellungnahmen und die Ausweitung des parlamentarischen Mitbestimmungsrechtes auf die Zweite Säule (GASP) (vgl. auch Khol 1995, 277ff.).

289 Der Hauptausschuß des Nationalrates (HA) ist gemäß Art. 55 B-VG zu Beginn jeder Legislaturperiode zu wählen. In ihm sind alle Fraktionen des Nationalrates im Verhältnis zu ihrer Stärke im Nationalrat vertreten. Den Vorsitz führt der Nationalratspräsident. Der

nennung der Mitglieder des Wirtschafts- und Sozialausschusses[290] und des Ausschusses der Regionen[291] ist der Nationalrat zu unterrichten. Ebenso ist in allen genannten Fällen der Bundesrat, die von den Landtagen beschickte Länderkammer des österreichischen Parlamentes, zu informieren.[292]
Die Mitwirkung des Parlamentes am Zustandekommen von Rechtsakten der EU ist im Artikel 23e B-VG geregelt. Die Mitwirkung ist dabei auf Rechtsakte beschränkt, die der Rat erläßt und die durch Bundesgesetz umzusetzen wären oder auf unmittelbar anwendbare Rechtsakte, die Angelegenheiten betreffen, die bundesgesetzlich zu regeln wären.[293] Mit anderen Worten, die Mitwirkung umfaßt Richtlinien und Verordnungen des Rates, jedoch keine Entscheidungen, Empfehlungen und Stellungnahmen.
Bemerkenswert ist, daß die Mitwirkung des Parlamentes auch für Beschlüsse im Bereich der Zweiten und Dritten Säule der EU gilt, selbst wenn es sich nicht um Rechtsakte handelt.[294]
Der Bundesrat ist dann zur Mitwirkung befugt, wenn ein Vorhaben der EU zwingend durch ein Bundesverfassungsgesetz umzusetzen ist, das nach Art. 44 Abs. 2 B-VG der Zustimmung des Bundesrates bedürfte.[295]
Das zuständige Mitglied der Bundesregierung ist verpflichtet, den Nationalrat und den Bundesrat über alle Vorhaben im Rahmen der EU unverzüglich zu informieren und ihnen Gelegenheit zur Stellungnahme zu geben.[296] Die Formulierung "über alle Vorhaben im Rahmen der EU" wird in Anlehnung an die

---

HA wirkt in verschiedenen Bereichen an der Vollziehung mit und nimmt die parlamentarische Mitwirkung in EU-Angelegenheiten wahr.

290 Beim Wirtschafts- und Sozialausschuß hat die Bundesregierung die "Vorschläge der gesetzlichen und sonstigen beruflichen Vertretungen der verschiedenen Gruppen des wirtschaftlichen und sozialen Lebens einzuholen" (Art. 23c Abs. 3 B-VG).

291 Die Ernennung von Mitgliedern des Ausschusses der Regionen hat "auf Grund von Vorschlägen der Länder sowie des österreichischen Städtebundes und des österreichischen Gemeindebundes zu erfolgen". Dabei nomieren die Länder je einen, Städte- und Gemeindebund gemeinsam drei Vertreter (Art. 23c Abs. 4 B-VG).

292 Im Unterschied zu Deutschland hat der österreichische Bundesrat bei einfachen Bundesgesetzen nur ein suspensives Veto. Lediglich bei Verfassungsgesetzen, die in die Kompetenzen der Länder eingreifen, hat der Bundesrat ein absolutes Veto.

293 Vgl. Art. 23e Abs. 2 B-VG.

294 Vgl. Art. 23f Abs. 2 B-VG.

295 Vgl. Art. 23e Abs. 6 B-VG; Art. 44 Abs. 2 B-VG bezieht sich auf Verfassungsgesetze oder -bestimmungen, die die Zuständigkeit der Länder in Gesetzgebung oder Vollziehung einschränken würden.

296 Vgl. Art. 23e Abs. 1 B-VG.

Bund-Länder-Vereinbarung aus dem Jahr 1992 bezüglich der Informationsrechte der Länder präzisiert (Khol 1995, 280).
Demnach umfaßt die Informationspflicht[297]

- dem Bund vorliegende Dokumente, Berichte oder Mitteilungen von Organen und Einrichtungen der EG
- informelle Treffen von Ministern und Gremien im Rahmen der EG
- Dokumente und Informationen über Verfahren vor europäischen Gerichten und Streitbeilegungseinrichtungen, an denen die Republik beteiligt ist
- Berichte der österreichischen Mission bei der EG.

Dies bedeutet eine Flut von Dokumenten für das Parlament,[298] deren Bewältigung dadurch erschwert wird, daß die Regierung keine Verpflichtung hat, die dem Parlament übermittelten Materialien aufzubereiten oder zu erläutern.
Nicht erfaßt ist von der Informationsverpflichtung die Haltung des zuständigen Mitgliedes der Bundesregierung zum jeweiligen Thema. Es ist jedoch im Interesse eines konstruktiven Dialoges "nicht ausgeschlossen, daß die Mitglieder der Bundesregierung den Nationalrat und den Bundesrat soweit wie möglich auch über ihre inhaltlichen Vorstellungen zu einzelnen 'Vorhaben im Rahmen der Europäischen Union' informieren, nicht zuletzt deshalb, um die Mitwirkung des Nationalrates [....] zu ermöglichen" (Rundschreiben des BKA und des BMaA vom 19.1.1996, 2).[299]
Gibt das Parlament zu einem Vorhaben im Rahmen der EU eine Stellungnahme ab, so ist das jeweilige Regierungsmitglied - und jedes für das Mitglied der Bundesregierung tätige Organ - bei Verhandlungen und Abstimmungen in Gremien der EU an diese Stellungnahme gebunden. Es darf nur aus "zwingenden außen- und integrationspolitischen Gründen"[300] davon abweichen und hat

---

297 Festgelegt in Art. 1 Abs. 2 der Bund-Länder-Vereinbarung, BGBl. 775/1992.

298 So wurden dem Parlament in der rund einjährigen XIX. Gesetzgebungsperiode 17.968 Dokumente - von der Tagesordnung von Ratssitzungen bis zu Verordnungsentwürfen - übermittelt (Wohnout 1996, 682). Für die Wirtschaftskammer, die ebenfalls alle Informationen erhält, spricht Reiterer von einem Dokumenteneinlauf im statistischen Mittel von 4,5 kg pro Arbeitstag (Reiterer 1997, 200).

299 Dieses Rundschreiben ist im Anhang von Unterlechner Josef, 1997: "Die Mitwirkung der Länder am EU-Willensbildungs-Prozeß" abgedruckt. Im folgenden zitiert als "Rundschreiben".

300 Diese liegen gemäß den erläuternden Bemerkungen der Regierungsvorlage vor, "wenn dies zur Wahrnehmung wichtiger österreichischer Interessen in der EU unabweisbar ist" (vgl. Khol 1995, 280) Das kann zum Beispiel dann der Fall sein, wenn im Rahmen eines "package-deals" durch ein Abweichen von der parlamentarischen Stellungnahme in anderen Bereichen Vorteile für Österreich erzielt werden können. Die Zulässigkeit einer Ab-

bei beabsichtigter Abweichung den Nationalrat neuerlich zu befassen.[301] An eine allfällige weitere Stellungnahme ist die Regierung nicht gebunden (Khol 1995, 282). Über ein absolutes Vetorecht verfügt der Nationalrat, wenn ein europäischer Rechtsakt eine Änderung der österreichischen Bundesverfassung bedeuten würde. In diesem Fall ist eine Abweichung vom Standpunkt des Nationalrates nur zulässig, wenn der Nationalrat innerhalb einer angemessenen Frist nicht widerspricht.[302]

Nach der Abstimmung im Rat hat das jeweilige Regierungsmitglied dem Nationalrat Bericht zu erstatten. Insbesondere sind die Gründe für eine allfällige Abweichung von einer Stellungnahme unverzüglich mitzuteilen.

4.2.2.2. Der Hauptausschuß

Die parlamentarische Mitwirkung in EU-Angelegenheiten wird vom Hauptausschuß (HA) des Nationalrates wahrgenommen. Die Geschäftsordnungsnovelle zur näheren Bestimmung der Mitwirkung des Nationalrates[303] wurde zwar erst im zweiten Halbjahr 1996 - über eineinhalb Jahre nach dem Beitritt - beschlossen, da die Verfassungsbestimmungen aber hinreichend determiniert sind, konnte der Hauptausschuß seine Tätigkeit unmittelbar nach dem Beitritt aufnehmen.

Die wichtigsten Bestimmungen der novellierten Geschäftsordnung legen fest, daß der Hauptausschuß in EU-Angelegenheiten prinzipiell öffentlich ist und daß sich Mitglieder des Hauptausschusses durch andere Mitglieder desselben Klubs vertreten lassen können. Dies führt dazu, daß der HA, je nach zu behandelndem Thema, in unterschiedlicher Zusammensetzung tagt. Vorhaben im Rahmen der Union sind auf die Tagesordnung des HA zu setzen, wenn dies ein Mitglied der Bundesregierung, ein Viertel der Mitglieder des Nationalrates oder ein Mitglied des HA verlangt. Letzteres nur, wenn das Vorhaben in der nächsten Ratssitzung beschlossen werden soll. Außerdem kann pro Klub und Sit-

---

weichung ist vom betroffenen Regierungsmitglied im Rahmen seiner Ministerverantwortlichkeit zu beurteilen (Rundschreiben, 6).

301 Dies kann nur heißen, daß der österreichische Vertreter im Rat den Nationalrat vor einer beabsichtigten Abweichung informieren muß und - sofern es sich nicht um "zwingende außen- und integrationspolitische Gründe" handelt, auch auf eine Reaktion des Nationalrates warten muß. Angesichts der häufig bis in die Nachtstunden und an Wochenenden stattfindenden Ratstagungen konzediert Griller den Parlamentariern, die diese Regelungen durchgesetzt haben, "enormes Engagement oder aber enorme Naivität" (Griller 1995, 169, FN 40).

302 Vgl. Art. 23e Abs. 3 B-VG.

303 Vgl. §§ 31-31e Geschäftsordnungsgesetz.

zung nur ein solches Verlangen gestellt werden.[304] In der Praxis bestehen die Tagesordnungen meist aus Anträgen von den Oppositionsparteien.

4.2.2.3. Die Mitwirkung des Nationalrates in der Praxis

In der Anfangsphase der parlamentarischen Mitwirkung kam es zu einer regen Tätigkeit im Hauptausschuß. Im Jahr 1995 wurden 18 bindende Stellungnahmen gemäß Art. 23e B-VG gefaßt, thematisch vorwiegend in den Bereichen Umwelt- und Konsumentenschutz. Darunter befand sich bereits im ersten Halbjahr jene Stellungnahme zum Tiertransportgesetz, welche rückblickend allgemein als der entscheidende Wendepunkt der parlamentarischen Mitwirkung gesehen wird.[305] Nach dem intensiven Experimentieren mit den neuen Zuständigkeiten im HA im Jahr 1995 kam es sehr bald zu einem Rückgang der Stellungnahmen. Im Jahr 1996 wurden noch sieben Stellungnahmen beschlossen, im Jahr 1997 vier und 1998 eine einzige.[306] Heute wird der HA in EU-Fragen von vielen Beteiligten nur noch als "lustloses Gremium" beschrieben.[307]

Im Hinblick auf die EU-Präsidentschaft ist darauf hinzuweisen, daß Stellungnahmen des Hauptausschusses gemäß Art. 23e B-VG die Regierungsmitglieder nur in ihrer Funktion als Vertreter Österreichs binden können, nicht aber in ihrer Tätigkeit als Vorsitzende des EU-Rates. Der Vorsitz ist allen 15 EU-Staaten in gleicher Weise verpflichtet und angehalten, überparteilich und neutral zu agieren. Eine Bindung durch das Parlament eines Staates würde diesen Grundsätzen widersprechen.[308]

---

304 Die Geschäftsordnungsnovelle sah auch die Wahl eines Ständigen Unterausschusses des HA in Angelegenheiten der EU und eines Komitees vor, denen vom HA verschiedene Aufgaben übertragen werden können. Diese beiden Einrichtungen wurden allerdings in der XX. Gesetzgebungsperiode (1995-1999) nicht konstituiert, weil der Ausschußvorsitz der FPÖ zugefallen wäre, weshalb die Regierungsparteien es bevorzugten, alle EU-Angelegenheiten im HA unter der wechselnden Vorsitzführung der Nationalratspräsidenten zu behandeln.

305 Darauf wird weiter unten genauer eingegangen.

306 In der Sitzung vom 20.5.1998 wurde eine Stellungnahme zum "Übereinkommen über den Entzug der Fahrerlaubnis" abgegeben. Während der österreichischen Präsidentschaft wurde keine Stellungnahme beschlossen.

307 Interviews mit Parlamentariern.

308 Vgl. dazu das stenographische Protokoll der HA-Sitzung vom 3.6.1998.
Auch die Bindung der österreichischen Vertreter im Rat kann in einem Spannungsverhältnis zum Gemeinschaftsrecht stehen. Vgl. das Loyalitätsgebot gemäß Art. 10 (ex-Art. 5) EGV. Zu diesem Thema siehe auch Griller 1995, S. 170f..

Die Ereignisse rund um die bindende Stellungnahme des Nationalrates zum Tiertransport zeigten exemplarisch die strukturellen Probleme der Bindung der Regierungsmitglieder im Rat durch das Parlament auf.
Der Nationalrat gab damals eine bindende Stellungnahme ab, in der der zuständige Landwirtschaftsminister Molterer (ÖVP) dazu angehalten wurde, keiner Regelung zuzustimmen, die die strengen Bestimmungen des österreichischen Tiertransportgesetzes unterschreitet. Diese Position war in der Ratssitzung am 21.6.1995 nicht durchzusetzen. Es zeichnete sich allerdings die Möglichkeit eines Kompromisses ab, der den österreichischen Vorstellungen zumindest ein Stück weit entgegengekommen wäre. Molterer versuchte Rücksprache mit dem Nationalrat zu halten, ob dieser Kompromiß für das Parlament akzeptabel wäre, wobei es allerdings zu Kommunikationsproblemen kam.[309] Der Minister beharrte schließlich auf der Stellungnahme des Nationalrates, der Kompromiß scheiterte und Österreich wurde zusammen mit Schweden, Dänemark und Italien überstimmt.[310]
Im Ergebnis kam es dadurch zu einer Einflußminderung sowohl des Parlamentes als auch des Ministers. Das Parlament konnte sich zwar gegenüber dem Minister durchsetzen, die Verhandlungsfreiheit des Ministers war aber so eingeengt, daß die österreichischen Interessen insgesamt Schaden nahmen. Für bindende Stellungnahmen des Nationalrates lassen sich daraus zwei Schlußfolgerungen ableiten:

1) Bindende Stellungnahmen sollten einen relevanten Verhandlungsspielraum offenlassen.
2) Der Ausschuß muß im Fall einer Bindung während der Ratssitzung für Konsultationen zur Verfügung stehen (vgl. Griller 1995, 171).

Von der Regierung hingegen wird das Beispiel der Tiertransport-Richtlinie bis heute dazu benutzt, um weitere bindende Stellungnahmen des Nationalrates möglichst zu verhindern. Da die Koalitionsparteien diesem Wunsch ihrer eigenen Regierungsmitglieder weitgehend nachkommen, ging die Anzahl der Stellungnahmen entsprechend zurück. Es gibt allerdings auch in den Regierungs-

309 Angeblich habe ÖVP-Klubobmann Khol dem Kompromiß zugestimmt. SPÖ-Klubobmann Kostelka plädierte für eine neuerliche Befassung des HA, wollte notfalls aber auch dem Kompromiß zustimmen. Dies sei nun von Nationalratspräsident Fischer falsch interpretiert worden und er habe Molterer mitgeteilt, es gäbe keine Mehrheit für eine Abweichung von der ursprünglichen Stellungnahme (Wohnout 1996, 683, FN. 39).

310 Während sich Schweden und Dänemark ebenfalls für eine strengere Regelung einsetzten, wollte Italien längere Tiertransportzeiten (Wohnout 1996, 684).

parteien Stimmen, die diese Situation für unbefriedigend und die Abneigung der Regierung gegenüber Stellungnahmen für überzogen halten.[311]
Das verfassungsmäßig eingeräumte Recht zur Abgabe bindender Stellungnahmen droht somit durch die Dominanz der Regierungsparteien im Hauptausschuß zu verkümmern.

Das zweite Problem in der Praxis ist, daß insbesondere die für die demokratische Kontrolle wichtigen Oppositionsparteien von der Vielzahl der täglich eintreffenden Dokumente, die weder geordnet noch aufbereitet sind, überfordert werden. Eine systematische Mitwirkung und Kontrolle in EU-Angelegenheiten ist daher auch aus Kapazitätsgründen kaum möglich. Darüber hinaus kritisiert die Opposition, daß die Informationen häufig zu spät im Parlament eintreffen. So bekomme man fallweise Tagesordnungen von Ratssitzungen, die bereits stattgefunden hätten.[312]
Allerdings haben sich die Oppositionsparteien diese Schwierigkeiten zum Teil selbst zuzuschreiben. Vermutlich wäre es besser gewesen, in den Verhandlungen über die Mitwirkung des Parlamentes stärker auf Informationsrechte und Vorkehrungen für größere Ressourcen zur Informationsaufarbeitung hinzuarbeiten, als auf die Möglichkeit bindender Stellungnahmen, deren Abhängigkeit vom Wohlwollen der Regierungsparteien absehbar war.
Allgemein dürfte die Mitwirkung des Parlamentes in EU-Angelegenheiten auch darunter leiden, daß die Existenz und Bedeutung der europäischen Ebene von vielen Abgeordneten nach wie vor nicht entsprechend wahrgenommen wird.[313]

4.2.3. Der Bundespräsident

Dem Bundespräsidenten sind im Zusammenhang mit der EU keine Kompetenzen zugewiesen. Das betrifft auch die von der Bundesregierung durchgeführte Ernennung der österreichischen Mitglieder in Organen der EU, über die der Bundespräsident gemäß Art. 23c Abs. 2 B-VG lediglich informiert wird.

---

311 In diesem Sinn äußerte sich etwa der SPÖ-Abgeordnete Dr. Alfred Gusenbauer, der zusammen mit dem Abgeordneten Dr. Peter Schieder von SPÖ-Seite für EU-Angelegenheiten im HA hauptzuständig ist.

312 Die praktische Erfüllung der Informationspflicht durch die Ministerien wird auch von Reiterer als "verbesserungsfähig" bezeichnet. Insbesondere bei Berichten über Ministerräte kann von "unverzüglich" nicht die Rede sein (Reiterer 1997, 195).

313 Diese These beruht auf Erfahrungen und Gesprächen, die ich als Praktikant im EP gemacht habe. Allerdings bestehen noch Forschungslücken bezüglich der Fragen, welches "Europabewußtsein" die österreichischen Parlamentarier haben und inwieweit sie die europäische Ebene in ihre Überlegungen und ihr Handeln einbeziehen.

4.2.4. Die Länder

Die Länder haben, ebenso wie das Parlament, verfassungsrechtlich zugesicherte Mitwirkungsrechte an der österreichischen EU-Politik.[314] Gemäß Art. 23d Abs. 1 B-VG hat der Bund "die Länder unverzüglich über alle Vorhaben im Rahmen der Europäischen Union, die den selbständigen Wirkungsbereich der Länder berühren oder sonst für sie von Interesse sein könnten, zu unterrichten und ihnen Gelegenheit zur Stellungnahme zu geben".
Liegt eine einheitliche Stellungnahme der Länder vor, ist die Regierung daran gebunden und darf davon nur aus "zwingenden außen- und integrationspolitischen Gründen" abweichen.[315] Eine einheitliche Stellungnahme ist dann gegeben, wenn alle Länder an deren Zustandekommen beteiligt waren und keines dagegen stimmt. Enthaltungen sind möglich.
Es obliegt der Verfassungsautonomie der Länder, welche Stelle die Stellungnahme abgibt. Eine Ländervereinbarung vom 12.3.1992 sieht für den Willensbildungsprozeß der Länder untereinander die Integrationskonferenz der Länder (IKL) vor, in der die Landeshauptleute und Landtagspräsidenten vertreten sind. In der Praxis erfolgt die Koordinierung der Länderstandpunkte allerdings meist durch die Verbindungsstelle der Bundesländer. Für einen Beschluß müssen mindestens fünf Pro-Stimmen und keine Gegenstimme vorliegen.[316]
Seit dem Vertrag von Maastricht kann gemäß Art. 203 EGV[317] ein von den Ländern bestimmtes Mitglied einer Landesregierung Österreich im Rat vertreten. Dies hat unter Beteiligung und in Abstimmung mit dem zuständigen Mitglied der Bundesregierung zu erfolgen (Khol 1995, 280f.). Geschehen ist dies bisher etwa bei den informellen Tagungen der Raumordnungsminister (Morass 1996, 40).
Sind von Vorhaben im Rahmen der EU Bundesverfassungsgesetze betroffen, die der Zustimmung des Bundesrates bedürfen,[318] hat dieser die Möglichkeit,

---

314 Die Länder bekamen im Gegensatz zum Parlament bereits durch eine Verfassungsgesetznovelle 1992 (BGBl 1992/276) das Recht, bindende Stellungnahmen zu Vorhaben im Rahmen der europäischen Union, die den selbständigen Wirkungsbereich der Länder berühren oder sonst für sie von Interessen sein könnten, abzugeben. Durch das EU-Begleit-BVG 1994 (BGBl 1994/1013) wurden diese in Art. 10 B-VG untergebrachten Bestimmungen aufgehoben und durch Art. 23d B-VG ersetzt.

315 Vgl. Art. 23d Abs. 2 B-VG.

316 Zur Integrationskonferenz der Länder sowie die politischen und rechtlichen Aspekte ihrer weitgehenden Vernachlässigung in der Praxis siehe Unterlechner 1997, 48ff.

317 Ex-Art. 146 EGV.

318 Zuständigkeiten der Länder in Gesetzgebung und Vollziehung gemäß Art. 44 Abs. 2 B-VG.

eine bindende Stellungnahme abzugeben, von der die Regierung wiederum aus "zwingenden außen- oder integrationspolitischen Gründen" abweichen kann.[319] Neben diesen verfassungsrechtlichen Mitwirkungsmöglichkeiten sind die Länder de facto auf vielen Ebenen in die innerösterreichische Willensbildung einbezogen. So haben die Ministerien bei der Ausarbeitung ihrer Verhandlungspositionen für den EU-Rat die Länderinteressen einzubeziehen und die Verbindungsstelle der Länder ist in die wöchentlichen Sitzungen zur Vorbereitung des AStV einbezogen. Auch in die Ständige Vertretung in Brüssel ist ein gemeinsamer Ländervertreter eingebunden (Morass 1996, 41).
Darüber hinaus gibt es insbesondere innerhalb der Regierungsparteien noch zahlreiche informelle Kontakte.

4.2.5. Die Sozialpartner

Die Sozialpartner sind auf zahlreichen Ebenen in die innerösterreichische Willensbildung in EU-Angelegenheiten einbezogen. Ihre privilegierte Stellung entspringt nicht nur der traditionell starken Rolle der Sozialpartner im politischen System Österreichs, sondern auch ihrem offensiven Eintreten für einen EU-Beitritt Österreichs.[320] Insbesondere das im Vorfeld der EU-Volksabstimmung zwischen der Regierung und den Sozialpartnern im April 1994 abgeschlossene "Europa-Abkommen" sicherte den Verbänden eine intensive Einbindung in EU-Angelegenheiten zu (Karlhofer/Tálos 1996b, 140f.).
Im einzelnen sind die Sozialpartner auf folgenden Ebenen einbezogen:

- Das Begutachtungsrecht der gesetzlich eingerichteten Körperschaften öffentlichen Rechtes, der Wirtschafts- und der Arbeiterkammer (AK), wurde auf EU-Vorhaben ausgedehnt. Außerdem bekamen die auf der Basis des Vereinsgesetzes eingerichteten Dachverbände - der Gewerkschaftsbund und die Präsidentenkonferenz der Landwirtschaftskammern - ebenfalls das Begutachtungsrecht, welches ihnen bis dahin auf gesetzlicher Basis nicht zugestanden war.
- Die Sozialpartner sind neben den einschlägigen Ministerien und der Nationalbank in den neu errichteten Außenwirtschaftspolitischen Beirat eingebunden, der das Wirtschaftsministerium in Fragen der Außenwirtschaftspolitik beraten soll.
- Die Sozialpartner sind in verschiedenen Ausschüssen, die im Zusammenhang mit dem EU-Beitritt - etwa zur Begleitung von Maßnahmen im Bereich der Strukturpolitik - eingerichtet wurden, mit beratender Stimme vertreten.

---

319 Vgl. Art. 23e Abs. 6 B-VG.

320 Die Regierungsparteien, insbesondere die SPÖ, entschlossen sich erst, einen EG-Vollbeitritt anzustreben, nachdem sich alle Sozialpartner dafür ausgesprochen hatten.

- Auch auf Ressortebene sind die Verbände einbezogen, wobei die Intensität von Ministerium zu Ministerium unterschiedlich ist. In diesem Zusammenhang sind vor allem informelle Kontakte von großer Bedeutung.
- Die wöchentlichen Sitzungen zur Vorbereitung des AStV finden ebenfalls mit Beteiligung der Sozialpartner statt (Karlhofer/Tálos 1996b, 142ff.).
- Nicht zuletzt kommt die privilegierte Stellung der Sozialpartner durch ihre Unterbringung zusammen mit der Ständigen Vertretung im "Österreich-Haus" in Brüssel zum Ausdruck (Karlhofer/Tálos 1996a, 76).

Die Zusammenarbeit und Koordination der Sozialpartner untereinander erfolgt zum einen auf informeller Basis, zum anderen dient dazu der 1992 innerhalb der Paritätischen Kommission für Lohn- und Preisfragen eingerichtete Unterausschuß für internationale Fragen (Karlhofer/Tálos 1996a, 70).
Die Einbindung der Verbände in die europäische Ebene bringt einerseits zusätzliche Einflußchancen, bedeutet andererseits aber auch einen Terrainverlust, da für die Interessenpolitik wichtige Materien[321] zunehmend auf der Gemeinschaftsebene entschieden werden (Kittel/Tálos 1999, 113ff.).
Vor allem für die Wirtschaftskammer, aber auch für die Arbeiterkammer, ergibt sich das Problem, daß sie nicht in die maßgeblichen europäischen Verbände (UNICE, CEEP, EGB) eingebunden sind, da diese nur Interessenvertretungen ohne Pflichtmitgliedschaft aufnehmen.[322] Der Bundeswirtschaftskammer (BWK) und der AK droht daher auch innerhalb Österreichs ein relativer Bedeutungsverlust. Hingegen ist die Vereinigung Österreichischer Industrieller (VÖI), die in Österreich nicht Tarifvertragspartei ist, mit Sitz und Stimme in der UNICE vertreten und wirkt somit an europäischen Sozialpartnerverhandlungen mit. Bei der nationalen Umsetzung werden wiederum die Sozialpartner hinzugezogen, womit die Wirtschaftskammer jene Rechtsakte umsetzen muß, die auf Unionsebene unter Mitwirkung der VÖI, nicht aber von ihr selbst, ausgehandelt wurden. Trotz der Zusammenarbeit der Wirtschaftskammer mit der VÖI ist diese Situation für erstere unbefriedigend, da sie nicht selbst direkt an europäischen Sozialpartnerverhandlungen beteiligt ist. Außerdem ist die BWK die Interessenvertretung von kleineren und mittleren Unternehmen, während der VÖI die Interessen größerer Betriebe vertritt. Eine ähnliche Situation besteht im Verhältnis des ÖGB, der Mitglied des EGB ist, und der Arbeiterkammer, die auf europäischer Ebene nicht eingebunden ist (vgl. Falkner 1999, 229ff.).

---

321 Die Agrar-, Wettbewerbs- und Außenhandelspolitik, Teile der Sozial- und Umweltpolitik und künftig die Währungspolitik.

322 Die Wirtschaftskammer ist Mitglied im Verband der kleinen und mittelständischen Unternehmen (UEAPME), die aber an den Sozialpartnerverhandlungen mit dem EGB und der CEEP nur indirekt, über die UNICE, teilnimmt.

4.3. Vorbereitung auf die Präsidentschaft

4.3.1. Organisatorische Vorbereitung

Im Bereich der organisatorischen Vorbereitung auf die Präsidentschaft erscheinen mir folgende Punkte wesentlich:

1. Zur Durchführung der Organisation wurde ein Exekutivsekretariat im Außenministerium eingerichtet, das direkt der Staatssekretärin Benita Ferrero-Waldner unterstand.
2. Es wurden verschiedene formelle und informelle Mechanismen zur Koordination eingeführt, ohne die grundlegenden Koordinationsstrukturen zu verändern.
3. Die von der Präsidentschaft direkt betroffenen Beamten wurden gut vorbereitet und ausgebildet.
4. Die Präsidentschaft wurde zur obersten politischen Priorität erklärt, was sich sowohl in der umfassenden Vorbereitung als auch der Verlegung wichtiger politischer Entscheidungen auf die Zeit vor der Präsidentschaft zeigte.

4.3.1.1. Der Beginn der Vorbereitung und das Exekutivsekretariat

Nach dem Beschluß des Rates vom 1.1.1995 bezüglich der Reihenfolge der Präsidentschaften sollte Österreich, als erster Staat der vierten Erweiterungsrunde, den Vorsitz dreieinhalb Jahre nach dem Beitritt übernehmen.[323]

Bereits im Juni 1995 wurden die grundlegenden Arbeitsstrukturen für die Vorbereitung der Präsidentschaft festgelegt, wonach die organisatorische Durchführung, unter Einbindung des BKA, von einem im Außenministerium angesiedelten Exekutivsekretariat geleitet werden sollten, während die inhaltliche Vorbereitung dem Staatssekretariat im BKA gemeinsam mit dem Außenamt übertragen wurde.

Die Regierung begann auch schon sehr früh, andere Präsidentschaften genau zu beobachten und deren Erfahrungen auszuwerten. Der spätere Leiter des Exeku-

[323] Laut Gregor Woschnagg, damaliger Chef der Integrationspolitischen Abteilung des Außenministeriums und seit Mitte 1999 Ständiger Vertreter Österreichs in Brüssel, hat die österreichische Bundesregierung kurzzeitig überlegt, dem portugiesischen Vorbild, auf die erste turnusmäßige Präsidentschaft freiwillig zu verzichten, zu folgen (Portugal wäre allerdings nach seinem Beitritt am 1.1.1986 schon sechs Monate später, im zweiten Halbjahr 1986, als Präsidentschaft vorgesehen gewesen). Doch die Aussicht, in diesem Fall möglicherweise erst nach acht oder zehn Jahren erstmals den Vorsitz übernehmen zu können, ließ diese Überlegungen rasch verstummen (Woschnagg 1998, 103). Nach Auskunft eines anderen Beamten des Außenministeriums wurde allerdings nie erwogen, die Präsidentschaft im Jahr 1998 nicht wahrzunehmen.

tivsekretariates, Dr. Rudolf Lennkh, hatte als Botschafter in Spanien die Möglichkeit, die spanische Präsidentschaft 1995 aus nächster Nähe mitzuverfolgen. Österreichische Diplomaten wurden während der jeweiligen Präsidentschaften für den Dienst im irischen, luxemburgischen bzw. britischen Außenamt abgestellt und konnten so wertvolle Erfahrungen sammeln. Umgekehrt arbeiteten auch ausländische Diplomaten im Wiener Außenministerium (Woschnagg 1998, 108). Die Ständige Vertretung in Brüssel sammelte systematisch Informationen von anderen Ständigen Vertretungen und dem Generalsekretariat des Rates und erstellte schon 1995 einen Bericht, der auch einen Zeitplan für die Vorbereitungen auf die Präsidentschaft enthielt.
Im Dezember 1996 faßte die Bundesregierung einen umfassenden Beschluß zur Präsidentschaft, in dem unter anderem die innerösterreichischen Koordinationsstrukturen, die Festlegung einzelner Veranstaltungsorte (vor allem des Europäische Rates in der Wiener Hofburg im Dezember 1998), die Aufschlüsselung, welche Kostenfaktoren aus dem Zentralbudget und welche aus den Ressortbudgets abzudecken sind, die Pressearbeit und die Vorgangsweise zur Auswahl eines Logos beschlossen wurden.[324] Außerdem wurde betont, daß Kontinuität in den Ratsarbeitsgruppen wichtig ist und daß die designierten Vorsitzenden das Ausbildungsprogramm absolvieren werden.[325]

Das Exekutivsekretariat für die Vorbereitung und Abwicklung der EU-Präsidentschaft wurde bereits Mitte 1996 unter der Leitung von Dr. Rudolf Lennkh, als Sonderstab im Kabinett von Staatssekretärin Dr. Benita Ferrero-Waldner, im Außenministerium eingerichtet. Die Hauptaufgaben des Exekutivsekretariates waren

- die Organisation des Europäischen Rates von Wien,
- das Anbieten der Infrastruktur für Veranstaltungen in Österreich, insbesondere für die informellen Ministerräte,
- die Verwaltung der permanenten Konferenzräume in der Hofburg und
- die Führung des Tagungskalenders.

Das Exekutivsekretariat arbeitete bei der Erfüllung dieser Aufgaben eng mit den Ministerien, den Ländern, den Sicherheitsbehörden und dem Bundespressedienst zusammen.

Eine besonders komplexe Aufgabe ist die Erstellung des Tagungskalenders, da über 1700 Veranstaltungen, vom Europäischen Rat bis zu den Arbeitsgruppen-

---

324 Vgl. die parlamentarische Anfragebeantwortung 3217/AB, XX. GP, S. 6.

325 Vgl. dazu Verwaltungsakademie und Diplomatische Akademie Wien, 1997: Vorbereitung der österreichischen Präsidentschaft des Rates der Europäischen Union 1998; S. 3.

sitzungen, aufeinander abgestimmt werden müssen. In enger Zusammenarbeit mit dem Generalsekretariat des Rates mußten dabei folgende Einschränkungen berücksichtigt werden:

- Die Urlaubszeiten der europäischen Institutionen, sowie Feiertage in allen 15 Mitgliedstaaten.
- Alle sonstigen Termine im In- und Ausland, die in Konkurrenz zu Veranstaltungen der Präsidentschaft stehen könnten.
- Die beschränkten Dolmetscherkapazitäten des Rates.
- Die terminliche Abstimmung der Sitzungen auf den verschiedenen Ebenen des Rates unter Berücksichtigung der anderen am Entscheidungsprozeß beteiligten Institutionen.[326]

4.3.1.2. Zusätzliche Koordinationsmechanismen

Mitte 1997 wurde eine im Schnitt monatlich tagende Sektionsleiterrunde zur inhaltlichen Koordination und Vorbereitung der Präsidentschaft eingerichtet, in die auch Vertreter der Sozialpartner und der Länder sowie des Städte- und Gemeindebundes einbezogen waren. Das Gremium war vor allem in der Vorbereitungsphase von Bedeutung und diente dem Informationsaustausch und der Koordination auf höchster Beamtenebene. Für die Koordinationsressorts bot die Sektionsleiterrunde die Möglichkeit, die organisatorischen und inhaltlichen Vorbereitungen der Ressorts zu überwachen und gegebenenfalls als Korrektiv zu wirken. Ein Beamter des Außenministeriums faßte diese Funktion der Koordinationsressorts folgendermaßen zusammen:

> "Es wurde fast zuviel Energie in die Vorbereitung gesteckt. Es hatte aber auch seinen Sinn und seine Notwendigkeit, da viele Ressorts erst auf die Erfordernisse einer Präsidentschaft hin orientiert werden mußten und viel Aufklärungsarbeit geleistet werden mußte. Es wurde Wind in manche Bereiche der Verwaltung gebracht, die das ansonsten nicht haben, von der Kultur bis zum Bildungswesen. Und man hatte immer die Rute der Präsidentschaft.

---

326 Soll ein Dokument beim Europäischen Rat oder einem Ministerrat beschlußreif sein, müssen die vorangehenden Vorbereitungssitzungen (Arbeitsgruppen, AStV etc.) unter Berücksichtigung der notwendigen Fristen geplant werden. Vor allem für die Erstellung der Berichte von Sitzungen und die Übersetzung aller Dokumente in die elf Amtssprachen der Union muß ausreichend Zeit eingerechnet werden. Weiters ist zu berücksichtigen, daß gemäß der Geschäftsordnung des Rates (Art. 2) die vorläufige Tagesordnung für eine Sitzung 14 Tage im voraus zusammen mit den auf dieser Sitzung zu behandelnden Unterlagen übermittelt werden muß.

> Zuerst haben wir die Grundprinzipien festgelegt und alles gebetsmühlenartig wiederholt. Daß der Vorsitz unparteiisch sein muß etc. Dann wurden die inhaltlichen Vorstellungen abgefragt und der Realität angepaßt. Teilweise hatten die Ressorts völlig unrealistische Vorstellungen, was während der Präsidentschaft alles erreicht werden wird. Es ist immer eine Gradwanderung zwischen dem, was national gewünscht wird oder wünschenswert wäre und was möglich ist." (Interview im Außenministerium)

Ein Zusatznutzen der Sektionsleiterrunde war die Beruhigung der Sozialpartner, die damit auch bei Präsidentschaftangelegenheiten in ein Gremium eingebunden waren.[327]
Die Sektionsleiterrunde wurde nach der Präsidentschaft bis März 1999 weitergeführt[328] und trat danach noch einmal zu einer Diskussion über die Erweiterung zusammen. Für die Zukunft ist geplant, dieses Gremium bei Bedarf - zur Erörterung wichtiger horizontalen Fragen - einzuberufen. Eine permanente Einrichtung dieses Gremiums erscheint nicht als zweckmäßig, da die bestehenden Koordinationsmechanismen ausreichend sind und bei routinemäßigen Sitzungen der eigentliche Sinn, nämlich ein hochrangiges und entscheidungsfähiges Gremium zu sein, dadurch verloren ginge, daß nur noch Stellvertreter geschickt werden. Schon während der Präsidentschaft ließen sich einige Sektionschefs von anderen Beamten vertreten.
Die Bewertung der Sektionsleiterrunde ist unterschiedlich und hängt wohl auch mit unterschiedlichen Erwartungen zusammen, die die Teilnehmer hatten. Kritisch angemerkt wurde die schon erwähnte Tendenz, sich vertreten zu lassen, die Schwerfälligkeit des Gremiums aufgrund seiner Größe sowie das intransparente Vorgehen mancher Ressorts.[329]

Im Frühjahr 1998 wurde eine hochrangige "Strategiegruppe" eingesetzt, die vor allem die österreichische Position für die Verhandlungen über die Agenda 2000[330] koordinieren sollte. Sie setzte sich zusammen aus dem Sprecher des Landwirtschaftsministeriums im SAL, Andrä Rupprechter, dem Leiter der Inte-

---

327 Interview im Außenministerium.

328 Ende März wurde auf dem Europäischen Rat von Berlin die Agenda 2000 abgeschlossen.

329 Ein Teilnehmer der Sektionsleiterrunde kritisierte insbesondere das Verkehrs- und das Innenministerium, die intransparent agiert hätten und ihre Vorhaben nie vorher interministeriell koordinierten. Diese Kritik bezog sich konkret auf das Verkehrspaket mit der Schweiz und das Strategiepapier des Innenministeriums zu Migration und Asyl. Siehe Kapitel 4.6.2.1.

330 Zur Agenda 2000 siehe Kapitel 4.5.2.4.

grationspolitischen Sektion im Außenamt, Botschafter Gregor Woschnagg, Sektionschef Ulrich Stacher aus dem Bundeskanzleramt und Dietmar Schweisgut, Leiter der Integrations- und Zollsektion im Finanzministerium. An den Sitzungen dieser Gruppe nahm häufig auch Österreichs Ständiger Vertreter in Brüssel, Botschafter Manfred Scheich, teil. Prinzipiell war die Gruppe offen, das heißt, es konnten bei Bedarf auch andere Personen einbezogen werden. Die weitgehende Konzentration der Strategiegruppe auf die Agenda 2000 wurde von Beamten im Außenministerium einerseits als richtig und wichtig beschrieben, allerdings wurde rückblickend auch festgestellt, daß die inhaltliche Koordination der gesamten Präsidentschaft durch eine Strategiegruppe zweckmäßig gewesen wäre.

Die Ständige Vertretung Österreichs in Brüssel wurde im Hinblick auf die Präsidentschaft personell verstärkt. Zur Koordination der zahlreichen Sitzungstermine in Übereinstimmung mit den begrenzten Konferenz- und Dolmetscherressourcen des Rates wurde eine "Task Force Präsidentschaft" eingerichtet.[331]

Die intraministerielle Ausgestaltung der Koordinationsmechnismen im Hinblick auf die Präsidentschaft blieb den einzelnen Ressorts überlassen. Dementsprechend kam es zu zahlreichen unterschiedlichen Lösungen, wobei das Spektrum von der Einrichtung einer sektionsübergreifenden Stabstelle durch eine Geschäftseinteilungsänderung (Landwirtschaftsministerium) über die Einsetzung einer "Steuerungsgruppe" (Bundesministerium für Arbeit, Gesundheit und Soziales)[332] oder einer "Task-Force Präsidentschaft" (Ministerium für Wissen-

---

331 Die Koordinationsaufgabe besteht darin, die vorhandenen Räumlichkeiten und Dolmetscher-Teams mit den feststehenden Terminen (Ministerräte, AStV) und den Wünschen der Ratsgruppenvorsitzenden aufeinander abzustimmen. Das Hauptproblem sind kurzfristige Änderungen (so mußten etwa im Juli 27% aller Arbeitsgruppensitzungen abgesagt werden) und die beschränkte Zahl an Dolmetscher-Teams. Pro Tag stehen nur 13 Dolmetscher-Teams, davon nur drei "11er-Regime" (Übersetzung von allen in alle Amtssprachen) zur Verfügung, wobei auch der Bedarf für in Österreich stattfindende Veranstaltungen berücksichtigt werden mußte. Die scheinbar ausreichende Zahl von Dolmetscher-Teams relativiert sich angesichts der im Ergebnisbericht der österreichischen Bundesregierung über die Präsidentschaft genannten Zahlen: "Österreich hat in knapp 22 Arbeitswochen [...] in 51 MinisterInnentreffen sowie in 1540 Sitzungen von Ratsarbeitsgruppen den Vorsitz geführt. Dies entspricht - unter Einbeziehung der Wochenenden - einer Frequenz von über 10 Tagungen pro Tag." (Ergebnisbericht, Kap. I)

332 Die Steuerungsgruppe zur organisatorischen Vorbereitung der Präsidentschaft setzte sich aus den SektionsleiterInnen zusammen.

schaft und Verkehr)[333] bis zur Betrauung der bestehenden EU-Koordinationsabteilungen (Innenministerium) mit den Vorbereitungs- und Koordinationsaufgaben im Zusammenhang mit der Präsidentschaft reichte.

4.3.1.3. Vorbereitung der Beamten

Entsprechend den Empfehlungen anderer Mitgliedsstaaten und des Ratssekretariates hat sich Österreich frühzeitig bemüht, die designierten Vorsitzenden und nationalen Delegierten für die Präsidentschaft festzulegen. Dabei orientierte man sich am Grundsatz, möglichst "keine fremden Gesichter" auszuwählen[334] und für den Vorsitz üblicherweise den Leiter der Delegation, gegebenenfalls aber den für die Verhandlungsführung qualifiziertesten und nicht unbedingt den ranghöchsten Beamten vorzusehen.[335]
Die Ausbildung der österreichischen Beamten für ihre Aufgaben im Rahmen der Präsidentschaft wurde von der Verwaltungsakademie des Bundes und der Diplomatischen Akademie organisiert und durchgeführt, die dafür im Herbst 1996 ein maßgeschneidertes Programm erarbeiteten. Die Ausbildungsschwerpunkte lagen in den Bereichen EU-Institutionenkunde, Verhandlungsführung und Fremdsprachen. Außerdem wurden Studienreisen in die Niederlande und nach Deutschland angeboten.[336]
Zur Vorbereitung gehörte auch die Kontaktaufnahme, die Zusammenarbeit und der Informationsaustausch mit den europäischen Institutionen, allen voran mit dem Ratssekretariat, sowie mit den anderen Mitgliedsstaaten, in erster Linie mit der vorangehenden britischen Präsidentschaft. Die konkrete Vorgangsweise blieb dabei den Ministerien überlassen. Einige Ministerien, vor allem das Außenministerium, entsandten Austauschbeamte in die Ministerien anderer Präsi-

---

333 Die Task-Force setzte sich aus den verantwortlichen Vertretern der Bereiche Forschung, Verkehr, Bildung und Telekom zusammen und beriet die wichtigsten organisatorischen und inhaltlichen Fragen.

334 Der Bericht der Ständigen Vertretung Österreichs über die Vorbereitungen anderer Präsidentschaften vom Oktober 1995 weist mehrmals auf die Wichtigkeit dieser Punkte - frühzeitige Festlegung, keine neuen Gesichter - hin (vgl. Ständige Vertretung Österreichs [...], 1995: S. 3, 6, 14).

335 Die Qualifikation betrifft vor allem Sprachkenntnisse, aber auch die Bereitschaft der Beamten, sich der intensiven Schulung für den Vorsitz zu unterziehen. Im Landwirtschaftsministerium war es zumindest in zwei Ratsarbeitsgruppen der Fall, daß jüngere, rangniedrigere Beamte den Vorsitz führten und deren Vorgesetzte die österreichische Delegation führten.

336 Vgl. hierzu Verwaltungsakademie des Bundes und Diplomatische Akademie Wien, 1997: "Vorbereitung der österreichischen Präsidentschaft des Rates der Europäischen Union 1998", Wien

dentschaften und nahmen umgekehrt während der österreichischen Präsidentschaft ausländische Beamte auf.
Kein Ministerium hat anläßlich der Präsidentschaft eine formelle Urlaubssperre oder einen generellen Versetzungsstop erlassen. Die meisten Ministerien wiesen allerdings darauf hin, daß entsprechend den dienstrechtlichen Regelungen bei der Festlegung des Erholungsurlaubes die dienstlichen Interessen zu berücksichtigen sind.[337] Das Außenministerium hat routinemäßige Neubesetzungen, die während oder kurz nach der Präsidentschaft angefallen wären, verschoben, um die Kontinuität in der Tätigkeit von EU-Arbeitsgruppen zu gewährleisten.[338]

4.3.1.4. Organisatorische Auswirkungen auf die Innenpolitik

Die Regierung war im Hinblick auf die Präsidentschaft bemüht, möglichst viele Entscheidungen im ersten Halbjahr 1998 zu treffen, um sich dann voll auf die Präsidentschaft konzentrieren zu können.
Die Budgetverhandlungen wurden vom Herbst auf Mai vorverlegt. Das Budget für 1999 wurde bereits am 28.5.1998 im Parlament mit den Stimmen der Regierungsparteien beschlossen. Der Vertrag von Amsterdam wurde vom österreichischen Parlament am 18.6.1998 mit den Stimmen der Regierungsparteien und des Liberalen Forums ratifiziert. Die Freiheitliche Partei Österreichs (FPÖ) und die Grünen kritisierten insbesondere, daß durch den Vertrag von Amsterdam die österreichische Neutralität weiter ausgehöhlt werde und lehnten eine Zustimmung daher ab.[339]
Bereits im März bemühte sich die Regierung im Hinblick auf die Präsidentschaft in der Sicherheitspolitik zu einer einheitlichen Linie zu finden. Im Koalitionsabkommen von 1996 hatte sich die Regierung auf folgende Formulierung geeinigt:

> "Im Lichte des Verlaufs der EU-Regierungskonferenz und der Entwicklungen in der europäischen Sicherheitspolitik wird die Bundesregierung alle weiterführenden sicherheitspolitischen Optionen, einschließlich der Frage einer Vollmitgliedschaft Öster-

---

337 Vgl. unter anderen die parlamentarischen Anfragebeantwortungen 4415/AB XX GP und 4510/AB XX. GP.

338 Vgl. Anfragebeantwortung 4415/AB XX. GP. Ein Beamter des Außenministeriums sah hier einen der größten Vorteile der Präsidentschaft: "Ein Vorteil war während der Präsidentschaft die personelle Stabilität, weil es einen Versetzungsstopp gegeben hat. Kaum war die Präsidentschaft aus, haben sie mir einen Mann weggenommen und gute zwei Monate nicht ersetzt."

339 "Kurier", 19.6.1998.

> reichs in der WEU, einer umfassenden Überprüfung unterziehen und dem Parlament hierüber auf einvernehmlichen Antrag des Bundeskanzlers, des Außen- und des Verteidigungsministers *noch vor der Übernahme des EU-Vorsitzes durch Österreich*,[340] spätestens jedoch im Laufe des ersten Quartals des Jahres 1998 berichten. (Koalitionsabkommen, 18).

Nach intensiven Diskussionen konnte dieses Ziel allerdings nicht erreicht werden, da die ÖVP darauf bestand, als weiterführende sicherheitspolitische Option ausdrücklich die Perspektive einer NATO-Mitgliedschaft zu erwähnen, was die SPÖ kategorisch ablehnte.

Eine kleine organisatorische Änderung betraf den wöchentlichen Ministerrat, der für die Dauer der Präsidentschaft von Dienstag auf Donnerstag verlegt wurde, da die meisten EU-Ministerräte traditionell zu Wochenbeginn stattfinden und gewährleistet werden sollte, daß die Minister die Möglichkeit haben, beide Termine wahrzunehmen. Das Pressefoyer nach dem Ministerrat erhielt ein neues Erscheinungsbild, das auch nach der Präsidentschaft beibehalten wurde. Die intime Atmosphäre des von Journalisten dicht umdrängten Kanzlers wurde durch größere Distanz ersetzt. Der Kanzler steht nunmehr (seit 9.7.1998) im Kongreßsaal des Bundeskanzleramtes hinter einem Plexiglaspult mit Mikrofon den Journalisten, die in gewisser Distanz hinter einer Absperrung versammelt sind, gegenüber. Begründet wurde diese Änderung mit dem Ansturm der Medienvertreter, mit dem während der Präsidentschaft gerecht werden müsse.[341]

4.3.1.5. Budgetäre Vorkehrungen

Der Kostenrahmen für die EU-Präsidentschaft Österreichs 1998 wurde mit insgesamt rund 562 Mio. Schilling (40,84 Mio. Euro) veranschlagt, wovon rund 300 Mio. Schilling (21,8 Mio. Euro) auf das Zentralbudget beim Bundesministerium für auswärtige Angelegenheiten und rund 262 Mio. Schilling (19 Mio. Euro) auf die einzelnen Ressortbudgets entfielen.
Das Zentralbudget wurde zur Erbringung zentraler Dienstleistungen für alle Ressorts, wie die Bereitstellung der KFZ-Flotte, die Ausstattung mit EDV, die Durchführung der Akkreditierungen etc. sowie die Durchführung des Europäischen Rates von Wien und einiger weiterer Tagungen eingerichtet. Für 1999 wurden weitere 50 Mio. Schilling (3,63 Mio. Euro) zur Bestreitung der Nachlaufkosten vorgesehen.

---

340 Hervorhebung HL.

341 "Der Standard", 10.7.1998.

Darüber hinaus war jedes Ministerium für die in seinem Bereich entstehenden Mehrkosten eigenständig verantwortlich und mußte dafür Sorge tragen, entsprechende budgetäre Vorkehrungen zu treffen.

Eine Studie des Wirtschaftsforschungsinstitutes im Auftrag des Außenministeriums kam nach dem Ende der Präsidentschaft zu dem Schluß, daß die volkswirtschaftliche Gesamtbilanz der Präsidentschaft, vor allem durch den erhöhten Konferenztourismus, deutlich positiv ausfalle.[342] Die durch die Präsidentschaft ausgelöste touristische Zusatznachfrage habe demnach im zweiten Halbjahr 1998 zumindest 2,6 Mrd. Schilling (189 Mio. Euro) erreicht.[343]
Wenn man davon den voraussichtlichen Gesamtaufwand des Bundes für die Präsidentschaft im Ausmaß von insgesamt 456,5 Mio. Schilling (33,18 Mio. Euro) abzieht, erhält man einen Nettoertrag von zwei Mrd. Schilling (145 Mio. Euro). Davon flossen wiederum rund 30%, also ca. 600 Mio. Schilling (43,6 Mio. Euro), als Steuereinnahmen in den öffentlichen Haushalt zurück.
Darüber hinaus stellte die Studie auch schwer quantifizierbare präsidentschaftsbedingte Standort-, Image- und Werbewirkungen fest, die den volkswirtschaftlichen Nutzen der Präsidentschaft noch weiter erhöhten.

4.3.2. Inhaltliche Vorbereitung

4.3.2.1. Pflicht und Kür

Die inhaltliche Vorbereitung auf die Präsidentschaft begann bereits Anfang 1997 mit trilateralen Gesprächsrunden der beiden Koordinationsressorts mit den einzelnen Ministerien. Danach setzten die jeweils federführenden Bundesministerien die Vorbereitungen in enger Zusammenarbeit mit anderen mitbefaßten Ressorts, Gebietskörperschaften und Sozialpartnern sowie den Koordinationsressorts fort. Dabei ging es zunächst darum, jene Themen zu sammeln, die voraussichtlich während der österreichischen Präsidentschaft zu behandeln sein werden, sei es aufgrund feststehender Fristen[344] oder des bereits abschätzbaren

---

342 Smeral Egon, Wüger Michael, 1999: Die gesamtwirtschaftliche Bedeutung der Übernahme der EU-Präsidentschaft durch Österreich; Österreichisches Institut für Wirtschaftsforschung (WIFO); Wien.

343 Je nach Berechnungsmodell. Die höchste Schätzung liegt bei einer Zusatznachfrage von 5,5 Mrd. Schilling (400 Mio. Euro) (Smeral/Wüger 1999, 51)

344 Ein Beispiel dafür ist das im Vertrag von Maastricht festgesetzte Datum des Eintrittes in die dritte Stufe der WWU am 1.1.1999 (Art. 121 Abs. 4 EGV (ex-Art. 109j)).

Stadiums von Verhandlungs- und Entscheidungsprozessen.[345] Darüber hinaus sollten sich die Ressorts darüber Gedanken machen, in welchen Bereichen österreichische Aktivitäten und Schwerpunkte gesetzt werden könnten, um rechtzeitig allfällige Initiativen in Zusammenarbeit mit der Kommission einleiten zu können.[346] In Anlehnung an den Eiskunstlauf wurde die Erfüllung der laufenden Arbeiten der Union als "Pflicht" und die Setzung österreichischer Schwerpunkte als "Kür" bezeichnet.

Die Schwerpunktthemen der österreichischen Präsidentschaft zeichneten sich schon früh ab. Folgende Schwerpunkte wurden im ersten Halbjahr 1998 in ständig wechselnder Reihenfolge genannt:[347]

- Wirtschafts- und Währungsunion.
- Erweiterung.
- Reform der Strukturpolitik und der Gemeinsamen Agrarpolitik (GAP), Finanzierungspaket.[348]
- Umsetzung des Ergebnisses der Regierungskonferenz.

Durch die Ergebnisse der Regierungskonferenz und den Beschäftigungsgipfel von Luxemburg wurde zu den genannten Themen noch der Schwerpunkt "Beschäftigung" hinzugefügt.[349]

---

345 Beispielsweise war absehbar, daß die Vorbereitung des Inkrafttretens der Ergebnisse der Regierungskonferenz 1996 ein Thema der österreichischen Präsidentschaft sein wird.

346 Die stellvertretende Ständige Vertreterin Österreichs in Brüssel, Judith Gebetsreuthner, erklärte allerdings im März 1998 auf die Frage, ob sie versucht habe, in der Kommission bestimmte Themen zu aktivieren von denen man wollte, daß sie im Rahmen der österreichischen Präsidentschaft abgehandelt werden: "Ich bin nicht konkret initiativ geworden, was Themen für die österreichischen Präsidentschaft betrifft. Ich bin eher aktiv geworden um die Dinge voranzutreiben - zum Beispiel im Forschungbereich, daß die Kommission die Vorschläge für die spezifischen Rahmenprogramme macht. Nicht weil ich will, daß wir es machen, sondern weil ich will, daß das die Briten noch machen." (Tagung im Renner-Institut; 13.3.1998).

347 Bundeskanzleramt, Bundesministerium für auswärtige Angelegenheiten: Österreichische EU-Ratspräsidentschaft 1998. Schwerpunkte der Ressorts; Stand 30.10.1997; Einleitung.

348 Damit ist die sogenannte Agenda 2000 gemeint.

349 Einige Beispiele, in welcher Reihenfolge die wichtigsten Themen der Präsidentschaft genannt wurden:

Außenminister Schüssel nannte Ende 1997 den Euro als wichtigstes Thema des Jahres 1998 und die Agenda 2000 als Haupt-Erfolgskriterium für die österreichische Präsidentschaft ("Kurier", 29.12.1997).

Beschäftigung, Euro, Erweiterung, Agenda 2000 (Gregor Woschnagg, Vortrag auf der Tagung "Der Nordische Ministerrat", 6.5.1998); Euro, Beschäftigung, Erweiterung, Agenda 2000, Umwelt, innere Sicherheit (Ferrero-Waldner, Vortrag in der Wirtschaftskammer, 13.5.98); Einführung der gemeinsamen Währung, Schaffung von Beschäfti-

Als übergreifendes Leitthema für eine österreichische Schwerpunktsetzung schlug das soeben zitierte Papier[350] "das Engagement für ein soziales und ökologisches Europa" vor.[351] Die Regierung hat es aber offensichtlich schließlich unterlassen, der Präsidentschaft ein Leitthema und klare Schwerpunkte zu geben.[352]

Das Fehlen von klaren Leitlinien und Schwerpunktsetzungen im Vorfeld wurde insbesondere in den Tagen rund um den Beginn der Präsidentschaft sichtbar. Die Erweiterung der Union war im ersten Halbjahr aufgrund der eher negativen Stimmungslage in der Bevölkerung und gewichtiger kritischer Stimmen in beiden Koalitionsparteien[353] nicht oft betont worden. In einer gemeinsamen Pressekonferenz zum Beginn der Präsidentschaft, in der Bundeskanzler Viktor Klima und Vizekanzler Wolfgang Schüssel das Programm Österreichs für den Vorsitz präsentierten, stellten sie die Osterweiterung plötzlich in den Vordergrund.[354] Unter den Schwerpunkten des Präsidentschaftsprogrammes hingegen wird die Erweiterung an vierter Stelle genannt, im Text bildet sie dann nur einen Unterpunkt des Kapitels "Agenda 2000" (Arbeitsprogramm, 6).[355]

In einer Pressekonferenz am 29. Juni 1998 erklärte Finanzminister Edlinger (SPÖ) überraschend die Steuerharmonisierung in Europa zu einem vordringlichen Thema des Ratsvorsitzes. Die "Financial Times" berichteten in der Folge auf der Titelseite unter der Schlagzeile "Austria pledges EU tax drive" davon,

---

gung, Agenda 2000 einschließlich Erweiterung, Umweltschutz, Erhöhung der inneren Sicherheit sowie Außenpolitik und Menschenrechte (Schüssel 1998, 7).

350 Vgl. Fußnote 347.

351 Der SPÖ-Abgeordnete Alfred Gusenbauer sprach im Frühjahr 1998 davon, der Präsidentschaft als "Chapeau" das Thema "Sozialraum Europa, mit der Klammer nach innen: Beschäftigungspolitik und der Klammer nach außen: Osterweiterungsstrategie" zu geben (Interview).

352 Wie es etwa Finnland schon eineinhalb Jahre vor seiner Präsidentschaft mit der Initiative für eine "nordische Dimension der Politiken der Union" auf dem Europäischen Rat von Luxemburg (vgl. Absatz 68 der Schlußfolgerungen des luxemburgischen Vorsitzes) tat.

353 Innerhalb der SPÖ stehen vor allem ArbeitnehmerInnenvertreter im ÖGB und der Arbeiterkammer der Ost-Erweiterung sehr reserviert gegenüber, innerhalb der ÖVP vor allem der Bauernbund, aber auch Teile der Wirtschaft.

354 "Der Standard" vom 2.7.1998 schrieb dazu, daß die Regierung das Arbeitsprogramm für die Präsidentschaft mit einem "überraschend klaren Bekenntnis zur Erweiterung der Europäischen Union" präsentierte.

355 "Das Programm der österreichischen EU-Präsidentschaft 1998" der österreichischen Bundesregierung wird als "Arbeitsprogramm" zitiert.

daß die Steuerharmonisierung das Schwerpunktthema der österreichischen Präsidentschaft sei.[356]
Unter den Zielen und Schwerpunkten im Arbeitsprogramm der österreichischen Präsidentschaft kommt das Thema Steuerharmonisierung nicht direkt vor, es findet sich lediglich unter dem Punkt "Aktionsplan für die Vollendung des Binnenmarktes" die Formulierung: "Insbesondere wird Österreich dabei steuerlichen Themen einen zentralen Stellenwert einräumen." (Arbeitsprogramm, 1)
Zu den Zielen und Schwerpunkten der Präsidentschaft im Arbeitsprogramm wurde offenbar nach dem Gipfel von Cardiff noch der Punkt "Bürgernähe und demokratische Legitimität" hinzugefügt, wo allerdings nur erwähnt wird, daß diesbezügliche Beratungen bei einem informellen Treffen der Staats- und Regierungschefs "vertieft" werden sollen. Andererseits griff Außenminister Schüssel das Thema des sexuellen Mißbrauchs von Kindern auf und präsentierte es erstmals bei einer Konferenz über die österreichische Präsidentschaft im Chatham House in London am 3. Juni und dann auch bei der Präsentation des Arbeitsprogrammes im RAA (am 13.7.1998) und im EP (am 15.7.1998) als Schwerpunkt. Im Programm der österreichischen Präsidentschaft kommt dieses Thema nicht als Schwerpunkt vor und findet seinen Niederschlag eher unauffällig unter dem Punkt "Telekommunikation und Informationsgesellschaft" (Arbeitsprogramm, 13).

In der Vorbereitungsphase wiederholte insbesondere Staatssekretärin Ferrero-Waldner immer wieder zwei Slogans, ohne damit allerdings in der Öffentlichkeit stark durchzudringen. Erstens betonte sie die zentrale Aufgabe der Präsidentschaft als die eines "ehrlichen Maklers", zweitens gab sie als Motto die Schlagworte "seriös - professionell - gediegen" vor. Unmittelbar vor Beginn der Präsidentschaft wurde schließlich der Slogan "Europa fit machen" zum Leitthema der österreichbezogenen Imagewerbung erkoren. Ein Slogan, der eine gewisse Selbstüberschätzung zum Ausdruck brachte und durch seine mediale Umsetzung - die Überreichung rot-weiß-roter Turnschuhe durch Außenminister Schüssel an seine Amtskollegen anläßlich seiner "tour des capitales" zur Vorbereitung der Präsidentschaft - einige peinliche Momente bescherte. Auch die Beamten im Außenministerium fanden den Slogan nach Aussage eines hohen Beamten "perfectly ridiculous". Vielmehr sei es darum gegangen, Österreich und seine Verwaltung fit für Europa zu machen.[357]

---

356 "Financial Times", 2.7.1998. Vgl. auch den "Der Standard" vom 30.6.1998.

357 Stefan Lehne, stellvertretender Leiter der wirtschafts- und integrationspolitischen Sektion im Außenministerium am 20.3.1998 anläßlich der Konferenz "The Austrian Presidency of the European Union: Assessment and Perspectives" in Wien.

4.3.2.2. Die Rolle des österreichischen Parlamentes in der Vorbereitungsphase

Auffallend war, daß das Parlament in der Vorbereitung auf die Präsidentschaft keine Rolle spielte und von der Regierung auch nicht über die laufenden inhaltlichen Arbeiten informiert wurde. Diesbezügliche Anfragen der Oppositionsparteien wurden von der Regierung stereotyp damit beantwortet, daß es den Gepflogenheiten der Union widerspräche, vor dem Ende der vorangegangenen Präsidentschaft ein Arbeitsprogramm zu präsentieren, da vorher nicht absehbar sei, welche Themen in welchem Stadium übernommen werden müßten.[358]
Diese Argumentation läßt vor allem die Frage offen, warum die britische Präsidentschaft von der Diskussion inhaltlicher Schwerpunkte der bevorstehenden Präsidentschaft im österreichischen Parlament brüskiert worden wäre.[359]
Die Regierung ging scheinbar davon aus, daß die inhaltlichen Vorbereitungen auf die Präsidentschaft nicht unter die umfassende Informationspflicht der Regierung gegenüber dem Parlament gemäß Art. 23e Abs. 1 B-VG fielen, weil es sich nicht um "Vorhaben im Rahmen der Europäischen Union" handelte.
Der politische Hintergrund dieser zurückhaltenden Informationspolitik der Regierung war der Wunsch, dem Parlament keine Möglichkeit zu geben, konkrete inhaltliche Forderungen für die Zeit der Präsidentschaft aufzustellen, deren Nicht-Erreichung der Regierung nach der Präsidentschaft vorgehalten werden könnte.[360]

---

358 "Zum anderen müßte jede Präsentation des österreichischen Programms vor dem Europäischen Rat in Cardiff im Juni 1998, also vor Abschluß der amtierenden britischen Ratspräsidentschaft, von dieser mißverstanden werden." (Parlamentarische Anfragebeantwortung 3218/AB XX.GP).

359 In der Diskussion über die österreichische Präsidentschaft im Hauptausschuß des Parlamentes am 3.6.1998 antwortete Bundeskanzler Klima auf die Forderung mehrerer Parlamentarier, dem Ausschuß endlich einen Entwurf des Arbeitsprogrammes vorzulegen, folgendermaßen: "Die Bundesregierung habe aber nicht vor, darüber hinaus einen Affront gegenüber der britischen Präsidentschaft zu setzen, indem Österreich besserwisserisch bereits vor dem zentralen Gipfeltreffen in Cardiff die erst dort zu treffenden Entscheidungen vorwegnähme." Das Arbeitsprogramm werde dem Ausschuß aber "noch vor Beginn der österreichischen Präsidentschaft - also vor dem 1. Juli 1998 - übermittelt werden" (Stenographisches Protokoll der Hauptausschußsitzung vom 3.6.1998, 10f.). Im Ergebnisbericht über die Präsidentschaft teilt die Regierung selbst mit, daß sie das Arbeitsprogramm dem Parlament am 1.7.1998 (!) übermittelte.

360 Bezeichnenderweise fand die Diskussion im Hauptausschuß des Parlamentes über die bevorstehende Präsidentschaft am 3. Juni 1998, also knapp einen Monat vor Beginn der Präsidentschaft, unter dem Tagesordnungspunkt "Tagungskalender der österreichischen EU-Präsidentschaft 2. Halbjahr 1998" - und nicht "Österreichisches Arbeitsprogramm" oder dgl. - statt.

Die Länder verabschiedeten am 20.5.1998 eine "Erklärung der Landeshauptmännerkonferenz" zur Österreichischen EU-Präsidentschaft, in der einige Themen aufgelistet werden, die aus der Sicht der Länder von besonderem Interesse sind. Analog dazu verabschiedeten die meisten Interessenvertretungen und die Oppostitionsparteien Positionspapiere oder Forderungskataloge für die österreichische Präsidentschaft, die in erster Linie an die Öffentlichkeit bzw. die eigene Klientel gerichtet waren.

4.4. Rahmenbedingungen der österreichischen Präsidentschaft

Im österreichischen Präsidentschaftshalbjahr standen, im Gegensatz zur vorangegangenen britischen Präsidentschaft, keine großen Zäsuren oder glanzvollen Ereignisse auf der Tagesordnung. Der österreichische Vorsitz fiel aber in eine sehr wichtige und arbeitsreiche Phase der europäischen Integration, die vor allem von folgenden Entwicklungen geprägt war:

- Mit der Einführung des Euro am 1.1.1999 stand die Umsetzung des wichtigsten Integrationsschrittes seit der Unterzeichnung der Römer Verträge unmittelbar bevor.
- Die Erweiterung und die damit in Verbindung stehende Agenda 2000, sowie die offene Frage des Umgangs mit jenen Staaten, die zumindest vorläufig keine Beitrittsperspektive haben, stellt für die Union die größte Herausforderung seit ihrer Gründung dar.
- In dieser Situation des Übergangs, kurz vor dem Abschluß der WWU und am Beginn der Erweiterung stellten sich grundsätzliche Fragen über die weitere Entwicklung und Zielsetzung des Integrationsprozesses, sowohl in institutioneller als auch in inhaltlicher Hinsicht. In diesem Kontext befindet sich auch das Problem der mangelhaften demokratischen Legitimität des supranationalen Handelns der Union.
- Die Rolle der Union in der Welt und die Frage einer gemeinsamen Außen-, Sicherheits- und Verteidigungspolitik stellt sich für die durch die WWU integrierte Wirtschaftsweltmacht EU erneut und verlangt vor dem Hintergrund andauernder Konflikte in Europa verstärkt nach einer Klärung.

Im folgenden fasse ich kurz die wichtigsten Ereignisse zusammen, die unmittelbar vor und während des zweiten Halbjahres 1998 auf internationaler, europäischer und österreichischer Ebene stattfanden und direkte Auswirkungen auf die österreichische Präsidentschaft hatten.

4.4.1. Internationale Ebene

Unvorhergesehene außenpolitische Ereignisse können jede Präsidentschaft in Schwierigkeiten bringen. Außenminister Schüssel betonte daher bei mehreren Gelegenheiten, er hoffe, daß während des österreichischen Vorsitzes "vieles geschieht, aber nichts passiert" (zB. Schüssel 1998a, 100). Der Wunsch ging weitgehend in Erfüllung. Während der österreichischen Präsidentschaft entwikkelten sich in erster Linie bereits bestehende Krisen weiter, wie im Falle des Kosovo, der Zuspitzung der weltweiten Finanzkrise in Rußland und des stokkenden Nahost-Friedensprozesses. Das überraschende Auftauchen des von der Türkei als Terrorist gesuchten Führers der Kurdischen Arbeiterpartei (PKK), Abdullah Öcalan, in Italien war zwar unvorhergesehen, änderte aber wenig an den ohnehin gespannten Beziehungen zwischen der EU und der Türkei.[361]

4.4.1.1. Kosovo

Die Krise in der jugoslawischen Teilrepublik Kosovo hatte sich seit Jahren schrittweise verschärft und stellte die EU ebenso wie die NATO vor unlösbare Probleme. Vor dem Beginn der österreichischen Präsidentschaft herrschte im Kosovo ein Kleinkrieg zwischen serbischen Kräften und der Kosovo-Befreiungsarmee, der unbeeindruckt von allen internationalen Vermittlungsbemühungen fortgesetzt wurde.

Der Westen forderte von Serbien ein Ende der Repressionen und einen Rückzug der bewaffneten Kräfte, unterstützte aber nicht die vollständige Unabhängigkeit des Kosovo. Einerseits war die Kosovo-Befreiungsarmee ein zu unberechenbarer Faktor, andererseits hätte eine vollständige Unabhängigkeit die Nachbarstaaten mit albanischen Bevölkerungsminderheiten, insbesondere Mazedonien, beunruhigt.[362] Um Serbien unter Präsident Milosevic zum Einlenken zu bringen, wurde über NATO-Luftschläge gegen serbische Ziele nachgedacht, die allerdings aufgrund einer Vielzahl praktischer und völkerrechtlicher Argumente problematisch waren und daher - vorläufig- verworfen wurden.[363]

---

361 Das bestätigte auch ein Beamter des Außenministeriums. Das größere Problem sei die Regierungskrise in der Türkei gewesen.

362 Dieses Dilemma wurde beispielsweise durch die Pressekonferenz, die der italienische Außenminister Lamberto Dini nach dem informellen Treffen der Außenminister in Salzburg Anfang September gab, deutlich. Dini sagte, daß einige Minister für eine Intensivierung der Sanktionen gegen Belgrad seien, die Mehrheit dies jedoch ablehne, weil dies "von den Kosovo-Albanern als Ermutigung ihrer Unabhängigkeitsbestrebungen ausgelegt werden könnte" ("Agence Europe", 7./8.9.1998).

363 Nach weiteren gescheiterten Vermittlungsversuchen begann die NATO am 26. März 1999 mit einem Luftkrieg gegen Rest-Jugoslawien, der bis 10.Juni andauerte.

Der Europäische Rat von Cardiff verabschiedete eine Erklärung, die die Gewaltanwendung serbischer Sicherheitskräfte im Kosovo auf das entschiedenste verurteilte und Präsident Milosevic persönlich dafür verantwortlich machte. Der Europäische Rat forderte Präsident Milosevic auf, sofort jede Gewalt gegen die Zivilbevölkerung einzustellen und die bewaffneten Einheiten abzuziehen. In der Folge müßte eine wirksame und dauernde internationale Überwachung und die Rückkehr aller Flüchtlinge und Vertriebenen gewährleistet werden. Andernfalls "wird die Völkergemeinschaft eine viel energischere und qualitativ anders geartete Antwort auf die wachsende Bedrohung des Friedens und der Sicherheit in der Region erteilen müssen". Außerdem beschloß der Europäische Rat, ein Flugverbot zwischen der Bundesrepublik Jugoslawien und der EU für jugoslawische Fluggesellschaften zu erlassen (ER von Cardiff, Anlage II).[364]
Das Programm der österreichischen Präsidentschaft hält zum Kosovo fest, daß es sich um den "derzeit gefährlichsten Krisenherd in Europa" handelt und daß sich der Vorsitz auf der Basis der Erklärung des Europäischen Rates von Cardiff für "einen konstruktiven Dialog zwischen den Parteien in Richtung Verhandlungslösung für diese Provinz" einsetzen will (Arbeitsprogramm, 20).
Mitte September wurde der österreichische Botschafter in Belgrad, Wolfgang Petritsch, zum EU-Sonderbeauftragten für den Kosovo ernannt.[365] Seine Bemühungen blieben allerdings ebenso erfolglos wie jene des US-Unterhändlers Richard Holbrooke.[366] Letzterer erhielt zwar Mitte Oktober das Zugeständnis von Präsident Milosevic, den Krieg zu beenden und die Fortschritte im Kosovo von einer 2000 Mann starken Beobachtertruppe der Organisation für Sicherheit und Zusammenarbeit in Europa (OSZE) überwachen zu lassen, doch wurden die Zusagen nicht eingehalten.
Neben den erfolglosen Vermittlungsversuchen mußte sich der österreichische Vorsitz darauf beschränken, in einigen Erklärungen zum Frieden und zum Schutz der Flüchtlinge und Vertriebenen aufzurufen und humanitäre Hilfe in die Wege zu leiten. Außenminister Schüssel faßte die österreichischen Bemühun-

---

364 Die Umsetzung dieses Beschlusses erfolgte allerdings erst Anfang September durch eine Verordnung im Wege des schriftlichen Verfahrens, nachdem der RAA am 29.6.1998 einen diesbezüglichen gemeinsamen Standpunkt verabschiedet hatte. Eine weitere Woche dauerte es, Großbritannien und Griechenland zur Umsetzung des Beschlusses zu überreden. Österreich sorgte als Vorsitzland für Aufsehen, da nach dem Beschluß noch eine Maschine der jugoslawischen Fluggesellschaft JAT in Wien-Schwechat abgefertigt wurde. Dieser faux pas wurde damit begründet, daß der Verkehrsminister den Beschluß wegen einer Auslandsreise erst später umsetzen konnte.

365 Vgl. "Agence Europe", 24.9.1998.

366 Der wegen seines forschen Stils gelegentlich als "Diplomator" bezeichnet wird.

gen, zu einer Lösung des Kosovo-Konfliktes beizutragen, in einer Rede vor dem österreichischen Parlament zusammen:

> "Ich war der erste europäische Außenminister, der nicht nur nach Belgrad, sondern am gleichen Tag nach Pristina gefahren ist, und Gespräche mit der kosovo-albanischen Führung gesucht hat. Österreich war das erste Land, das ein EU-Büro in Pristina eröffnet hat, das sodann zum Präsidentschaftsbüro aufgewertet wurde. Die Österreicher waren die Ersten, die eine umfassende Kosovodiskussion zum Thema des informellen Außenministerrates am 5. September in Salzburg veranstaltet haben. Die Österreicher waren die Ersten, die in Alpbach Premierminister Dodik und Ministerpräsident Djukanovic mit den moderaten albanischen Kräften, etwa Veton Surroi, zusammengebracht haben. Wir waren diejenigen, die zum ersten Mal einen EU-Sonderbeauftragten für den Kosovo, den damaligen Botschafter Österreichs in Belgrad, Wolfgang Petritsch, beschlußmäßig und trotz Widerstand mancher EU-Länder zum Sonderbotschafter durchgesetzt haben. Wir waren die Einzigen, die bereits im Oktober 1998 ein 10-Punkte-Programm für die Betreuung der Flüchtlinge ausgearbeitet haben, das letztlich auch vom Rat Allgemeine Angelegenheiten der EU beschlossen wurde. Wir haben eine massive Ausweitung der Beobachter im Kosovo, der ECMM (European Community Monitoring Mission), erreicht. Wir haben das erste Mal ein Grundsatzpapier zur Kosovoproblematik entworfen und im Dezember 1998 am Rande des Europäischen Rates den regionalen Ansatz der Balkanstrategie "EU Comprehensive Approach" beschlossen. Wir waren die Ersten, die eine Konferenz in Belgrad zur Verbesserung der jugoslawischen Mediensituation organisiert und für die Union bezahlt haben. Ich persönlich habe insgesamt drei Mal die serbisch-demokratische Opposition nach Wien und zum Teil auch nach Brüssel eingeladen. Nur leider haben all diese Schritte nicht genügt, denn mit Verhandlungen und mit Angeboten allein war dem Diktator in Belgrad nicht beizukommen." (Erklärung von Außenminister Schüssel im Nationalrat am 21.4.1999)

Drei Faktoren machten den Umgang mit der Krise im Kosovo für die internationale Staatengemeinschaft besonders schwierig:

– Völkerrechtlich handelte es sich um einen internen Konflikt, weshalb jedes Eingreifen der Staatengemeinschaft als Einmischung in innere Angelegenheiten gilt. Dem steht zwar die universelle Gültigkeit der Menschenrechte entgegen, doch war der UN-Sicherheitsrat auch aus politischen Gründen nicht in der Lage, Zwangsmaßnahmen zu beschließen.

- Die Lage im Kosovo war nicht ganz eindeutig, da die Kosovo-Albaner durch Gewalttaten der UCK Gefahr liefen, ihre Opferrolle und damit internationale Sympathien zu verlieren.
- Vermittlungsversuche gestalteten sich schwierig, da es keine geeinigte Führung der Kosovo-Albaner und damit keinen klaren Ansprechpartner gab.

4.4.1.2. Rußland

Im August verschärfte sich die wirtschaftliche und politische Krise in Rußland dramatisch. Der Rubel verlor fast die Hälfte seines Wertes und die Bedienung der Auslandsschulden wurde vorübergehend eingestellt. Präsident Jelzin entließ die erst seit März im Amt befindliche Regierung von Sergej Kirijenko und scheiterte am Widerspruch der Duma, den im März entlassenen Viktor Tschernomyrdin wieder als Regierungschef zu installieren. Schließlich wurde Außenminister Jewgenij Primakow neuer Regierungschef.
Die österreichische Präsidentschaft reagierte mit mehreren Erklärungen, in denen Rußland zur Fortsetzung seines Reformkurses ermuntert wurde, beschäftigte sich auf mehreren Räten mit dem Thema (RAA, Agrarminister, Ecofin) und organisierte eine Reihe hochrangiger Treffen. Am 17.9.1998 reiste die Troika der EU-Außenminister[367] in Begleitung von Kommissar van den Broek nach Moskau und Ende Oktober widmete sich das seit langem geplante Gipfeltreffen EU-Rußland in Wien, an dem Präsident Jelzin wegen gesundheitlicher Probleme nicht teilnehmen konnte, der Überwindung der Krise. Wenige Tage nach der Troika reiste auch der Ecofin-Präsident Rudolf Edlinger in Begleitung von Staatssekretär Wolfgang Ruttenstorfer (beide SPÖ) für zwei Tage nach Moskau, um sich über die Pläne der neuen Regierung zu informieren.
Im Dezember beschloß der Rat Landwirtschaft einstimmig eine Nahrungsmittelhilfe für Rußland im Ausmaß von 400 Mio. ECU. Auch der Europäische Rat in Wien führte eine "eingehende Aussprache über die Lage in Rußland".[368]

---

367 Der britische Außenminister Cook ließ sich, wie schon auf dem informellen Treffen der Außenminister in Salzburg, von seiner Stellvertreterin Joyce Quin vertreten. Damit bestätigte sich erneut das strukturelle Problem der Troika, das ein "Brüsseler Diplomat" folgendermaßen pointiert zusammenfaßte: "Wenn die Troika unterwegs ist, dann macht der Vorsitzende die Arbeit, der Nachfolger blickt diesem gelegentlich über die Schulter und der Vorgänger macht Urlaub." (Jungwirth 1998, 92)

368 Europäischer Rat von Wien - Schlußfolgerungen der Präsidentschaft; Punkte 111 und 112.

4.4.1.3. Türkei

Die seit dem Europäischen Rat von Luxemburg im Dezember 1997 gespannten Beziehungen[369] zwischen der EU und der Türkei erfuhren Mitte November 1998 eine weitere Belastung, als der Chef der kurdischen Arbeiterpartei, Abdullah Öcalan, aus Rußland kommend in Italien um politisches Asyl ansuchte, wo er wegen eines deutschen Haftbefehles festgenommen wurde. Deutschland verzichtete aus politischen Gründen auf das Stellen eines Auslieferungsantrages und Italien verweigerte sowohl die Auslieferung Öcalans an die Türkei als auch dessen Asylantrag.[370] In der Türkei, die gleichzeitig eine Regierungskrise zu überstehen hatte, löste die Festnahme Öcalans in Italien und die Verweigerung der Auslieferung wütende Proteste aus, in ganz Europa kam es zu kurdischen und zu türkischen Demonstrationen.
Überschattet wurde auch der Besuch des türkischen Präsidenten Demirel in Wien, der durch seine Aussage aufhorchen ließ, die Türkei habe kein kurdisches Problem.[371]
Ein weiteres Thema, das die Beziehungen zwischen der Türkei und der EU während des zweiten Halbjahres 1998 beeinträchtigte, war die von Zypern geplante Stationierung russischer Flugabwehrraketen, die schließlich durch massiven Druck der USA und der EU verhindert wurde (Schallenberg/Thun-Hohenstein 1999, 59).
Die Bemühungen Österreichs, die Beziehungen der EU zur Türkei zu verbessern, scheiterten, da die Hauptforderung der Türkei, offiziellen Kandidatenstatus zu bekommen, unerfüllt blieb. Die Türkei nahm daher erneut nicht an der Europakonferenz (auf Ebene der Außenminister) teil. Ebenso mußte der Assoziationsrat erneut verschoben werden. Zum Arbeitsessen mit den Kandidatenländern auf dem Gipfel in Wien wurde die Türkei nicht eingeladen.[372]

---

369 Der Europäische Rat in Luxemburg hatte der Türkei, entgegen ihren Hoffnungen, eine konkrete Beitrittsperspektive verweigert.

370 Schließlich verließ Öcalan Mitte Jänner Italien und tauchte erst wieder auf, als er Mitte Februar 1999 unter mysteriösen Umständen in Nairobi in die Hände der türkischen Behörden gelangte.

371 "Der Standard", 18.11.1998.

372 Offiziell deshalb, weil sie damals über keine Regierung verfügte. Die Außenminister haben allerdings lange über diese Frage diskutiert, wobei manchen Quellen zufolge Griechenland strikt dagegen war, den Eindruck zu erwecken, daß die Türkei auf derselben Stufe steht wie die anderen Kandidatenländer. Möglicherweise wollte aber auch die Türkei selbst nicht an einer rein formalen Zeremonie teilnehmen (vgl. "Agence Europe", 11.12.1998).

4.4.1.4. Naher Osten

Der Friedensprozeß im Nahen Osten stagnierte auch während der österreichischen Präsidentschaft. Am 27.7.1998 bat Palästinenserpräsident Yassir Arafat in Wien um Unterstützung des Friedensprozesses und die Vollendung eines EU-Assoziationsabkommens.[373] Mitte Oktober fanden unter amerikanischer Aufsicht in Wye Plantation in der Nähe von Washington Friedensverhandlungen statt, die endlich die zweite Phase des israelischen Rückzugs aus dem Westjordanland bringen sollten. Die Verhandlungen dauerten von 15. bis 23. Oktober und ermöglichten es Yassir Arafat, auf dem Rückflug in Wien und Pörtschach Zwischenstation zu machen, um EU-Ratspräsident Schüssel und die Staats- und Regierungschefs der EU vom Ergebnis der Verhandlungen zu unterrichten. Die Erfüllung des Abkommens wurde allerdings bald darauf von der israelischen Regierung ausgesetzt.

4.4.2. Wichtige Ereignisse auf EU-Ebene

4.4.2.1. Wahlen in Deutschland und Schweden

Auf EU-Ebene war das Halbjahr des österreichischen Vorsitzes vor allem von den deutschen Bundestagswahlen am 27.9.1998 geprägt. Der Wahlkampf in Deutschland bewirkte einerseits eine stärkere Betonung nationaler Interessen durch die deutsche Regierung, andererseits wurden laufende Verhandlungen, vor allem im Bereich der Agenda 2000, durch den zu erwartenden und schließlich stattfindenden Regierungswechsel blockiert.[374] Das Ergebnis der Wahl führte dazu, daß eine klare Mehrheit der EU-Staaten, vor allem aber die "großen Drei" - Deutschland, Frankreich und Großbritannien -, von "Mitte-Links-Regierungen" geführt wurden, was vor allem rund um den Gipfel von Pörtschach in den Medien intensive Beachtung fand.[375]

Eine Woche vor den deutschen Wahlen fanden, kaum beachtet, Parlamentswahlen in Schweden statt, aus denen die auch weiterhin regierenden Sozialdemokraten unter Premier Göran Persson geschwächt hervorgingen. Die neue

---

373 "Der Standard", 28.7.1998.

374 Die langjährige Regierungskoalition zwischen der CDU/CSU und der FDP (seit 1982) unter der Führung von Helmut Kohl wurde von einer Koalition der SPD mit den Grünen unter Bundeskanzler Gerhard Schröder abgelöst.

375 Vgl. zum Beispiel die Titelgeschichte des "Economist" vom 31.10.1998: "Europe swerves left".

Regierung wird von den Grünen und von der Linkspartei unterstützt, die sowohl dem Euro als auch der EU insgesamt skeptisch gegenüberstehen.

4.4.2.2. Institutionelle Fragen

In institutioneller Hinsicht stand die österreichische Präsidentschaft im Zeichen der sich anbahnenden Krise der Kommission, die schließlich im März 1999 zum Rücktritt der gesamten Kommission führte, und Bemühungen, den schleichenden Machtverlust des RAA zugunsten des Ecofin und des Europäischen Rates aufzuhalten. Die Wurzeln dieser Machtverschiebung gehen zurück bis zur EEA und zum Vertrag von Maastricht. Die WWU wertete den Ecofin stark auf, und die Ausweitung der Unionszuständigkeit auf zahlreiche neue Politikfelder griff einerseits die Kompetenz und die Kapazität des RAA als oberstes koordinierendes Organ an, andererseits verstärkte sich der Anreiz und die Notwendigkeit für die Regierungschefs, sich um die europäische Politik zu kümmern. Außerdem verschärfte sich die Arbeitsbelastung für den RAA durch die GASP und die ständig wachsenden Drittstaatenkontakte. Der Bedeutungsverlust des RAA wurde im Vorfeld und während der österreichischen Präsidentschaft vor allem an zwei Beispielen sichtbar: die Ständigen Vertreter, und damit die diplomatischen Apparate der Außenministerien, blieben von der Vorbereitung der Euro-11-Treffen ausgeschlossen, und die Außenminister wurden nicht zum informellen Europäischen Rat in Pörtschach eingeladen (vgl. Barber 1998). Letzteres war ein weiteres Indiz dafür, daß dem RAA der institutionelle Bereich, also die Überlegungen über die künftige Funktionsweise der EU, zu entgleiten drohte. Im Vorfeld des Gipfels von Cardiff wurde dies an zwei Beispielen erkennbar. Der gemeinsame Brief des deutschen Bundeskanzlers Helmut Kohl und des französischen Staatspräsidenten Jacques Chirac[376] war offenbar ohne Wissen des deutschen Außenministeriums zustande gekommen. Er drückte die Entschlossenheit der Regierungschefs aus, sich persönlich um die institutionelle Reform zu kümmern.[377] Und Kommissionspräsident Santer stellte auf einer Pressekonferenz die Überlegung an, daß sich die Außenminister künftig verstärkt ihren herkömmlichen Aufgaben der auswärtigen Beziehungen und der Diplomatie widmen könnten und die Koordination der europäischen Politik von

---

376 Der vollständige Text des Briefes ist im Anhang abgedruckt.

377 Kohl und Chirac stellten fest, daß die Arbeitsweisen des Rates und der Kommission verbessert werden müßten, und daß die institutionelle Reform vor der Erweiterung beschlossen werden muß. Weiter heißt es wörtlich: "As Heads of State and Government, we *must not delegate* this responsibility, but ourselves answer these questions..." ("Agence Europe", 8./9.6.1998; Hervorhebung HL)

einem Rat in anderer Zusammensetzung, etwa Vize-Regierungschefs oder Europaministern, wahrgenommen werden könnte.[378]

Erste Berichte über eine mißbräuchliche Verwendung von Geldern aus dem humanitären Hilfsprogramm "Echo", von denen auch einige Kommissare gewußt haben sollen, tauchten Mitte September auf. Der Haushaltsausschuß des EP sprach nach einer Anhörung der hauptbetroffenen Kommissare - Manuel Marin, Emma Bonino und Erkii Liikanen - von massiven Ungereimtheiten und deutete die Möglichkeit an, der Kommission die Entlastung für das Budget 1996 zu verweigern. Anfang Oktober wurde bekannt, daß die französische Kommissarin Edith Cresson an einige Freunde und Bekannte, darunter ihren 70jährigen Zahnarzt, gut dotierten Beraterverträge vergeben hatte, ohne daß diese entsprechende Gegenleistungen erbracht hätten. Vor allem das uneinsichtige Verhalten von Kommissarin Cresson und die politisch ungeschickte Vorgangsweise von Kommissionspräsident Jacques Santer im Umgang mit den Vorwürfen,[379] führten am 17.12.1998 dazu, daß das EP der Kommission die Entlastung für den Haushalt 1996 verweigerte.[380] Unmittelbar darauf brachte sowohl die "Fraktion der Unabhängigen für das Europa der Nationen" als auch die sozialistische Fraktion im EP Mißtrauensanträge gegen die Kommission ein.[381]

---

378 Vgl. "Agence Europe", 2.9.1998.

379 Am Abend vor der Abstimmung über die Entlastung für den Haushalt ließ die Kommission den Parlamentariern ein Schreiben zukommen, das mit folgenden Worten endete ("Agence Europe"-Übersetzung): "Unter diesen Umständen hält es die Kommission sowohl für ihr eigenes Funktionieren als auch im Hinblick auf ihre institutionelle Rolle für sehr wichtig, morgen die Entlastung zu erhalten. Sie ist im übrigen der Ansicht, daß alle objektiven Voraussetzungen dafür erfüllt sind. Im gegenteiligen Fall muß das Europäische Parlament die Lage klären, indem es eine Abstimmung über einen Mißtrauensantrag, wie in Artikel 144 des Vertrages vorgesehen, durchführt". Durch diese Erklärung hat die Kommission selbst zur Politisierung des Themas beigetragen. Von vielen Abgeordneten wurde das Schreiben als unangebrachter Druck oder gar als Versuch der Erpressung empfunden. Es hat sich auf jeden Fall als taktischer Fehler erwiesen ("Agence Europe", 18.12.1998).

380 Die Abstimmung endete 270:225 bei 23 Enthaltungen (vgl. "Agence Europe", 18.12.1998).

381 Die sozialistische Fraktionsführerin Pauline Green verfolgte dabei eine nicht leicht nachzuvollziehende Strategie: Sie kündigte an, daß ihre Fraktion gegen ihren eigenen Mißtrauensantrag stimmen werde, da das Ziel des Antrags nicht die Absetzung der Kommission sei, sondern das Parlament dadurch dazu gezwungen werden sollte, klar Stellung zu beziehen (und durch die Ablehungen des Mißtrauensvotum der Kommission das Vertrauen aussprechen sollte). Green war der Meinung, wer kein Vertrauen in das Finanzgebaren der Kommission habe, müsse ihr konsequenterweise auch das Mißtrauen aussprechen.

4.4.2.3. Die britische Präsidentschaft

In das Halbjahr des britischen Vorsitzes fiel eine Vielzahl hochrangiger und symbolträchtiger Konferenzen.[382] Dazu gehörten vor allem die Eröffnung der Europakonferenz in London (12.3.1998) und der Erweiterungsverhandlungen mit den Beitrittskandidaten der ersten Runde (30./31.3.), sowie die ASEM II-Konferenz (am 3./4.4. in London), das Treffen der G-7/G-8 (am 15.-17.5. in Birmingham)[383] und vor allem der Rat auf der Ebene der Staats- und Regierungschefs gemäß Art. 121 Abs. 4 EGV[384] zur Festlegung der Euro-Teilnehmerländer, der Bestimmung der Wechselkurse und der Bestellung des Präsidenten und des Direktoriums der EZB (Brüssel 1.-3.5.). Der "Euro-Gipfel" war nicht nur das wichtigste Ereignis während der britischen Präsidentschaft, er stellte nach allgemeiner Übereinstimmung auch ihren Tiefpunkt dar.[385] Kanzler Klima tätigte nach dem Gipfel in unüblicher Offenheit seine vielbeachtete Aussage, er habe nun gelernt, wie man ein europäisches Gipfeltreffen nicht organisiere.[386]

---

382 "Der Standard" zitierte einen hochrangigen österreichischen Diplomaten mit den Worten: "Die Briten haben alle gloriosen Ereignisse, wir erben den Schrott." ("Der Standard", 30.1.1998)

383 Bei diesem Treffen konstituierte sich durch die Aufnahme Rußlands die G-8, die sich mit politischen Fragen befaßt. Von den vorangehenden finanz- und wirtschaftspolitischen Beratungen bleibt Rußland aber weiterhin ausgeschlossen, weshalb in diesem Zusammenhang weiterhin von G-7 die Rede ist.

384 Ex-Art. 109j: "[...] Vor dem 1. Juli 1998 bestätigt der Rat, der in der Zusammensetzung der Staats- und Regierungschefs tagt, [...] mit qualifizierter Mehrheit [...] welche Mitgliedstaaten die notwendigen Voraussetzungen für die Einführung einer einheitlichen Währung erfüllen."

385 Die Bestellung von Wim Duisenberg als Präsident der EZB wurde von Frankreich abgelehnt. In den langen und komplizierten Verhandlungen erwies sich Tony Blair als schlechter Vermittler. Vor allem die "unbeteiligten" Regierungschefs litten darunter, tatenlos herumzusitzen und nicht über den Verhandlungsverlauf informiert zu werden. Auch der Kompromiß, wonach Duisenberg "freiwillig" nach vier Jahren zurücktreten wolle, um einem Franzosen Platz zu machen, stieß auf schärfste Kritik.

386 Öffentlich geäußerte Kritik an anderen Präsidentschaften ist äußerst ungewöhnlich, insbesondere wenn sie von einem Neuling kommt, der unmittelbar vor seiner ersten Präsidentschaft steht. Interessant ist in diesem Zusammenhang auch die Argumentation Klimas vor dem Hauptausschuß des Parlamentes, man könne den Entwurf des österreichischen Arbeitsprogrammes nicht diskutieren, da dadurch die britische Präsidentschaft brüskiert würde (vgl. Kapitel 4.3.2.2.).

Die Tatsache, daß das Vorsitzland selbst nicht zu den Teilnehmern an der WWU gehörte, führte dazu, daß der österreichische Finanzminister Rudolf Edlinger Anfang Juni die erste Euro-11-Sitzung leitete.
Der Europäische Rat von Cardiff blieb dagegen ein eher unbedeutendes Ereignis, das vor allem im Zeichen des Briefes von Helmut Kohl und Jacques Chirac stand.[387] Für die österreichische Präsidentschaft waren vor allem zwei Ergebnisse des Gipfels von Cardiff bedeutsam: der Beschluß, einen informellen Sondergipfel der Staats- und Regierungschefs abzuhalten und die Festlegung eines Zeitplanes für die Agenda 2000, der die schwierige Aufgabe, die Verhandlungen abzuschließen, einem Sondergipfel im März 1999 unter deutscher Präsidentschaft auferlegte.[388]

4.4.3. Innenpolitsche Rahmenbedingungen[389]

Das zweite Halbjahr 1998 verlief innenpolitisch relativ ruhig, obwohl das "Superwahljahr" 1999, mit insgesamt vier Landtagswahlen (in Kärnten, Salzburg und Tirol im März, in Vorarlberg im Herbst), den EU-Wahlen und den Nationalratswahlen, bevorstand.
Die Regierungsparteien kamen überein, während der Präsidentschaft möglichst einheitlich aufzutreten und wollten auch mit der Opposition eine Art "Stillhalteabkommen" schließen, was von dieser allerdings abgelehnt wurde.[390] Die Regierung hatte vor allem von seiten der FPÖ mit massiver Kritik und einer Kampagne gegen die Ost-Erweiterung gerechnet.[391] Doch trotz mancher Mißtöne im Vorfeld[392] agierten die Oppositionsparteien während der Präsidentschaft relativ zurückhaltend. Dafür kommen mehrere Erklärungen in Betracht. Eine Meinungsumfrage im Vorfeld der Präsidentschaft brachte das Ergebnis, daß 70% der Österreicher meinten, die Parteien sollten während des Vorsitzes geschlossen auftreten, "um einen harmonischen Eindruck für ganz Europa zu hinterlassen" und nur 23% stimmen der Aussage zu, daß die heimischen Parlamentspar-

---

387 Siehe Anhang 6.5.

388 Siehe Anhang 6.5.

389 Auf die strukturellen Rahmenbedingungen der Koordination sowie die Vorbereitung auf die Präsidentschaft wurde an anderer Stelle schon eingegangen (vgl. Kapitel 4.2. und 4.3.).

390 Vgl. "Kurier", 31.5.1998: "Kein Burgfriede während der EU-Präsidentschaft."

391 Unmittelbar vor dem Beginn der österreichischen Präsidentschaft kündigte FPÖ-Parteiobmann Haider an, während des Vorsitzes keinen "Waffenstillstand" einzuhalten. Er werde stattdessen den "Österreich-Vorsitz" übernehmen ("Der Standard", 1.7.1998).

392 Vor allem hinsichtlich der Vorgangsweise der Regierung, die Opposition nicht über den Stand der inhaltlichen Vorbereitungen auf die Präsidentschaft zu informieren.

teien die Zeit des Vorsitzes nutzen sollten, um ihre Positionen besonders lautstark zu vertreten.[393]
Im Fall der FPÖ dürfte es eine Rolle gespielt haben, daß die Partei 1998 eine Reihe schwerer Krisen erlebte[394] und es dann bevorzugte, sich für einige Zeit aus der Öffentlichkeit zurückzuziehen.
Außerdem verlief die Präsidentschaft, bis auf das Strategiepapier des Innenministeriums,[395] ohne die allseits erwarteten großen Pannen und bot daher der Opposition kaum Angriffsflächen.[396]

4.5. Die wichtigsten Themen und Ereignisse der österreichischen Präsidentschaft

Die Auswahl der wichtigsten Ereignisse und Ergebnisse einer Präsidentschaft ist schwer nach objektiven und nachvollziehbaren Kriterien durchführbar. Ich habe neben den Schwerpunktthemen des Arbeitsprogrammes der österreichischen Präsidentschaft noch einige jener Themen ausgewählt, die in den Medien Beachtung fanden. Auf die Ereignisse im Bereich Landwirtschaft und Inneres

---

393 "Der Standard", 8.6.1998.

394 Unter anderem die Flucht des FP-Parlamentsabgeordneten Peter Rosenstingl nach Brasilien, woraufhin die niederösterreichische Landesorganisation der FPÖ in schwere finanzielle und politische Probleme geriet. Probleme gab es auch mit einigen anderen Landesorganisationen. In Salzburg wurden nach internen Querelen alle Parteifunktionäre von der Bundespartei vorübergehend ihrer Ämter enthoben. Dazu kamen einige hochrangige Personalverluste, vor allem des Nationalratsabgeordneten und Wirtschaftssprechers Thomas Prinzhorn (der im Sommer 1999 überraschend als Spitzendkandidat der FPÖ für die Nationalratswahlen zurückkehrte) und des Kärntner Landeshauptmann-Stellvertreters Karl-Heinz Grasser.

395 Zum Strategiepapier des Innenministeriums zu den Themen Migration und Asyl siehe Kapitel 4.5.5.2.

396 Mehrere österreichische Gesprächspartner, mit denen der Verfasser während der Präsidentschaft sprach, ließen ihre Befürchtung erkennen, daß eine größere Peinlichkeit der österreichischen Präsidentschaft nur eine Frage der Zeit sei. Stellvertretend sei nur ein Beamter des Ratssekretariates zitiert: "Bei der Präsidentschaft ist bisher die große Katastrophe ausgeblieben. Mehr kann man nicht erwarten."

Diese Erwartungshaltung kam beispielsweise auch in einem Interview mit Kommissionspräsident Santer anläßlich des Beginns der Präsidentschaft zum Ausdruck, als Santer gefragt wurde: "Was sind die Kriterien, damit man eine Präsidentschaft, also die österreichische, als gescheitert bezeichnen kann?" ("Der Standard", 3.7.1998)

gehe ich in Kapitel 4.5.5. etwas ausführlicher ein, da sich die empirische Fallstudie auf diese zwei Bereiche bezieht.[397]

4.5.1. Die Treffen der Staats- und Regierungschefs

4.5.1.1. Der informelle Gipfel in Pörtschach[398]

Der Europäische Rat in Cardiff führte eine "ausführliche Aussprache über die künftige Entwicklung der Europäischen Union" durch und einigte sich darauf, daß ein informelles Treffen der Staats- und Regierungschefs und des Präsidenten der Kommission einberufen werden soll, um die Beratungen zu folgenden Themen zu vertiefen und deren Behandlung auf dem Gipfel von Wien vorzubereiten:

- Klärung der Frage, wie und wann die im Vertrag von Amsterdam nicht gelösten institutionellen Fragen in Angriff genommen werden sollen.
- Steigerung der Effizienz der Verwaltung der Kommission sowie Verbesserung der Funktionsweise des Rates.
- Stärkung der demokratischen Legitimität und die Verwirklichung des Subsidiaritätsprinzipes in der Praxis (ER von Cardiff, Punkt 61).[399]

Der informelle Gipfel fand am 24./25.10.1998 in Pörtschach in Kärnten statt. Nach zahlreichen Diskussionen, die einerseits die Sinnhaftigkeit des Treffens von Pörtschach in Zweifel zogen[400] und andererseits eine Unzahl verschiedener Themen zur Behandlung vorschlugen,[401] legte der österreichische Vorsitz die

---

397 Weitere Informationen über Ereignisse und Ergebnisse der Präsidentschaft finden sich in dem von der Bundesregierung vorgelegten Ergebnisbericht der österreichischen EU-Präsidentschaft 1998: Österreichische Bundesregierung, 1999: Ergebnisbericht über die österreichische EU-Präsidentschaft 1998. Zitiert als "Ergebnisbericht".

398 Die Auswahl von Pörtschach als Gipfelort stellte an ausländische Korrespondenten große Herausforderungen bei der Aussprache. "Agence Europe" schrieb von "dieser österreichischen Kleinstadt mit dem seltsamen Namen" ("Agence Europe", 29.10.1998).

399 Dies waren auch die wesentlichen Punkte des gemeinsamen Schreibens von Kohl und Chirac. Der Text des Briefes und ein Auszug aus den Schlußfolgerungen der Präsidentschaft nach dem Europäischen Rat von Cardiff finden sich im Anhang.

400 Vor allem das Generalsekretariat des Rates soll die Absage des informellen Treffens vorgeschlagen haben (Interview im Ratssekretariat).

401 Laut Zeitungsberichten wurde im Vorfeld des Gipfels von mehreren Staaten die ineffiziente Vorbereitungsarbeit und das Fehlen jeglichen Konzeptes kritisiert ("Der Standard", 7.10.1998). Die Sinnhaftigkeit des Treffens wurde zusätzlich dadurch in Zweifel gezo-

Themen wirtschaftliche und monetäre Stabilität, die Stärkung der Außen- und Sicherheitspolitik und die EU als Raum der Freiheit, der Sicherheit und des Rechts fest, wobei die Diskussion durch Referate von Wim Kok, Tony Blair und José Maria Aznar eröffnet werden sollte. Vom Auftrag des Europäischen Rates von Cardiff, sich mit den Fragen der demokratischen Legitimität, der Effizienz, Subsidiarität und institutionellen Reform zu befassen, wurde somit abgewichen. Der Grund dafür liegt darin, daß der Auftrag von Cardiff "eigentlich eine Unmöglichkeit per se" darstellte.[402] Der Vertrag von Amsterdam war noch nicht ratifiziert, weshalb es nach allgemeiner Übereinstimmung zu früh dafür war, schon über die nächste Regierungskonferenz zu diskutieren. Aus diesem Grund wurde auch eine Diskussion über das Thema der demokratischen Legitimität für nicht sinnvoll erachtet, da diese sehr schnell zur Frage von Vertragsänderungen führt. Außerdem hatte man noch die einschlägigen Wortmeldungen der Regierungschefs bei den Verhandlungen über den Vertrag von Amsterdam im Ohr, die nur wiederholt worden wären. Ähnliches trifft für den Bereich der Subsidiarität zu. Das nach mühevollen Verhandlungen zustande gekommene Subsidiaritätsprotokoll des Vertrages von Amsterdam war noch nicht einmal in Kraft getreten. Daher konzentrierte sich die österreichische Präsidentschaft darauf, einen Beschluß des Europäischen Rates zu erreichen, wodurch die Anwendung des Subsidiaritätsprotokolls vorgezogen wurde.[403] Eine erneute Diskussion des Themas in Pörtschach erschien hingegen nicht sinnvoll.

Neben den erwähnten Themen befaßte sich das Treffen auch mit der aktuellen Lage der Weltwirtschaft und den Ereignissen im Kosovo. Außerdem wurde beschlossen, Helmut Kohl beim Europäischen Rat von Wien zum europäischen Ehrenbürger zu ernennen und unter finnischer Präsidentschaft einen Sondergipfel der Staats- und Regierungschefs zum Thema Justiz und Inneres einzuberufen.[404]
Vor dem Beginn der Beratungen am Samstag abend fanden Treffen mit PLO-Chef Arafat, dem Präsidenten des EP, José Maria Gil-Robles und dem Ratspräsidenten Wolfgang Schüssel statt.

---

gen, daß sein ursprünglicher Hauptinitiator, Helmut Kohl, abgewählt worden war und sich selbst nicht mehr an dem Treffen beteiligen wollte.

402 Interview im Außenministerium.

403 Vgl. Kapitel VIII (Subsidiarität) der Schlußfolgerungen des Europäischen Rates von Wien.

404 Darüber hinaus informierten der spanische und der portugiesische Premierminister ihre Kollegen über den ibero-amerikanischen Gipfel, der eine Woche zuvor stattgefunden hatte. ("Agence Europe", 26./27.10.1998).

Die größte mediale Aufmerksamkeit fand der erste Auslandsauftritt des designierten deutschen Bundeskanzlers Gerhard Schröder und damit die Tatsache, daß nunmehr elf der 15 EU-Staaten sozialdemokratische Regierungschefs hatten und weitere zwei Staaten Koalitionsregierungen mit sozialistischer Beteiligung.[405] Als Konsequenz dieser neuen klaren Mehrheit wurde von vielen Beobachtern als wichtigstes Ergebnis des Gipfels eine neue Orientierung der europäischen Wirtschaftspolitik erkannt, die den Schwerpunkt von der Haushalts- und Währungsdisziplin auf die Förderung der Beschäftigung verlegt.[406] Das zweite Thema, das große Aufmerksamkeit erregte, war das Referat des englischen Premierministers Tony Blair, der bereits im Vorfeld gemachte Äußerungen wiederholte, daß es zu einer Verstärkung der europäischen Sicherheits- und Verteidigungsidentität innerhalb der NATO kommen sollte. Dies bedeutete ein Abgehen von der bisherigen britischen Position, die sich gegen jede Zuständigkeit der EU im Sicherheits- und Verteidigungsbereich gewandt hatte.[407]

4.5.1.2. Der Europäische Rat in Wien und die "Wiener Strategie"

Der Europäische Rat von Wien brachte, wie erwartet, keine großen Entscheidungen. Folgende Ereignisse sind erwähnenswert:

- Bei der Agenda 2000 wurden kontroversielle Diskussionen vermieden, was insbesondere bei der Kommission auf Kritik stieß. Vor allem wegen massiver Differenzen bezüglich der künftigen Finanzierung der Union verzichtete der Vorsitz darauf, dem Europäischen Rat zusammenfassende Schlußfolgerungen vorzulegen. Als wichtigstes Ergebnis betonten die Staats- und Regierungschefs erneut ihre Entschlossenheit, die Verhandlungen als Paket auf der Tagung des Europäischen Rates im März 1999 abschließen zu wollen.
- Der Europäische Rat beschloß eine "Wiener Strategie", die aus Aufträgen an die Europäischen Räte unter deutscher und finnischer Präsidentschaft bestand. Bundeskanzler Klima bezeichnete die "Wiener Strategie" in seiner Rede vor dem EP am 16.12.1998 als pragmatische Antwort "auf die Skepsis gegenüber weiteren Integrationsschritten, die noch im Sommer vielfach spürbar war".[408] Vier Themenbereiche umfaßte die "Wiener Strategie":
  - Förderung von Beschäftigung und Wachstum.

---

405 Die beiden Ausnahmen sind Spanien und Irland, in Belgien und Luxemburg gibt es Koalitionen mit sozialistischer Beteiligung.

406 Vgl. "Agence Europe", 29.10.1998.

407 "Agence Europe", 26./27.10.1998. Zur Sicherheits- und Verteidigungspolitik siehe auch Kapitel 4.5.4.

408 Klima Viktor, 16.12.1998 - Bericht über den Europäischen Rat von Wien.

* Verbesserung der Sicherheit und der Lebensqualität, worunter Themen der Dritten Säule, Menschenrechte und Umwelt zusammengefaßt wurden.
* Reform der Politiken und Institutionen, was aus aktuellem Anlaß auch die interne Reform der Kommission und eine wirksame Betrugsbekämpfung umfaßte.
* Förderung von Stabilität und Wohlstand in Europa und weltweit, was unter anderem durch die dynamische Fortsetzung der Beitrittsverhandlungen und den wirksamen Einsatz der Instrumente der GASP erreicht werden sollte.

Der Europäische Rat in Helsinki sollte dann auf der Grundlage dieser Punkte eine "Jahrtausenderklärung" verabschieden.

- Die Beschäftigung wurde zur absoluten Priorität der Europäischen Union erklärt.
- Einigen Staaten stellten die bereits 1991 beschlossene Abschaffung von "Duty-free"-Geschäften per 1.7.1999 in Frage[409] und lösten damit eine kontroversielle Diskussion aus. Der Europäische Rat nahm eine Kompromißformel an, in der die Kommission und der Ecofin-Rat beauftragt wurden, bis März 1999 zu prüfen, welche Probleme in bezug auf die Beschäftigung auftreten und wie diese Probleme bewältigt werden könnten, "einschließlich einer etwaigen begrenzten Ausdehnung der Übergangsregeln."[410] (ER von Wien, Punkt 24)
- Helmut Kohl wurde in einer Feierstunde zum zweiten "europäischen Ehrenbürger" nach Jean Monnet ernannt.

4.5.2. Die Schwerpunkte des österreichischen Vorsitzes

4.5.2.1. Beschäftigung als neue Priorität

Die Konzentration auf die Beschäftigungslage war einer der Schwerpunkte der österreichischen Präsidentschaft. Die beschäftigungspolitischen Leitlinien 1999 wurden, ausgehend vom Vorschlag der Kommission und basierend auf einem Präsidentschaftspapier, auf einer gemeinsamen Sitzung des Rates der Arbeits- und Sozialminister und des Ecofin beschlossen und vom Europäischen Rat in

---

409 Diese Staaten waren Frankreich, Irland, Deutschland, Griechenland, Großbritannien und Spanien. Vor allem Frankreich befürchtete den Verlust von bis zu 12.000 Arbeitsplätzen, davon 2.500 im Ärmelkanalverkehr und negative Auswirkungen auf den Cognac-Sektor, wo 40% bis 50% der Verkäufe zollfrei erfolgen (vgl. "Agence Europe", 3.12.1998).

410 Einige Staaten, wie Frankreich und Deutschland, wollten eine Verlängerung der Übergangsfrist um fünf Jahre, andere, etwa Dänemark, lehnen jede Verlängerung kategorisch ab (vgl. "Agence Europe", 13.12.1998).

Wien befürwortet. Auf Betreiben des Vorsitzes wurde insbesondere die Chancengleichheit für Frauen und Männer in die Leitlinien aufgenommen.
Außerdem vereinbarten die Staats- und Regierungschefs die Ausarbeitung eines Europäischen Beschäftigungspaktes bis zum Europäischen Rat in Köln.

4.5.2.2. Letzte Vorbereitungen für die Wirtschafts- und Währungsunion

Nachdem die grundlegenden Beschlüsse unter britischer Präsidentschaft gefallen waren, oblag es dem österreichischen Vorsitz, die letzten Vorbereitungen zu treffen. In erster Linie mußte die Euro-11-Gruppe konstituiert und die Außenvertretung der Euro-Zone geregelt werden.
Die Frage der Außenvertretung erwies sich als schwierig, da die großen Staaten der Euro-Zone diese Aufgabe nicht den Euro-11-Vorsitzenden kleiner Staaten überlassen wollten und das Verhältnis zu den Nicht-Mitgliedern der WWU und der Kommission geregelt werden mußte. Schließlich wurde Anfang Dezember ein Kompromiß vereinbart, wonach an den Sitzungen der G-7 die Europäische Zentralbank und der Euro-11-Vorsitzende, mit "technischer Unterstützung" der Kommission, teilnehmen sollen. Außerdem wird vorübergehend eines der drei ständigen europäischen Mitglieder der G-7 der Reihe nach auf einjähriger Basis den Vorsitzenden der Euro-11 unterstützen. Im Internationalen Währungsfonds soll der Euro-11-Vorsitzende von der Kommission auf Beamtenebene begleitet werden, auswärtige Missionen könnten darüber hinaus Vertreter von Mitgliedstaaten umfassen, die ein besonderes Interesse oder besondere Erfahrungen in der besuchten Region oder dem besuchten Land haben.[411]

Weiters wurde der Dialog mit der EZB und den Sozialpartnern aufgenommen und eine politische Einigung über die Statuten und die Zusammensetzung des Wirtschafts- und Finanzausschusses, der per 1.1.1999 den Währungsausschuß ablöste, erreicht.[412]
In einer Sondersitzung legte der Ecofin-Rat am 31.12.1998 die Umrechnungskurse endgültig fest und hob den Euro feierlich aus der Taufe. Dem Ecofin-Vorsitzenden, Rudolf Edlinger, fiel die Ehre zu, die Verordnung zur Einführung des Euro, die die Umrechnungskurse unwiderruflich festlegte, zu unterzeichnen.

---

411 Vgl. "Agence Europe", 2.12.1998.

412 Darüber hinaus wurden Regelungen bezüglich der französischen Gebietskörperschaften St. Pierre, Miquelon und Mayotte sowie die erforderlichen Währungsvereinbarungen mit San Marino, dem Vatikan und Monaco vereinbart, Wechselkursfragen betreffend die Communauté Financière Africaine (CFA-Zone) geklärt und Rechtsakte zur Operationalisierung der EZB (betreffend Sanktionen, Mindestreserven und Statistik) verabschiedet.

4.5.2.3. Die Erweiterung - ein ambivalentes Thema für Österreich

Die Erweiterung der Union war für die österreichische Bundesregierung ein schwieriges Thema, da sehr unterschiedliche Erwartungen zu erfüllen waren. In Österreich überwogen im Hinblick auf die Erweiterung skeptische Töne. Sowohl maßgebliche Interessenvertretungen (vor allem Gewerkschaften, Arbeiterkammern, Landwirtschaftskammern, viele Bundesländer und Teile der Wirtschaft) als auch die öffentliche Meinung standen und stehen der Ost-Erweiterung eher ablehnend gegenüber.[413] Die größte Oppositionspartei, die FPÖ, lehnte die Erweiterung grundsätzlich ab und versuchte, durch populistische Töne die mehrheitliche Skepsis der Bevölkerung auszunützen und zu verstärken.[414]

Andererseits hat Österreich stets seine Brückenfunktion zwischen West und Ost sowie seine guten und engen Beziehungen zu den Beitrittskandidaten aufgrund geographischer Nähe und gemeinsamer historischer Vergangenheit betont. Sowohl die Union, vor allem aber die Beitrittskandidaten, erwarteten daher von Österreich besonderes Engagement für die Erweiterung. Außerdem liegt die Erweiterung mittel- und langfristig sowohl politisch als auch wirtschaftlich im Interesse Österreichs.[415] Kein Land hat von der Ost-Öffnung bisher wirtschaftlich so stark profitiert wie Österreich. Eine langfristige Absicherung dieses

---

413 Laut Eurobarometer Nr. 50 (in Klammer Eurobarometer 49) unterstützten im Herbst 1998 (Frühjahr 1998) nur 30% (33%) der Österreicher die Erweiterung. Nur in Belgien ist Zustimmung mit 28% (32%) noch geringer. Am 1.7.1998, dem Tag, an dem Österreich den EU-Vorsitz übernahm, lautete die Schlagzeile auf der Titelseite des "Standard": "Mehrheit der Österreicher hat Angst vor der Osterweiterung." Laut einer Untersuchung im Oktober 1998 im Auftrag der Österreichischen Gesellschaft für Europapolitik wurde eine EU-Mitgliedschaft von Tschechien, Polen, Ungarn und Slowenien von 44% der Bevölkerung abgelehnt und von 40% befürwortet.

Einen besonders interessanten Befund lieferte eine Umfrage Anfang 1998 ("market"-Institut: Das aktuelle Wirtschaftsklima sowie die EU- und Euro-Stimmungslage in der österreichischen Bevölkerung; Februar 1998). Auf die Frage, um welche von 37 vorgegebenen Themen sich die Regierung im Jahr 1998 besonders kümmern soll, erhielt das Thema "Beschleunigung der EU-Osterweiterung" 3% und landete damit abgeschlagen auf dem letzten Platz, noch hinter dem Thema "Umsetzung der Rechtschreibreform".

414 Der "Economist" stellte angesichts dieser Situation die Frage: "So why, given the sensitivity of the enlargement issue, should Austria have insisted so on making it one of the main dossiers of the six-month Austrian presidency of the EU [...]? The answer is partly that Austria needs to find some theme to distinguish its presidency." ("Economist", 11.7.1998, 39)

415 Präsident Klestil bezeichnete anläßlich des Beginns der Präsidentschaft die Förderung der "Vollendung Europas" als "moralische und historische Pflicht" Österreichs, das "mehr als jedes andere Land" von der Ost-Öffnung profitiert habe ("Agence Europe", 3.7.1998).

Trends ist nur durch Stabilität, Wachstum und die Integration der Nachbarstaaten Österreichs möglich. Der Osten Österreichs würde sich aus seiner wirtschaftlich schädlichen Randlage wieder ins Zentrum eines Wirtschaftsraumes mit traditionellen historischen Verbindungen bewegen. Auch politisch würde Österreich durch die Absicherung von Stabilität und Sicherheit in der Nachbarschaft und die Aufnahme von Staaten mit ähnlicher Kultur und ähnlichen Interessen profitieren.
Daher war es für Österreich unmöglich, die Erweiterung nicht zu einem der Schwerpunkte der Präsidentschaft zu machen. Andererseits mußte in Österreich der Eindruck einer allzu erweiterungsfreundlichen Haltung vermieden werden. Daher betonte die Regierung vor allem vor und nach der Präsidentschaft stets die Notwendigkeit langer Übergangsfristen im Bereich der Personen- und Dienstleistungsfreiheit und von Sonderförderungen für die österreichischen Grenzregionen.[416]
Die österreichische Präsidentschaft setzte vor allem einige symbolische Akte, um die politische Dynamik des Erweiterungsprozesses nach der formellen Eröffnung der Beitrittsverhandlungen unter britischer Präsidentschaft zu erhalten. Außenminister Schüssel bezog als erster Ratspräsident die Hauptstädte der Erweiterungskandidaten der ersten Runde[417] in seine "tour des capitales" im Vorfeld der Präsidentschaft ein.[418] Die Staatssekretärin im Außenamt, Benita Ferrero-Waldner, besuchte die Hauptstädte der Länder der zweiten Erweiterungsrunde.[419]
Vertreter der Beitrittskandidaten wurden zu mehreren Veranstaltungen im Rahmen der Präsidentschaft eingeladen, darunter auch die jeweiligen Fachminister zu einigen formellen und informellen Ratstagungen und die Regierungschefs zum Europäischen Rat in Wien.[420] Außerhalb des Rahmens der Präsidentschaft lud Bundespräsident Klestil seine Amtskollegen nach Wien ein.

---

416 Vgl. zum Beispiel Äußerungen von Bundeskanzler Klima zu Beginn der Präsidentschaft ("Agence Europe", 3.7.1998). Die "Financial Times" charakterisierte Österreichs Position zur Erweiterung als "Janus-faced attitude" (2.7.1998).

417 Die Staaten der sogenannten "Luxemburg-Gruppe", weil der Europäische Rat von Luxemburg beschlossen hatte, mit ihnen Beitrittsverhandlungen aufzunehmen. Es waren dies: Ungarn, Polen, Estland, die Tschechische Republik, Zypern und Slowenien.

418 Eine Neuerung, die von der nachfolgenden deutschen Präsidentschaft weitergeführt wurde.

419 Dies waren die Slowakei, Lettland, Litauen, Bulgarien und Rumänien.

420 Die Umweltminister der 11 Beitrittskandidaten nahmen im Rahmen der Strategien für die Beitrittsvorbereitung und der Beitrittspartnerschaften am informellen Rat in Graz teil ("Agence Europe", 18.7.1998).

Das Hauptaugenmerk der österreichischen Präsidentschaft richtete sich allerdings darauf, mit den ersten substantiellen Beitrittsverhandlungen auf Ministerebene beginnen zu können. Dazu mußte der Widerstand einiger Staaten überwunden werden, die mit konkreten Verhandlungen erst nach Abschluß des "Screening-Prozesses" beginnen wollten. Vor allem aber standen einander Frankreich und Griechenland in der ungelösten Zypern-Frage gegenüber. Frankreich lehnte eine Verhandlungsaufnahme mit Zypern vor einer Lösung über die Einbeziehung des von der Türkei besetzten Teils der Insel ab, woraufhin Griechenland damit drohte, ohne Einbeziehung Zyperns den gesamten Erweiterungsprozeß zu blockieren.
Nach langen und schwierigen Verhandlungen konnte ein Kompromiß erzielt werden, der festhält, daß sich die Fortschritte beim Beitrittsprozeß und bei der Lösung der Zypern-Frage "naturgemäß gegenseitig verstärken" werden (vgl. Schallenberg/Thun-Hohenstein 1999, 56).
Schließlich konnten am 29.10.1998 die Beitrittsverhandlungen auf Botschafterebene und am 10.11.1998 auf Ministerebene über die ersten sieben von insgesamt 31 Kapiteln beginnen, wobei drei Kapitel bereits vorläufig abgeschlossen werden konnten.[421] Der Europäische Rat in Wien stellte "mit Befriedigung fest, daß die sechs Beitrittskonferenzen [...] in die Phase inhaltlicher Verhandlungen eingetreten sind und zu ersten konkreten Ergebnissen geführt haben" (ER von Wien, Punkt 59).

Auf seiner Sitzung Anfang Dezember beschloß der RAA Schlußfolgerungen, in denen auf die Bedeutung hoher nuklearer Sicherheitsstandards verwiesen wird. Im Hinblick auf die Förderung der Beitrittsfähigkeit der mittel- und osteuropäi-

---

Mit den Kulturministern der MOEL fand auf dem informellen Treffen der Kulturminister in Linz am 10.9. ein Gedankenaustausch über die kulturellen Aspekte der Erweiterung statt, wobei der österreichische Vorsitz eine Ausdehnung der kulturellen Zusammenarbeit befürwortete ("Agence Europe", 11.9.1998 und 16.9.).

Die Innen- und Justizminister der Beitrittskandidaten wurden zu einer Arbeitssitzung anläßlich des Ministerrates am 24.9.1998 nach Brüssel eingeladen, wobei die Bekämpfung der organisierten Kriminalität, Asyl- und Migrationswesen und justizielle Zusammenarbeit auf der Tagesordnung standen ("Agence Europe", 24.9.1998).

Am 20.10.fand ein Treffen der stellvertretenden Finanzminister der EU und der Kandidatenländer in Wien statt.

Auf einer gemeinsamen Tagung der Industrieminister der EU und der Beitrittskandidaten am 16.11.1998 in Brüssel wurde vereinbart, industriespezifische Probleme im Rahmen eines "Industrieforums" zu erörtern. Dieses soll seine Arbeit im ersten Halbjahr 1999 aufnehmen (Ergebnisbericht, Abschnitt "Industrie und KMU").

421 Wissenschaft und Forschung, Bildung, Ausbildung und Jugend sowie Klein- und Mittelbetriebe (Ergebnisbericht, Kap. VI).

schen Länder (MOEL) sollte alles getan werden um sicherzustellen, daß die nukleare Sicherheit in den beitrittswilligen Ländern ein Niveau erreicht, das der "derzeitigen vorherrschenden Sicherheitspraxis in der Union" entspricht. Nuklearanlagen, die nicht mit vertretbarem Kostenaufwand auf international anerkannte Sicherheitsstandards nachgerüstet werden können, müssen im Einklang mit den Beitrittspartnerschaften nach einem vereinbarten Zeitplan möglichst frühzeitig stillgelegt werden.[422] Bereits im September hatte der Rat auf die Notwendigkeit hingewiesen, die nukleare Sicherheit in den beitrittswilligen Ländern zu verbessern, "so daß ein Niveau erreicht wird, das dem Stand in der Union hinsichtlich der Technologie und der Vorschriften sowie in operativer Hinsicht entspricht".[423]

Ein weiteres Thema der Präsidentschaft stellte die Frage dar, welche Haltung die Gemeinschaft gegenüber jenen Staaten einnehmen soll, die keine kurz- oder mittelfristige Beitrittsperspektive haben. Die Idee des Vorsitzes einer "Partnerschaft für Europa", die einen Schwerpunkt des informellen Außenministertreffens in Salzburg bilden sollte, wurde von der Mehrheit der Minister abgelehnt, da es ohnehin schon eine Vielzahl von Formen der Zusammenarbeit, bilateral und multilateral, gäbe.
Die erste Tagung der Europa-Konferenz auf Außenministerebene fand in Wien statt, wobei die Türkei abermals fehlte.[424] Auf Einladung des Vorsitzes nahm die Schweiz als Beobachter teil. Der Europäische Rat von Wien nahm von der Arbeit der Europakonferenz Kenntnis und stellte fest, daß der Europäische Rat in Helsinki auf der Basis eines Berichtes des Rates über die künftige Rolle und den Mitgliederkreis der Europakonferenz beraten soll. Bis dahin wird die Schweiz als "designiertes Mitglied" eingeladen (ER von Wien, Punkte 64 und 65).

4.5.2.4. Vorarbeiten für den Abschluß der Agenda 2000

Im Juli 1997 legte die Europäische Kommission eine umfassende, dreiteilige Mitteilung mit dem Titel "Agenda 2000" vor, in der der Stand der Vorbereitung

---

422 Schlußfolgerungen des Rates zur nuklearen Sicherheit im Zusammenhang mit der Erweiterung der Europäischen Union; Dezember 1998; abgedruckt in: Bundesministerium für auswärtige Angelegenheiten, 1999: Außenpolitische Dokumentation (Sonderdruck); S. 143f.

423 Schlußfolgerungen des Rates zu den Beitrittsstrategien für die Umwelt; September 1998; abgedruckt in: Bundesministerium für auswärtige Angelegenheiten, 1999: Außenpolitische Dokumentation (Sonderdruck); S. 145f.

424 Die Türkei nahm schon bei der Eröffnung der Europakonferenz unter britischer Präsidentschaft, am 12.3.1998 in London, nicht teil.

in den Ländern, die einen Beitrittsantrag gestellt haben, bewertet und vorgeschlagen wird, mit Ungarn, Polen, Estland, der Tschechischen Republik und Slowenien Beitrittsverhandlungen aufzunehmen.[425] Weiters wird die Entwicklung der Union im Kontext der geplanten Erweiterung analysiert, notwendige Reformen in den Bereichen Struktur- und Agrarpolitik skizziert und der Finanzrahmen für die Jahre 2000-2006 vorgeschlagen. Auf der Grundlage dieser Kommissionsvorschläge fanden unter österreichischem Vorsitz intensive Verhandlungen über die Reformen der Struktur- und Agrarpolitik und der finanziellen Vorausschau statt, die beim Europäischen Rat Ende März in Berlin zum Abschluss gebracht wurden.

In den Schlußfolgerungen des Europäischen Rates von Cardiff heißt es zum Zeitplan der Agenda 2000:

> "Auf der Tagung des Europäischen Rates in Wien sollten bei den Hauptkomponenten des Pakets beträchtliche Fortschritte erreicht werden, damit bis spätestens März 1999 eine politische Einigung über das Gesamtpaket erzielt werden kann." (ER von Cardiff, Punkt 60)

Die österreichische Präsidentschaft unterteilte die Arbeit in drei Phasen, wonach bis Anfang Oktober die technische Prüfung der Kommissionsvorschläge abgeschlossen, bis Ende November die politisch sensiblen Fragen herausgearbeitet und in der Folge ein Bericht an den Europäischen Rat von Wien erstellt werden sollte. Vor allem wegen unüberbrückbarer Differenzen über die künftige Finanzierung der Union beschloß der RAA, dem Europäischen Rat in Wien nur einen Bericht, aber keine Schlußfolgerungen vorzulegen, was insbesondere von Spanien begrüßt wurde.[426] Der Bericht an den Europäischen Rat in Wien faßte den Stand der Verhandlungen zusammen, arbeitete die offenen Probleme heraus und stellte, beispielsweise in der Frage der Finanziellen Vorausschau, verschiedene Modelle einander gegenüber.[427]

Vielfach wurde kritisiert, daß der österreichische Vorsitz, insbesondere auf dem Gipfel von Wien, zu vorsichtig und konfliktscheu agiert habe und daher wichti-

---

425 Im Hinblick auf Zypern hatte bereits der Europäische Rat in Florenz im Juni 1996 festgestellt, daß die Beitrittsverhandlungen sechs Monate nach Abschluß der Regierungskonferenz aufgenommen werden könnten.

426 Vgl. "Agence Europe", 9.12.1998.

427 Vgl. "Agenda 2000 - Bericht an den Europäischen Rat (Wien); abgedruckt in: Bundesministerium für auswärtige Angelegenheiten, 1999: Außenpolitische Dokumentation (Sonderdruck); S. 361-422.

ge politische Diskussionen unterblieben seien. Ein Beamter der Kommission formulierte zurückhaltend:

> "Für Österreich ist es schwer, die Agenda 2000 zu einem Schwerpunkt zu machen, da feststeht, daß sie unter österreichischer Präsidentschaft nicht entschieden werden kann. Aus Sicht der Kommission wünscht man sich dann, daß man da etwas uneigennütziger wäre und mehr Energie daran setzen würde."

Andererseits lehrt die langjährige Erfahrung mit Entscheidungsprozessen auf europäischer Ebene, daß festgefahrene Positionen erst unmittelbar vor dem Abschluß der Verhandlungen in Bewegung kommen. Rückblickend erklärten viele Beobachter die zurückhaltende Strategie für die richtige, da es nicht zielführend gewesen wäre, durch die offene Austragung bekannter Konflikte eine Krise heraufzubeschwören.[428]

In einigen grundlegenden Fragen der Agenda 2000 konnte unter österreichischem Vorsitz bereits Einvernehmen hergestellt werden. Im Bereich der Strukturreform betraf das vor allem das grundsätzliche Bekenntnis aller Mitgliedstaaten zur Kohäsion, die Reduzierung der Zielgebiete und die Gewährung von Auslaufphasen für Gebiete, die ihren Förderstatus verlieren. Auch bezüglich der Reduktion der Gemeinschaftsinitiativen auf drei konnte Einigung erzielt werden.

Darüber hinaus konnten im Bereich Landwirtschaft die Leitlinien zu den zentralen Fragen der Reform der Gemeinsamen Agrarpolitik festgelegt und Einvernehmen über einige sehr grundlegende Punkte der Finanziellen Vorausschau - wie ihre allgemeine Gliederung und die siebenjährige Geltungsdauer - hergestellt werden (vgl. Schallenberg/Thun-Hohenstein 1999, 49). Im Bereich der Finanziellen Vorausschau brachte die österreichische Präsidentschaft das Modell der realen Stabilisierung der EU-Ausgaben in die Diskussion ein, das sowohl die Kommission als auch die Netto-Empfängerländer ablehnten, sich aber letztendlich beim Abschluß der Agenda 2000 Ende März in Berlin weitgehend durchsetzte.[429] Die Netto-Empfängerstaaten warfen der österreichischen Präsi-

---

428 Vgl. zB. Schallenberg/Thun-Hohenstein, 52. Auch Botschafter Scheich vertrat anläßlich eines Vortrages über die österreichische Präsidentschaft mit dem Titel "Knochenarbeit und Harmonie" am 19.1.1999 in Brüssel diese Linie. Auch innerhalb der Europäischen Kommission gab es unterschiedliche Meinungen, ob eine offensivere Vorgangsweise des österreichischen Vorsitzes Fortschritte gebracht hätte oder kontraproduktiv gewesen wäre. Letztlich handelt es sich dabei aber um eine theoretische Frage, da das Thema noch nicht reif war (Interview in der Kommission).

429 Das Konzept der realen Stabilisierung der Ausgaben sah lediglich einen Ausgleich der Inflationsrate vor, während der Vorschlag der Kommission eine Koppelung der Ausgaben an das Bruttosozialprodukt vorsah.

dentschaft in diesem Zusammenhang Parteilichkeit vor, da der Vorschlag auch im Interesse Österreichs war (vgl. Schallenberg/Thun-Hohenstein 1999, 50f.).

Der Europäische Rat von Wien stellte fest, daß die "Hauptkomponenten einer abschließenden Einigung" nunmehr ermittelt sind und in einigen Bereichen "ein gewisses Maß an Übereinstimmung" erreicht worden ist. Darüber hinaus appellierte der Europäische Rat an die Mitgliedstaaten, die Verhandlungen im Geiste und auf der Grundlage der Solidarität zum Abschluß zu bringen (ER von Wien, Punkte 54-57).

4.5.2.5. Umsetzung des Amsterdamer Vertrages

Gemäß dem Auftrag des Europäischen Rates von Cardiff, "dafür zu sorgen, daß der neue Vertrag mit seinem Inkrafttreten auch voll anwendbar ist" und die "hierzu erforderlichen Beschlüsse auf seiner Tagung in Wien" zu fassen seien (ER von Cardiff, Punkt 47), wurde beim informellen Außenministertreffen in Salzburg Anfang September festgelegt, daß bis Mitte Oktober die Bewerbungen für den Posten des hohen EU-Repräsentanten für die GASP vorliegen sollen.[430] Wenige Tage vor dem Europäischen Rat in Wien erklärte Außenminister Schüssel, er hätte sich die Bestellung eines Hohen Repräsentanten in Wien gewünscht, aber vor der Ratifizierung des Vertrags von Amsterdam werde dies nicht möglich sein.[431] Der Hauptgrund für die Verzögerung der Bestellung des Hohen Repräsentanten lag allerdings darin, daß sich viele Mitgliedstaaten die bevorstehenden wichtigen Personalentscheidungen - vor allem des Kommissionspräsidenten und des NATO-Generalsekretärs - nur als Paketlösung vorstellen konnten.

Im Bereich der GASP wurde eine erste Themenliste für Gemeinsame Strategien erarbeitet, die Rußland, die Ukraine, die Mittelmeerregion - insbesondere hinsichtlich des Barcelona-Prozesses und des Nahost-Friedensprozesses - und den westlichen Balkan umfaßte.

Im Bereich der Dritten Säule stand die Ausarbeitung des Aktionsplans zur Errichtung eines Raumes der Freiheit, der Sicherheit und des Rechts im Mittelpunkt. Die Schengen-Integration wurde vorangetrieben und das Assoziations-

---

430 "Agence Europe", 7./8.9.1998.

431 Vgl. "Agence Europe", 10.12.1998. Im Ergebnisbericht der Bundesregierung finden sich keine Hinweise zur nicht erfolgten Bestellung des Hohen Repräsentanten bzw. zur Erarbeitung eines Anforderungsprofils. Auch findet sich kein Hinweis bzgl. Vorbereitungsarbeiten für die Frühwarn-, Strategie- und Planungseinheit (vgl. Ergebnisbericht).

abkommen mit Norwegen und Island konnte zum Abschluß gebracht werden.[432]

4.5.3. Weitere wichtige Themen

4.5.3.1. Die Reform der Funktionsweise des Rates

Die Steigerung der Effizienz des RAA als erstem Schritt zur Aufrechterhaltung seiner Vorrangstellung gegenüber anderen Ratsformationen und den Staats- und Regierungschefs stand im Mittelpunkt des informellen Außenministertreffens in Salzburg, an dem auch Kommissionspräsident Jacques Santer und Außenkommissar Hans van den Broek teilnahmen. Dabei ging es darum,

> "...die Zuständigkeit des Rats 'Allgemeines' für die Formulierung der allgemeinen EU-Politik, für die Koordinierung 'horizontaler Fragen' (wie die Fragen aus der Agenda 2000 oder die Erweiterung), für die institutionellen Fragen (einschließlich der Regierungskonferenzen) und für die Vorbereitung der Europäischen Räte zu betonen." ("Agence Europe", 7./8.9.1998)

Zur Verbesserung der Effizienz wurde ein Zehn-Punkte-Programm vereinbart, wonach unter anderem die Tagesordnung in allgemeine Politiken und GASP-Fragen aufgeteilt werden soll, verstärkt auf Kommunikationstechnologien zurückgegriffen und die Anzahl der spezialisierten Räte verringert werden soll. Treffen mit Drittstaaten sollten von der Troika wahrgenommen werden, wobei natürlich alle interessierten Minister ebenfalls teilnehmen könnten. Ein Papier des Ratssekretariates hielt allerdings fest, daß vergleichbare Maßnahmen schon mehrmals beschlossen, aber nicht befolgt worden waren.[433] Auf der Grundlage der Beratungen von Salzburg erstellte der Rat Allgemeine Angelegenheiten einen Bericht für den Europäischen Rat von Wien über die "Verbesserung der

---

432 Vgl. hierzu auch Kapitel 4.5.5.2., das die Arbeiten der österreichischen Präsidentschaft in der Dritten Säule im Bereich Inneres zusammenfaßt.

433 Vgl. "Agence Europe", 10.9.1998. Das Dokument des Ratssekretariates bezieht sich auf verschiedene Schlußfolgerungen des Rates zur Verbesserung der Arbeitsmethoden (vom 19.12.1988, 11.5.1992, 29.5.1995 und 12.6.1995). Darin wird unter anderem eine Verringerung der Ratskonstellationen, der Verabschiedung von Schlußfolgerungen des Rates oder von richtungsweisenden Debatten beschlossen. In der Praxis ist die Zahl in allen drei Bereichen angestiegen. Außerdem betont das Ratssekretariat, daß der RAA die Arbeiten des Europäischen Rates nicht immer bis ins Detail vorbereitet, während der Ecofin dies sehr wohl tut (vgl. "Agence Europe", 10.9.1998).

Funktionsweise und der Arbeitsmethoden des Rates".[434] Darin wird darauf hingewiesen, daß der RAA seit seiner Tagung am 5./6. Oktober 1998 eine zweigeteilte Tagesordnung verwendet. An erster Stelle steht die Behandlung von Querschnittmaterien, Begegnungen mit Drittstaaten sollen nur mehr am zweiten Tag stattfinden. Der österreichische Vorsitz bemühte sich auch, auf eine Zusammenlegung der auf rund 20 verschiedene Fachministerräte aufgesplitterten Ratstätigkeit hinzuwirken, konnte dabei aber keine substantielle Fortschritte machen. In einem Anhang zum Bericht an den Europäischen Rat heißt es daher:

> Der Vorsitz vertritt die Auffassung, daß die Zahl der Fachräte reduziert werden sollte. Der Vorsitz schlägt vor, daß der Europäische Rat diesen Ansatz bestätigt.[435] Ein erster Schritt könnte in der Zusammenlegung der Fachräte 'Binnenmarkt', 'Industrie' und 'Tourismus' bestehen, was allerdings nicht die Ansicht aller Delegationen ist."[436]

In der Öffentlichkeit erregte die Diskussion der Arbeitsmethoden des Rates am ersten Tag des informellen Treffens heftige Kritik, da der Eindruck entstand, die Minister würden angesichts der aktuellen Krisen in Rußland und im Kosovo an Realitätsverweigerung leiden.[437] Darüber hinaus litt das Salzburger Treffen unter der Abwesenheit des britischen Außenministers und Troika-Mitgliedes Robin Cook, der seine Hochzeitsreise dem Treffen vorgezogen hatte und der Tatsache, daß der deutsche Außenminister Kinkel unter den Zwängen des deutschen Wahlkampfes stand.

4.5.3.2. Budget und Rechtsgrundlagen für Haushaltslinien

Das EP hat am 17.12.1998 den Haushalt für das Jahr 1999 gebilligt und das Verfahren durch die Unterschrift des Parlamentspräsidenten abgeschlossen. Sowohl der Vorsitzende des Haushaltsausschusses, Detlev Samland, als auch

---

434 Abgedruckt in: Bundesministerium für auswärtige Angelegenheiten, 1999: Außenpolitische Dokumentation (Sonderdruck); S. 448-452.

435 Der Europäische Rat von Wien begrüßte den Bericht des Rates zur Reform der Arbeitsmethoden und die bereits ergriffenen Maßnahmen zur besseren Organisation seiner Arbeit und "ist sich darin einig, daß die Anzahl der Fachräte verringert werden sollte, und begrüßt die diesbezüglichen Empfehlungen des Rates" (ER von Wien, Punkt 81).

436 Ebenda; S. 452.

437 "Der Kosovo brennt, aber die Minister reformieren das Menü.": Treffender kann man die Krise, in der der RAA steckt, kaum beschreiben, meinte zB. der "Der Standard" in einem Kommentar nach dem Außenministertreffen ("Der Standard", 7.9.1998).

die Berichterstatterin, Barbara Dührkop-Dührkop, hoben die "außerordentlich fruchtbare" Zusammenarbeit mit dem österreichischen Ratsvorsitz hervor.[438]

Im Mai hatte der EuGH entschieden, daß die Kommission Gelder an NGO's ohne Rechtsgrundlage vergeben hatte, woraufhin die Finanzierung der betroffenen Projekte eingestellt wurde.[439] Da es dabei um die Förderung von Sozial- und Menschenrechtsprojekten ging, war eine rasche Lösung notwendig, um die Mittel wieder frei zu machen und die Fortführung der Projekte zu gewährleisten. Eine Einigung zwischen den beiden Haushaltsbehörden, Rat und Parlament, konnte bereits Mitte Juli, unter dem Vorsitz von Staatssekretär Ruttenstorfer (SPÖ), erzielt werden.[440]

4.5.3.3. Das fünfte Rahmenprogramm für Forschung und Entwicklung

Die Verhandlungen um das neue Rahmenprogramm waren seit Monaten blokkiert, da vor allem die Forderungen hinsichtlich der finanziellen Dotierung zwischen dem EP und der Kommission einerseits und dem Rat andererseits, auseinanderklafften. Erstere verlangten 16,3 Mrd. ECU, der Rat wollte nicht über 14 Mrd. ECU hinausgehen. Das zweite Hauptproblem lag in der Position Spaniens, unterstützt von Portugal und Griechenland, eine endgültige Zustimmung zum Rahmenprogramm von der Einigung über die künftige Finanzierung im Rahmen der Agenda 2000 abhängig zu machen. Das Parlament lehnte eine solche Regelung ab, da es sein Mitentscheidungsrecht dadurch beschnitten sah. Ratspräsident Caspar Einem versuchte in bilateralen Verhandlungen mit seinen Ratskollegen und informellen Trilogen mit dem EP und der Kommission den Handlungsspielraum auszuloten und zu erweitern, ehe am 29.9.1998 das formelle Vermittlungsverfahren zwischen Rat und EP begann. In der vierten Sitzung des Vermittlungsausschusses konnte eine Einigung erzielt werden, wonach das Programm mit 14,96 Mio. ECU dotiert wurde. Österreichischen Vorstellungen kommt entgegen, daß die Mittel für das Euratom-Programm, trotz der allgemeinen Erhöhung des Forschungsbudgets, um 90 Mio. ECU reduziert wurden.

4.5.3.4. Der Schutz von Kindern

Dieses vor allem von Außenminister Schüssel forcierte Thema wurde auf mehreren Ebenen verankert. In seiner Rede vor der UNO-Generalversammlung in

---

438 "Agence Europe", 18.12.1998.

439 Vgl. "Agence Europe", 13.5.1998.

440 Vgl. "Agence Europe", 18.7.1998.

New York im September rief Schüssel zum Schutz der Kinder auf. Es müsse eine globale Koalition gegen sexuelle Ausbeutung, Kindersoldaten und Kinderarbeit geben, an der sich die UNO, die Regierungen und Private, darunter Internet-Anbieter, beteiligen müßten.[441]
Weiters wurde das Thema auf der Tagung der Europa-Konferenz auf der Ebene der Außenminister am 6.10.1998 in Luxemburg, auf der Konferenz der EU mit der Entwicklungsgemeinschaft Südliches Afrika (SADC) Anfang November in Wien und auch beim Gipfel EU-USA Mitte Dezember in Washington angesprochen.
Im Rat Telekommunikation wurde ein "Aktionsplan zur sicheren Nutzung des Internets" fertiggestellt, für den bis 2002 eine Budget von 346 Mio. Schilling (25,15 Mio. Euro) geplant ist. Vorgesehen sind die Koordinierung von Selbstkontrolle-Stellen, Informationskampagnen, die Entwicklung von Filtern, die Providern die Erkennung und Sperrung illegaler Inhalte ermöglichen soll und die Entwicklung von Verhaltenscodizes für Provider.[442]
Der Rat für Justiz und Inneres erreichte im Dezember eine politische Einigung über den Entwurf einer Gemeinsamen Aktion zur Bekämpfung der Kinderpornographie im Internet und ergänzte das Mandat von Europol dahingehend, daß unter das Delikt Menschenhandel auch Aktivitäten der Herstellung, des Verkaufes und der Verbreitung von kinderpornographischem Material fallen.
Der Europäische Rat von Wien begrüßte die Initiativen zum Schutz von Kindern und rief dazu auf, auf europäischer und internationaler Ebene effiziente Maßnahmen zu setzen (ER von Wien, Punkt 92).

4.5.3.5. Abschluß des Verkehrspaketes nach einer Marathonsitzung

In den frühen Morgenstunden des 1.12.1998 konnte der Rat Verkehr nach einer 18-stündigen Sitzung unter dem Vorsitz von Verkehrsminister Caspar Einem (SPÖ) eine politische Einigung bei den seit längerem blockierten Themen Eurovignette (Wegekostenrichtlinie) und Landverkehrsabkommen der EU mit der Schweiz erreichen. In engem Zusammenhang mit diesen Themen stand auch die Frage der "Brenner-Maut", gegen die die Kommission im Mai 1998 vor dem EuGH geklagt hatte, weil sie als überhöht und diskriminierend angesehen wurde.[443]

---

441 "Der Standard", 23.9.1998.

442 "Der Standard", 24.11.1998.

443 Österreich hob für eine Fahrt über die 33 Kilometer lange Brenner-Scheitelstrecke mindestens 1150 Schilling (84 Euro), in der Nacht sogar 2300 Schilling (167 Euro) ein. Vgl. auch "Agence Europe", 2.12.1998.

Durch das Abkommen mit der Schweiz soll das Gewichtslimit für LKW-Transitfahrten von 28 Tonnen ab 2001 auf 34 Tonnen und ab 2005 auf 40 Tonnen oder mehr erhöht werden, wofür eine Höchstabgabe von 200 ECU[444] eingehoben werden darf. Dadurch soll der teure Umwegverkehr über Frankreich und Österreich verringert werden.[445] Der Durchbruch beim Landverkehrsabkommen ermöglichte die Einigung über das Gesamtpaket von sieben Verträgen der EU mit der Schweiz, das seit mehreren Jahren verhandelt worden war.
Die von Österreich geforderte Brenner-Schutzklausel wurde zugunsten des Abkommens mit der Schweiz fallengelassen. Die Schutzklausel hätte es Österreich gestattet, die Gebühren auf seinen Straßen zu erhöhen, falls die Schweiz den Verkehr auf ihrem Territorium einschränken und damit eine Umleitung des Verkehrs auf Österreich bewirken sollte. Ab Oktober 1999 soll Österreich für Brennerüberfahrten auf der 110 km langen Strecke Kufstein/Brenner eine Mautgebühr von 84 ECU einheben. Damit wäre die Klage vor dem EuGH gegen das gegenwärtige System einer relativ hohen Maut auf der kurzen Brenner-Scheitelstrecke hinfällig geworden. Der Kompromiß war allerdings innerösterreichisch nicht koordiniert und wurde von der Tiroler Landesregierung unter der Führung Landeshauptmann Wendelin Weingartner (ÖVP) abgelehnt. Die Einhebung der Maut über die ganze Strecke von Kufstein bis zum Brenner würde auch die Tiroler Frächter im Unterinntal (Kufstein-Innsbruck), und nicht nur den Transitverkehr, zur Kassa bitten. Die österreichische Bundesregierung machte daraufhin der Kommission den Vorschlag, die Mautstrecke nicht auszudehnen, die Maut für die Brenner-Scheitelstrecke dafür aber zu verringern. Dieser Vorschlag wurde von der Kommission als unakzeptabel zurückgewiesen.[446]
Durch den Beschluß der Eurovignette wird es sechs EU-Staaten, die keine Autobahngebühren einheben,[447] ermöglicht, auf bestimmten Strecken eine LKW-Steuer, je nach dem Grad der Schadstoffklasse, einzuziehen.

4.5.3.6. Die Koordinierung der Steuerpolitik

Im Bereich der Steuerpolitik vertritt die österreichische Regierung die Auffassung, daß ein Steuerwettbewerb nach unten, vor allem im Bereich der Kapitalertrags- und der Unternehmensbesteuerung durch eine bessere Koordination

---

444 Erst die Verordnung des Rates vom 31.12.1998 (in Kraft seit 1.1.1999) über die Umrechnungskurse des Euro (2866/98/EG) legte fest, daß "alle Bezugnahmen auf die ECU in einem Rechtsinstrument durch eine Bezugnahme auf den Euro zum Kurs von 1 Euro für 1 ECU ersetzt" werden. Daher ist hier noch von ECU die Rede.

445 Zu den Details vgl. "Agence Europe", 2.12.1998.

446 "Der Standard", 30.4.1999.

447 Deutschland, Belgien, Dänemark, Luxemburg, die Niederlande und Schweden.

innerhalb der EU vermieden werden sollte. Österreich bemühte sich daher während seiner Präsidentschaft, die Verhandlungen über die Harmonisierung bzw. Koordinierung der Kapitalertrags-, der Unternehmens- und der Umsatzsteuer voranzutreiben und auch die Frage einer Harmonisierung der Energiesteuer auf die Tagesordnung zu bringen. Substantielle Fortschritte konnten allerdings nicht erreicht werden.[448]

Mitte Juli fand in Wien eine zweitägige Konferenz zum Thema "Steuerwettbewerb und Koordinierung der Steuerpolitik in der EU" statt, an der rund 300 Expertinnen und Experten teilnahmen. Wie EU-Kommissar Mario Monti in seinem Referat verdeutlichte, steht die Steuerpolitik in engem Zusammenhang mit der Beschäftigungsfrage. In den letzten 15 Jahren hat die Kapitalbesteuerung in der EU um zehn Prozent abgenommen, die Besteuerung der Arbeit ist um sieben Prozent gestiegen. In der selben Zeit ist die Arbeitslosenrate um vier Prozent gestiegen. Ein fairer Steuerwettbewerb soll diesen Trend aufhalten.

Dem Europäischen Rat in Wien wurde ein Sachstandsbericht über die verstärkte Zusammenarbeit im Bereich der Steuerpolitik vorgelegt.[449] Der Europäische Rat in Wien begrüßte "den Bericht des Rates über die verstärkte Zusammenarbeit im Bereich der Steuerpolitik und weist mit Nachdruck auf die Notwendigkeit der Bekämpfung des schädlichen Steuerwettbewerbs hin". Beim Europäischen Rat im Juni in Köln soll ein weiterer Sachstandsbericht über die Zusammenarbeit im Steuerbereich vorgelegt werden (ER von Wien, Punkte 21-24).

4.5.3.7. Der Abschluß des Review-Prozesses im Umweltbereich

Die Beitrittsverträge mit Österreich, Schweden und Finnland sahen für einige Umwelt- und Gesundheitsnormen eine Übergangsfrist von vier Jahren vor, während der die nationalen Standards beibehalten werden durften.[450] Die EU sollte in dieser Zeit einen Review-Prozeß mit dem Ziel durchführen, ihre Umweltstandards auf höherem Niveau anzugleichen. Mitte Dezember hat die Kommission eine Mitteilung über den Stand des Review-Prozesses veröffentlicht, wonach die Überprüfung in fast allen Fällen zu einer Verbesserung des Umwelt-

---

448 Vgl. auch den Ergebnisbericht der Bundesregierung.

449 Abgedruckt in: Bundesministerium für auswärtige Angelegenheiten, 1999: Außenpolitische Dokumentation (Sonderdruck); S. 474-479.

450 Vgl. Art. 69 der Beitrittsakte in Verbindung mit Anhang VIII. Die Übergangsfrist endete am 31.12.1998.

und Gesundheitsschutzes in der Union geführt hat.[451] Die EU übernahm österreichische Regelungen hinsichtlich des maximalen Schwefelgehalts in Gasöl und der Verpackung und Kennzeichnung gefährlicher Stoffe, im Falle des Benzolgehaltes von Benzin ging die EU sogar über die österreichische Regelung hinaus. In den Fällen, in denen die Überprüfung auf europäischer Ebene noch nicht abgeschlossen war, wurde der Zeitraum der Ausnahmeregelungen für die drei neuen Mitgliedstaaten bis zum Abschluß des Review-Prozesses verlängert.[452]

4.5.3.8. Die Vermittlungsverfahren zwischen Rat und Europäischem Parlament

Während der österreichischen Präsidentschaft fanden vier Vermittlungsverfahren zwischen dem Rat und dem EP im Rahmen des Mitentscheidungsverfahrens statt, die alle erfolgreich abgeschlossen werden konnten. Neben dem an anderer Stelle behandelten erfolgreichen Abschluß des Vermittlungsverfahrens zum fünften Rahmenprogramm für Forschung und Entwicklung[453] wurden die Verfahren zu folgenden Richtlinien abgeschlossen:

- Richtlinie über Funkanlagen und Telekommunikationsendeinrichtungen und die gegenseitige Anerkennung ihrer Konformität.
- Richtlinie über Kaffee- und Zichorien-Extrakte.
- Eine Rahmen- und eine Durchführungsrichtlinie über die Behandlung von Lebensmitteln und Lebensmittelbestandteilen mit ionisierenden Strahlen.

4.5.4. Auswärtige Beziehungen und die europäische Sicherheits- und Verteidigungspolitik

Die Reaktionen der EU unter österreichischer Präsidentschaft auf aktuelle Herausforderungen und Krisen wurden bereits an anderer Stelle vorweggenom-

451 "Die Überprüfungsklausel - Umwelt- und Gesundheitsnormen vier Jahre nach dem Beitritt von Österreich, Finnland und Schweden zur Europäischen Union" (COM (98)745).

452 Vgl. "Agence Europe", 14./15.12.1998.

453 Siehe Kapitel 4.5.3.3.

men.[454] Im folgenden möchte ich nur einige besonders bedeutsame Ereignisse kurz erwähnen.[455]

- Die Beziehungen der EU zum Iran, die seit dem "Mykonos-Urteil", in dem die iranische Führung als Drahtzieher des Terrorismus bezeichnet wurde, eingefroren waren, wurden im Rahmen eines Besuches der EU-Troika unter der Leitung des Generalsekretärs im Außenministerium, Albert Rohan, durch die Eröffnung eines "umfassenden Dialoges" aufgetaut. Differenzen bestehen im Bereich Terrorismus und Menschenrechte fort.[456]
- Zur Vertiefung des politischen Dialoges trafen Anfang November die EU und Vertreter der Konferenz der Entwicklungsgemeinschaft Südliches Afrika (SADC) auf Ministerebene in Wien zusammen. Angesichts der kriegerischen Auseinandersetzungen im Kongo und in Angola war die Erstellung eines gemeinsamen Abschlußommuniqués schwierig. Vereinbart wurde eine Hilfestellung der EU bei der Konfliktprävention, eine verstärkte Zusammenarbeit bei der Bekämpfung des Drogenhandels und der AIDS-Seuche sowie bei der Beseitigung von Landminen. Laut Außenminister Schüssel nahmen auch die Rechte der Kinder breiten Raum bei den Diskussionen ein.
- Am 30.9.1998 wurden die sogenannten Post-Lomé-Verhandlungen aufgenommen, die nach dem Auslaufen des derzeitigen Lomé IV-Abkommens im Februar 2000, die Beziehungen zwischen der EU und den 71 AKP-Staaten auf eine neue politische und wirtschaftliche Grundlage stellen sollen.

Die Diskussion um die künftige Entwicklung einer gemeinsamen Sicherheits- und Verteidigungspolitik der EU wurde durch die Änderung der britischen Position belebt. In seinem Referat anläßlich des informellen Gipfels in Pörtschach bestätigte der britische Regierungschef Tony Blair schon zuvor gemachte Äußerungen, daß Großbritannien bereit sei, der Union verteidigungspolitische Befugnisse einzuräumen.
Festgehalten wurde die neue britische Haltung gegenüber einer gemeinsamen Sicherheits- und Verteidigungspolitik in einer gemeinsamen Erklärung von Frankreich und England in St. Malo Anfang Dezember. Darin wird bekräftigt, daß die Europäische Union "in der Lage sein muß, ihre Rolle in der internationalen Arena voll und ganz wahrzunehmen". Dazu muß sie eine autonome

---

454 Siehe Kapitel 4.4.1. Rechtsakte, die während der österreichischen Präsidentschaft im Rahmen der GASP angenommen wurden sowie Erklärungen des Rates zu Ereignissen in Drittstaaten finden sich in: Bundesministerium für auswärtige Angelegenheiten, 1999: Außenpolitische Dokumentation (Sonderdruck); S. 151-207.

455 Bezüglich der zahlreichen Treffen mit Drittstaaten und Internationalen Organisationen verweise ich auf den Ergebnisbericht der österreichischen Präsidentschaft.

456 Vgl. "Der Standard", 21.7.1998.

Handlungskapazität besitzen, unterstützt von glaubwürdigen Streitkräften mit den Mitteln und der Bereitschaft, sie zu nutzen. Gleichzeitig wird betont, daß die NATO das Fundament der kollektiven Verteidigung der Mitgliedstaaten der Europäischen Union bildet.[457]
Die österreichische Präsidentschaft griff die neue Dynamik in der Diskussion auf und versuchte, einige Akzente zu setzen. So fand am 8.12.1998 erstmals ein Treffen des EU-Ratspräsidenten mit dem NATO-Generalsekretär statt, wobei insbesondere die Rolle der beiden Organisationen in Bosnien und im Kosovo im Mittelpunkt der Gespräche stand. Am 16.11.1998 fand in Rom das erste offizielle Treffen eines EU-Ratsvorsitzenden mit dem WEU-Vorsitzenden statt. Vor allem aber hat die österreichische Präsidentschaft gezielt versucht, die im Vertrag von Maastricht angelegten, aber noch nicht genutzten Möglichkeiten für eine Zusammenarbeit mit der WEU vor dem Inkrafttreten des Vertrages von Amsterdam auszuschöpfen. Erstmals ersuchte der EU-Rat die WEU auf der Basis von Art. J.4 Abs. 2[458] konkrete Aktionen im Auftrag der Union durchzuführen. Dabei handelte es sich um

- die Entsendung von Entminungsexperten nach Kroatien,
- die Nutzung des WEU-Satellitenzentrums in Torrejòn zur Überwachung der Kosovo-Verifikationsmission und
- einen verstärkten Polizeieinsatz in Albanien (Schallenberg/Thun-Hohenstein 1999, 91).

Dadurch konnten wertvolle Erkenntnisse für die künftige Zusammenarbeit der Union mit der WEU gewonnen werden. Vor allem erwiesen sich die Entscheidungsmechanismen als zu langwierig und schwerfällig.[459]

Im September wurde bekannt, daß Verteidigungsminister Werner Fasslabend ein Treffen mit seinen EU-Ressortkollegen in Wien abhalten möchte, um die Konsequenzen des Vertrages von Amsterdam für die Entwicklung einer ge-

---

457 "Agence Europe", 7./8.12.1998.

458 "Die Union ersucht die Westeuropäische Union (WEU), die integraler Bestandteil der Entwicklung der Europäischen Union ist, die Entscheidungen und Aktionen der Union, die verteidigungspolitsche Bezüge haben, auszuarbeiten und durchzuführen. Der Rat trifft im Einvernehmen mit den Organen der WEU die erforderlichen praktischen Regelungen." (Art. J.4 Abs. 2 EUV idF. von Maastricht). Der Titel V des EUV (Gemeinsame Außen- und Sicherheitspolitik) wurde durch den Vertrag von Amsterdam überarbeitet und umstrukturiert. Die Zusammenarbeit der EU mit der WEU ist nunmehr in Art. 17 EUV geregelt.

459 Interview im Außenministerium.

meinsamen Verteidigungspolitik zu diskutieren.[460] Das Treffen war eine Initiative des Verteidigungsministers und war keine Veranstaltung der Präsidentschaft. Es war daher auch kein "informeller Ministerrat". An dem Treffen am 3. und 4. November nahmen die Verteidigungsminister aller 15 EU-Staaten sowie WEU-Generalsekretär José Cutileiro teil.[461]
In der bereits erwähnten Erklärung von St. Malo wird auch angesprochen, daß die europäischen Staaten im Bereich der Sicherheit und Verteidigung im institutionellen Rahmen der EU handeln sollten. Das heißt der Erklärung zufolge, den Europäischen Rat, den Rat für Allgemeines und die *Sitzungen der Verteidigungsminister*[462] zu nutzen.[463] Damit deutet sich die Möglichkeit an, daß es in Zukunft zu einer weiteren Ratsformation, jener der Verteidigungsminister, kommen könnte.
Der Europäische Rat von Köln nahm den Bericht des Vorsitzes über die Stärkung der gemeinsamen europäischen Sicherheits- und Verteidigungspolitik an, in dem unter Bezugnahme auf Art. 17 EUV zur Stärkung der GASP die schrittweise Festlegung einer gemeinsamen Verteidigungspolitik angestrebt wird. Zum Thema "Beschlußfassung" hält der Bericht fest, daß "die EU die Fähigkeit zur Lageanalyse, Zugang zu Nachrichtenwesen und die Fähigkeit zu einer strategischen Planung" benötigen wird. Hierfür könnte es unter anderem erforderlich sein, ad hoc oder regelmäßig Tagungen des Rates "Allgemeine Angelegenheiten" und, soweit angebracht, einschließlich der Verteidigungsminister, durchzuführen (ER von Köln, Anhang III).

4.5.5. Die Präsidentschaft in den Bereichen Landwirtschaft und Inneres

4.5.5.1. Wichtige Themen im Bereich Landwirtschaft

Im Landwirtschaftsbereich dominierte der Agrarteil der Agenda 2000 die Arbeiten unter österreichischem Vorsitz. Gemäß dem Auftrag des Europäischen Rates von Cardiff wurde die Prüfung der Kommissionsvorschläge auf Arbeits-

---

460 Vgl. "Agence Europe", 21./22.9.1998. Artikel 17 EUV spricht von einer schrittweisen Festlegung einer gemeinsamen Verteidigungspolitik, die zu einer gemeinsamen Verteidigung führen könnte, falls der Europäische Rat dies beschließt.

461 Dieses Treffen wird übrigens im Ergebnisbericht der Regierung erwähnt, obwohl es, wie auch dort festgehalten wird, "außerhalb des offiziellen Tagungskalenders der EU-Präsidentschaft stattfand" (Ergebnisbericht, Kap. Sicherheitspolitik).

462 Hervorhebung HL.

463 "Agence Europe", 7./8.12.1998.

gruppenebene abgeschlossen, einige Änderungen der Kommissionsvorschläge wurden vorgenommen und die politisch sensiblen Fragen herausgearbeitet. Über diese Fortschritte wurde dem Europäischen Rat von Wien ein Bericht vorgelegt.[464] Inhaltlich konzentrierte sich Österreich insbesondere auf die Einbeziehung der Weinmarkt-Reformen in die Agenda sowie auf die Betonung und Ausarbeitung des in der Agenda enthaltenen Programmes zur Entwicklung des ländlichen Raumes.
Neben der Agenda konzentrierte sich das Landwirtschaftsressort vor allem auf zwei weitere Schwerpunktthemen: nachwachsende Rohstoffe und eine gemeinsame Forststrategie der EU. Zum Thema nachwachsende Rohstoffe wurde eine EU-Konferenz in Gmunden veranstaltet. Die daraus hervorgegangene "Gmundener Deklaration" bildete die Grundlage für einen von der Kommission dem Dezember-Rat in Wien vorgelegten Bericht über den Stand und die Perspektiven im Bereich nachwachsender Rohstoffe.
Auf der Basis einer Mitteilung der Kommission verabschiedete der Rat Landwirtschaft eine Forststrategie, die eine gemeinsame Vorgangsweise bei der Bewirtschaftung und nachhaltigen Entwicklung der Wälder in Europa ins Auge faßt.

Weitere wichtige Themen des österreichischen Vorsitzes waren, laut der Arbeitsbilanz des Landwirtschaftsministeriums,[465] folgende:

- Im Hinblick auf die Einführung des Euro konnten die landwirtschaftlichen Umrechnungskurse zum Ausgleich der Wechselkurse ("grüne Kurse") abgeschafft werden, wodurch das agrimonetäre System wesentlich vereinfacht wurde.
- Infolge der Rußlandkrise wurde vom Rat Landwirtschaft eine Nahrungsmittelhilfe für Rußland im Ausmaß von 400 Mio. ECU[466] beschlossen und die Einzelheiten der Durchführung mit der russischen Regierung in einem "Memorandum of Understanding" festgelegt.
- Die Biorichtlinie, die seit 1991 für pflanzliche Produkte Leitlinien festlegt, was unter biologischer Landwirtschaft zu verstehen ist, wurde auf tierische Produkte ausgedehnt. Darin sind unter anderem erlaubte Futter- und Arznei-

---

464 Abgedruckt in: Bundesministerium für auswärtige Angelegenheiten, 1999: Außenpolitische Dokumentation (Sonderdruck); S. 361-422.

465 Bundesministerium für Land- und Forstwirtschaft, 1999: Arbeitsbilanz der österreichischen Präsidentschaft.

466 Diese Summe nennt die Arbeitsbilanz des Landwirtschaftsministeriums. Der Ergebnisbericht der Bundesregierung spricht von 470 Mio. ECU.

mittel, Regelungen für den Tierschutz und die Rückverfolgbarkeit von Tieren und Fleisch definiert.

- Im Saatgutbereich konnte eine Harmonisierung und insbesondere die verpflichtende Kennzeichnung von gentechnisch modifiziertem Saatgut erreicht werden.
- In der Tierzucht wurden im Sinne des Verbraucherschutzes vier weitere Antibiotika verboten, um das Risiko der Entwicklung resistenter Bakterien zu reduzieren.
- Dem Auftrag des Europäischen Rates von Cardiff folgend, wurde eine Strategie für die Integration der Belange der Umwelt und der nachhaltigen Entwicklung in die Agrarpolitik entworfen und dem Europäischen Rat von Wien darüber Bericht erstattet.[467]

Darüber hinaus war das Landwirtschaftsministerium auch für den Rat Fischerei zuständig, wo vor allem sozioökonomische Begleitmaßnahmen für das unter britischem Vorsitz beschlossene Verbot der Treibnetzfischerei, die Kontrolle der Fischereitätigkeit und die Festlegung der Gesamtfangmengen im Vordergrund standen.

4.5.5.2. Die Präsidentschaftsbilanz des Innenministeriums

Im Bereich der Dritten Säule standen Maßnahmen zur Vorbereitung und Umsetzung des Amsterdamer Vertrages sowie das Thema Asyl und Migration im Mittelpunkt der österreichischen Präsidentschaft.
Gemäß dem Auftrag des Europäischen Rates von Cardiff erarbeitete der österreichische Vorsitz einen "Aktionsplan zur Errichtung eines Raumes der Freiheit, der Sicherheit und des Rechts", der für die auf das Inkrafttreten des Vertrages von Amsterdam folgenden fünf Jahre die vorrangigen Arbeitsbereiche, einen Katalog von Prioritäten und Maßnahmen und einen zeitlichen Rahmen für die Umsetzung festlegt.[468]

---

467 Punkt 34 der Schlußfolgerungen des Europäischen Rates von Cardiff enthält die Aufforderung an alle betroffenen Fachräte, "ihre eigenen Strategien für die tatsächliche Berücksichtigung der Belange der Umwelt und der nachhaltigen Entwicklung in ihrem jeweiligen Politikbereich zu entwerfen". Dabei sind der Rat "Verkehr", der Rat "Energie" und der Rat "Landwirtschaft" aufgefordert, "in dieser Beziehung voranzugehen".

Auch dieser Bericht ist abgedruckt in: Bundesministerium für auswärtige Angelegenheiten, 1999: Außenpolitische Dokumentation (Sonderdruck); S. 423-434.

468 In Punkt 48 der Schlußfolgerungen des Europäischen Rates von Cardiff werden Rat und Kommission aufgefordert, für die Tagung des Europäischen Rates von Wien "einen Aktionsplan hinsichtlich der Frage zu unterbreiten, wie die Bestimmungen des Amsterdamer Vertrages über den Aufbau eines Raums der Freiheit, der Sicherheit und des Rechts am

Im Bereich der Integration des Schengener Systems in den rechtlichen Besitzstand der Union konnte weitgehend Einigung über die Zuordnung der Rechtsgrundlagen zu den einzelnen Teilen des Schengen-Acquis erzielt werden. Weiters wurde vereinbart, die Gruppenstruktur, wie sie sich im Schengen-Bereich entwickelt hat, als Ratsarbeitsgruppenstruktur in die EU zu übernehmen.
Mit Island und Norwegen konnte ein Abkommen über den Fortbestand ihrer Assoziierung mit Schengen auch nach dessen Integration in den Rahmen der EU geschlossen werden. Dabei war vor allem die Frage zu klären, wie die Assoziation, die ihre Ursache im skandinavischen Wunsch der Aufrechterhaltung der Nordische Paßunion hatte, fortgesetzt werden kann, ohne daß Nichtmitgliedstaaten in den gemeinschaftlichen Entscheidungsprozeß eingreifen können.

Im Bereich Migration und Asyl legte der österreichische Vorsitz ein umfassendes Strategiepapier vor, das jedoch aufgrund unzureichender Vorbereitung und Koordinierung sowie einiger umstrittener Passagen zur Genfer Flüchtlingskonvention, die im September für beträchtliche öffentliche Aufregung sorgten, scheiterte. Dieser Vorstoß des Innenministeriums verdient eine etwas ausführlichere Behandlung. Es handelte sich dabei nach allgemeiner Übereinstimmung um den größten Fehltritt der österreichischen Präsidentschaft, was mehrere Ursachen hatte:
1) Das Papier wurde weder innerösterreichisch noch auf europäischer Ebene ausreichend vorbereitet und koordiniert. Umfangreiche Initiativen bedürfen aber, wenn sie erfolgreich sein sollen, einer Abstimmung im Vorfeld, was hier offenbar unterlassen wurde.[469]
2) Obwohl mehrere Mitgliedstaaten die grundsätzliche Notwendigkeit betonten, auf dem Gebiet von Asyl und Migration enger zusammenzuarbeiten und die Probleme in diesem Bereich offen zu diskutieren, wurde das Papier auf europäischer Ebene kühl aufgenommen, da es als vorwiegend "nationales", innerösterreichisch motiviertes Papier, angesehen wurde. Ein Beamter der Kommission merkte grundsätzlich an:

---

besten umzusetzen sind". Das Ziel eines schrittweisen Aufbaus eines Raums der Freiheit, der Sicherheit und des Rechts wird im neuen Titel IV (Visa, Asyl, Einwanderung und andere Politiken betreffend den freien Personenverkehr) des EGV und im Titel VI des EUV vorgegeben und näher ausgeführt.

469 Mehrere Interviewpartner, sowohl auf europäischer als auch auf österreichischer Ebene äußerten sich in diesem Sinn. Stellvertretend sei ein Beamter des Ratssekretariates zitiert: "An sich war eine Initiative in dem Bereich sinnvoll, aber nicht in dieser Form, die Voraussetzungen fehlten. Niemand war zuvor informiert oder einbezogen, auch das Generalsekretariat hat im voraus nichts davon gewußt."

> "Es besteht manchmal die Tendenz, als Präsidentschaft Papiere in Österreich vorzubereiten, die deutlich unter innenpolitischen Gesichtspunkten stehen. Dies war etwa auch bei dem Flüchtlingspapier der Fall, das unnötig für Aufregung sorgte. Hier wäre es besser, wenn Österreich früher informell mit der Kommission und/oder dem Ratssekretariat Kontakt aufnähme."

Die Themen Migration und Asyl spielen seit Jahren eine bedeutende Rolle in der österreichischen Politik, wobei vor allem die rechtspopulistische Oppositionspartei FPÖ immer wieder Verschärfungen und Restriktionen im Umgang mit Ausländern und Flüchtlingen fordert. Die Regierung kam den Forderungen der FPÖ schrittweise entgegen, wobei vor allem Sektionschef Manfred Matzka, der auch für das Strategiepapier verantwortlich zeichnete, immer wieder mit Vorschlägen zur Verschärfung des Umgangs mit Ausländern an die Öffentlichkeit trat.[470] Den aktuellen Hintergrund des Strategiepapiers bildete die Krise im Kosovo, wo sich ein ähnliches Flüchtlingsproblem wie während des Bosnien-Krieges abzeichnete, als Österreich zehntausende Flüchtlinge aufnahm. Eine Wiederholung dieser Situation sollte in Zukunft vermieden werden.[471]

3) Der Entwurf war inhaltlich in vielen Punkten inakzeptabel beziehungsweise "mißverständlich formuliert", wodurch die erhebliche öffentliche Aufregung erklärbar ist, die ebenfalls dazu beitrug, das Papier scheitern zu lassen. Für die größte Aufregung sorgten jene Passagen, in denen die Schutzgewährung als subjektives Individualrecht in Frage gestellt und statt dessen ein "politisches Angebot des Aufnahmelandes" vorgeschlagen wurde. Dadurch könnte, so der österreichische Vorschlag weiter, die aufwendige Maschinerie des Asylwesens beseitigt werden und die potentiellen Aufnahmestaaten könnten wesentlich flexibler reagieren.

---

470 Zuletzt sorgte Sektionschef Matzka im April 1999 mit einem "Arbeitspapier" für Aufregung, in dem er unter anderem die sofortige Abschiebung von Schubhäftlingen im Hungerstreik sowie von Asylwerbern, die sich nicht ausweisen können, forderte. Weiters sollte die Betreuung für Schubhäftlinge eingestellt und Asylwerber während des laufenden Asylverfahrens abgeschoben werden können. Außerdem sollte die Zusammenarbeit mit dem UNHCR eingeschränkt werden ("Format" 14/99; "Der Standard", 3./4./5.4.1999).

471 Auf österreichische Initiative fand Mitte Juli ein Treffen der Innenminister Österreichs, Deutschlands, Italiens, Frankreichs und der Schweiz in Vorarlberg statt, in dem die Situation der Kosovo-Flüchtlinge im Mittelpunkt stand. Die Minister waren sich einig, keine Flüchtlinge aufnehmen zu wollen. Innenminister Schlögl faßte zusammen: Kein Rückführungsstopp für Flüchtlinge aus dem Kosovo, kein vorläufiges Bleiberecht, Ungarn wird weiterhin als sicheres Drittland angesehen. Der deutsche Innenminister Manfred Kanther fügte hinzu: "Wir wollen keine Flüchtlinge aus dem Kosovo. Auf gar keinen Fall." ("Der Standard", 17.7.1998).

> "Eine solche Neuorientierung kann nur auf der Basis einer Konvention erfolgen, die die Genfer Konvention ergänzt, ändert oder ablöst."[472]

Den erfahrenen Juristen im Innenministerium hätte klar sein müssen, daß das Asylrecht und die Genfer Flüchtlingskonvention sehr sensible Materien sind, wo derartige Formulierungen mehr schaden als sie nützen.[473] Doch es gab noch zahlreiche andere umstrittene Passagen. In Punkt 131 des Strategiepapiers wird für den "Flüchtlingsschutz" auch "die Entwicklung eines konsistenten Konzepts für die Reintegration von Vertriebenen und Flüchtlingen in ihre Heimat" vorgeschlagen. Dabei geht es

> "...um mehr als um die individuelle Unterstützung von Heimkehrern und die Erhöhung der Motivation zu freiwilliger Heimkehr: Es geht vielmehr um aktive Absicherung der Rückkehrmöglichkeiten notfalls mit denselben Machtmitteln, die von der Staatengemeinschaft auch zur Friedenssicherung und Konfliktbeendigung eingesetzt werden".

Solche Textstellen erregen nicht nur durch ihren Inhalt (Abschiebungen durch das Militär) sondern auch durch ihre zynische Formulierung Widerstand.[474]
4) Die Vorgangsweise bei der Einbringung des Papiers war ebenfalls nicht geeignet, unter österreichischer Präsidentschaft zu einem positiven Resultat zu gelangen. Das 50 Seiten starke Papier wurde Anfang Juli, also kurz vor den Sommerferien, an den K.4-Ausschuß mit der Bitte übermittelt, bis Anfang Sep-

---

472 Vgl. Punkte 102 und 103 des Strategiepapiers zur Migrations- und Asylpolitik, das mit 1.7.1998 datiert ist (Rat der EU, Dok.Nr. 9809/98; CK4 27, ASIM 170). Vgl. dazu auch Punkt 132 des Papiers.

473 Innenpolitisch konnte damit allerdings das Signal gegeben werden, daß man die Präsidentschaft zu nützen versuchte, um eine Verschärfung des "Ausländerrechtes" auch auf europäischer Ebene zu erreichen.

474 Laut "Süddeutscher Zeitung" vom 12./13.9.1998 soll der Staatsminister im Auswärtigen Amt in Bonn, Werner Hoyer, nach der Lektüre des Papiers gesagt haben:"Ich habe geglaubt, mich tritt ein Pferd."

Es würde zu weit vom Thema wegführen, das Papier genauer zu diskutieren und noch weitere Textstellen zu zitieren. Nur ein Vorschlag sei noch erwähnt: Zur "Reduktion des Auswanderungsdrucks in ausgewählten Herkunftsregionen" wird neben der Förderung von Menschenrechten, Demokratie und Rechtsstaat auch die "Beeinflussung der Bevölkerungspolitik" vorgeschlagen (Punkt 5.4.h des Strategiepapiers).

Kritisiert wurde an dem Papier auch die zugrundeliegende Analyse, daß ein Großteil der Flüchtlinge heutzutage von der Genfer Konvention nicht erfaßt werde und daß systematisch die Fragen von Migration und Asyl vermischt würden (vgl. zB. "Der Standard", 4.9.1998 und 10./11.10.1998).

tember schriftlich dazu Stellung zu nehmen. Bereits für die Tagung des Rates am 24. September wurde das Papier auf die Tagesordnung des Ministerrates gesetzt, nachdem es nur einmal im K.4 und überhaupt nicht auf Arbeitsgruppenebene diskutiert worden war. Allerdings wurde der Tagesordnungspunkt nach der massiven Kritik an dem Vorstoß auf die Dezembersitzung des Rates verschoben, wo eine überarbeitete Fassung vorgelegt wurde. Der Rat nahm den Zwischenbericht zur Kenntnis und beauftragte seine zuständigen Gremien, das Papier weiter zu prüfen. Erst die deutsche Präsidentschaft hat die Absicht bekundet, die Prüfung von Teilen des Papiers auf der Ebene der zuständigen Arbeitsgruppen einzuleiten.
Darüber hinaus wurden das EP und der UNHCR verärgert, da ihnen das Papier erst im Oktober übermittelt wurde, als es schon längst für öffentliche Aufregung gesorgt hatte und im der Folge schon seit Mitte September öffentlich zugänglich war.
Ein Beamter des Ratssekretariates beschrieb, wie eine erfolgversprechendere Vorgangsweise ausgesehen hätte: Demnach wäre es sinnvoll gewesen, einen koordinierten und gut vorbereiteten Text in den entsprechenden Arbeitsgruppen zu diskutieren, um am Ende ein Papier der Präsidentschaft zustandezubringen, das als Richtlinie auf dem Gipfel von Wien hätte angenommen werden können. Die tatsächliche Vorgangsweise machte dies unmöglich.[475]

Weitere Tätigkeiten im Bereich Inneres der Dritten Säule umfaßten folgende Punkte:
Die Prüfung eines Kommissionsentwurfes für ein Übereinkommen zur Regelung der Zulassung von Drittstaatsangehörigen wurde in erster Lesung abgeschlossen.

Über die durch die verschiedenen Balkan-Kriege und insbesondere durch die Kosovo-Krise aktualisierten Probleme des vorübergehenden Schutzes von Vertriebenen und eines allfälligen Solidarausgleiches[476] innerhalb der EU-Staaten konnte keine Einigung erzielt werden. Diese Frage stellte ein spezifisches österreichisches Interesse dar.[477]

Die EURODAC-Konvention, die die Abnahme und zentrale Speicherung von Fingerabdrücken von Asylwerbern regeln soll, konnte mit einer politischen

---

475 Interview im Ratssekretariat.

476 Dieser Begriff ersetzte die vormalige "gerechtere Lastenverteilung".

477 Auch im weiter oben ausführlich behandelten Strategiepapier wird dieses Thema angesprochen (vgl. die Punkte 128-130).

Einigung über den Text der Konvention abgeschlossen werden. Mit österreichischer Unterstützung wurde die Konvention außerdem auf illegale Grenzgänger ausgeweitet.
Am 1. Oktober 1998 ist das Europol-Übereinkommen in Kraft getreten. Aufgabe des österreichischen Vorsitzes war es, die letzten vorbereitenden Maßnahmen zu treffen.[478]

Ein weiterer Schwerpunkt lag schließlich in der Umsetzung des Aktionsplans zur Bekämpfung der organisierten Kriminalität. In einer gemeinsamen Maßnahme über den Straftatbestand der Beteiligung an einer kriminellen Organisation wurde den Mitgliedstaaten vorgeschrieben, sicherzustellen, daß eine effektive Verfolgung organisierter Kriminalität möglich ist. Vortaten der Geldwäsche werden künftig als schwere Straftaten anzusehen sein, die Beschlagnahme von Vermögenswerten kriminellen Ursprunges soll erleichtert werden. Ferner wurde ein Grundsatzdokument zur Bekämpfung der High-Tech-Kriminalität beschlossen.

In Erfüllung des Auftrages des Europäischen Rates von Cardiff wurde eine Gemeinsame Maßnahme verabschiedet, die dafür sorgen soll, daß Bestechung und Bestechlichkeit künftig in allen Mitgliedstaaten auch im privaten Sektor unter Strafe gestellt wird.[479]

Der Bericht zur Lage der Organisierten Kriminalität wurde unter österreichischem Vorsitz erstmals in zweifacher Ausfertigung erstellt. Eine für den internen Gebrauch erstellte Fassung enthält auch sensible Daten, die zweite Version ist für die Öffentlichkeit bestimmt und wurde in dieser Form dem EP übermittelt.

Im Bereich "Gefälschte Dokumente" konnte nach jahrelangen Diskussionen die Einrichtung eines elektronischen Bildspeicher- und übermittlungssystems be-

---

478 Dazu gehörte auch die politische Einigung über die Zusammensetzung des Europol-Direktoriums. Die Art des Kompromisses läßt vermuten, daß es sich dabei um schwierige Verhandlungen handelte. Der vormalige "Koordinator der Europol-Drogenstelle, der Deutsche Jürgen Storbeck, wird für eine Amtszeit von fünf Jahren Generaldirektor. Ihm sollen [...] seine gegenwärtigen vier Stellvertreter (ein Belgier, ein Luxemburger, ein Italiener und ein Brite) plus eine fünfte Person zur Seite stehen, die Frankreich vorschlagen wird. Zwei der Stellvertreter werden eine Amtszeit von lediglich drei Jahren haben (die der drei anderen beträgt vier Jahre); danach wird einer dieser beiden Posten von einem spanischen Kandidaten eingenommen, während der andere abgeschafft wird. Anschließend soll das Rotationsprinzip eingeführt werden." ("Agence Europe", 21./22.12.1998)

479 Vgl. Schlußfolgerungen von Cardiff, Punkt 38.

schlossen werden, das eine Sammlung echter sowie ge- und verfälschter Dokumente enthält.

4.6. Bewertung der österreichischen Präsidentschaft

4.6.1. Die Schwierigkeiten einer Gesamtbeurteilung

Die Beurteilung einer Präsidentschaft ist aus mehreren Gründen ein schwieriges Unterfangen:
Vielschichtigkeit und Komplexität: Eine Präsidentschaft spielt sich auf zahlreichen Ebenen - von den Arbeitsgruppen bis zum Europäischen Rat - und in völlig unterschiedlichen Politikfeldern mit verschiedenen Entscheidungsmechanismen ab. Eine Vielfalt an Aufgaben und Funktionen ist wahrzunehmen und dabei muß sowohl auf die nationale als auch auf die europäische Ebene Rücksicht genommen werden.
Rahmenbedingungen: Eine Präsidentschaft ist sehr stark von ihren Rahmenbedingungen abhängig, die sie selbst nicht beeinflussen kann. Internationale Krisen, institutionelle Blockaden oder Ereignisse in anderen Mitgliedstaaten - um nur einige Beispiele zu nennen - wirken sich massiv auf die Erfolgsaussichten und den Arbeitsanfall einer Präsidentschaft aus. Die genauen Auswirkungen dieser Variablen, vor allem im Vergleich zu anderen Präsidentschaften, sind aber kaum zu bestimmen.
Blickwinkel: Der Erfolg einer Präsidentschaft kann sehr unterschiedlich beurteilt werden, je nachdem, ob die Präsidentschaft auf europäischer (Kommission, EP, Ratssekretariat, andere Mitgliedstaaten, Medien) oder auf nationaler Ebene (Regierung, Opposition, Medien, öffentliche Meinung) bewertet wird.
Gelingt es einer Präsidentschaft, auf europäischer Ebene erfolgreich abzuschneiden, fördert dies das Image des Landes und kann mittelfristig den nationalen Interessen dienen, da eine wohlwollende Haltung der europäischen Partner Konzessionen wahrscheinlicher macht. Andererseits bemüht sich jede Regierung um ein positives Erscheinungsbild der Präsidentschaft auf der nationalen Ebene, wo die Regierungsarbeit letztendlich in der Form von Wahlergebnissen beurteilt wird. Hier kann die Beurteilung völlig gegensätzlich ausfallen, da die Ereignisse aus anderem Blickwinkel betrachtet werden. Ein Thema, das von großer nationaler Bedeutung ist, kann auf europäischer Ebene weitgehend bedeutungslos sein und umgekehrt. Während aus Brüsseler Sicht eher die Gesamtbilanz im Vordergrund steht, spielen auf nationaler Ebene einige medienwirksame und symbolträchtige Themen größere Bedeutung.
In den letzten Jahren zeigte sich an mehreren Beispielen, daß eine auf europäischer Ebene allgemein sehr positiv bewertete Präsidentschaft für nationale

Wahlen kein Erfolgsgarant ist. Sowohl die spanische als auch die irische Regierung wurden im Halbjahr nach ihrer Präsidentschaft abgewählt.[480]
Intransparenz: Vor allem für Außenstehende ist eine Beurteilung schwierig, da eine Präsidentschaft nicht nur vielschichtig und komplex ist, sondern weitgehend auch hinter verschlossenen Türen stattfindet. Informationen können daher nur sehr selektiv und gefiltert erhalten werden.

Der Komplexität und Vielschichtigkeit der Präsidentschaft entsprechend, versuche ich im folgenden eine Bewertung anhand unterschiedlicher Herangehensweisen vorzunehmen. Zunächst werden die wichtigsten Charakteristika der österreichischen Präsidentschaft herausgearbeitet und in einem anschließenden Exkurs in den Kontext der politischen Kultur Österreichs gestellt. Danach wird die österreichische Performance im Hinblick auf die verschiedenen Funktionen einer Präsidentschaft hin untersucht und abschließend versuche ich, die expliziten und impliziten Zielsetzungen der österreichischen Regierung für die Präsidentschaft herauszuarbeiten und gehe der Frage nach, inwieweit diese Ziele erreicht werden konnten.

4.6.2. Charakteristika der österreichischen Präsidentschaft

4.6.2.1. Die Koalitionsregierung als Ursache von Konflikten und Koordinationsproblemen[481]

Die starke Stellung der Ministerien und die Doppelgleisigkeit der EU-Koordination machte es unvermeidlich, daß das eine oder andere Vorhaben im Rahmen der Präsidentschaft nicht innerstaatlich abgestimmt war. Dazu gab es offenbar einige Ministerien, die die Koordinationsressorts von manchen Vorhaben überhaupt nicht, oder erst relativ spät, in Kenntnis setzten. Zwei Beamte des Außenministeriums hielten in ihrem Buch über die Präsidentschaft fest:

> "Die für die Koordination der österreichischen Präsidentschaft eingesetzten Gremien waren angesichts der unzureichenden Tagungs-

---

480 Die spanische Regierungspartei PSOE unter Felipe Gonzalez wurde im Frühjahr 1996, die irische Regierung unter John Bruton im Sommer 1997 abgewählt ("Der Standard", 1.7.1998, Sonderbeilage zur Präsidentschaft; S.A 11).

481 Der EU-Korrespondent der französischen Tageszeitung "Libération", Jean Quatremer, übte in einem Gastkommentar in der Kleinen Zeitung vom 31.12.98 umfassende und grundsätzliche Kritik an der aus seiner Sicht schlechten Präsidentschaft und stößt sich vor allem an der Großen Koalition und ihren Auswirkungen: "Widernatürliche Allianzen haben immer etwas ideologisch Abstoßendes besessen: Denn entweder ist man konservativ oder sozialdemokratisch. Aber nicht beides gleichzeitig!"

> frequenz (Sektionsleitersitzungen) bzw der fast ausschließlichen Befassung mit der Agenda 2000 (Strategiegruppe) nicht in der Lage, die Kohärenz der österreichischen Präsidentschaft einwandfrei zu gewährleisten.[482] Dies führte in Angelegenheiten, in denen sich das federführende Fachressort durch besonderen Ehrgeiz auszeichnete, in Einzelfällen zu erheblichen Kohärenzproblemen, sobald das in Rede stehende Dossier in einem Gremium (etwa im COREPER)[483] behandelt wurde, dessen Vorsitzender nicht vom betreffenden Fachressort gestellt wurde.[484]" (Schallenberg/Thun-Hohenstein 1999, 113)

Das Hauptbeispiel unkoordinierten Vorgehens lieferte das Innenministerium, das ohne vorhergehende Abstimmung ein umfassendes Strategiepapier zur Asyl- und Migrationspolitik vorlegte.[485] Kritisiert wurde auch die innerstaatliche Vorgangsweise von Verkehrsminister Einem im Zusammenhang mit dem Kompromißpaket bzgl. der bilateralen Verträge mit der Schweiz, der Eurovignette und der Brenner-Maut.[486] Auch die Ankündigung von Verteidigungsminister Fasslabend, ein Treffen der EU-Verteidigungsminister in Wien abhalten zu wollen, dürfte im Vorfeld eher mangelhaft abgestimmt worden sein.[487]
Obwohl sich beide Koalitionsparteien bemühten, während der Präsidentschaft ein möglichst einheitliches Bild abzugeben, schlug die Rivalität zwischen den beiden Parteien immer wieder durch und wurde auch auf europäischer Ebene wahrgenommen.[488] Vor allem zwischen den beiden Parteichefs, Außenminister Schüssel (ÖVP) und Bundeskanzler Klima (SPÖ) kam es immer wieder zu Konflikten.[489]

---

482 Zu Sektionsleiterrunde und Strategiegruppe siehe Kapitel 4.3.1.2.

483 Schallenberg/Thun-Hohenstein verwenden für den AStV die französische Abkürzung COREPER.

484 In einer Fußnote verweisen die Autoren darauf, daß es vor allem im Bereich des Innenministeriums zu solchen Fällen kam.

485 Siehe Kapitel 4.5.5.2.

486 Siehe Kapitel 4.5.3.5.

487 "Ach, die Ressorts haben sich wohl schon verständigt?!" fragte Graf Leinsdorf ironisch und gereizt. Tuzzi gab mit liebenswürdigem Gleichmut zur Antwort: "Erlaucht scherzen über die Ressorts. Das Kriegsministerium würde eher die Weltabrüstung begrüßen, als sich mit dem Ministerium des Äußeren ins Einvernehmen zu setzten!" (Robert Musil - Der Mann ohne Eigenschaften; Bermann-Fischer; Wien; 1938; S. 939)

488 Interviews in der Kommission und im Ratssekretariat.

489 Auch die "Financial Times" berichtete davon, daß Bundeskanzler Klima den Außenminister beneide, da dieser durch die Präsidentschaft so viel Aufmerksamkeit erfahre. Schüs-

Ein Beamter der Kommission faßte grundsätzlich zusammen:

> "Die interne Koordination in Wien ist suboptimal. Es gibt manchmal Schwierigkeiten, was vor allem in einer Koalition natürlich noch verstärkt wird. Sowohl inhaltlich als auch organisatorisch gibt es Probleme. Häufig sagen verschiedenen Leute verschiedene Sachen, und das zieht sich oft über Monate hinweg."

Im Österreich, dem "Land der Titel und der Präsidenten", war es natürlich eine wichtige Frage, wer in der Zeit des österreichischen Vorsitzes "EU-Präsident" sein würde: EU-Ratspräsident Schüssel oder der Präsident des Europäischen Rates, Klima.[490] Immer wieder gab es kleine Sticheleien. Außenminister Schüssel reagierte auf den informellen Gipfel der Regierungschefs gereizt: "Das Ganze ist eigentlich nicht mehr als die Fortsetzung eines Mittagessens".[491] Verwirrung stiftete das Bundeskanzleramt im Vorfeld des informellen Außenministertreffens in Salzburg. Ohne Einbindung des Außenministeriums und von Ratsorganen wurde eine EU-Erklärung zu Rußland vorbereitet. Daher sorgte die Ankündigung kurz vor dem informellen Rat in Salzburg, eine Rußland-Erklärung veröffentlichen zu wollen, allseits für große Überraschung und Verwirrung.[492]

4.6.2.2. Vorsichtige inhaltliche Zielsetzung

Das Ziel der österreichischen Präsidentschaft war es, sich als kleines aber erfolgreiches Land und als kompetenter Manager zu präsentieren, was dank einer sorgfältigen Vorbereitung auch gelang.

---

sel wiederum reagierte beleidigt auf die Einberufung des informellen Europäischen Rates ohne Beteiligung der Außenminister ("Financial Times", 3.7.1998).

490 Armin Thurnher, der Chefredakteur der Wochenzeitung "Falter", erinnerte zu Beginn der Präsidentschaft an ein legendäres Zitat eines ehemaligen Wiener Polizeipräsidenten, der einen flüchtigen Schwerverbrecher mit den Worten "Kumm aussa, i bin's, dei Präsident!" zur Aufgabe überredet haben soll. Thurnher weiter: "Jetzt sagen wir Österreicher zu Europa: Kumm aussa, mir sans, dei Präsident!" (Armin Thurnher, "Falter" 28/1998)

491 "Profil", 27/98. In einem Interview mit der "Presse" sagte Schüssel laut "Standard" vom 5.8.1998: "Pörtschach wird stattfinden, wird sicher eine interessante Diskussion sein, aber das war's."

Laut einem in Brüssel tätigen österreichischen Journalisten soll Bundeskanzler Klima auf der Pressekonferenz nach dem Europäischen Rat von Wien eine unangenehme Frage mit den Worten an Schüssel weitergereicht haben: "Ich stelle fest, daß diese Frage offenbar nicht an den Präsidenten des Europäischen Rates, sondern an den Ratspräsidenten gerichtet ist."

492 "Agence Europe", 10.9.1998. Vgl. auch "Der Standard", 7.9.1998.

Inhaltlich gab es keine "grand designs" und auch keine kontroversiellen Positionen, Österreich vertrat eine "mainstream position on almost every EU issue".[493] Österreich setzte sich, zumindest offiziell, keine ehrgeizigen Ziele und beschränkte sich im wesentlichen darauf, die laufenden Arbeiten so gut wie möglich zu erledigen. In den Worten eines Beamten des Außenministeriums:

> "Es war die erste Präsidentschaft, sonst wären wir hoffentlich kreativer gewesen. Das Potential wurde nur teilweise ausgenützt, was aber ganz normal ist und kein Fehler war. Es war richtig, sich das erste Mal auf das Pflichtprogramm zu konzentrieren."

Eine Ausnahme bildete die Aufnahme erster substantieller Verhandlungen mit den Beitrittskandidaten, wo sich Österreich selbst ein konkretes Ziel setzte, dessen Erreichbarkeit nicht gesichert war.
Diese betont zurückhaltende und risikoscheue Vorgangsweise wählte die Regierung einerseits bewußt, um sich während der ersten Präsidentschaft nicht selbst auch noch zusätzlichen Erfolgsdruck und vermehrte Arbeit aufzuhalsen, andererseits sah der EU-Kalender für das zweite Halbjahr auch keine großen Entscheidungen vor. Der Beschluß des Europäischen Rates von Cardiff, die Agenda 2000 unter deutscher Präsidentschaft im März 1999 abschließen zu wollen, entband Österreich von der Verantwortung, die Verhandlungen abschließen zu müssen. Dies bedeutete einerseits eine Erleichterung, brachte aber andererseits die undankbare und schwierige Aufgabe mit sich, substantielle Fortschritte erreichen und viel Arbeit investieren zu müssen, ohne die Lorbeeren ernten zu können. Manche Minister, vor allem Landwirtschaftsminister Molterer, hätten die Agenda gerne unter österreichischem Vorsitz abgeschlossen.
Auch beim Europäischen Rat in Wien dominierte Zurückhaltung und das Bemühen, Konflikte zu vermeiden und einen harmonischen Gipfel zu veranstalten. Vor allem die Kommission war mit dieser Vorgangsweise unzufrieden und forderte immer wieder eine aktivere Rolle der österreichischen Präsidentschaft im Bereich der Agenda 2000. Noch kurz vor dem Gipfel äußerte Kommissionspräsident Santer seinen Wunsch, daß die Debatte in Wien offen und ehrlich und somit zwangsläufig kontrovers sein müsse.[494]

Andererseits wurde ein enormer Ehrgeiz entwickelt, möglichst viele Themen zu behandeln und vielleicht doch noch abschließen zu können, so daß insbesondere gegen Ende der Präsidentschaft übervolle Sitzungskalender für große Belastungen und lange Sitzungen sorgten. Ein Beamter des Ratssekretariates sprach von einer kaum mehr zu bewältigenden Arbeitsbelastung gegen Ende der öster-

493 "Financial Times", 3.7.1998.

494 "Agence Europe", 10.12.1998.

reichischen Präsidentschaft, auch deshalb, weil auf allen Gebieten Berichte über den Stand der Arbeiten und künftige Maßnahmen erstellt wurden, die aus Sicht des Generalsekretariates entbehrlich waren.[495]

4.6.2.3. Sorgfältige Vorbereitung wiegt Unerfahrenheit auf

Der Umstand, daß Österreich das erste Mal die Präsidentschaft abhielt, bedeutete zwar, daß Erfahrungswerte fehlten, brachte es aber andererseits mit sich, daß Österreich die Präsidentschaft sehr ernst nahm und sich sorgfältig vorbereitete. Daher fiel die Unerfahrenheit im Amt der Präsidentschaft nur in einigen Randbereichen auf. Vor allem Bundeskanzler Klima mußte einige Male die Erfahrung machen, daß kurz vor und während der Präsidentschaft alle Äußerungen - selbst wenn sie in Österreich gemacht werden - internationale Beachtung und Kommentierung finden können. Das betraf die öffentliche Kritik am britischen Euro-Gipfel im Mai,[496] das "Zeit"-Interview im Juni,[497] in dem er - Kohl und Chirac folgend - die Rückgabe von Kompetenzen von der europäischen auf die nationale Ebene forderte, die Informationspolitik auf dem Gipfel von Cardiff,[498] und die Frage militärischen Eingreifens im Kosovo im Oktober. In der Nachrichtensendung "Zeit im Bild 2" hatte Klima am 2.10.1998 behauptet, außer Tony Blair wäre die Mehrheit der Regierungschefs der Meinung, daß militärisches Eingreifen im Kosovo nur auf der Basis eines neuen Sicherheitsratsbeschlusses erfolgen dürfe, was in Europa und den USA für Irritationen sorgte.[499]

Ein hoher Beamter des Generalsekretariates des Rates kritisierte, daß man den österreichischen Vorsitzenden in den verschiedenen Gremien des Rates, auch auf höherer Ebene, vielfach ihre Unerfahrenheit angemerkt habe. Das äußerte

---

495 Interview im Generalsekretariat.

496 Siehe Kapitel 4.4.2.3.

497 Vgl. "Die Zeit", 12.6.1998.

498 Bundeskanzler Klima kritisierte Deutschland, weil es vor den Österreichern über den Beschluß zur Abhaltung eines informellen Europäischen Rates unter österreichischem Vorsitz berichtet hatte. Der "Kurier" vom 16.6.1998 vermerkt dazu, daß die Journalisten in Cardiff vom Sondergipfel in Österreich aus deutschen und luxemburgischen Quellen erfuhren, da die Mitarbeiter von Kanzler Klima in einer "Mischung aus Unvermögen und Unwillen eineinhalb Stunden nicht in der Lage" waren, die Nachricht zu bestätigen oder zu konkretisieren.

499 Die USA ließen laut einem Bericht der "Presse" mitteilen, Klima könne für Österreich, nicht aber für die EU sprechen, wenn es keinen Beschluß gäbe. Im übrigen erwarte man sich, daß die Präsidentschaft die USA in ihrer Jugoslawien-Politik nicht behindere, wenn man sie schon nicht unterstütze ("Presse", 7.10.1998).

sich in Unsicherheit, nicht sehr effizienter Sitzungsführung und zu geringer Ergebnisorientierung. Zwischen den zwei Arten der Vorsitzführung, sich hinzusetzen und diskutieren zu lassen, oder die Diskussion zu kanalisieren und Lösungsansätze herauszukristallisieren, entschieden sich manche österreichische Vorsitzende für die erste Methode und beschränkten sich darauf, die Ergebnisse dann nach Wien zu berichten. In diese Kerbe schlug auch die Kritik eines Sprechers der Ständigen Vertretung eines Mitgliedstaates, wonach die österreichischen Vorsitzenden vielfach unflexibel agierten und nach den Sitzungen Schlußfolgerungen präsentierten, die sie schon davor erstellt hatten.[500]

4.6.2.4. Bestätigte und widerlegte Klischees

Der österreichische Vorsitz bemühte sich sehr, durch die Auswahl der Tagungsorte, durch perfekte Organisation und wertvolle Gastgeschenke[501] die Klischees von der Gastfreundschaft, der Gemütlichkeit und der Vielfalt touristischer Attraktionen in Österreich zu bestätigen, was offenbar auch weitgehend gelang. Der Wiener Gipfel wurde in erster Linie wegen seiner Atmosphäre allgemein gelobt.[502] Vor allem vom Ratssekretariat wurde der freundliche und lockere Umgang im Vergleich zum wesentlich strengeren Ton der nachfolgenden deutschen Präsidentschaft als positiv hervorgehoben.[503]

Österreich bemühte sich auch, seinen Ruf als Kulturnation durch ein umfangreiches kulturelles Rahmenprogramm in Belgien und anläßlich des Beginns der Präsidentschaft in Wien zu bestätigen, wobei sich der künstlerische Wert letzterer eher in Grenzen hielt und vor allem alte Österreich-Klischees wiederholt wurden.[504]

---

500 Interview in einer Ständigen Vertretung in Brüssel nach der österreichischen Präsidentschaft.

501 Die Geschenke an die Delegationsführer und ihre BegleiterInnen bei den informellen Ministertreffen in Österreich umfaßten Feldstecher, Augartenporzellan und zumeist kulinarische Spezialitäten aus der jeweiligen Region.

502 Laut Düsseldorfer Handelsblatt vom 24.12.1998 soll ein "langjähriges Mitglied im EU-Troß" geäußert haben: "Als Veranstalter sind die Wiener unübertroffen, den Vorsitz können ja andere führen." (Quelle: www. austria.gv.at/aktuell/database/aps/german/-19981230.htm)

503 Interviews im Ratssekretariat.

504 Die Staatsoper spielte anläßlich des Beginns der Präsidentschaft am 1.7.1998 die Beethoven-Oper "Fidelio". Die Aufführung wurde in alle 14 EU-Hauptstädte übertragen. "Der Standard" stellte fest, daß Österreich an seinen Schicksalstagen offenbar Fidelio braucht. Die Oper wurde auch am 5.11.1955 zur Wiedereröffnung der Staatsoper und am

Eine deutliche Widerlegung erfuhr das Klischee des schlampigen, gemütlich-langsamen Österreichs, insbesondere im Gegensatz zur nachfolgenden Präsidentschaft. Die österreichische Organisation wurde allgemein als hervorragend gelobt, während die deutsche Präsidentschaft für ihre organisatorischen Leistungen massive Kritik einstecken mußte.
Ein Beamter des Generalsekretariates wies auf die Vor- und Nachteile der österreichischen Mentalität aus seiner (deutschen) Sicht hin: man ist gewöhnt, Dinge flexibel anzugehen, Textentwürfe müssen nicht von vornherein glasklar sein, was vor allem für Deutsche irritierend ist. Im multinationalen Kontext kann der österreichische Zugang ein Vorteil sein, der allerdings zum Nachteil wird, wenn man es übertreibt und "überhaupt nichts mehr herauskommt vor lauter verhandeln und flexibel sein".

4.6.3. Exkurs: Die politische Kultur Österreichs und die Präsidentschaft

"Politische Kultur" ist ein schwer zu fassender Begriff, der vielerlei bedeuten kann:[505] sowohl allgemeine Haltungen, Symbole und Werte, die die Menschen in ihrem politischen Handeln beeinflussen und ihre Einstellungen gegenüber politischen Systemen und Subsystemen oder gegenüber dem Staat bestimmen, als auch typische Verhaltensmuster innerhalb und zwischen verschiedenen politischen Institutionen oder Systemen. Die Quellen politischer Kultur liegen auf individueller Ebene in der Sozialisation (durch Familie, Schule, Arbeit, Medien etc.), wobei die politische Sozialisation der "Eliten" eine gesonderte Beachtung verdient, sowie in der Entstehungsgeschichte von Staaten, ihren Institutionen, Ideologien etc. Ich stütze mich im folgenden auf Literatur zur politischen Kultur und zur nationalen Identität Österreichs,[506] um einen groben Analyserahmen zu erstellen, in den charakteristische Erscheinungen der österreichischen Präsidentschaft eingeordnet werden können.

17.3.1938, nach vier Tagen rassischer Inventur, zur Feier von Österreichs Anschluß aufgeführt ("Der Standard", 3.7.1998).

Am 1.7.1998 fand anläßlich der Übernahme des Vorsitzes ein von der Bundesregierung in Auftrag gegebenes "Fest für Europa" am Heldenplatz statt. Unter dem Motte "Zwischen E und U" wurden sämtliche Klischees und Peinlichkeiten bemüht. Von Jodelkommandos über "I am from Austria", Mozart, Beethoven bis zum Lippizzaner-Hengst, "der die Österreicher für 'sehr gemütlich' hält und sich auf die Stuten freut" ("Falter" 28/1998).

505 Von der alltagssprachlichen Verwendung im Sinne der Bewertung guten Stils oder korrekten Verhaltens ganz abgesehen.

506 Gerlich 1991; Bettelheim/Harauer (Hg.) 1993; Gärtner/Hämmerle (Hg.) 1994; Pelinka 1998.

In der neueren Literatur wird zwar der Wandel der österreichischen politischen Kultur von einer "Insel der Seeligen" zu einer "normalen" westlichen Demokratie angesprochen, wofür der EU-Beitritt sowohl Merkmal als auch Katalysator ist, aber eine umfassende und systematische Untersuchung der Auswirkungen der EU-Mitgliedschaft auf die politische Kultur Österreichs sowie zur Einbeziehung der neuen Dimension EU scheint in jüngster Zeit nicht durchgeführt worden zu sein.

Die zweite Republik gilt neben den Niederlanden und der Schweiz als *das* klassische Beispiel für eine Konkordanzdemokratie. Das kommt in zahlreichen Merkmalen des österreichischen politischen Systems zum Ausdruck: den Großen Koalitionen, die in 34 von 54 Jahren Österreich regierten;[507] dem damit verbundenen Proporz;[508] der Sozialpartnerschaft mit der Paritätischen Kommission für Lohn- und Preisfragen; in den Konzentrationsregierungen in den meisten Ländern und Gemeinden.[509] Die Suche nach einem Konsens prägte auch die Zeit der Alleinregierungen,[510] in der im Schnitt 75% aller Gesetze einstimmig beschlossen wurden (Fischer 1991, 105) und von der Möglichkeit, die große Oppositionspartei einfach zu überstimmen, oft nicht Gebrauch gemacht wurde (vgl. Pelinka 1998, 28).[511] Daher ist es selbstverständlich, daß auch die Koordinationsstrukturen für die österreichische Willensbildung in EU-Angelegenheiten auf Konsens und Gleichberechtigung der beiden Parteien der Großen Koalition ausgerichtet sind:

---

507 Und in der Zeit der ersten Großen Koalition (1945-66) rund 95% der Wählerstimmen repräsentierte.

508 Unter Proporz versteht man die Aufteilung von Posten im gesamten öffentlichen Sektor unter Berücksichtigung der Parteienzugehörigkeit.

509 In sieben der neun Länder sehen die Landesverfassungen vor, daß sich die Landesregierung proportional aus allen Parteien zusammensetzt, die einen bestimmten Mindestanteil an Landtagsabgeordneten erreicht haben.

510 Alleinregierungen einer Partei mit absoluter Mehrheit im Nationalrat gab es in der Zweiten Republik von 1966 bis 1970 (ÖVP) und von 1971 bis 1983 (SPÖ). Von 1970 bis 1971 bildete die SPÖ eine Minderheitsregierung.

511 Darüber hinaus sind manche sensible Bereiche, etwa die Schulgesetzgebung, als formale Verfassungsgesetze abgesichert, sodaß ein breiter Konsens auch bei Alleinregierungen gewährleistet bleibt.

Auch im Rat der EU steht der Konsens, die Suche nach breit abgestützten Kompromissen, im Mittelpunkt und häufig werden Anstrengungen unternommen, über die qualifizierte Mehrheit hinaus, möglichst einstimmige Beschlüsse zu erreichen. Daraus könnte man die Hypothese ableiten, daß Österreich daher mit der politischen Kultur im Rat besser zurechtkommen sollte als andere Staaten.

> "Im Gegensatz zu anderen Mitgliedstaaten - insbesondere Frankreich und Großbritannien, wo eine Steuerung der Fachressorts durch hierarchische Streitschlichtung am stärksten ausgeprägt ist - zeichnen sich die österreichischen EU-Koordinationsstrukturen in der Praxis durch hohe Konsensorientierung aus. Dies entspricht der bekannten Tradition österreichischer politischer Kultur." (Morass 1996, 37)

Mit der starken Konsensorientierung korrespondiert ein Harmoniebedürfnis,[512] das die offene Austragung von Konflikten ablehnt und statt der Formulierung unterschiedlicher Positionen einen mühevollen Kompromiß, statt der "zupakkenden Analyse" die verschnörkelte, unscharfe Sprache bevorzugt (Hanisch 1993, 19).
Während der Präsidentschaft wurden insbesondere das Harmoniebedürfnis Österreichs beim Wiener Gipfel und generell die zurückhaltenden, eher risikoscheuen Zielsetzungen kritisiert.

Die Notwendigkeit, trotz konsensualer Entscheidungen politisch vom Koalitionspartner unterscheidbar zu sein und die Loyalität der eigenen Anhänger zu sichern, führt häufig zur Austragung von Scheinkonflikten und zu symbolischer Politik, wobei gelegentlich tatsächliche Auffassungsunterschiede zugrunde liegen:

> "In Österreich ist die Konkordanz des Entscheidungshandelns stets vom Theaterdonner vordergründiger Auseinandersetzungen begleitet. Österreichische Funktionäre praktizieren oft nach innen Harmonie und signalisieren zugleich nach außen Meinungsunterschiede und Konflikte." (Gerlich 1991, 459)

Dieses Verhaltensmuster kommt auch im Umgang mit der EU zur Anwendung. Ein Beispiel dafür ist die österreichische Neutralitätsdebatte, in der die SPÖ vor heimischem Publikum stets die große Bedeutung der Neutralität und ihrer uneingeschränkten Gültigkeit betont, während die Regierung die Neutralität in den Beitrittsverhandlungen nicht einmal erwähnte und sich in der Beitrittsakte aus-

---

512 Armin Thurnher, "Falter" 28/1998: "Europa, jetzt sind wir dran. Gut vorbereitet, fleißig, selbstbewußt. Ausrutscher wie den Briten werden uns nicht passieren, uns, der pannenlosen, der schlechthin unpeinlichen Nation. Wir werden es verstehen, das Gemeinschafltiche in den Vordergrund zu rücken, wir werden das Verbindende am Partnerschaftlichen betonen, werden den Zwist und das Trennende am Verschlungenen hintergründig und untergründig zu halten wissen. Vorn strahlt Harmonie. Der Kanzler präsentiert ein Kinderbuch des Vizekanzlers, der Vizekanzler präsentiert ein Parteibuch des... Nein, so weit gehen wir nicht."

drücklich dazu verpflichtete, am Aufbau einer gemeinsamen Sicherheits- und Verteidigungspolitik mitzuwirken.
Während der Präsidentschaft hat die Koalitionsregierung nach Kräften versucht, ein einheitliches Bild abzugeben, was mit einigen Ausnahmen auch gelungen ist. Durch die starke Stellung der Ministerien und die Doppelstrukturen in der Koordination war und ist es aber unvermeidlich, daß zuweilen unterschiedliche Signale und unkoordinierte Standpunkte nach außen vertreten werden. Insbesondere auf dem Gebiet der Sicherheitspolitik äußerten sich einige Beamte der Kommission und des Ratssekretariates frustriert darüber, ständig unterschiedliche Signale aus Österreich zu bekommen.

Der Charakter des durchschnittlichen Österreichers wird meist als schizophren und komplexbeladen beschrieben, wobei Minderwertigkeitsgefühle und Größenwahn einander abwechseln.[513] Die Ursache dafür liegt zum Großteil in der wechselvollen Geschichte Österreichs, die zu beiden Gefühlen Anlaß geben kann. Das heutige Österreich ging aus den weitreichenden Ländern der Habsburger hervor, jener Dynastie, die jahrhundertelang den deutschen König und römischen Kaiser stellte, wenngleich dies in erster Linie symbolische Funktionen waren. Nach der Niederlage im Ersten Weltkrieg, dem Tod Kaiser Franz Josephs und dem Zusammenbruch der Monarchie hielt sich das kleine Restösterreich für nicht lebensfähig und strebte den Anschluß an Deutschland an, was aber von den Alliierten verhindert wurde.[514] Nach dem Bürgerkrieg 1934, dem Austrofaschismus, dem "Anschluß" an das nationalsozialistische Deutschland und dem Zweiten Weltkrieg verblieb ein von den vier Alliierten besetztes, gedemütigtes und desillusioniertes Land, das die unmittelbare Vergangenheit vergessen wollte und eine eigene Identität erst entwickeln mußte. Dies geschah einerseits durch den Rückgriff auf die Vergangenheit und die Mythologisierung der österreichisch-ungarischen Monarchie sowie die Stilisierung Österreichs zur Kulturgroßmacht, andererseits wurden neue Identitäten und Gründungsmythen geschaffen. Für die österreichische Nachkriegsidentität sind die Schlagworte Neutralität, Sozialpartnerschaft und (unberührte) Natur zentral. Das erklärt einige Besonderheiten im österreichischen Verhalten gegenüber der EU.

---

513 Vgl. zum Beispiel Hill Richard, 1997: We Europeans. Das Kapitel über Österreich ist betitelt: "The Austrians: the sentimental schizos".

514 Die Provisorische Nationalversammlung proklamierte am 12.11.1918 zugleich die Republik Deutschösterreich und den Anschluß an Deutschland, was nach der Volkswahl der Konstituierenden Nationalversammlung von dieser bestätigt wurde. Im Friedensvertrag von St. Germain wurde im September 1919 von den Alliierten allerdings der Name "Republik Österreich" vorgeschrieben und die Unabhängigkeit Österreichs für unabänderlich erklärt (Hoke 1992, 462ff.).

Die Neutralität hat nach wie vor identitätsstiftende Wirkung, obwohl sie in der Praxis nur noch der Ausdruck sicherheitspolitischen Trittbrettfahrens ist. Sie wird vor allem von der SPÖ als Dogma hochgehalten.[515]
Die Sozialpartnerschaft steht stellvertretend für die österreichische Konkordanzdemokratie, die das notwendige Mittel zur Überwindung der tiefreichenden gesellschaftlichen Spaltungen der Ersten Republik war. Diese Spaltung ist mittlerweile überwunden, weshalb auch die Institutionen der Konkordanzdemokratie einem Wandel unterworfen sind.
Die Schönheit der österreichischen Landschaft wurde ebenfalls zu einem identitätsstiftenden Element ausgebaut, das bis heute vermittels des Tourismus wesentlich zum wirtschaftlichen Wohlergehen des Landes beiträgt. Die zentrale Bedeutung einer gesunden und sauberen Natur für die österreichische Identität dürfte eine wesentliche Ursache für die konservative und im Ausland gelegentlich als fundamentalistisch wahrgenommene Haltung Österreichs in damit zusammenhängenden Fragen wie Atomenergie, Gentechnik oder Tierschutz sein. Auch während der Präsidentschaft gehörten diese Themen, soweit es möglich war, zu Schwerpunktthemen.

Um noch einmal auf Österreichs Hang zum Größenwahn zurückzukommen: Im Mai 1998 wurde eine amerikanische Studie veröffentlicht, die den Nationalstolz in 23 Staaten der Welt untersuchte. Dabei landete Österreich in der Kategorie "genereller Nationalstolz", die durch Fragen wie "Ist Ihre Nation besser als andere?" erhoben wurde, an erster Stelle.[516] Damit wurde der österreichische Hang zur Selbstüberschätzung auch wissenschaftlich und im internationalen Vergleich bestätigt. Vor diesem Hintergrund ist vielleicht auch der Slogan der österreichischen Präsidentschaft, "Europa fit machen", besser verständlich.

4.6.4. Die verschiedenen Funktionen der Präsidentschaft

Die Bewertung des österreichischen Vorsitzes entsprechend der verschiedenen Funktionen einer Präsidentschaft, wie sie in Kapitel 3.3. dargestellt wurden, bringt einige unterschiedliche Ergebnisse.
Für die Aufgabe der *Organisation und Koordination* bekam Österreich allseits ausgezeichnete Noten. Vor allem Journalisten zeigten sich beeindruckt und sprachen von der seit vielen Jahren am besten organisierten Präsidentschaft.

---

515 Das sicherheitspolitische Trittbrettfahren besteht darin, kaum Investitionen in die eigene oder die kollektive Sicherheit zu tätigen. Sowohl ein NATO-Beitritt als auch eine ernst genommene, nicht nur postulierte Neutralität, würden wesentlich höhere Investitionen in die Ausrüstung des österreichischen Bundesheeres erfordern.

516 Vgl. "Profil" Nr. 28, 6.7.1998.

Alles habe gestimmt, von der Veranstaltungsorten über die Betreuung bis zu den Gastgeschenken. Positiv hervorgehoben wurde beispielsweise die Möglichkeit, daß man nach dem Gipfel von Pörtschach das Gepäck schon im Pressezentrum einchecken konnte, oder daß entgegen ursprünglichen Plänen das Pressezentrum nach dem ER von Wien nach einigen Anfragen von Journalisten auch am Sonntag geöffnet blieb.[517]
Die *Vorsitzführung* ist schon differenzierter zu beurteilen, was natürlich an der Vielzahl der verschiedenen Vorsitzführenden liegt. Bemängelt wurde gelegentlich eine zu geringe Ergebnisorientierung und eine Überfrachtung der Tagesordnungen. Das Innenministerium mußte heftige Kritik für sein Strategiepapier zu Migration und Asyl einstecken. Andere Vorsitzende wurden ausdrücklich gelobt, wie etwa auf Ministerebene Verkehrsminister Caspar Einem oder Staatssekretär Wolfgang Ruttenstorfer.
In manchen Bereichen konnten trotz großer Anstrengungen keine Erfolge erreicht werden, weil die Zeit nicht reif war oder bilaterale Gegensätze zwischen einzelnen Mitgliedstaaten eine Einigung verhindern. So sind zB. mehrere Dossiers wegen des Konfliktes zwischen Spanien und Großbritannien um Gibraltar blockiert. Die Beziehungen zur Türkei konnten auch von der österreichischen Präsidentschaft nicht verbessert werden, da Griechenland jeden diesbezüglichen Versuch blockierte.
Interessant ist, daß Peter Ludlow in seinem Kommentar zur britischen Präsidentschaft als Enttäuschungen in einer insgesamt vorwiegend positiven Bilanz drei Beispiele anführt, die auch von der österreichischen Präsidentschaft nicht gelöst werden konnten: die Verhandlungen über ein Abkommen mit Südafrika,[518] die Bemühungen, die Beziehungen zur Türkei zu verbessern und die Einführung einer Europäischen Aktiengesellschaft, die an der Uneinigkeit über die Arbeitnehmermitbestimmungsrechte scheiterte (vgl. Ludlow 1998, 6).
Die Funktion der *kollektiven Repräsentation* gegenüber dem EP wurde von diesem zum Großteil sehr gelobt. Die Vertretung gegenüber Drittstaaten und Internationalen Institutionen ist ein sehr arbeitsaufwendiger und umfangreicher Bereich, insbesondere für den Außenminister und seine Mitarbeiter. Nach außen hin kam es dabei zu keinen Schwierigkeiten. Die Vertretung gegenüber den Medien wurde von diesen zum Teil massiv kritisiert. Vor allem wurde ein Hang zur Geheimhaltungspolitik bemängelt, weil gelegentlich Dokumente, die übli-

---

517 Interviews mit Journalisten.

518 Die Verhandlungen scheiterten vor allem an der Streitfrage über Südafrikas Gebrauch der Bezeichnungen "Sherry" und "Porto" auf dem heimischen Markt. (vgl. "Agence Europe", 9.12.1998)

cherweise frei zirkulieren, länger als üblich zurückgehalten wurden.[519] Unzufriedenheit äußerten Journalisten auch mit den Pressesprechern von Bundeskanzler Klima und Außenminister Schüssel, die ihre Aufgabe nicht als Informanten, sondern als Manipulatoren ("spin-doctors") der Öffentlichkeit definierten.
Die *Initiativfunktion* wurde in einigen Bereichen erfolgreich ausgeübt und fand auch weitgehend Anerkennung, etwa im Bereich der Steuerharmonisierung oder der Sicherheitspolitik, andererseits gab es auch weniger erfolgreiche Beispiele, wie das Strategiepapier zu Asyl- und Migrationsfragen.

4.6.5. Die Zielsetzungen der österreichischen Präsidentschaft

Aus verschiedenen Äußerungen von Politikern und Beamten vor und nach der Präsidentschaft, sowie aus dem tatsächlichen Verhalten der österreichischen Präsidentschaft läßt sich ableiten, welche Zielsetzungen und Interessen die österreichische Bundesregierung während der Präsidentschaft verfolgte. Im folgenden unterscheide ich zwischen Zielsetzungen, die nach außen, auf die europäische und internationale Ebene, gerichtet waren und Zielen, die durch die Präsidentschaft innerhalb Österreichs erreicht werden sollten.

4.6.5.1. Ziele der Präsidentschaft auf europäischer und internationaler Ebene

Österreich sollte sich durch eine gute und erfolgreiche Präsidentschaft als vollwertiges Mitglied der Europäischen Union etablieren.
Erst nach einer erfolgreich absolvierten Präsidentschaft gilt ein neuer Mitgliedstaat in den Augen der anderen als vollwertiges Mitglied. Dieses Ziel wurde weitgehend erreicht. Es gelang der Nachweis, daß die österreichische Regierung und die Verwaltung in der Lage sind, eine Präsidentschaft durchzuführen und den enormen Arbeitsanfall zu bewältigen.
Es sollte bewiesen werden, daß auch ein kleines Land in der Lage ist, die ihm übertragenen Aufgaben kompetent zu erfüllen und Akzente zu setzen.
Hinter dieser Zielsetzung steht die Befürchtung Österreichs und anderer kleinerer Staaten, daß das System des rotierenden Vorsitzes zugunsten der größeren Mitgliedstaaten geändert werden könnte. Daher möchten kleinere Mitgliedstaaten den Beweis erbringen, daß sie die Vorsitzfunktion mindestens so gut wie große Staaten erfüllen können.
Österreich konnte die ihm übertragenen Aufgaben erfüllen und erhielt im organisatorischen Bereich sogar ausgezeichnete Bewertungen. Österreich konnte

519 So zB. das Einladungsschreiben des Präsidenten des Europäischen Rates, Viktor Klima, für den ER von Wien. Das Dokument befindet sich im Anhang.

aber auch einige Akzente setzen, beispielsweise im Bereich der Sicherheits- und Verteidigungspolitik, der Steuerharmonisierung und durch die Aufnahme der konkreten Beitrittsverhandlungen mit den Bewerberstaaten. Das Ziel wurde daher weitgehend erreicht.

Österreichs Rolle als "integrationspolitischer Musterschüler" (Schneider 1996, 141) sollte unter Beweis gestellt werden.

Durch besonderes Engagement und die Betonung der Rolle der Präsidentschaft als "ehrlicher Makler" der Union wurde versucht, dieses Ziel zu erreichen. Nationale Interessen wurden im großen und ganzen zurückhaltender vertreten. Die Präsidentschaft bemühte sich, alle aktuellen Themen aufzugreifen und voranzubringen und engagierte sich in allen für die Zukunft der Union wichtigen Bereichen: Erweiterung, Agenda 2000, Sicherheits- und Verteidigungspolitik und europäische Zukunftsdebatte.[520]

Auf dem Gebiet der Sicherheits- und Verteidigungspolitik sollte außerdem der Beweis erbracht werden, daß Österreich auch in diesem Bereich trotz seiner Neutralität voll für die Entwicklung einer gemeinsamen Politik eintritt.

Die internationale Medienaufmerksamkeit sollte dazu genutzt werden, Österreich in seiner geographischen und kulturellen Vielfalt zu präsentieren, um das Image und die touristische Attraktivität zu heben.

Eine vom Außenministerium in Auftrag gegebene Studie des Österreichischen Institutes für Wirtschaftsforschung brachte das Ergebnis, daß dieses Ziel erreicht wurde. Zusammenfassend heißt es dort:

> "Die von der EU-Präsidentschaft ausgehenden Werbewirkungen, die Imageverbesserung, die Erhöhung des Bekanntheitsgrades und die Aufwertung der verschiedenen Kongreßstandorte sowie die geplanten Wiederbesuche[521] werden zu einem späteren Zeitpunkt weitere Nachfrage nach österreichischen Waren und Dienstleistungen auslösen, so daß die Gesamteffekte den unmittelbar mit den Tagungen verbundenen touristischen Nutzen übersteigen." (Smeral/Wüger 1999, 49)

Für Österreich vorteilhafte Themen auf der Agenda sollten gestärkt, unliebsame Themen möglichst unauffällig blockiert werden.

---

520 Siehe dazu auch Kapitel 5.1.6., das der Frage nachgeht, inwieweit sich die österreichische Präsidentschaft bei diesen zentralen Politikfeldern der Union integrationsfreundlich verhalten hat.

521 Die Ergebnisse der Studie basieren in erster Linie auf Befragungen von Teilnehmern an Veranstaltungen im Zusammenhang mit der Präsidentschaft. "Geplante Wiederbesuche" heißt somit die von den Interviewten ausgedrückte Absicht, Österreich in Zukunft wieder zu besuchen.

Österreichische Initiativen stellten natürlich immer auch ein Interesse Österreichs an diesen Themen dar. Die unauffällige Blockade unliebsamer Themen gelang offenbar gut, da diesbezüglich keine Beschwerden laut wurden. Im eigenen Interesse nicht weiterbehandelt wurde zum Beispiel der Kommissionsvorschlag bzgl. der Harmonisierung der Wochenendfahrverbote für Lastkraftwagen.

Insbesondere den Beitrittswerbern sollte die österreichische Befürwortung und Unterstützung der Erweiterung demonstriert werden.

Österreich setzte zahlreiche symbolische Akte, wie zum Beispiel die Einbeziehung der Beitrittskandidaten in die "tour des capitales" zur Vorbereitung der Präsidentschaft. Vor allem konnte Österreich die Aufnahme konkreter Beitrittsverhandlungen erreichen. Ob dies allerdings ausreichte, um die Beitrittskandidaten davon zu überzeugen, daß sich Österreich mit voller Kraft für eine rasche Erweiterung einsetzt, kann allerdings bezweifelt werden.

4.6.5.2. Innerösterreichische Zielsetzungen

Die EU-Kompetenz der Verwaltung sollte verstärkt werden.

Von der Präsidentschaft wurde eine "Europäisierung" der Verwaltung erwartet. Dieses Ziel konnte durch eine sorgfältige Vorbereitung und Ausbildung der Beamten, durch die gesammelten Erfahrungen, den Aufbau neuer persönlicher Netzwerke und die Einnahme einer europäischen Perspektive während der Präsidentschaft erreicht werden.[522]

Die Union sollte den Bürgern näher gebracht werden.

Zu diesem Zweck führte die Regierung eine aufwendige Imagewerbung durch. Weiters postulierte man eine "bürgernahe" Präsidentschaft[523] und erhoffte sich positive Wirkungen von der intensiven Medienberichterstattung. Die Präsidentschaft wurde zwar in Umfragen positiv bewertet, eine merkliche längerfristige Auswirkung auf die EU-Orientierung der Österreicher konnte allerdings nicht festgestellt werden.[524]

---

522 Die Frage der Auswirkungen der Präsidentschaft auf die Verwaltung steht im Mittelpunkt von Kapitel 5.1.

523 Als Beispiel dafür wurde regelmäßig die Homepage der Präsidentschaft angeführt und daß als Novum Internet-Konferenzen abgehalten wurden, wodurch man unmittelbar mit den Bürgern in Kontakt trat (vgl. zB. Schallenberg/Thun-Hohenstein 1999, 115; Außenpolitischer Bericht 1998, Kap. I). Angesichts der Tatsache, daß eine Homepage seit Jahren zur Selbstverständlichkeit gehört, ist dieses Argument für eine bürgernahe Präsidentschaft eher schwach. Darüber hinaus ist grundsätzlich die Frage zu stellen, ob die Einrichtung einer Homepage tatsächlich Bürgernähe demonstriert.

524 Vgl. dazu Kapitel 5.1.7.

Eine erfolgreiche Präsidentschaft und die mediale Präsenz der Regierungsmitglieder, allen voran des Bundeskanzlers und SPÖ-Vorsitzenden Klima und des Außenministers und ÖVP-Chefs Schüssel, sollte einen Prestigegewinn und positive Folgen für das "Superwahljahr" 1999 mit sich bringen.

Meinungsumfragen brachten das Ergebnis, daß dieses Ziel zumindest vorübergehend erreicht wurde.[525] Die sogenannte Sonntagsfrage[526] ließ die Koalitionsparteien kurz vor dem Beginn des "Superwahljahres" zuversichtlich in die Zukunft blicken, während die FPÖ so schlecht wie schon lange nicht lag. Demnach lag die SPÖ bei 38-40%, die ÖVP bei 26-28%, die FPÖ bei 18-20%, die Grünen bei 7-9% und das Liberale Forum bei 3-5%.[527] Inwieweit dieses Ergebnis allerdings auf den EU-Vorsitz zurückzuführen ist, läßt sich nur schwer beurteilen. Die relative Schwäche der FPÖ hängt mit hoher Wahrscheinlichkeit weit eher mit den zahlreichen Problemen dieser Partei im Laufe des Jahres 1998 zusammen.[528]

Die Wahlergebnisse des Jahres 1999 brachten allerdings fast durchwegs deutliche Verluste für die Regierungsparteien, womit die erhoffte positive Wirkung vollständig ausblieb.[529]

---

525 Siehe auch Kapitel 5.1.7.

526 "Wären kommenden Sonntag Nationalratswahlen, wem würden Sie dann Ihre Stimme geben?".

527 "Profil" 52/53, 1998.

528 Vgl. dazu Kapitel 4.4.3.

529 Bei den Landtagswahlen am 7.3.1999 konnten die Regierungsparteien zwar in Tirol und Salzburg relativ gut abschneiden, die wichtigste Wahl in Kärnten, wo Oppositionsführer Haider (FPÖ) als Landeshauptmannkandidat antrat, brachte allerdings deutliche Verluste für die Regierungsparteien (SPÖ: -4,5%; ÖVP: -3,1%). Erstmals konnte die FPÖ in einem Bundesland stärkste Partei werden. Bei den Nationalratswahlen am 3.10.1999 verlor die SPÖ 4,9% und die ÖVP 1,4%. Die ÖVP fiel damit erstmals hinter die FPÖ auf den dritten Platz zurück. Lediglich die Wahlen zum EP am 13.6.1999 brachten leichte Gewinne für die Regierungsparteien.

5. DIE PRÄSIDENTSCHAFT IM KONTEXT DER EUROPÄISCHEN INTEGRATION

5.1. Die Auswirkungen der Präsidentschaft auf die verschiedenen Dimensionen der Integration

5.1.1. Einleitung

Die nachfolgenden Ausführungen basieren in erster Linie auf Interviews, die nach Abschluß der österreichischen Präsidentschaft mit je neun Beamten im Landwirtschafts- und im Innenministerium durchgeführt wurden.[530] Die befragten Beamten arbeiteten im Durchschnitt seit sechs bis sieben Jahren in den Ministerien, die meisten waren seit dem österreichischen EU-Beitritt am 1.1.1995 in den Arbeitsgruppen vertreten, in denen sie während der Präsidentschaft den Vorsitz führten.
Ergänzend fließen auch Erkenntnisse aus Gesprächen und Interviews ein, die ich vor, während und nach der Präsidentschaft mit Politikern, Beamten und Journalisten geführt habe.[531]

5.1.2. Die administrativ-organisatorische Dimension

Bei der administrativ-organisatorischen Dimension der Integration geht es um die Frage, ob sich durch die Präsidentschaft die institutionelle Einbindung Österreichs in das Regierungssystem der EU - und somit die Integration Österreichs - verbessert hat. Diese Dimension umfaßt auch die nationale Koordination, da diese die Grundlage und Voraussetzung für das Agieren auf transnationaler Ebene darstellt.

Wesentlich verbessert hat sich durch die Präsidentschaft vor allem die informelle Einbindung Österreichs in das Regierungssystem der EU. Alle befragten

---

530 Sechs der Interviewpartner im Landwirtschaftsministerium und sieben der Interviewten im Innenministerium waren während der Präsidentschaft Arbeitsgruppenvorsitzende (bzw. Vorsitzende des SAL und des K.4-Ausschusses), die verbleibenden fünf waren Leiter der österreichischen Delegationen. Zur Wahrung der Anonymität der Interviewpartner werden diese ausschließlich mit Hilfe von Codes zitiert, wobei I für einen Interviewpartner im Innenministerium und L für einen im Landwirtschaftsministerium steht. Die Durchführung der Interviews erfolgte zum Großteil im März 1999. In der Regel wurden sie auf Tonband aufgezeichnet und anschließend transkribiert.

531 Vgl. die Liste der Interviewpartner im Anhang.

Beamten gaben an, deutlich intensivere Kontakte mit der Kommission, dem Generalsekretariat des Rates und auch mit Vertretern der anderen Mitgliedstaaten gehabt zu haben. Daher kannten sie nach Ablauf der Präsidentschaft die Schlüsselpersonen auf europäischer Ebene wesentlich besser. Das erleichtert deutlich den "Griff zum Telefonhörer", um Informationen zu erlangen oder gezielt zu intervenieren:

> "Die Gesprächsbasis wurde verbreitert und zum Teil vielleicht überhaupt erst geschaffen. Jetzt hat man keine Hemmungen mehr, anzurufen und informell irgend etwas abzusprechen." (I3)

Ein Beamter des Landwirtschaftsministeriums fügte hinzu:

> "Meine Kontakte mit der Kommission haben sich wesentlich intensiviert. Das ist der echte Nutzen aus der Präsidentschaft, weil ich diesen Kommissionsmenschen jetzt wieder im Verwaltungsausschuß fast wöchentlich brauche." (L1)

Ein weiterer Vorteil ergibt sich daraus, daß die Beamten die Funktionsweise der Institutionen, vor allem aber der Präsidentschaft, besser kennengelernt haben. Der Ratsvorsitz steht für ein halbes Jahr im Mittelpunkt und die anderen Mitgliedstaaten treten an ihn heran, um ihre jeweiligen Interessen unterzubringen. Der Vorsitz gewinnt daher einen ausgezeichneten Überblick darüber, mit welchen Strategien die anderen Mitgliedstaaten versuchen, die Präsidentschaft für ihre Anliegen zu gewinnen und kann daraus die entsprechenden Schlußfolgerungen für das eigene Handeln ziehen. Die so gewonnenen Erfahrungen ermöglichen es auch, das Lobbying der eigenen Vertretungsbehörden in den EU-Hauptstädten zu überdenken und zu verbessern.[532]

Die institutionelle Grundstruktur der österreichischen Entscheidungsfindung in EU-Angelegenheiten blieb durch die Präsidentschaft weitgehend unverändert. Es wurden lediglich vorübergehend zwei zusätzliche Koordinationsmechanismen eingeführt.[533] Die Sektionsleiterrunde sorgte unter Beteiligung der Länder und der Sozialpartner für Koordination und Information auf höchster Beamtenebene. Die Strategiegruppe hatte die Koordination horizontaler Themen, vor allem der Agenda 2000, in kleinstem Kreis zur Aufgabe. Die Strategiegruppe wurde bis zum Europäischen Rat von Berlin Ende März 1999, auf dem die Agenda 2000 abgeschlossen wurde, weitergeführt. Auch die Sektionsleiterrunde tagte nach der Präsidentschaft noch einige Male, zum vorläufig letzten Mal im

---

532 Interview im Außenministerium.

533 Siehe auch Kapitel 4.3.1.2.

Frühsommer 1999, um Fragen der Erweiterung zu besprechen. In Zukunft soll dieses Gremium bei Bedarf - etwa um horizontale Fragen im Zusammenhang mit der Erweiterung zu klären - zusammentreten. Eine permanente Beibehaltung der beiden Gremien erschien nach der Präsidentschaft nicht sinnvoll, da die bestehenden Koordinationsmechanismen als ausreichend angesehen werden. Zudem zeigte sich schon vor und während der Präsidentschaft im Falle der Sektionsleiterrunde ein Grundproblem derart hochrangiger Gremien: Ohne besonderen Anlaß werden die Sitzungen nur mit Stellvertretern beschickt, wodurch der eigentliche Sinn - eben eine hochrangiges Gremium zu sein - verloren geht.[534]

Eine der bemerkenswertesten Begleiterscheinungen des Systems der rotierenden Präsidentschaften ist die mittlerweile weit verbreitete Praxis, Beamte in vorsitzführende Länder zu entsenden, die dort in den jeweiligen Ministerien für mehrere Monate oder das ganze Präsidentschaftshalbjahr mitarbeiten, um Erfahrung mit dem Verlauf und der Durchführung von Präsidentschaften zu sammeln und Kontakte zu knüpfen. Ein weiterer wertvoller Aspekt dieser Austauschprogramme ist das gegenseitige Kennen- und Verstehenlernen unterschiedlicher Verwaltungsorganisationen und -traditionen. Umgekehrt kann das Feedback der "teilnehmenden Beobachter" von außen Schwachstellen der eigenen Verwaltungsorganisation bewußt und sichtbar machen. Üblicherweise fertigen die Austauschbeamten am Ende ihrer Dienstzeit im Ausland einen Bericht über ihre Erfahrungen und Erkenntnisse an, der sowohl für die besuchte als auch für die entsendende Verwaltung wertvolle Hinweise enthalten kann.
Das Außenministerium entsandte Austauschbeamte an mehrere, der österreichischen vorangehende, Präsidentschaften und beherbergte umgekehrt mehrere ausländische Beamte im österreichischen Vorsitzhalbjahr. Diese Beamten wurden voll in die Arbeit eingebunden und fuhren teilweise sogar als Mitglieder der österreichischen Delegation zu Ratsarbeitsgruppensitzungen nach Brüssel.
Aufgrund der überaus positiven Erfahrungen mit dem System der Austauschbeamten erwägt man im Außenministerium, dieses System auch unabhängig von Präsidentschaften zum Prinzip zu machen. Demnach sollten EU-Referenten, die an österreichische Missionen in EU-Hauptstädten entsandt werden, die ersten Wochen in der Integrationsabteilung des dortigen Außenministeriums verbringen, um die Strukturen und Verfahren kennenzulernen und persönliche Kontakte zu schließen. Im Gegenzug würden auch die EU-Referenten der anderen Mitgliedstaaten die Möglichkeit bekommen, für einige Wochen im österreichischen Außenministerium zu arbeiten.[535]

---

534 Interview im Außenministerium.

535 Interview im Außenministerium.

5.1.2.1. Das Landwirtschaftsministerium

Im Landwirtschaftsbereich funktionierte die Zusammenarbeit mit der Kommission laut Auskunft der Beamten gut bis sehr gut, wobei natürlich unterschiedliche Auffassungen in einigen inhaltlichen Punkten bestanden und fallweise eine mangelnde Kompromißbereitschaft der Kommission kritisiert wurde. Deutlich anders fällt die Beurteilung der Zusammenarbeit mit dem Generalsekretariat des Rates aus. Sechs Beamte äußerten sich zufrieden oder sehr zufrieden mit der Zusammenarbeit, drei Beamte hatten allerdings zum Teil massive Probleme mit den für ihre Gruppen zuständigen Ratsbeamten.[536] Die österreichischen Beamten kritisierten vor allem, daß ihre Kollegen im Ratssekretariat ihre Arbeit nicht termingerecht erfüllten, was die Arbeitsbelastung durch die Präsidentschaft enorm erhöhte.

Das Landwirtschaftsministerium hat im Hinblick auf die Präsidentschaft schon Anfang 1997 eine Geschäftseinteilungsänderung vorgenommen, durch die eine Stabsstelle für EU-Koordination eingerichtet wurde, der zwei Projektgruppen - für Landwirtschaft und Fischerei - zugeordnet waren. Die Stabstelle war direkt dem Minister unterstellt und ermöglichte eine sektionsübergreifende Koordination, was einer Abteilung innerhalb einer Sektion wesentlich schwerer gefallen wäre.[537] Außerdem waren durch die direkte Ansiedlung der Stabstelle beim Minister ein rascher Informationsaustausch und kurze Entscheidungswege gewährleistet. Die Stabstelle wurde nach dem Ende der Präsidentschaft im Jänner 1999 wieder aufgelöst.
Für die ressortinterne Koordination vor und während der Präsidentschaft wurde ein "Jour fixe" der Ratsgruppenvorsitzenden am Freitag nachmittag eingerichtet, der dazu diente, sich einen Gesamtüberblick zu verschaffen, Informationen auszutauschen und das weitere Vorgehen zu diskutieren und festzulegen. Dabei war auch das Kabinett des Ministers eingebunden. Dieser "Jour fixe" hat nach den Aussagen der meisten Beamten gut funktioniert. Es wurde aber auch die Kritik formuliert, die Sitzungen hätten eher den Charakter einer Befehlsausgabe durch den Leiter der Stabstelle EU-Koordination als den einer Koordinationssitzung gehabt.

---

536 Interviews L3, L4 und L5.

537 Der Leiter der Stabstelle EU-Koordination war Dipl.-Ing. Andrä Rupprechter, der auch den Vorsitz im Sonderausschuß Landwirtschaft führte. Herr Rupprechter war auch in den interministeriellen Koordinationsgremien, in der Sektionsleiterrunde und der Strategiegruppe, vertreten.

Die Gruppenvorsitzenden waren in Präsidentschaftsangelegenheiten an keine Amtswege gebunden und nur dem SAL-Vorsitzenden unterstellt, die Koordination erfolgte direkt auf der Präsidentschaftsebene:

> "Während der Präsidentschaft war es ausdrücklich so, und das haben auch alle Sektionschefs akzeptiert, daß die Präsidenten an keine Amtswege gebunden waren und als Präsidenten nicht dem jeweiligen Vorgesetzten unterstanden sind, sondern sie waren dem SAL-Präsidenten verantwortlich." (L3)

Der Amtsweg konnte fast nie eingehalten werden:[538]

> "Der Amtsweg umfaßt bei mir, alleine um aus der Sektion hinauszukommen, drei Stufen. Ich empfinde das als positiv im Haus, daß das Vertrauen zu den Ratsarbeitsgruppen-Vorsitzenden da war, daß man auch mit einer nachherigen Information zufrieden war. Man hat gesagt: Du machst das und du wirst schon wissen, wann wer einzuschalten ist." (L1)

An der innerstaatlichen Koordination der österreichischen Positionen hat die Präsidentschaft wenig geändert. In einigen Bereichen kam es zu intensiveren Kontakten,[539] und einige Beamte sprachen von der Notwendigkeit einer rascheren Koordination während der Präsidentschaft. Auch an den grundsätzlichen Konfliktlinien, die im Bereich der Agenda 2000 im wesentlichen mit dem Finanzministerium bestanden, hat die Präsidentschaft nichts geändert.

Im Hinblick auf die Präsidentschaft hat das Landwirtschaftsressort die EDV-Strukturen mit dem Ziel ausgebaut, flächendeckend EDV-Arbeitsplätze zur Verfügung stellen zu können. Dadurch konnte die gesamte Koordination im Intranet auf E-Mail-Basis durchgeführt werden. Auch die Kommunikation mit dem Ratssekretariat hat auf dieser Ebene funktioniert.

5.1.2.2. Das Innenministerium

Im Bereich Inneres war die Zusammenarbeit mit der Kommission weitgehend bedeutungslos, da diese in der Dritten Säule über keine besonderen Kompeten-

---

538 Das trifft, wie viele Beamte betonten, nicht nur auf die Zeit der Präsidentschaft zu.

539 Vor allem mit den Koordinationsressorts, der österreichischen Vertretung in Brüssel, dem Finanzministerium und der Präsidentenkonferenz der österreichischen Landwirtschaftskammern. Allerdings ist kaum eine Zuordnung möglich, inwieweit die vermehrten Kontakte auf die Präsidentschaft und inwieweit auf den Sonderfall der "Agenda 2000" zurückzuführen waren.

zen verfügt. Einige Beamte gaben an, die Kommissionsvertreter zu den Vorbesprechungen der Sitzungen mit dem Generalsekretariat hinzugezogen zu haben, weil "wir nett waren und weil es Usus ist". (I2) Es sprachen aber auch handfestere Gründe für die Einbeziehung der Kommissionsvertreter:

> "Ich habe die Kommission ins Briefing vor den Sitzungen einbezogen, was nicht die generelle Linie des Hauses war. Aber ich hielt das für sinnvoll. Es gibt einem Zugriff auf die Ressourcen der Kommission, den juristischen Dienst etc. Die Kommission wäre außerdem der härteste Gegner in der Gruppe. Ein juristisches Gegengutachten der Kommission ist für eine Initiative tödlich." (I5)

Die Zusammenarbeit mit dem Generalsekretariat wurde von einer Beamtin als katastrophal bezeichnet, alle anderen waren weitgehend zufrieden. Ein Beamter berichtete von Kompetenzkonflikten in der Anfangszeit der Präsidentschaft:

> "Die Zusammenarbeit mit dem Ratssekretariat erforderte vor allem in der Anfangsphase eine sehr feste Hand, weil die Tendenz besteht, sich stark zu verselbständigen. Da kommt ein kleines Vorsitzland, dem man im übrigen nicht sehr viel zugetraut hat, und da mußte man schon klarstellen, wer die Entscheidungen trifft über Prioritäten und Tagesordnungen." (I7)

Das Innenministerium nahm im Hinblick auf die Präsidentschaft keine Änderung der Geschäftseinteilung vor. Für die Gesamtkoordination war, wie auch außerhalb der Präsidentschaft und schon während des Schengen-Vorsitzes,[540] die in der Sektion III angesiedelte Abteilung für europäische Integration und Schengen-Kooperation (Abt. III/17) zuständig. Der Sektion III unter der Leitung von Manfred Matzka, der während der Präsidentschaft den Vorsitz im K.4-Ausschuß führte, obliegt das Paß-, Staatsbürgerschafts-, Flüchtlings- und Fremdenwesen. Entgegen der Empfehlung des Ratssekretariates sollte die Koordinationsabteilung in Wien, und nicht die Ständige Vertretung in Brüssel, die gesamte Koordination inklusive der Erstellung der Tagesordnungen übernehmen und der zentrale Ansprechpartner des Ratssekretariates sein.[541] Auch die Ständige Vertretung sollte an die Koordinationsabteilung berichten und diese dann

---

540 Im zweiten Halbjahr 1997 hatte Österreich den Schengen-Vorsitz inne.

541 Diese Koordinationsaufgaben werden normalerweise von den Ständigen Vertretungen in Brüssel wahrgenommen: "Das hat uns das Generalsekretariat vorher auch gesagt, aber es war offensichtlich der Wunsch von Sektionschef Matzka, das in Wien zu koordinieren. Bei der ersten Besprechung mit dem Generalsekretariat waren die auch etwas irritiert, daß die Koordinierung in Wien sein soll. Im Laufe der Präsidentschaft hat sich herausgestellt, daß das Generalsekretariat richtig gelegen ist." (I8)

Kontakt mit dem Generalsekretariat des Rates aufnehmen. Dadurch waren aber, wie einige Beamte beklagten, die Wege zu lange. Durch die große Arbeitsbelastung der Abteilung kam es offenbar zu weiteren Verzögerungen, so daß sich die tatsächliche Koordination zum Teil auf die Ständige Vertretung und auf direkte Kontakte von Gruppenvorsitzenden mit dem Ratssekretariat verlagerte. Ein Beamter beschrieb die Entwicklung folgendermaßen:

> "Vor der Präsidentschaft wurden die Formen der Koordination, und wie sie in formeller Hinsicht abgewickelt werden sollte, geregelt. Je länger die Präsidentschaft dauerte, desto mehr haben sich eigene Koordinationskanäle eingebürgert. Man hatte seine Ansprechpartner und hat vieles informell geregelt und Übermittlungen auf schnelleren Wegen durchgeführt." (I3)

Dadurch entstand in der Praxis - vor allem für Außenstehende wie das Ratssekretariat - eine unklare Kompetenzverteilung.

Wie das Landwirtschaftsministerium richtete auch das Innenressort im Frühjahr 1998 einen "Jour fixe" am Freitag nachmittag ein, an dem alle Gruppenvorsitzenden der Dritten Säule und auch die Koordinationsressorts beteiligt waren. Diese Treffen dienten in erster Linie der Vorbereitung der höherrangigen Sitzungen (K.4-Ausschuß und Ministerrat).

Analog zum Landwirtschaftsministerium gaben auch einige Beamte des Innenministeriums an, daß erst die Präsidentschaft eine flächendeckende EDV-Ausstattung gebracht habe. Dadurch war es möglich, eine Koordination "im kurzen Weg" vorzunehmen, da die Informationen den Vorgesetzten und insbesondere dem K.4-Ausschuß-Vorsitzenden sofort zur Verfügung standen, während die Entscheidungen über den Dienstweg gingen.

Zur Vorbereitung der Präsidentschaft hat das Innenministerium einen Beamten für mehrere Monate in die EU-Koordinationsabteilung des britischen "Home Office" entsandt und umgekehrt für vier Monate einen britischen Beamten aufgenommen. Der österreichische Beamte wurde laut Auskunft von Sektionschef Matzka ohne nationale Vorbehalte in alle Arbeiten eingebunden und ohne Einschränkungen informiert, zum Teil mit der Auflage des britischen Innenministeriums, manche Informationen nicht an die österreichischen Behörden weitergeben zu dürfen.

5.1.2.3. Die Dauer der Präsidentschaft aus Sicht der Beamten

Welche Auswirkungen hat die Dauer der Präsidentschaft auf ihre integrativen Aspekte? Eine längere Dauer könnte zwar die Kontinuität erhöhen, brächte aber

die Gefahr mit sich, daß dadurch das nationale Element der Präsidentschaft gestärkt wird. Wie beurteilen die beteiligten Beamten die Dauer der Präsidentschaft?
Der Wechsel des Vorsitzes unter den Mitgliedstaaten der Union wurde grundsätzlich befürwortet, da dadurch regelmäßig für Abwechslung und neue Impulse gesorgt ist. Bezüglich der sechsmonatigen Dauer der Präsidentschaft wurden sowohl Pro- als auch Kontra-Argumente genannt, wobei die Argumente für die Beibehaltung des halbjährigen Wechsels überwogen.
Von mehreren Beamten wurde die Dauer der Präsidentschaft als zu kurz bezeichnet, weil begonnene Initiativen kaum zu Ende gebracht werden können und die Präsidentschaft schon wieder vorbei ist, noch ehe man sich richtig eingearbeitet hat: "Kaum ist man drinnen, ist man schon wieder draußen."[542] Außerdem stellt sich die Frage, ob der Aufwand der Vorbereitung und der speziellen Ausbildung für die Vorsitzführung in einem sinnvollen Verhältnis zur Häufigkeit der Anwendung dieser Kenntnisse steht. Ein Beamter des Landwirtschaftsministeriums erklärte:

> "Die Tatsache, daß es immer neue Personen sind, die sich da einarbeiten müssen, bringt für alle zusammen eine gewisse Mehrbelastung. [...] Ich habe mir doch für eine spezifische Funktion sehr viel Know-how angearbeitet, das ich dann bei gar nicht so vielen Ratsarbeitsgruppensitzungen [zwei; Anm. HL] angewendet habe."

Gegen eine Verlängerung der Präsidentschaft sprächen vor allem drei Argumente, die annähernd gleich oft genannt wurden:

1. Eine längere Dauer brächte die Gefahr mit sich, daß die vorsitzführenden Mitgliedstaaten zu dominierend werden und massiv eigene Interessen forcieren. Außerdem kann eine schlechte Präsidentschaft in einem Jahr weit mehr Schaden anrichten als in einem Halbjahr.
2. Die Abstände zwischen zwei Präsidentschaften, insbesondere nach der Erweiterung, würden zu groß werden.
3. Die Kapazitäten der Verwaltung würden überschritten werden. Sehr viele Beamte erwähnten die persönliche Arbeitsbelastung, insbesondere aufgrund der vielen Sitzungen und Dienstreisen, sowie die unvermeidliche Vernachlässigung der sonstigen Arbeit der jeweiligen Dienststellen. Da in den meisten Abteilungen der Abteilungsleiter und dessen Stellvertreter den Vorsitz und die österreichische Delegation stellten, fehlten diese beiden Personen pro Ratsarbeitsgruppensitzung in Brüssel für zwei bis drei Arbeitstage in der Abteilung.

---

542 Interview L3.

Aus diesen Antworten läßt sich die These ableiten, daß viele Beamte zwar gerne mehr Zeit zur Verfügung hätten, um eigene Themen und Initiativen weiterverfolgen zu können, jedoch die Aussicht, daß dies alle anderen Mitgliedstaaten auch tun würden, läßt den Gedanken letztlich wenig attraktiv erscheinen.

5.1.3. Die Rolle nationaler Interessen während der Präsidentschaft

5.1.3.1. Bemerkungen zum Gebrauch des Begriffs "nationales Interesse"

Der Begriff "nationales Interesse" entstammt der realistischen Schule innerhalb der Theorien der Internationalen Beziehungen. Demnach bezeichnet das nationale Interesse "die objektiven Interessen einer Nation oder eines Staates und die Maxime seiner Außenpolitik" (Schmidt 1995). Eine andere Definition umschreibt "nationales Interesse" als "die Gesamtheit der Interessen, die ein Nationalstaat in den Internationalen Beziehungen mit Hilfe einer kohärenten Außenpolitik realisieren will" (Nohlen 1998).
Von dieser Bedeutung des Begriffs "nationales Interesse" wird in der Folge abgewichen. Der Begriff wird wesentlich allgemeiner - im Sinne von innerstaatlich festgelegten Verhandlungspositionen - verwendet, wobei im wesentlichen zwei Varianten unterscheidbar sind:

1. Die Verhandlungsposition oder koordinierte Haltung:
Der Entscheidungsprozeß im Rat besteht im Ausverhandeln eines Kompromisses zwischen den Positionen der Mitgliedstaaten einerseits, sowie den Vorstellungen von Kommission und EP andererseits. Dabei vertritt jeder Mitgliedstaat für gewöhnlich eine Verhandlungsposition (es kommt auch vor, daß Staaten zu bestimmten Themen keine Position haben, sei es, weil sie sich innenpolitisch auf keine Position einigen konnten, sei es, weil das Thema für sie von marginalem Interesse ist), die in den Verhandlungen durchgesetzt werden soll. Diese Verhandlungsposition ist üblicherweise das Ergebnis eines vorangegangenen innerstaatlichen Meinungsbildungsprozesses, bei dem die wesentlichen Interessen berücksichtigt und gegeneinander abgewogen wurden. In der überwiegenden Zahl der Fälle wird der Verhandlungsprozeß bereits in den Arbeitsgruppen und im AStV unter Ausschluß der Öffentlichkeit abgeschlossen. Die jeweiligen nationalen Standpunkte sind daher einer breiteren Öffentlichkeit unbekannt.

2. Positionen, die zum "nationalen Interesse" erklärt werden:
Zu einem "nationalen Interesse" werden Themen dann, wenn sie von der Regierung zu einem solchen erklärt werden. Die hochtrabende Bezeichnung "nationales Interesse" verdeckt oft die Tatsache, daß es sich um eine politische Entscheidung handelt, bestimmte Interessen zu berücksichtigen - und andere nicht.

Wird eine Frage in der Öffentlichkeit als nationales Interesse gegenüber der EU betont, gehen die Regierungsparteien zumeist von einer mehrheitlichen Unterstützung in dieser Frage durch die Öffentlichkeit oder zumindest ihre eigene Klientel aus. Durch eine öffentliche Festlegung wird allerdings der Handlungsspielraum der Regierung in den Verhandlungen verringert.

5.1.3.2. Die österreichische Präsidentschaft als "honest broker"

Von einer Präsidentschaft wird eine neutrale Vermittlerrolle erwartet, die nationale Interessen zurückstellt, ganz im Sinne der Gemeinschaft agiert und sich auf die Bewältigung der anstehenden Arbeiten konzentriert. Hat die österreichische Präsidentschaft in diesem Sinne agiert?
Die österreichische Regierung hat sich, wie bereits an anderer Stelle ausgeführt, sehr sorgfältig auf die Präsidentschaft vorbereitet. Ein wichtiger Teil der Vorbereitungsarbeit war dabei, in allen Teilen der Administration, aber auch gegenüber der Öffentlichkeit, die Rolle der Präsidentschaft als die eines neutralen Vermittlers zu betonen. Vor allem die Koordinationsressorts haben im Vorfeld "gebetsmühlenartig"[543] darauf hingewiesen, daß die Aufgabe der Präsidentschaft die eines "ehrlichen Maklers" ist und daher keineswegs dazu dienen kann und darf, nationale Sonderinteressen zu fördern. Stellvertretend für viele Beispiele sei aus einer parlamentarischen Anfragebeantwortung von Außenminister Schüssel zitiert:

> "Im Grunde handelt es sich bei der Präsidentschaft um eine Dienstleistung, die im Gesamtinteresse der Union erbracht wird. Keinesfalls ist die Vorsitzfunktion geeignet, nationale Prioritäten und Wünsche durchzusetzen." (Parlamentarische Anfragebeantwortung, 3217/AB XX. GP, 4)

Diese Argumentation scheint auch innerhalb der Administration und in der Ausbildung der Beamten konsequent verfolgt worden zu sein. Dafür sprechen mehrere Indizien. Die meisten befragten Beamten gaben an, daß die österreichischen Interessen während der Präsidentschaft defensiver, zurückhaltender oder weniger pointiert vertreten wurden, wobei als Begründung auf die Usancen von Präsidentschaften und auch auf informelle Vorgaben "von oben" verwiesen wurde. Ein Beamter formulierte es folgendermaßen:

> "Wir waren angehalten, österreichische Interessen nicht offensichtlich in den Vordergrund zu stellen." (I5)

---

543 Interview im Außenministerium.

Ein anderer Beamter präzisierte:

> "Für den Präsidenten hat es grundsätzlich die Vorgabe gegeben, als neutraler Präsident im Sinne europäischer Lösungen zu agieren. Aber natürlich behält man seine österreichische Seele." (L2)

Das Bundeskanzleramt und das Außenministerium halten in dem an die Beamten gerichteten "Handbuch für den Ratsvorsitz" unter den "Regeln für die Vorsitzführung" fest:

> "Wiewohl der Vorsitz selbst gewisse Prioritäten haben mag, sollte er stets neutral agieren, insbesondere auch in jenen Bereichen, in denen seine spezifischen nationalen Interessen betroffen sind. Das Vorbringen nationaler Standpunkte ist die Aufgabe der nationalen Delegation und sollte im übrigen möglichst sparsam erfolgen." (Handbuch für den Ratsvorsitz, 9)

An anderer Stelle[544] wurde schon Österreichs Vertreterin im AStV I, Judith Gebetsroithner, mit der Aussage zitiert, daß Österreich während der Präsidentschaft gegebenenfalls seine vier Stimmen im Rat für einen sich abzeichnenden Kompromiß einsetzen werde müssen, auch wenn ursprünglich eine ablehnende Haltung eingenommen wurde.

Österreich hat während der Präsidentschaft seine grundsätzliche Haltung vor allem bei finanziellen Fragen verändert und sich kompromißbereiter verhalten. Als Nettozahler tritt Österreich üblicherweise in finanziellen Belangen, wenn es um die Dotierung von EU-Programmen oder beispielsweise um die Anpassung von Dienstbezügen und Pensionen der Beamten der Gemeinschaft geht, sehr restriktiv auf. Während der Präsidentschaft verhielt sich Österreich in diesen Fragen deutlich konzilianter.[545]
Ebenso hat die Regierung die öffentlichen Forderungen nach Sondermitteln für die Grenzlandförderung und die Betonung von Österreichs Wunsch, seine Nettozahler-Position im Zuge der Agenda 2000-Verhandlungen zu verbessern, während der Präsidentschaft deutlich zurückgenommen. Kurz vor der Präsidentschaft forderte die Bundesregierung noch medienwirksam Sonderzahlungen für Österreichs "Grenzregionen", die als 100 Kilometer breiter Streifen definiert wurden und somit fast das ganze Bundesgebiet umfaßten.[546] Bezeichnender-

---

544 Siehe Kapitel 3.5.

545 Telefonat mit Julia Kirov, der österreichischen Vertreterin in der "Mertens-Gruppe", die die Sitzungen des AStV I vorbereitet.

546 Am 22.1.1998 übermittelte die Bundesregierung ein entsprechendes Positionspapier an die Kommission. Die Hauptforderungen dieses Schreibens, vor allem jene nach einem

weise erklärte Bundeskanzler Klima unmittelbar nach dem Gipfel von Wien, daß Österreich seine Beiträge an die EU einfrieren möchte und diese Linie in den Verhandlungen über die Agenda 2000 vertreten will.[547] Kurz vor dem Ende der Präsidentschaft wurden also nationale Forderungen auch in der Öffentlichkeit wieder stärker vertreten.

Einen Fall, bei dem Österreich ganz dezidiert seine vier Stimmen trotz anderer Meinung einer sich abzeichnenden Mehrheit gegeben hat, scheint es in dieser zugespitzten Form allerdings nicht gegeben zu haben. Eine eindeutige Aussage ist deshalb schwierig, weil die meisten Entscheidungen im Rat nicht durch offene Abstimmungen, sondern durch die Feststellung des Vorsitzes, daß offenbar eine ausreichende Mehrheit gegeben ist, getroffen werden.

Es dürfte der österreichischen Präsidentschaft tatsächlich gelungen sein, die Rolle des neutralen Vermittlers einzunehmen. Ein klarer Hinweis darauf ist, daß selbst besonders kritische Befunde über die Präsidentschaft nicht den Vorwurf enthalten, daß nationale Interessen vor Gemeinschaftsinteressen gestellt worden wären. Die im Nachrichtenmagazin "Profil" veröffentlichte, überaus kritische Bilanz der in Wien akkreditierten EU-Botschafter wirft der österreichischen Präsidentschaft "Angst vor Fehlern", die "Verlagerung ungelöster interner österreichischer Probleme einschließlich des Proporz-Denkens auf die EU-Ebene", "Ankündigungsdiplomatie" und anderes vor, enthält aber nicht den Vorwurf, Österreich habe seine nationalen Interessen in den Vordergrund gestellt. Nur ein dem dänischen Botschafter zugeordnetes Zitat geht auf die Aufgabe der Präsidentschaft, als neutraler Vermittler zu agieren, ein, allerdings auch ohne den Vorwurf der Parteilichkeit zu erheben. Demnach habe Österreich "seine Rolle als 'honest broker' (ehrlicher Makler) von Anfang an mißverstanden, sich zurückgelehnt und auf Initiativen anderer Mitgliedstaaten gewartet [...], anstatt selber aktiv zu werden".[548]

Sonderprogramm für Österreichs Grenzregionen, wurden auch der Presse mitgeteilt. Die Europäische Kommission wies die österreichischen Forderungen in einem Schreiben vom 14.5.1998 zurück und schloß mit der Feststellung: "Die Kommission ist gerne bereit, der österreichischen Regierung dabei zu helfen, die Grundlagen für ein wirksames Konzept für solche Maßnahmen [vorbeugende Maßnahmen in Regionen, auf die sich die Erweiterung negativ auswirken könnte; Anm. HL] zu legen. Sie ist jedoch der Auffassung, daß sich eine zusätzliche Initiative in der von den österreichischen Behörden vorgeschlagenen Form nicht mit der Effizienz und Wirksamkeit der Gemeinschaftspolitiken vereinbaren läßt."

547 "Der Standard", 14.12.1998.

548 "Profil", 18.1.1999.

Einen konkreten Vorwurf der Parteilichkeit erhob Spanien im Vorfeld des Gipfels von Wien, da der österreichische Kompromißvorschlag der realen Stabilisierung der Ausgaben in den Verhandlungen über die künftige Finanzierung der Union den Nettozahlern unter den Mitgliedstaaten entgegenkam. In diesem Fall dürfte jene Situation eingetreten sein, die ein Beamter des Innenministeriums so beschrieb:

> "Wenn man irgendwo sieht, es gibt gegensätzliche oder unterschiedliche Standpunkte, und ich muß mich für einen entscheiden, nehme ich natürlich den, der den nationalen Interessen am nächsten kommt." (I3)

Ein Beamter des Ratssekretariates charakterisierte Österreichs Präsidentschaft etwas zurückhaltend folgendermaßen:

> "Man hat nicht ostentativ nationale Interessen vorangestellt und sich nicht integrationsfeindlich verhalten."

5.1.3.3. Öffentliche Strategien zur Kompensation der neutralen Vermittlerrolle

Es ist schwierig, einer nationalen Öffentlichkeit zu erklären, daß die Präsidentschaft der Europäischen Union nicht für eigene Interessen genutzt werden soll. Zugleich lauert die politische Opposition auf eine Gelegenheit, der Regierung den Ausverkauf nationaler Interessen vorwerfen zu können. Daher haben sich verschiedene Strategien eingebürgert, mit denen versucht wird, der "Doppelmühle" Präsidentschaft zu entkommen.

Arbeitspräsidentschaft und Medienpräsidentschaft

Es werden gewissermaßen zwei Präsidentschaften parallel abgehalten. Eine "Arbeitspräsidentschaft" am Sitz der Organe, die in der Heimat kaum wahrgenommen wird, und eine "Medienpräsidentschaft" für das heimische Publikum, die wiederum auf europäischer Ebene weitgehend unbeachtet bleibt.[549] Die Medienpräsidentschaft besteht vor allem aus den informellen Ministertreffen, die in touristisch attraktiven Gegenden medial wirksam inszeniert werden und

549 Die Stellvertretende Ständige Vertreterin Österreichs, Judith Gebetsroithner, betonte auf einer Konferenz des Renner-Institutes im März 1998 ebenfalls die Unterschiede zwischen Brüssel und Wien: "Ich sage immer, wir sollten eigentlich zwei Arbeitsprogramme machen, eines für Wien, für innenpolitische Zwecke, und eines mit realistischen Zielen, das wir draußen dann verwirklichen."

daher auch auf entsprechendes Interesse der heimischen Medien stoßen.[550] Als ein Beispiel für die Bedeutung, die der medial wirksamen Inszenierung beigemessen wird, sei kurz das Programm des letzten Tages des dreitägigen informellen Treffens der Umweltminister in Graz wiedergegeben:[551]

08:15 Busfahrt von Graz in den Nationalpark Donau-Auen
10:45 Ankunft in Hainburg
11:00 Überquerung der Donau in Schlauchbooten
11:30 Kutschenfahrt durch die Au nach Schloß Eckartsau
12:30 Frühschoppen in Schloß Eckartsau
14:00 Transfer zum Flughafen

Erfolgreiche Präsidentschaft als nationales Interesse

Eine weitere Strategie besteht darin, daß während der Präsidentschaft in der Regel eine möglichst erfolgreiche Präsidentschaft zum obersten nationalen Interesse erklärt wird, dem andere nationale Interessen untergeordnet werden. Als erfolgreich gilt eine Präsidentschaft auf der europäischen Ebene vor allem dann, wenn möglichst viele der anstehenden Aufgaben erledigt werden, also möglichst viele Dossiers abgeschlossen werden können. Die nationale Delegation des Vorsitzlandes wird also im Zweifelsfall zumeist keine Einwände erheben, wenn dadurch ein Abschluß möglich wird. Das nationale Interesse wird im Halbjahr der Präsidentschaft also weitgehend in diesem Sinn umdefiniert:

> "Es dominiert der Versuch, nationale Anliegen und Probleme hintanzustellen und bezüglich des eigenen Standpunktes flexibel zu sein, wobei Ausnahmen die Regel bestätigen. Es gibt einzelne Themen, bei denen man auch während der Präsidentschaft starr bleibt." (Interview im Außenministerium)

---

550 Vgl. die an anderer Stelle (im Kapitel 5.1.7.) erwähnten Ergebnisse der Untersuchung der Berichterstattung in heimischen Fernsehnachrichten, wonach der überwiegende Teil der Sendezeit auf solche inszenierten Ereignisse konzentriert war ("Der Standard", 5./6.1.1999).

Stefan Lehne, Beamter im Außenministerium, sprach in diesem Zusammenhang auf der Tagung "The Austrian Presidency of the European Union: Assessment and Perspectives" von "fairly expensive and ridiculous PR-events".

Eine Ausnahme bilden die informellen Treffen der Außenminister und zunehmend auch der Finanzminster, die auch international wahrgenommen werden.

551 Das Programm ist nachzulesen in der parlamentarischen Anfragebeantwortung Nr. 5326/AB XX.GP. Die FPÖ richtete eine parlamentarische Anfrageserie (Anfragen Nr. 5667/J - 5677J XX.GP) an alle Ministerien, in der unter anderem nach dem Programm der informellen Ministertagungen in Österreich gefragt wurde.

Diese Vorgangsweise wird häufig damit argumentiert, daß die Erhebung einer erfolgreichen Präsidentschaft zum obersten nationalen Ziel nicht nur europäischen Notwendigkeiten entspricht, sondern auch aus nationaler Sicht die erfolgreichste Strategie ist. Denn wenn es gelingt, durch einen erfolgreichen Vorsitz die Anerkennung der europäischen Partner zu gewinnen, wird dadurch die Vertretung nationaler Interessen nach der Präsidentschaft um so leichter. Dementsprechend wurde das für Österreich relativ günstige Ergebnis der Agenda 2000-Verhandlungen[552] beim außerordentlichen Gipfel in Berlin Ende März als später Erfolg der österreichischen Präsidentschaft gepriesen.[553]
Christoph Thun-Hohenstein, ein Beamter im Außenministerium, formulierte schon 1996 im Hinblick auf die Präsidentschaft:

> "Die Interessen Österreichs werden dann zwar für ein halbes Jahr hinter dem Ziel einer durchschlagskräftigen Vorsitzführung im Dienste der Union zurückstehen müssen - eine erfolgreiche Präsidentschaft wäre aber mit Sicherheit ein wertvolles Kapital für die Zeit danach." (Thun-Hohenstein 1996, 33)

Auch in der Einschätzung der meisten Beamten wird es in Hinkunft leichter sein, österreichische Interessen auf europäischer Ebene zu vertreten. Die Gründe dafür sind die nach der Präsidentschaft besseren Beziehungen, die bessere Kenntnis der Entscheidungsprozesse, die größere Bekanntheit der österreichischen Beamten in den Arbeitsgruppen und schließlich der von mehreren Beamten betonten Umstand, daß man erst nach erfolgreich absolvierter Vorsitzführung als voll akzeptiertes EU-Mitglied gilt. Ein Beamter des Landwirtschaftsministeriums faßte die Auswirkungen der Erfahrungen der Präsidentschaft für die Zukunft folgendermaßen zusammen:

> "Wenn man die Seite des Tisches wechselt auf die Seite jener, die voll akzeptiertes Mitglied sind in der Runde, wird man wahrscheinlich die Positionierungen mehr im Sinne einer Gemeinschaftslösung treffen. Man erkennt rückblickend, wie man manche

---

552 So soll sich laut Berechnungen der Regierung der Nettobeitrag Österreichs zur EU von 0,43% des BIP 1999 auf rd. 0,31% des BIP 2006 verringern. Mißt man für den Zeitraum 2000-2006 die Ersparnis für Österreich gemessen an einer Nettozahler-Position wie 1999 (nämlich 0,43% des BIP), so beträgt die Einsparung rd. 13,6 Mrd. Schilling (988 Mio. Euro) für den gesamten Zeitraum (Presseaussendung des Außenministeriums, 31.3.1999).

553 Dies erfolgte auch durch Werbeeinschaltungen in Printmedien, in denen auf das Sujet der Image-Werbung während der Präsidentschaft (ein Läufer mit rot-weiß-roten Turnschuhen unter dem Motto: "Europa fit machen") zurückgegriffen wurde. Im Text des Inserates heißt es: "Für Österreich erreicht: 13,6 Mrd. weniger zahlen, 5 Mrd. mehr bekommen. Österreich hat erfolgreich verhandelt. Denn was wir während unserer EU-Präsidentschaft zügig vorangetrieben haben, fand am Gipfel von Berlin ein erfolgreiches Ende. [...]"

> Positionierungen in den letzten Jahren sinnvoller hätte unterbringen können, wenn man sie mehr auf eine Gemeinschaftslösung ausgerichtet hätte." (L6)

Hier werden zwei wichtige Punkte angesprochen: 1) Die Erfahrungen der Präsidentschaft machen es in Zukunft leichter, österreichische Interessen erfolgreich in den Entscheidungsprozeß einzubringen. 2) Die nationalen Interessen können dann am besten durchgesetzt werden, wenn sie sich an einer Gemeinschaftslösung orientieren.
Das bedeutet, daß sowohl der Nationalstaat als auch die Gemeinschaft von der Präsidentschaft profitieren. Die Zusammenarbeit der einzelnen Mitgliedstaaten untereinander und mit den Organen der Gemeinschaft wird zum Vorteil aller verbessert. Damit verbessert sich auch die Integration der Gemeinschaft.
Ein Beamter des Innenministeriums wies noch auf eine andere Folgewirkung der Präsidentschaft hin:

> "Man kann auch ein bißchen besser Ping-Pong spielen, also Projekte über die internationale Schiene spielen, so daß sie wieder zurückkommen und für den internen Bereich relevant werden." (I7)

Die österreichische Verwaltung ist also nicht nur in der Vertretung österreichischer Positionen auf europäischer Ebene versierter geworden, sondern auch in der Verwendung der europäischen Strukturen zur Erreichung innenpolitischer Zielsetzungen.

Betonung der Übereinstimmung von nationalen und europäischen Zielen

Eine dritte Strategie, die allerdings nicht auf die Zeit der Vorsitzführung beschränkt ist, besteht darin, europäische und nationale Ziele für deckungsgleich zu erklären. In den Worten des Bundeskanzlers: "Wir bauen ja an diesem gemeinsamen Europa aus österreichischen Interessen heraus." Europäische Werte wie Demokratie, Menschenrechte und eine sozial verträgliche Einkommensverteilung, könnten nur durch mehr europäische Gemeinsamkeiten bewahrt werden.[554] Diese Argumentation hat allerdings die Schwäche, daß sie relativ abstrakt ist und bei konkret betroffenen Personengruppen auf wenig Verständnis zu stoßen pflegt. Sie wird daher auch relativ selten verwendet.

5.1.3.4. Kompensationen für das Zurücknehmen nationaler Positionen auf Arbeitsgruppenebene

Eine Präsidentschaft bedeutet aber nicht nur die Zurücknahme eigener Interessen im Sinne der Funktion des neutralen Vermittlers, sie bringt auch einige

---

554 Bundeskanzer Klima im "Inlandsreport" des ORF, am 30.6.1998.

zusätzliche Handlungsoptionen, die zugunsten der eigenen Anliegen eingesetzt werden können. Zwar haben fast alle interviewten Gruppenvorsitzenden angegeben, daß sie österreichische Positionen während der Präsidentschaft zurückhaltender vertreten haben. Andererseits erklärten ebenfalls fast alle, den Vorsitz für die Vertretung nationaler Interessen genutzt zu haben:

> "Man ist vielleicht weniger pointiert bzw. weniger lautstark als sonst, aber dadurch, daß man den Vorsitz hat, kann man sicherlich auch die nationalen Interessen besser kanalisieren." (L6)

Dafür stehen verschiedene Möglichkeiten - vor, während und nach den Sitzungen - zur Verfügung, wobei zwischen Erster und Dritter Säule einige markante Unterschiede bestehen.

In beiden Säulen kommen folgende Strategien zur Anwendung:

1. Die Präsidentschaft hat die Möglichkeit zum "Agenda-setting" durch die Erstellung der Tagesordnungen und durch die Abhaltung informeller Räte, Seminare, Konferenzen etc. Ein erfolgreiches Beispiel für "Agenda-setting" der österreichischen Präsidentschaft ist der Kampf für den Schutz von Kindern, der auf zahlreichen Ebenen auf's Tapet gebracht wurde.[555]
   Die Erstellung der Tagesordnungen ermöglicht es dem Vorsitz, Themen, die den eigenen Interessen weniger entgegenkommen, seltener zu behandeln und dafür andere Fragen zu forcieren. Dabei ist natürlich darauf zu achten, daß die anderen Mitgliedstaaten und die Kommission nicht durch eine zu plumpe Vorgangsweise verärgert werden.
2. Während der Sitzungen kann von der Möglichkeit Gebrauch gemacht werden, die Diskussionen in der Gruppe zu steuern. Stellungnahmen von Delegationen, die der eigenen nahe stehen, können hervorgehoben und unterstützt, andere Positionen eher vernachlässigt werden. Da die nationale Delegation des Vorsitzlandes traditionell große Zurückhaltung übt und zumeist nur am Ende der Diskussionen kurz das Wort ergreift und sich mit der Vorgangsweise des Vorsitzes einverstanden erklärt, wird zuweilen eine andere Delegation, von der man weiß, daß sie ähnliche Positionen vertritt, kontaktiert und gebeten, einen bestimmten Punkt in die Diskussion einzubringen, der dann vom Vorsitz aufgegriffen und unterstützt wird.
   Einflußmöglichkeiten sind auch auf dem Wege der Strukturierung der Diskussion gegeben:

   > "Man kann den Verhandlungsprozeß auch in eine bestimmte Richtung lenken, wenn man das geschickt macht [...]. Die allgemeine Auffassung, daß man während der Präsidentschaft keine nationalen

---

555 Vgl. Kapitel 4.5.3.4.

Interessen vertreten kann, stimmt nicht. Wenn man das geschickt macht, kann man das machen, und das machen auch alle." (L6)

Fortschritte in der Diskussion können nur erreicht werden, wenn der Vorsitz die Verhandlungen klar strukturiert und auf Lösungen und Ergebnisse drängt. Hat der Vorsitz kein großes Interesse am baldigen Abschluß eines bestimmten Dossiers, kann er die Diskussion weitgehend unstrukturiert laufen lassen oder zeitraubende Tischumfragen durchführen, was nur dazu führt, daß die ohnehin schon bekannten Standpunkte wiederholt werden.
Die österreichische Präsidentschaft hat zur Strukturierung und Bündelung der Diskussionen relativ stark auf die Methode von Fragebögen zurückgegriffen. Dabei wurden die Delegationen gebeten, bis zu einem festgesetzten Termin zu bestimmten, vom Vorsitz ausgearbeiteten Fragestellungen, Position zu beziehen. Ein geschickter Vorsitzender kann durch entsprechende Fragestellungen die Diskussion in die bevorzugte Richtung zu lenken versuchen.

3. Schließlich bietet die Abfassung von Berichten, Kompromißvorschlägen, "Non-papers" etc. die Möglichkeit, manche Diskussionsstränge oder Positionen stärker zu betonen und die in der Sitzung zurückhaltender vertretene eigene Position klarer auszuformulieren, wobei natürlich keine grundsätzlichen Änderungen vorgenommen werden können, aber doch gewisse Nuancierungen möglich sind. Der vielleicht größte Vorteil liegt in der Möglichkeit, ohne Vermittlungs- und Übersetzungsprobleme die eigene Position selbst niederschreiben zu können:[556]

> "Es ist ein Übersetzungs- und Verständnisproblem. Wenn man selber die Dinge zu Papier bringen kann, umgeht man das Problem, anderen erklären zu müssen, was man eigentlich meint." (L5)

In der intergouvernemental organisierten Dritten Säule, wo vor allem die Initiativfunktion nicht bei der Kommission, sondern beim Vorsitz liegt, spielen nationale Positionen eine etwas größere Rolle. Das "Agenda-setting" in den verschiedenen Ratsformationen ist nicht auf die Gestaltung der Tagesordnung und das Einbringen von "Non-papers" beschränkt, sondern besteht vor allem in der Initiativfunktion. Die Themen des Vorsitzhalbjahres werden ganz wesentlich von der Präsidentschaft mitbestimmt, die eine Reihe von Initiativen einbringt

---

556 Wer einmal die Funktionsweise des Dolmetschdienstes in einer Ratsgruppen- oder einer Ausschußsitzung im Europäischen Parlament kennengelernt hat, weiß, welche Schwierigkeiten es bereitet, eine komplexe und differenzierte Position beispielsweise einer griechischen Präsidentschaft zu vermitteln, da bei "kleineren" Sprachen oft in zwei Schritten, auf dem Umweg über Englisch oder Französisch, übersetzt wird.

und der es auch obliegt, noch nicht abgeschlossene Prioritäten der vorangegangenen Präsidentschaft weiterzuführen.
Für die nationalen Interessen heißt dies, daß sie in der Form von Vorsitzpapieren eingebracht werden können:

> "Was wir als Vorsitz eingebracht haben, war innerstaatlich koordiniert und spiegelte die österreichische Haltung wider." (I3)

Erfolgversprechend ist eine Initiative allerdings nur dann, wenn sie von den anderen Mitgliedstaaten als notwendig und sinnvoll erachtet wird. Außerdem muß eine Initiative, die Aussicht auf Erfolg haben will, an einer Gemeinschaftslösung orientiert sein. Das beinhaltet, daß sowohl auf besondere Interessen und Empfindlichkeiten anderer Staaten Rücksicht genommen wird als auch, daß die eigenen Interessen zurückhaltend formuliert werden. Außerdem sollten die Initiativen nicht zu umfangreich sein, um sie nach Möglichkeit noch während der eigenen Präsidentschaft abschließen zu können. Die Initiative der österreichischen Präsidentschaft im Bereich Asyl und Migration scheiterte vor allem deshalb, weil sie inhaltlich in manchen Bereichen inakzeptabel war und spezifische österreichische Interessen zu stark im Vordergrund standen.
Der Hauptunterschied zur Ersten Säule liegt darin, daß der Vorsitz durch die Möglichkeit und auch die Notwendigkeit, Initiativen zu setzen, eine höhere Verantwortung hat. Zugleich beinhaltet die Initiativfunktion auch die Versuchung, nationale Papiere einzubringen. Die Durchsetzungschancen sind aber nicht größer als in der Ersten Säule, da auch hier offenes Eintreten für nationale Partikularinteressen sofort von den anderen Mitgliedstaaten sanktioniert wird. Eine gute Präsidentschaft wird sich daher auch in der Dritten Säule möglichst stark an einer Gemeinschaftslösung orientieren und nationale Alleingänge zurückstellen.

5.1.4. Auswirkungen auf die Einstellungen der Beamten gegenüber der Integration

Einstellungsänderungen der Eliten sind für die neo-funktionalistische Integrationstheorie ein zentraler Integrationsfaktor. Demnach wird durch den Transfer von Loyalität, Erwartungen und Aktivitäten der Eliten auf ein neues Zentrum eine neue politische Einheit geschaffen.
Hat die österreichische Präsidentschaft diesbezüglich merkliche Spuren bei den im Mittelpunkt stehenden Beamten hinterlassen?
Die persönliche Einstellung der befragten Beamten gegenüber der Europäischen Union hat sich - bis auf einige Details - durch die Präsidentschaft nicht wesentlich verändert. Das ist nicht nur auf die relativ kurze Dauer der Präsidentschaft zurückzuführen, sondern auch darauf, daß jene Beamte, die die Vorsitzführung wahrgenommen haben, in der überwiegenden Anzahl der Fälle bereits seit dem

österreichischen EU-Beitritt in jenem Bereich arbeiten, den sie während der Präsidentschaft als Vorsitzende betreuten. Die Beamten sind somit schon mehrere Jahre in den jeweiligen Arbeitsgruppen und Ausschüssen vertreten und haben eine gefestigte, überwiegend positive Einstellung gegenüber der EU.[557] Hinzu kommt, daß die EU-Agenden zumeist von jüngeren Beamten wahrgenommen werden, die von vornherein der EU gegenüber sehr aufgeschlossen waren.[558]
Zu größeren Umstrukturierungen war es in der Zeit unmittelbar nach dem Beitritt gekommen, als ältere Beamte, die nicht bereit oder fähig waren, sich auf die neuen Anforderungen - vor allem bezüglich Dienstreisen und Sprachkenntnisse - einzustellen, in (Früh-)Pension gingen oder in andere Abteilungen wechselten.

Bei den meisten Beamten überwiegen positive Erinnerungen an die Präsidentschaft, wobei vor allem das Erzielen von Ergebnissen, das Erreichen von Kompromissen und die Genugtuung, die eigene Arbeit im Ergebnis zu erkennen, genannt wurden.[559] Als negative Erinnerungen wurden vor allem die Arbeitsbelastung und die vielen Dienstreisen erwähnt, aber auch ressortinterne Unstimmigkeiten, die Blockierung von Dossiers aus sachfremden Gründen sowie die Tendenz vieler Delegationen, "stundenlang herumzureden, ohne zu sagen, was man denkt".[560] Fünf Beamte konnten oder wollten überhaupt keine negative Erinnerung an die Präsidentschaft äußern. Allerdings waren viele Beamte wegen der Arbeitsbelastung froh, als die Präsidentschaft vorbei war. Nur wenige vermißten die während der Präsidentschaft genossene Anerkennung und die privilegierte Stellung in der Arbeitsgruppe.
Insgesamt acht Beamte erklärten, daß sie sich aufgrund der Präsidentschaft intensiver mit Themen auseinandersetzen mußten, mit denen sie sonst nicht zu tun gehabt hätten. Ein deutlicher Unterschied zwischen den beiden untersuchten Ressorts zeigt sich bei der Frage, ob sich durch die Präsidentschaft das Verständnis für manche Positionen anderer Mitgliedstaaten erhöht habe. Während die Frage von drei Interviewpartnern im Landwirtschaftsministerium bejaht wurde, hat sich bei keinem der befragten Beamten des Innenministeriums das

557 Der einzige Beamte, der erst seit kurzer Zeit einer Arbeitsgruppe angehörte, erklärte, seine Einstellung zur EU sei eindeutig positiv beeinflußt worden, wobei dies aber nicht an der Präsidentschaft gelegen haben muß. Dem EU-Beitritt Österreichs war er noch eher zweifelnd gegenübergestanden.

558 Lediglich ein Beamter des Innenministeriums gab an, daß er durch die Präsidentschaft einigen Brüsseler Institutionen gegenüber vielleicht kritischer geworden ist (I4).

559 11 von 17 Beamten äußerten sich in diesem Sinn.

560 Interview I2.

Verständnis für die Positionen anderer Staaten erhöht - eher im Gegenteil. Ein Beamter klagte besonders über das "Herumgerede" anderer Delegationen,[561] ein weiterer zeigte sich frustriert, da er die ihm gesetzten Ziele für die Präsidentschaft nicht erreichen konnte, was er mit mangelnder Kompromißbereitschaft einiger anderer Mitgliedstaaten begründete.[562] Dadurch verringerte sich sein Verständnis für die Positionen anderer Delegationen.

Die überwiegende Mehrheit der Beamten gab an, daß die Präsidentschaft positive Auswirkungen auf ihre künftige Arbeit haben wird. Als Grund dafür gaben die Beamten an, daß sie in der Gruppe nun bekannter und vor allem erst jetzt wirklich voll akzeptiert sind. Erst durch die Präsidentschaft wird man vom Neuling zum anerkannten Mitglied.[563] Mehrere ehemalige Gruppenvorsitzende erwähnten auch die durch die Präsidentschaft verbesserten Kontakte, insbesondere zur Kommission und zum Ratssekretariat, die nun vor allem die kurzfristige telefonische Kontaktaufnahme ermöglichen.[564] Zwei Beamte stellten fest, daß ihr Selbstvertrauen in der Gruppe durch die Präsidentschaft gestiegen ist.[565]

Insgesamt entstand der Eindruck, daß das Zusammengehörigkeitsgefühl und das Arbeitsklima in den Ratsarbeitsgruppen im Bereich Landwirtschaft wesentlich besser sein dürfte als in den vom Innenministerium betreuten Arbeitsgruppen. Das könnte einerseits mit der Art der Entscheidungsfindung zusammenhängen, da die Aussicht, bei einer zu inflexiblen Haltung im Bereich Landwirtschaft überstimmt werden zu können, sich offenbar positiv auf die Verhandlungsbereitschaft und damit das Verhandlungsklima auswirkt. Andererseits dürfte auch das zugrundeliegende Politikfeld eine Rolle spielen. Die in den Zuständigkeitsbereich des Innenministeriums fallenden Materien berühren den Kern nationaler Souveränität, weshalb es schwieriger ist, eine offene Diskussion zu führen und alle Informationen und Beweggründe auf den Tisch zu legen.

Zusammengefaßt ergibt sich, daß die Präsidentschaft die Einstellungen der Beamten gegenüber der EU nicht verändert hat, für die meisten aber ein überwiegend positives Erlebnis darstellte.

---

561 Interview I2.

562 Interview I3.

563 In diesem Sinn äußerten sich L1, L4, L6, I4, I5, I6, I7, I8.

564 Interviews L1, L2, L4, L8, I3, I7.

565 Interviews I3, I4.

5.1.5. Erste und Dritte Säule im Vergleich

Jedes Politikfeld der Europäischen Union hat seine eigenen Charakteristika, die von der Dauer und vom Umfang der Integration des jeweiligen Politikfeldes mit seiner spezifischen rechtlichen und politischen Ausprägung abhängen. Mein Ziel war es, zwei möglichst unterschiedliche Bereiche näher unter die Lupe zu nehmen, um Gemeinsamkeiten und Unterschiede möglichst deutlich erkennen zu können. Daher wählte ich den Bereich Landwirtschaft, der das am längsten und umfassendsten integrierte Politikfeld der EU darstellt, und den Bereich Inneres, der erst seit Maastricht in den Zuständigkeitsbereich der EU fällt. Der in der Dritten Säule mit dem Politikfeld Justiz zusammengefaßte Bereich Inneres beruht in erster Linie noch auf intergouvernementaler Zusammenarbeit unter Beteiligung der Kommission (und sehr eingeschränkt des EP) und befindet sich in Teilbereichen aber auf dem Weg zu einer stärkeren Vergemeinschaftung. Interessant ist der Bereich Inneres für die Frage nach der Integration auch deshalb, weil dort Kernelemente staatlicher Souveränität angesprochen werden.

Dem Vergleich der Präsidentschaft in den beiden Politikfeldern Landwirtschaft und Inneres liegt die These zugrunde, daß der unterschiedliche Integrationsgrad Auswirkungen auf die Präsidentschaft und ihre integrative Wirkung zeigt.

Alle Beamten, die ich im Landwirtschaftsbereich interviewt habe, sind, mit Ausnahme des SAL-Sprechers, auch in Verwaltungs- bzw. Expertenausschüssen der Kommission vertreten, wobei allerdings die Verwaltungsausschüsse je nach zeitlicher Verfügbarkeit von verschiedenen Mitgliedern der jeweiligen Fachabteilung besucht werden. Die Bedeutung der Verwaltungsausschüsse ist zumindest in zweifacher Hinsicht beachtenswert. Erstens nimmt daran üblicherweise derselbe Personenkreis teil, der auch an den Ratsarbeitsgruppen teilnimmt, so daß sich diese Beamten sehr gut kennenlernen und sich zusätzliche Möglichkeiten bieten, informell über aktuelle Entwicklungen und bevorstehende Entscheidungen zu beraten. Zweitens sind die Verwaltungsausschüsse ein wichtiges Forum des Informationsaustausches. Eine Beamtin betonte, daß die Teilnahme an den Verwaltungsausschüssen mehr Information bringt, während bei den Ratsarbeitsgruppen die Mitentscheidung im Vordergrund steht.[566]
Das Element der Kommissionsausschüsse fehlt im Bereich der Dritten Säule weitgehend. Nur zwei Beamte sind permanent in einem Expertenausschuß der Kommission vertreten, wobei einer dieser Ausschüsse nur einmal jährlich zusammentritt. Alle anderen Beamten sind entweder überhaupt nie in anderen

566 Interview L5.

Gremien als der Ratsarbeitsgruppe vertreten, oder gelegentlich in Ad-hoc-Gruppen oder -Kommissionen.

Das Landwirtschaftsministerium bereitete sich umfassend auf die Präsidentschaft vor und nahm zu diesem Zweck auch eine Geschäftseinteilungsänderung vor, die bereits ab 1.1.1997 eine über den Sektionen angesiedelte Stabstelle einrichtete, die vor allem die interne Koordination und die einheitliche Positionierung des Landwirtschaftsministeriums im Rat Landwirtschaft, im SAL und den Ratsarbeitsgruppen zur Aufgabe hatte. Daneben wurden zwei Projektgruppen für die vom Landwirtschaftsressort zu betreuenden Räte Landwirtschaft und Fischerei etabliert, die die Präsidentschaft in diesen Bereichen zu planen hatten. Diese Mechanismen dürften sich weitgehend bewährt haben, obwohl einige Beamte auch Kritik äußerten. Dabei ist es aber schwierig zu trennen, in welchem Ausmaß die Kritik den Strukturen oder den handelnden Personen galt.[567] Nach außen funktionierte die Organisation und Durchführung der Präsidentschaft ohne Probleme, die gesteckten Ziele konnten weitgehend erreicht werden.
Dementgegen war der Ansatz des Innenministeriums, die gesamte Koordination über die in der Sektion III angesiedelte Koordinationsabteilung (Abteilung III/17) laufen zu lassen, weniger erfolgreich, da die Abteilung trotz hohem Einsatz ihrer Mitarbeiter unter großer Arbeitsbelastung stand und die Koordinationswege zu lange waren. In der Praxis verlagerte sich die Koordination daher teilweise auf die Vertretung in Brüssel und auf direkte Kontakte der Gruppenvorsitzenden mit dem Ratssekretariat. Hinzu kam das aus mehreren Gründen verunglückte Strategiepapier, das die Präsidentschaftsbilanz des Innenministeriums deutlich trübte. Allerdings bedeutet die Initiativfunktion der Präsidentschaft in der Dritten Säule auch eine höhere Verantwortung und ein größeres Risiko gegenüber der Ersten Säule, wo Vorlagen der Kommission diskutiert werden.

Der Spielraum für große thematische Initiativen ist sowohl im Bereich Landwirtschaft als auch im Bereich Inneres minimal. Dafür sind vor allem zwei Faktoren verantwortlich:

a) Die Kapazitäten werden in beiden Bereichen von laufenden Arbeiten in Anspruch genommen. In der Ersten Säule sind die auf dem Tisch liegenden Vorschläge der Kommission zu bearbeiten. Aber auch in der Dritten Säule sind

567 Die geäußerte Kritik dürfte aber eher auf Personen bezogen gewesen sein. So wurde von zwei Beamten Kritik am Stil des Vorsitzenden der Stabstelle geäußert bzw. angedeutet, in einem anderen Fall gab es offenbar Unstimmigkeiten wegen der Auswahl des Gruppenvorsitzenden (Interviews L2, L3 und L5).

de facto die laufenden Arbeiten fortzusetzen, Beschlüsse umzusetzen und Aufträge des Europäischen Rates zu erfüllen.

b) Neue Initiativen müssen sich am Notwendigen und am Möglichen orientieren, sofern sie erfolgreich sein sollen. Das heißt, eine Initiative muß auf das Interesse der anderen Mitgliedstaaten stoßen, in diesem Bereich über gemeinsame Regelungen zu diskutieren und sie muß inhaltlich mehrheitsfähig sein. Damit ist der Spielraum deutlich eingeschränkt.

Dennoch besteht der grundsätzliche Unterschied, daß der Vorsitz in der Dritten Säule die Möglichkeit hat, eigene Vorschläge vorzulegen. Der Vorsitz ist damit aber auch stärker gefordert, Initiativen zu setzen, vor allem auf Arbeitsgruppenebene und in jenen Bereichen, in denen der Arbeitsanfall momentan gering ist. Eine Beamtin des Innenministeriums formulierte es folgendermaßen:

> "Es ist gar nicht so einfach, sinnvolle neue Themen zu finden. Den Aufgabenumfang macht man sich selbst. Ich kann eine desinteressierte Präsidentschaft mit wenigen Themen machen, aber das kommt nicht gut an, weil der Zeitaufwand für Sitzungen relativ groß ist, und da sollte dann schon etwas zu Behandlung vorliegen. Es würde sicher die österreichische Position schmälern, wenn man eine unmotivierte Präsidentschaft macht." (I8)

Die Vorsitzführung in der Dritten Säule ist deutlich stärker national ausgerichtet, was wiederum mit der Initiativfunktion und der insgesamt stärkeren Rolle des Vorsitzes zu tun hat. Die Vorsitzpapiere sind naturgemäß von den jeweiligen nationalen Rahmenbedingungen beeinflußt, wodurch auch die Diskontinuität in der Dritten Säule wesentlich höher ist. Unterschiedliche Prioritäten aufeinanderfolgender Präsidentschaften können auch dazu führen, daß die Beschlußfassung deutlich verzögert wird:

> "Die Frage der Diskontinuität ist ebenfalls problematisch. Sie haben zum Beispiel das Pech, daß sie auf politischer Ebene bei der letzten Ratssitzung das Dokument wegen zwei Vorbehalten nicht durchbringen, und wenn dann zwei Präsidentschaften nachfolgen, für die das Thema keine Priorität darstellt, dann können Dinge jahrelang herumgeschoben werden." (I1)

Die Einbringung von Initiativvorschlägen durch die Präsidentschaft hat auch zur Folge, daß der Vorsitz eine aktivere Rolle in der inhaltlichen Diskussion spielt. Der Verfasser eines Papiers ist selbst am besten in der Lage, Fragen zu beantworten und über Hintergründe und Motivationen Auskunft zu geben. Und

es ist auch wesentlich schwerer, gegenüber eigenen, selbst entworfenen und eingebrachten Papieren, neutral zu sein.[568]
Eine Nebenerscheinung der aktiveren Rolle des Vorsitzes ist, daß die Bedeutung der nationalen Delegation während der Präsidentschaft noch geringer ist als in der Ersten Säule. In den Worten einer Beamtin des Innenministeriums:

> "Die [österreichische] Delegation ist völlig irrelevant während der Präsidentschaft, da setzen sie einfach wen hin, der den Mund hält. Außer es gibt irgendwas, wo man sich abgesprochen hat und sagt: 'Sei so lieb und sag das', um das Spiel spielen zu können: der sagt das, was der Vorsitz hören will, und wehe, er sagt etwas anderes, dann ist Feuer am Dach." (I1)

Das Zusammengehörigkeitsgefühl ist in den Gruppen im Landwirtschaftsbereich offenbar wesentlich größer als im Bereich des Inneren. Ein Beamter des Landwirtschaftsministeriums formulierte es folgendermaßen:

> "Es herrscht ein Geist der Kooperation, der einzigartig ist. Auch wenn die Kollegen dort sehr konsequent nationale Interessen vertreten, sind sie immer an einem Gemeinsamen interessiert". (L6)

Beamte des Innenministeriums kritisierten deutlich häufiger das Verhalten anderer Mitgliedstaaten. Diese seien nicht kooperativ und kompromißbereit, nicht fähig oder willens, ihre Position auf den Punkt zu bringen und die Verhandlungen seien häufig wegen sachfremder Gründe blockiert.[569]
Diese Argumente weisen auf die große Bedeutung möglicher Mehrheitsentscheidungen hin. Dadurch wird das Arbeitsklima in der Gruppe konstruktiver und das Bemühen um eine gemeinsame Lösung wird deutlich angeregt.

Hinsichtlich der Frage, ob eine weitergehende Integration und eine Stärkung supranationaler Elemente in ihren Politikfeldern sinnvoll und wünschenswert seien, ergeben sich Unterschiede im Detail, die in erster Linie auf die verschiedenen Ausgangspositionen zurückzuführen sind. Insgesamt vertreten die Beamten beider Ministerien eine eher konservative Position und stehen der Ausweitung supranationaler Elemente skeptisch gegenüber.

---

568 Interview I2.

569 Dies ist natürlich ein einseitiger Befund. Ein vollständigeres Bild ergäbe sich, wenn die Beurteilung der Vorsitzenden durch die anderen Gruppenmitglieder in Erfahrung gebracht werden könnte. Das wäre allerdings, wenn überhaupt, nur mit sehr großem Aufwand möglich.

Dennoch bekannten sich einige Beamte im Landwirtschaftsministerium generell zur Notwendigkeit der Ausweitung von Abstimmungen mit qualifizierter Mehrheit. Eine stärkere Rolle des Europäischen Parlamentes oder gar der Kommission im Landwirtschaftsbereich wird aber klar abgelehnt. Lediglich ein Beamter sprach für eine Stärkung des Europäischen Parlamentes, weil es das einzige vom Volk gewählte Organ ist.[570] Demgegenüber halten mehrere Beamte das Parlament für fachlich nicht qualifiziert und nicht effizient genug, um konstruktiv am Entscheidungsprozeß mitwirken zu können.[571] Eine Beamtin faßte es pointiert zusammen:

> "Fachliche Entscheidungen sollten Fachleute treffen. Kontrolle ist nötig, die kann ein Parlament oder wer anderer machen. Die Demokratie muß nicht die beste Entscheidungsform in allen Fällen sein." (L7)

Bezüglich der Kommission weisen einige Beamte des Landwirtschaftsministeriums auf ihre ohnehin schon sehr große Bedeutung, auch in den Verwaltungsausschüssen, hin. Eine stärkere Stellung der Kommission wird daher von keinem Beamten befürwortet. Eine Beamtin verweist allerdings auf die Notwendigkeit einer starken Kommission vor allem im Hinblick auf die Erweiterung. Eine größere Anzahl an Verhandlungsteilnehmern erfordert auch eine starke Kommission als Koordinator.[572]
Im Innenministerium muß man unterscheiden zwischen den Bereichen Migration und Asyl, die durch den Vertrag von Amsterdam mit einer fünfjährigen Übergangsfrist in die Erste Säule übersiedeln und dem Bereich der Polizeizusammenarbeit. Für letzteren wird die Möglichkeit supranationaler Elemente im Entscheidungsprozeß klar zurückgewiesen, es wird aber, wie auch für die Bereiche Asyl und Migration die Notwendigkeit stärkerer Kooperation und gegenseitiger Information betont. Für den Bereich Asyl und Migration wird die eingeleitete Vergemeinschaftung im wesentlichen begrüßt, ein schrittweises Vorgehen allerdings für unabdingbar gehalten.

Diese Beobachtungen lassen die Schlußfolgerung zu, daß für die Präsidentschaft keine fundamentalen Unterschiede zwischen der Ersten und der Dritten Säule bestehen. Am ehesten lassen sich Unterschiede in den folgenden Punkten erkennen:

---

570 Interview L8.

571 Interviews L1, L4 und L7. Es bedürfte weiterer Untersuchungen um festzustellen, ob dieses Mißtrauen nur gegenüber dem EP herrscht, oder ob auch das nationale Parlament ähnlich beurteilt wird.

572 Interview L7.

- Die Kommission spielt in der Dritten Säule eine deutlich geringere Rolle, wodurch die Bedeutung des Vorsitzes - vor allem im Bereich der Initiativfunktion - größer ist.
- Die längere und intensivere Zusammenarbeit sowie die Möglichkeit, Mehrheitsentscheidungen treffen zu können, wirkt sich offenbar positiv auf das Verhandlungsklima im Bereich Landwirtschaft aus.
- Im Unterschied zum Innenministerium gaben einige Beamte des Landwirtschaftsministeriums an, daß sich durch die Präsidentschaft ihr Verständnis für die Positionen anderer Länder erhöht hat.

Insgesamt machten die Beamten in beiden Ministerien ganz ähnliche Erfahrungen, so daß hinsichtlich der Integrationswirkung der Präsidentschaft keine grundsätzlichen Unterschiede festzustellen sind.

5.1.6. Die Präsidentschaftsbilanz in den zentralen Politikfeldern der Union

Hat sich die österreichische Präsidentschaft bemüht, jene Politiken, die im Hinblick auf die weitere Integration der Union besonders bedeutsam sind, im Interesse der Gemeinschaft voranzutreiben? Folgende Themen möchte ich einer näheren Betrachtung unterziehen: die Frage der Zukunft der Union, die Sicherheitspolitk, die Erweiterung, die Agenda 2000 und die Reform der Arbeitsmethoden des Rates.

Die durch den gemeinsamen Brief von Helmut Kohl und Jacques Chirac im Juni 1998 ausgelöste und auf dem Gipfel von Cardiff fortgesetzte Diskussion über die Zukunft der Union mit einer integrationskritischen Tendenz führte zu dem Beschluß des Europäischen Rates von Cardiff, zu den Themen Institutionenreform, Subsidiarität und Effizienz einen informellen Europäischen Rat unter österreichischem Vorsitz abzuhalten. Der Kohl-Chirac-Brief hatte unter anderem eine strikte Anwendung des Subsidiaritätsprinzips verlangt und gefordert, den Richtlinien einen größeren Spielraum für die nationale Umsetzung einzuräumen.[573]
Es ist ein Verdienst des österreichischen Vorsitzes, daß sich der informelle Gipfel in Pörtschach unter Abweichung vom Mandat von Cardiff um die Bestimmung neuer Felder vertiefter Integration bemühte und es gelang, eine positive, zukunftsorientierte Stimmung zu erzeugen. Daß der Gipfel - zumindest atmosphärisch und medial - ein Erfolg wurde, lag allerdings auch an Faktoren, die von der österreichischen Präsidentschaft nicht beeinflußt werden konnten. Zum

---

573 Der Text des gemeinsamen Briefs von Kohl und Chirac ist im Anhang abgedruckt.

einen profitierte der Gipfel davon, daß ihn der britische Premierminister Tony Blair als Rahmen wählte, die neue Akzentsetzung Großbritanniens in Fragen der europäischen Sicherheits- und Verteidigungspolitik offiziell vorzustellen. Zum anderen bedeutete das Treffen in Pörtschach das erste internationale Auftreten des neuen deutschen Bundeskanzlers Gerhard Schröder und des neuen italienischen Ministerpräsidenten Massimo D'Alema.

Im Bereich der europäischen Sicherheits- und Verteidigungspolitik setzte die österreichische Präsidentschaft einige Akzente. Dabei gelang es der österreichischen Koalitionsregierung bei diesem zwischen der ÖVP und der SPÖ heftig umstrittenen Thema während der Präsidentschaft - zumindest nach außen hin - eine einheitliche Position zu vertreten.[574]
Die österreichische Präsidentschaft hat erstmals die seit dem Vertrag von Maastricht bestehende Möglichkeit, die WEU mit konkreten Aktionen zu beauftragen, in Anspruch genommen. Während der österreichischen Präsidentschaft fand das erste offizielle Treffen eines EU-Ratspräsidenten mit dem NATO-Generalsekretär statt und Verteidigungsminister Werner Fasslabend sorgte mit seiner Einladung zu einem Treffen der EU-Verteidigungsminister in Wien für Aufsehen.[575] Damit waren drei Zielsetzungen verbunden:

1. Das Vorantreiben der Entwicklung einer europäischen Sicherheits- und Verteidigungspolitik in der Überzeugung, daß damit auch den österreichischen Sicherheitsinteressen am besten gedient ist.
2. Österreich wollte seinen europäischen Partnern beweisen, daß es aktiv für eine gemeinsame Sicherheitspolitik eintritt. Aufgrund der österreichischen Neutralität und der unterschiedlichen Positionen der Regierungsparteien zur Sicherheitspolitik hat Österreich in diesem Bereich immer wieder einen Erklärungsnotstand.[576]
3. Die ÖVP nützte die Möglichkeit der Präsidentschaft, um ihre Vorstellungen im Bereich der Sicherheits- und Verteidigungspolitik auf europäischer Ebene darzustellen.[577]

---

574 Eine einheitliche Position konnte trotz einer Absichtserklärung im Koalitionsprogramm der SPÖ und der ÖVP vor der Präsidentschaft nicht gefunden werden. Siehe Kapitel 4.3.1.4.

575 Es muß betont werden, daß das Treffen der Verteidigungsminister außerhalb des Rahmens der Präsidentschaft stattfand und daher auch kein informelles EU-Ministertreffen darstellte. Aber natürlich war es kein Zufall, daß die Einladung des österreichischen Verteidigungsministers an seine Amtskollegen während der Präsidentschaft erfolgte.

576 Interview im Außenministerium.

577 Sowohl Außenminister Schüssel als auch Verteidigungsminister Fasslabend gehören der ÖVP an.

Die unterschiedlichen Auffassungen der beiden Regierungsparteien in der Sicherheits- und Verteidigungspolitik führten allerdings schon bald nach dem Ende der Präsidentschaft erneut zu heftigen Auseinandersetzungen. Ausgelöst durch die Bombenangriffe der NATO auf Jugoslawien und die forcierte Diskussion über eine europäisches Sicherheitssystem während der deutschen Präsidentschaft im Frühjahr 1999 betonte die SPÖ ihr Festhalten an der Neutralität, während die ÖVP die Notwendigkeit einer österreichischen Beteiligung an einem europäischen Sicherheitssystem ohne Berührungsängste mit der NATO in den Vordergrund stellte. Diese Debatte dominierte auch den Wahlkampf für die Wahlen zum Europäischen Parlament im Juni 1999.
Während der Präsidentschaft gelang es der Regierung somit weitgehend, ihre Differenzen hintanzustellen und im gesamteuropäischen Interesse an der Fortentwicklung einer europäischen Sicherheits- und Verteidigungspolitik zu arbeiten. Unmittelbar danach traten die Differenzen aber wieder in den Vordergrund, womit auch Österreichs Position in der Union geschwächt wurde. Die unterschiedlichen Signale aus dem Außenministerium (geleitet von ÖVP-Chef Schüssel) und dem Bundeskanzleramt (geleitet von SPÖ-Chef Klima) zum Thema Sicherheitspolitik bildeten einen der Hauptkritikpunkte an Österreich bei meinen Interviews mit Vertretern der Europäischen Kommission.

Die größte aktuelle Herausforderung der EU, die Erweiterung, stellte die österreichische Regierung, wie an anderer Stelle schon näher ausgeführt,[578] vor große Probleme, da mittel- bis langfristigen Gewinnen kurzfristige Nachteile und vor allem eine skeptische bis ablehnende Öffentlichkeit gegenüberstehen. Österreich hat versucht, den internationalen Erwartungen - vor allem von seiten der MOEL - gerecht zu werden und die Erweiterung mit aller Kraft zu fördern. Die Regierung bezeichnete die Erweiterung zu Beginn der Präsidentschaft als eines ihrer vorrangigen Ziele und setzte eine Reihe von Akzenten, um die Dynamik des Erweiterungsprozesses zu erhalten. Vor allem bemühte sich Österreich, die substantiellen Beitrittsverhandlungen während seiner Präsidentschaft zu eröffnen. Dabei hat die österreichische Präsidentschaft ganz bewußt die Gefahr des Scheiterns auf sich genommen.[579]
Nach dem Ende der Präsidentschaft kehrte die Regierung wieder zur weitgehend defensiven Behandlung des Themas Erweiterung zurück. Dabei steht die Forderung von Übergangsfristen, vor allem im Bereich der Freizügigkeit der

---

578 Siehe Kapitel 4.5.2.3.

579 Der Ständige Vertreter Österreichs in Brüssel, Botschafter Manfred Scheich, der während der Präsidentschaft den Vorsitz im AStV II führte, wies in einem Vortrag am 19.1.1999 im "Wien-Haus" in Brüssel vor allem auf die Schwierigkeiten hin, Frankreich von den Vorteilen einer raschen Verhandlungsaufnahme zu überzeugen.

Arbeitnehmer, sowie die Frage der Sicherheit von Kernkraftwerken in den an Österreich angrenzenden Beitrittskandidaten im Vordergrund. Die mittel- und langfristigen Vorteile der Erweiterung für Österreich finden kaum Erwähnung. Im zweiten Halbjahr 1999 sprachen einige Regierungsmitglieder sogar von der Absicht, die Eröffnung von Beitrittsverhandlungen[580] zu blockieren und konterkarierten damit die Vorgangsweise während der Präsidentschaft, möglichst rasch in die inhaltlichen Verhandlungen einzusteigen.
Die Präsidentschaft hat somit offenbar dazu geführt, daß die Regierung vorübergehend versuchte, offensivere Akzente im Bereich der Erweiterung zu setzen und handelte damit auch im langfristigen Interesse Österreichs. Allerdings hatte die Präsidentschaft keinen nachhaltigen Effekt.

Bei der Behandlung der Agenda 2000 bemühte sich Österreich, den gestellten Anforderungen gerecht zu werden und die Arbeiten möglichst weit voranzutreiben. Aufgrund der in Cardiff vereinbarten Fristsetzung, die Verhandlungen Ende März unter deutscher Präsidentschaft abzuschließen, handelte es sich allerdings von vornherein um eine undankbare Aufgabe. Für Österreichs nationale Interessen, vor allem den Nettobeitrag zum EU-Budget zu senken, war diese Zeitplanung allerdings von Vorteil, da unter deutscher Präsidentschaft wesentlich offener und entschiedener österreichische Interessen vertreten werden konnten. Bemerkenswert ist, daß Österreich während seiner Präsidentschaft ein wichtiges Prinzip im eigenen Interesse in die Verhandlungen über die künftige Finanzierung der Union einbringen konnte, nämlich das Prinzip der realen Stabilisierung der Ausgaben. Dies führte dann auch im Vorfeld des Europäischen Rates von Wien zu Vorwürfen der Nettoempfängerländer, allen voran Spaniens, Österreich habe sich parteilich verhalten.

---

580 Barbara Prammer, Ministerin für Frauenangelegenheiten und Konsumentenschutz, drohte Anfang November 1999 damit, die Eröffnung von Beitrittsverhandlungen mit der Slowakei zu blockieren, wenn diese nicht bereit ist, das Atomkraftwerk Bohunice vor dem Jahr 2006 zu schließen. Bundeskanzler Klima stellte kurz darauf klar, daß damit nicht gemeint ist, Österreich werde die für den Europäischen Rat in Helsinki geplanten Beschlüsse, Verhandlungen mit allen Beitrittskandidaten zu eröffnen, blockieren ("Der Standard", 9.11.1999). Am 4.11.1999 sorgte Verkehrsminister Caspar Einem mit der Ankündigung für große Aufregung, daß Österreich die Eröffnung des Verkehrskapitels in den laufenden Verhandlungen mit den Beitrittskandidaten blockieren wolle, so lange nicht sichergestellt ist, daß die zu befürchtende Zunahme des Ost-West-Transitverkehrs auf Bahn und Schiff umgeleitet wird ("Der Standard", 6./7.11.1999). Die Eröffnung des Verkehrskapitels wurde letztlich nicht blockiert. Österreich gab sich mit einer gemeinsamen Erklärung der Kommission und des Rates zufrieden, daß die neuen Mitgliedstaaten vor einer vollen Liberalisierung des Straßenverkehrs die EU-Vorschriften im Bereich Straßentransport vollständig umsetzen müssen. Dies umfasse auch die sozialen, technischen, steuerlichen, Sicherheits- und Umweltanforderungen der EU ("Der Standard", 13.11.1999).

Die österreichische Präsidentschaft bemühte sich auch um die Verbesserung der Funktionsweise des Rates im Hinblick auf eine bessere Effizienz und Kohärenz der verschiedenen Ratsformationen, konnte dabei aber nur Teilerfolge erreichen. Dieses Thema bildete einen Hauptpunkt der Beratungen des informellen Außenministertreffens in Salzburg Anfang September.

Auch bei den beiden anderen für die Zukunft der Union wichtigen Themen - Wirtschafts- und Währungsunion und Inkrafttreten des Vertrages von Amsterdam - konnte die österreichische Präsidentschaft ihre Aufgaben erfüllen. Der Rat beschloß die letzten notwendigen Rechtsakte für die Einführung des Euro,[581] die Frage der Außenvertretung der Euro-Zone konnte geklärt werden und der Euro-11-Rat wurde erfolgreich initiiert. Österreich führte auch die Vorbereitungen für das Inkrafttreten des Vertrages von Amsterdam weiter, konnte allerdings das Ziel, den Hohen Repräsentanten für die GASP zu ernennen, nicht erreichen.

Insgesamt ergibt sich das Bild, daß sich die österreichische Präsidentschaft in allen wichtigen Zukunftsfragen der Union um Fortschritte bemühte und teilweise - bei der Erweiterung und der Sicherheits- und Verteidigungspolitik - besonderes Engagement an den Tag legte. Die Regierung stellte gesamteuropäische Interessen in den Vordergrund und veränderte in einigen Bereichen vorübergehend ihre sonstige Politik. Allerdings kehrte die Regierung unmittelbar nach der Präsidentschaft wieder zu ihren ursprünglichen Positionen zurück.

5.1.7. Auswirkungen auf die öffentliche Meinung

Die Regierung betrieb vor und während der Präsidentschaft eine aufwendige Werbung in allen klassischen Medien: in Zeitungen, im ORF und auf Plakaten. Zur Eröffnung der Präsidentschaft gab die Regierung ein mehrstündiges, live im Fernsehen übertragenes "EU-Fest" auf dem Wiener Heldenplatz in Auftrag. Der ORF brachte umfangreiche Sondersendungen, und viele Printmedien berichteten ausführlich und gaben teilweise Sonderbeilagen zur Präsidentschaft heraus.
Die Vorsitzführung bekam in Umfragen relativ gute Bewertungen. Eine Umfrage des "market-Institutes"[582] gegen Ende der Präsidentschaft führte zu dem

---

581 Dies betraf vor allem die unwiderrufliche Festlegung der Wechselkurse am 31.12.1998 sowie die politische Einigung über die Zusammensetzung und die Statuten des Wirtschafts- und Finanzausschusses und die Ratsentscheidung betreffend die Wechselkursfragen im Zusammenhang mit der CFA-Zone (Communauté Financière Africaine).

582 Vgl. "market"-Studienblätter, 26/99. Die Umfrage umfaßte 500 face-to-face Interviews. Der Erhebungszeitraum war der Dezember 1998.

Ergebnis, daß 42% der Österreicher glaubten, daß der EU-Vorsitz für das Land eher Vorteile gebracht habe, während für 12% die Nachteile überwogen.[583] Auf die Frage, ob Österreich durch den Vorsitz anderen europäischen Ländern nähergerückt sei, antworteten 48% der Befragten mit Zustimmung, 31% glaubten, daß sich wenig verändert hatte und 21% äußerten keine Meinung. Allerdings ist die Aussagekraft dieses Ergebnisses gering, da die in der Frage verwendete Formulierung "anderen Ländern nähergerückt" sehr diffus ist und keine anderen Antwortalternativen außer es "hat sich dabei wenig getan" zur Verfügung standen.

Das "market"-Institut konstatierte, daß die Umfrage insgesamt ein "Traumergebnis" für die Regierung darstellte. Vor allem Kanzler Klima und die SPÖ konnten von der Präsidentschaft profitieren und ihre Umfragewerte steigern, während die ÖVP trotz des großen Einsatzes von Außenminister Schüssel während des Vorsitzes sogar leichte Verluste ihrer Umfragewerte hinnehmen mußte. Die Aussichten der SPÖ für das "Superwahljahr" 1999 standen daher zu Jahresbeginn ausgezeichnet. Die beiden wichtigsten Wahlen des Jahres 1999, die Landtagswahl in Kärnten im März und die Nationalratswahl am 3. Oktober 1999, brachten allerdings klare Verluste der SPÖ und die ÖVP, in erster Linie zugunsten der größten Oppositionspartei, der FPÖ. Damit zeigte sich erneut, daß ein erfolgreicher EU-Vorsitz keinen Vorteil für nationale Wahlen im darauffolgenden Jahr darstellen muß.[584]

Auch eine im Auftrag der Österreichischen Gesellschaft für Europapolitik durchgeführte Studie[585] brachte durchwegs positive Bewertungen der Präsidentschaft. Im Dezember 1998 gaben 71% der Befragten an, die Präsidentschaft habe sich positiv auf das Ansehen Österreichs ausgewirkt, nur 6% sahen negative Auswirkungen. Eine deutliche Mehrheit der Österreicher war der Meinung, daß Österreich der Aufgabe, die Präsidentschaft zu übernehmen, "sehr gut" oder "eher gut" gewachsen war.[586] Mehrheitlich positiv schätzten die Befragten auch

---

583 46% der Befragten waren unentschieden.

584 Sowohl die spanische als auch die irische Regierung wurden im Jahr nach ihren als erfolgreich angesehenen Präsidentschaften abgewählt ("Der Standard", 1.7.1998, Sonderbeilage zur Präsidentschaft; S. A 11).

585 Österreichische Gesellschaft für Europapolitik, 11.1.1999. Es wurden zwei Telefonumfragen mit jeweils tausend Interviews durchgeführt. Die Erhebungszeiträume waren kurz vor dem Beginn (28.5.1998 bis 12.6.1998) und kurz vor dem Ende der Präsidentschaft (7.12.1998 bis 17.12.1998).

586 Die Frage, ob Österreich der Aufgabe, im EU-Ministerrat die Präsidentschaft zu übernehmen, sehr gut, eher gut, eher nicht oder gar nicht gewachsen ist bzw. war, brachte folgende Ergebnisse:
Juni: Sehr gut 17%, Gut 61%, Eher nicht 11%, Gar nicht 4% und Weiß nicht oder keine

die Auswirkungen der Präsidentschaft auf die österreichische Wirtschaft und den Fremdenverkehr ein.
Der finanzielle Aufwand für die Präsidentschaft stieß allerdings auf mehrheitliche Ablehnung, die im Laufe der Präsidentschaft deutlich zunahm. Im Juni hielten 39% der Befragten (im Dezember 34%) die geschätzten Kosten von 300 Millionen Schilling (21,8 Mio. Euro) für die Präsidentschaft für gerechtfertigt, 41% (im Dezember 51%) hielten sie für nicht gerechtfertigt.
Eine vom Nachrichtenmagazin "Profil" in Auftrag gegebene Umfrage des Instituts für Strategische Markt- und Meinungsforschung (ISMA)[587] erhob ebenfalls deutlich positive Bewertungen der Präsidentschaft und relativ gute Werte für die beiden Regierungsparteien. 71% der Befragten waren der Meinung, die Politiker hätten die Aufgaben des Vorsitzes "sehr gut" oder "eher gut" bewältigt, 65% meinten, Österreich könne auf die Präsidentschaft "sehr stolz" oder "eher stolz" sein.[588]

Hatte die massive Medienberichterstattung und die in den Umfragen festgestellte positive Bewertung der Präsidentschaft durch die Bevölkerung Auswirkungen auf die Einstellungen der Österreicher gegenüber der EU und Österreichs EU-Mitgliedschaft?
Die Ergebnisse der Eurobarometer-Studien[589] lassen seit dem Frühjahr 1997 einen deutlichen Anstieg der Zustimmung der Bevölkerung zur österreichischen EU-Mitgliedschaft feststellen. Im zweiten Halbjahr 1998 - also während der Präsidentschaft - erreichte die Zustimmung zu Österreichs EU-Mitgliedschaft ihren vorläufigen Höhepunkt.[590] Im Frühjahr 1999 fiel Netto-Zustimmung um sechs Prozentpunkte, womit Österreich im gesamteuropäischen Trend lag.[591]

Angabe 8%.
Dezember: Sehr gut 12%, Gut 59%, Eher nicht 15%, Gar nicht 6% und Weiß nicht oder keine Angabe 8%.

587 500 Telefoninterviews, Erhebungszeitraum 7.-9. Dezember 1998.

588 "Profil" 52/53, 1998.

589 Die Eurobarometer-Meinungsumfragen werden im Auftrag der Generaldirektion "Information, Kommunikation, Kultur, Audiovisuelle Medien" der Europäischen Kommission seit 1973 jedes Frühjahr und jeden Herbst durchgeführt. Die Daten für das Eurobarometer 49 wurden im April und Mai 1998 erhoben, jene für das Eurobarometer 50 im Oktober und November 1998 und jene für das Eurobarometer 51 im März und April 1999.

590 Zu den Ergebnissen der Eurobarometer-Umfragen siehe im Anhang "Eurobarometer-Umfragen".

591 Die Netto-Zustimmung zur EU-Mitlgiedschaft fiel im Durchschnitt der EU-15 von 42% (Eurobarometer 50) auf 37% (Eurobarometer 51).

Die Hauptursachen für die geringere Unterstützung der EU dürften die institutionelle Krise (Rücktritt der Kommission) und der Kosovo-Krieg gewesen sein.
Die beiden Eurobarometer-Umfragen im Jahr 1998[592] waren auch die bisher einzigen, bei denen eine relative Mehrheit der Befragten angab, daß die Vorteile der österreichischen EU-Mitgliedschaft die Nachteile übertreffen.
Dies könnte als ein Hinweis darauf interpretiert werden, daß die zunehmende Berichterstattung in den Medien und die Werbung der Bundesregierung im Hinblick auf die Präsidentschaft zu einer positiveren Bewertung der EU durch die österreichische Bevölkerung führten. Zwei gewichtige Argumente sprechen allerdings gegen einen solchen eindeutigen Zusammenhang. Zum einen entwikkelte sich das Meinungsklima im Durchschnitt der EU-15 ganz ähnlich wie in Österreich, zum anderen verbesserte sich parallel zur positiveren Bewertung der EU auch die Stimmungslage im Hinblick auf die Wirtschaftslage und die künftige wirtschaftliche Entwicklung.[593]

Seit 1986 erhebt das Eurobarometer auch die Bekanntheit und die Bedeutung der Präsidentschaft im jeweiligen Vorsitzland. Dabei landete Österreich im Längsschnittvergleich im Mittelfeld. 77% der Österreicher waren sich der Tatsache bewußt, daß Österreich die EU-Präsidentschaft ausübte. Auffallend ist allerdings, daß mit 65% ein vergleichsweise geringer Anteil der Österreicher es als wichtig empfand, daß Österreich die Präsidentschaft innehatte. Österreich liegt damit im Bereich der großen Mitgliedstaaten (D, F, GB), in denen die Bedeutung der Präsidentschaft deutlich geringer eingeschätzt wird als in den kleineren Staaten[594] und signifikant hinter jenen Staaten, die im Untersuchungszeitraum ihre erste Präsidentschaft absolvierten. Die erste spanische Präsidentschaft (1989) wurde von 78% der Bevölkerung für bedeutsam gehalten, die erste portugiesische Präsidentschaft sogar von 85%. Angesichts der intensiven Werbung der Regierung ist das ein überraschender Befund.

Ein interessantes Ergebnis der "market"-Erhebung brachte die ungestützte Frage nach den Themen der österreichischen Präsidentschaft. 39% der Befragten konnten keine Angaben machen, 27% nannten die Bekämpfung der Arbeitslosigkeit, alle weiteren Themen kamen auf höchstens 10% (Osterweiterung und Euro) oder weniger. Bemerkenswert ist, daß nur einer von hundert Österrei-

592 Eurobarometer 49 und 50.

593 "market"-Institut: Das aktuelle Wirtschaftsklima sowie die EU- und Euro-Stimmungslage in der österreichischen Bevölkerung; Februar 1998.

594 Eine besonders hohe Einschätzung der Wichtigkeit der jeweiligen Präsidentschaften wurde in Portugal (1992; 85%), Irland (1996; 81%) und Griechenland (1994; 80%) erhoben (Eurobarometer Nr. 50, 61).

chern "Flüchtlingsfragen" nannte, obwohl das Strategiepapier des Innenministeriums im Herbst für einige mediale Aufregung gesorgt hatte ("market"-Institut 1999, 2).

Die geringe Bedeutung der Themen der Präsidentschaft bestätigte auch eine Untersuchung der Innsbrucker Forschungsgruppe "MediAwatch", die die Berichterstattung der Hauptnachrichtensendung des ORF, der "Zeit im Bild", zu EU-Themen im Präsidentschaftshalbjahr unter die Lupe nahm. Demnach wurden 66% der EU-bezogenen Sendezeit für Berichte über die Präsidentschaft verwendet, wobei allerdings inszenierte Ereignisse, wie Bootsfahrten oder Gruppenfotos als Begleitprogramm der informellen Ministertreffen in Österreich sowie Berichte über Organisation, Kosten und Durchführung im Mittelpunkt standen. Die inhaltlichen Themen der Präsidentschaft folgten weit abgeschlagen: am häufigsten wurde über die Osterweiterung berichtet (6% der Sendezeit), dahinter folgten die Agenda 2000, Finanzen, der Euro, Außenpolitik und Innere Sicherheit.[595] Das Thema Beschäftigung bzw. Bekämpfung der Arbeitslosigkeit spielte in der Fernsehberichterstattung im Zusammenhang mit der Präsidentschaft praktisch keine Rolle, dennoch wurde es in der Umfrage über die Themen der Präsidentschaft mit Abstand am häufigsten genannt. Das dürfte vor allem mit der überragenden Bedeutung dieses Themas im nationalen Kontext zusammenhängen. In einer Umfrage Anfang 1998 antworteten mit Abstand die meisten Personen auf die Frage, um welche Themen sich die Bundesregierung 1998 unbedingt kümmern soll, mit dem Thema Arbeitsplätze.[596]

5.1.8. Zusammenfassung

Die Untersuchung der verschiedenen Dimensionen der Integration im Zusammenhang mit der österreichischen Präsidentschaft ergibt zusammenfassend, daß die Präsidentschaft in keinem der untersuchten Bereiche grundlegende Veränderungen gebracht hat.

Allerdings ergab sich eine Vielzahl von Aspekten, die - jeder für sich genommen - von geringer Bedeutung sind, in der Summe aber doch die These unter-

---

595 "Der Standard", 5./6.1.1999.

596 "market"-Institut: Das aktuelle Wirtschaftsklima sowie die EU- und Euro-Stimmungslage in der österreichischen Bevölkerung; Februar 1998. 88% der Befragten gaben an, die Regierung solle sich um die "Sicherung der bestehenden Arbeitsplätze" kümmern, 80% forderten die Konzentration auf die "Schaffung neuer Arbeitsplätze". Das dritthäufigst genannte Thema (Absicherung von Renten und Pensionen) kam auf 71%, die restlichen Themen folgten mit deutlichem Abstand, wobi an vierter Stelle allerdings noch ein beschäftigungsrelevantes Thema genannt wurde (Entwickeln von Programmen gegen die Jugendarbeitslosigkeit, 58%). Zum Vergleich: an der letzten Stelle der Rangliste von 37 Themen fand sich das Thema "Beschleunigung der EU-Osterweiterung" mit 3%.

stützen, daß sich eine Präsidentschaft positiv auf die europäische Integration auswirkt. Dabei handelt es sich um folgende Punkte:

- Die Einbindung Österreichs in das Entscheidungssystem der EU konnte vor allem durch die Verbesserung der informellen Kontakte der Beamten und ihre intensivere Kenntnis der Entscheidungsmechanismen deutlich verbessert werden. Durch die verbesserte Einbindung einzelner Mitgliedstaaten erhöht sich auch die Gesamteffizienz der Union.
- Die intensive Ausbildung der Beamten im Vorfeld der Präsidentschaft und vor allem ihre Erfahrungen während der Vorsitzführung haben das "EU-Know-how" der Beamtenschaft erhöht. Das begünstigt künftig eine bessere und effizientere Abstimmung österreichischer Interessen auf eine Gemeinschaftslösung in der Union.
- Der Wunsch, eine erfolgreiche Präsidentschaft zu absolvieren, ist ein starker Antrieb, eine Präsidentschaft ernst zu nehmen und im Sinne der Gemeinschaft auszuüben. Die Versuchung, nationale Interessen zu forcieren, wird dadurch deutlich verringert.
- Die rotierende Präsidentschaft motiviert die Ressorts dazu, Austauschbeamte in die Verwaltungen anderer Mitgliedstaaten zu entsenden, um Erfahrungen zu sammeln und die inhaltliche Abstimmung zwischen den Präsidentschaften zu verbessern. Als wichtiger Nebeneffekt wird die Kenntnis und das Verständnis anderer Verwaltungsorganisationen und -traditionen erweitert.
- Für die Koordinationsressorts lieferte die Präsidentschaft ein Mittel, die Europa-Orientierung in den Fachressorts zu fördern.
- Vorübergehend wurden sowohl innerhalb als auch zwischen den Ressorts zusätzliche Koordinationsmechanismen eingerichtet. Die mit EU-Angelegenheiten befaßten Beamten haben einander dadurch besser kennengelernt, wovon die innerösterreichische Koordination in Zukunft profitieren könnte.
- Die Präsidentschaft trug dazu bei, die technische Modernisierung in den Ressorts voranzutreiben.
- Die Beamten verbinden mit der Präsidentschaft überwiegend positive Erinnerungen, wenngleich ihr fast alle ob der großen Arbeitsbelastung nicht nachtrauern.
- Die Vorsitzführung erweiterte den Blickwinkel und forderte von den Beamten eine intensivere Befassung mit den Positionen und Problemen anderer Mitgliedstaaten, die die Beamten als nationale Delegation bisher kaum interessierten. Dadurch konnte das Verständnis für manche Positionen anderer Mitgliedstaaten gehoben werden.
- Die Mehrzahl der Beamten erwartet sich durch die Präsidentschaft positive Auswirkungen auf ihre künftige Arbeit im Rahmen der EU, weil sie über bes-

sere Kontakte, besseres "Know-how" und zum Teil höheres Selbstbewußtsein verfügt.

- Die österreichische Präsidentschaft hat sich bemüht, alle wichtigen Politiken der Union voranzutreiben und auch neue Akzente zu setzen. Der Integrationsprozeß wurde damit im Rahmen der Möglichkeiten einer Präsidentschaft weitergeführt.

5.2. Die Präsidentschaft aus verschiedenen theoretischen Blickwinkeln

In der Einleitung wurden der Neo-Funktionalismus und der Intergouvernementalismus als die beiden theoretischen Leitlinien der Untersuchung bezeichnet. Im folgenden gehe ich der Frage nach, welche der zentralen Aussagen dieser beiden Theoriestränge durch die Präsidentschaft unterstützt werden.

5.2.1. Präsidentschaft und Neo-Funktionalismus

Die beiden zentralen Elemente des Neo-Funktionalismus sind der "spill-over", der im Entwicklungsverlauf der neo-funktionalen Theorie modifiziert und differenziert wurde, und der Loyalitätstransfer der bürokratischen und politischen Eliten vom Nationalstaat auf eine neue, den Nationalstaaten übergeordnete Ebene. Ist der Integrationsprozeß durch die Einrichtung gemeinsamer Institutionen und Entscheidungsprozesse in funktionalen Teilbereichen eingeleitet, führen Lernprozesse bei den zusammenarbeitenden Eliten zur Überzeugung, daß eine vertiefte Zusammenarbeit im gemeinsamen Interesse liegt, wodurch die Übertragung weiterer Kompetenzen vom Nationalstaat auf die supranationale Ebene vorbereitet wird. Parallel dazu entwickelt sich der angesprochene Loyalitätstransfer.

Die Hauptelemente des Neo-Funktionalismus könnten gut geeignet sein, einige Aspekte der Präsidentschaft zu beschreiben, da die wichtigsten Akteure einer Präsidentschaft - die politischen und bürokratischen Eliten - in der neofunktionalistischen Theorie eine zentrale Rolle einnehmen.

Ein Loyalitätstransfer vom Nationalstaat auf die supranationale Ebene durch die intensive Zusammenarbeit und den vorübergehenden Rollenwechsel vom nationalstaatlichen zum gemeinschaftlichen Akteur konnte bei der Untersuchung der österreichischen Präsidentschaft allerdings nicht festgestellt werden. Die Beamten verstehen sich nach wie vor als österreichische Beamte, deren Hauptaufgabe in der bestmöglichen Vertretung österreichischer Interessen liegt. Die Präsidentschaft wurde vielfach als Möglichkeit und Chance wahrgenommen, österreichische Interessen besser zu vertreten und für die Zukunft eine größere Chance für die Durchsetzung nationaler Interessen zu schaffen. Allerdings gehört dazu auch die verstärkte Erkenntnis, daß die Durchsetzbarkeit von Interessen durch ihre bessere und frühzeitigere Ausrichtung an einer Gemeinschaftslösung erhöht werden kann. In diesem Sinn wurde also auch die Gemeinschaft gestärkt. Von einem Loyalitätstransfer kann allerdings nicht die Rede sein. Der nationale Rahmen bestimmt nach wie vor das Denken und Handeln der Beamten, die supranationalen Institutionen werden eher skeptisch beurteilt und eine Ausweitung ihrer Kompetenzen weitgehend abgelehnt.

Vor allem die Untersuchung der Dritten Säule scheint zu bestätigen, daß die intensive Zusammenarbeit der Mitgliedstaaten in gemeinsamen Institutionen die Vorteile einer gemeinsamen Aufgabenwahrnehmung für die beteiligten Akteure verdeutlicht. Die vor allem durch den Vertrag von Schengen neu geschaffenen Rahmenbedingungen schaffen auch neue Problemfelder, vor allem im Bereich Migration und Asyl sowie bei der grenzüberschreitenden Verbrechensbekämpfung. Es braucht offenbar noch etwas Zeit, bis sich die Erkenntnis durchsetzt, daß bisher ausschließlich oder vorwiegend nationale Probleme nunmehr europäische Probleme sind, die daher auch in den europäischen Institutionen diskutiert und gelöst werden sollten. Entscheidungen wie die Einführung einer Doppelstaatsbürgerschaft oder die Legalisierung von illegal eingereisten Ausländern haben jetzt potentielle Auswirkungen auf alle anderen Schengen-Staaten. Daher sollten die anderen Staaten zumindest im voraus konsultiert werden, im Idealfall aber auch ein Mitspracherecht besitzen.[597] Je stärker sich ein gemeinsames Interesse an gemeinsamen Lösungen herauskristallisiert, desto stärker steigt auch die Unzufriedenheit mit ineffizienten Entscheidungsmechanismen. Die Erfahrungen der Präsidentschaft scheinen bei einigen Beamten diese Unzufriedenheit gesteigert zu haben. Allerdings bleibt die Haltung der Beamten ambivalent. Einerseits werden eine verstärkte Kooperation und effizientere Entscheidungsmechanismen, die auch die Möglichkeit von Mehrheitsvoten umfassen könnten, befürwortet. Andererseits soll aber keine nationale Souveränität aufgegeben werden. Diese beiden Tendenzen lassen sich auch deutlich in dem im Vertrag von Amsterdam gefundenen Kompromiß erkennen, Teile der Dritten Säule zwar zu vergemeinschaften, die Entscheidungsmechanismen für die nächsten fünf Jahre allerdings intergouvernemental beizubehalten.

Das neo-funktionalistische "spill-over"-Konzept spielt bei der Analyse der österreichischen Präsidentschaft keine Rolle. Die während der Präsidentschaft ablaufenden Lernprozesse führten zu keiner substantiellen Veränderung der

---

597 Ein österreichischer Beamter beklagte zum Beispiel, daß er von den Plänen der deutschen Regierung, eine Doppelstaatsbürgerschaft für in Deutschland lebende Türken einzuführen, erst aus den Medien erfuhr, obwohl er in den Ratssitzungen regelmäßig mit deutschen Beamten zur Diskussion von Problemen, die sich aus der Anwesenheit von Nicht-EU-Bürgern in der EU ergeben, zusammensaß.

Integrations-Befürwortung. Daher entwickelte sich, zumindest in den in dieser Arbeit näher betrachteten Bereichen der Bürokratie, auch kein verstärktes Streben nach einer weitergehenden Vergemeinschaftung.[598]
Insgesamt lassen sich mit neo-funktionalistischen Konzepten keine integrationsfördernden Aspekte der österreichischen Präsidentschaft beschreiben. Vor allem ist die Dauer einer Präsidentschaft zu kurz, um mit dem auf langfristige Prozesse ausgerichteten Instrumentarium des Neo-Funktionalismus konkrete Veränderungen feststellen zu können.

5.2.2. Präsidentschaft und Intergouvernementalismus

Für die intergouvernementalen Theorieansätze[599] sind die Nationalstaaten und ihre Regierungen die zentralen Akteure, die danach streben, ihre Souveränität und nationale Integrität zu erhalten. Die Schaffung gemeinsamer Institutionen und Entscheidungsmechanismen wird als Mittel betrachtet, die Handlungsfähigkeit der zugrundeliegenden Nationalstaaten angesichts eines grenzüberschreitenden Problemdrucks zu erhalten oder wiederherzustellen. In der gemeinsamen Entscheidungsfindung werden daher die Nationalstaaten als die dominierenden Akteure betrachtet und der Einfluß der supranationalen Institutionen für gering erachtet. Die Übertragung von Kernbereichen nationaler Souveränität - die Außen- und Sicherheitspolitik und die Innen- und Justizpolitik - in den supranationalen Bereich wird vom Intergouvernementalismus abgelehnt.
Wessels bezeichnet den Intergouvernementalismus als die "most obvious [...] explanation of the Presidency role". Die Präsidentschaft sei ein "indicator and factor for the ongoing importance of national governments" (Wessels 1998, 145).

In Anwendung auf die Präsidentschaft wirft der Intergouvernementalismus daher folgende Frage auf: Bringt die Präsidentschaft eine größere Handlungsautonomie für nationale Regierungen?
Vor der Erörterung dieser Frage müssen zwei Vorbedingungen geklärt werden.

- Die Vergleichsbasis: Die Frage soll sowohl gegenüber der Zeit, in der ein bestimmter Mitgliedstaat nicht den Vorsitz führt, als auch gegenüber der hy-

---

598 Das Konzept des politischen "spill-over" geht davon aus, daß wirtschaftliche und gesellschaftliche Eliten nach positiven Erfahrungen mit der Integration in Teilbereichen Druck auf nationale und supranationale Institutionen ausüben, um die Integration voranzutreiben (vgl. zB. Welz/Engel 1993, 146).

599 Beispielhaft dafür steht vor allem Stanley Hoffmann mit seinem 1966 erschienenen Aufsatz "Obstinate or Obsolete: the Fate of the Nation-State and the Case of Western Europe; in: Daedalus 95, S. 862-915.

pothetischen Situation einer Vorsitzführung durch die Kommission oder das Generalsekretariat des Rates verglichen werden.

- Einstellung des Vorsitzlandes gegenüber der Präsidentschaft: Idealtypisch können zwei Varianten unterschieden werden. Entweder sieht ein Mitgliedstaat die Präsidentschaft als Möglichkeit, eigene Interessen durchzusetzen, oder die Präsidentschaft wird als Amt der Union wahrgenommen.

Eine Präsidentschaft bringt sowohl Beschränkungen als auch zusätzliche Handlungsoptionen. Erstere liegen vor allem an den Zwängen des Amtes und den Erwartungen der anderen Mitgliedstaaten sowie der europäischen Institutionen, letztere ergeben sich aus der Wahrnehmung der verschiedenen Präsidentschaftsfunktionen, die einen gewissen Spielraum für den Vorsitz offenlassen. Ein Mitgliedstaat, der die Präsidentschaft als Möglichkeit wahrnimmt, eigene Interessen zu forcieren, stößt allerdings auf klare Grenzen. Geschieht dies zu offensichtlich, reagieren die anderen Mitgliedstaaten und Institutionen verärgert, wodurch den nationalen Interessen letztlich sogar Schaden zugefügt wird. Somit bleibt nur die Möglichkeit, die Eigeninteressen subtil und vorsichtig zu fördern.

Ein Staat, der die Präsidentschaft als Amt der Union wahrnimmt und im Sinne der Gemeinschaft agieren will, wird darauf vorbereitet sein, Eigeninteressen zurückhaltend zu vertreten und gegebenenfalls zurückzustellen. Er wird deshalb aber nicht Selbstverleugnung betreiben und keine eigenen Positionen und Interessen mehr haben, sondern durchaus versuchen, diese bestmöglich in den Beschlußfassungsprozeß einzubringen. Die Regierung wird sich auch legitimerweise positive Wirkungen einer guten Vorsitzführung für die Zeit danach erwarten.

Vorausgesetzt die Regierungen handeln rational, ergibt sich bezüglich der Handlungsautonomie im Ergebnis kein wesentlicher Unterschied zwischen Regierungen mit unterschiedlichen Einstellungen gegenüber dem Amt der Präsidentschaft.

Die Handlungsautonomie wird durch die Präsidentschaft erhöht, da sich zusätzliche Strategien und Handlungsoptionen aus der Wahrnehmung der Funktionen einer Präsidentschaft ergeben. Es können auch in den verschiedenen Politikfeldern unterschiedliche Strategien verfolgt werden.

Verglichen mit einer Vorsitzführung durch die Kommission oder das Generalsekretariat des Rates bedeutet der rotierende Vorsitz vermutlich nicht nur leichte Vorteile für die Handlungsautonomie der einzelnen Mitgliedstaaten, sondern vor allem Vorteile für die Handlungsfähigkeit der Gemeinschaft insgesamt. Die Gründe dafür sind:

- Der rotierende Vorsitz verhindert eine klare Frontstellung Mitgliedstaaten - Vorsitz und erhöht somit die Bereitschaft zur Zusammenarbeit mit der Präsidentschaft.
- Die Sensibilitäten der Mitgliedstaaten werden stärker berücksichtigt.
- Die Erfahrungen der Präsidentschaft binden die Mitgliedstaaten näher aneinander und an die Kommission.

Die Präsidentschaft ermöglicht somit eine effizientere Bewältigung gemeinsamer, transnationaler Probleme, als das bei einem permanenten Vorsitz möglich wäre.

In der Zweiten und Dritten Säule, also den Kernbereichen nationaler Souveränität, ist die Bedeutung und der Handlungsspielraum der Präsidentschaft etwas größer als in der Ersten Säule. Die stärker ausgeprägte Initiativfunktion ermöglicht zwar das Einbringen eigener, national gefärbter Vorschläge, das Einstimmigkeitsprinzip gestaltet die Verhandlungen und die Vorsitzführung allerdings schwieriger und frustrierender. Letztendlich ist der Handlungsspielraum des Vorsitzes nicht viel größer als in der Ersten Säule, die gemeinsame Problemlösungskapazität allerdings geringer. Aus diesen frustrierenden Erfahrungen ergibt sich der Wunsch nach einer stärkeren Integration auch dieser Politikfelder, dem allerdings der Widerstand einiger Mitgliedstaaten[600] entgegensteht, Kompetenzen im Rahmen von Regierungskonferenzen tatsächlich an die supranationale Ebene abzugeben.

Die Präsidentschaft bestätigt und widerlegt zugleich die Grundthesen des Intergouvernementalismus. Die Nationalstaaten versuchen mit den von der Präsidentschaft bereitgestellten Instrumenten eigene Interessen zu fördern und ihre Handlungsautonomie zu erweitern, was ihnen aber nur gelingen kann, wenn sie sich dabei auch am Gesamtwohl der Union orientieren.

Erfolgreich kann eine Präsidentschaft außerdem nur dann sein, wenn sie im Dienste der gesamten Union agiert und mit den supranationalen Organen der Union eng zusammenarbeitet, diese also als eigenständige und wichtige Akteure anerkennt. Die Präsidentschaft leistet somit einen wichtigen Beitrag, den Gegensatz zwischen national und supranational aufzulösen.

---

600 Vor allem Großbritannien, Irland und Dänemark sträubten sich in der Regierungskonferenz 1996 gegen die Aufgabe ihrer Kompetenzen im Bereich Visa, Asyl, Einwanderung und anderer Politiken betreffend den freien Personenverkehr (vgl. neuer Titel IV des EG-Vertrages) und bekamen in Protokollen Ausnahmeregelungen zugestanden.

5.3. Zusammenfassung

Welche Antworten können auf der Grundlage der durchgeführten Analyse der österreichischen Präsidentschaft auf die in der Einleitung entwickelten forschungsleitenden Fragestellungen gegeben werden?

- **Welche Auswirkungen hat eine Präsidentschaft auf die europäische Integration?**
- Fördert oder behindert das Amt der Präsidentschaft die europäische Integration?
- Stärkt die Präsidentschaft eher den Nationalstaat oder die Union?

Die europäische Integration wird durch das Amt des Ratsvorsitzes in seiner derzeitigen Form unterstützt und gefördert. Dafür spricht vor allem folgendes Argument:
Ein Mitgliedstaat hat zumeist ein Interesse daran, eine erfolgreiche Präsidentschaft zu absolvieren. Erfolgreich kann eine Präsidentschaft aber nur sein, wenn sie sich am Gemeinwohl der Union orientiert und die Aufgaben und Funktionen des Amtes möglichst ernst nimmt. Das liegt sowohl an den institutionellen Rahmenbedingungen der Präsidentschaft als auch an den Erwartungshaltungen der anderen Mitgliedstaaten und der europäischen Institutionen. Der institutionelle Rahmen ist eng genug, um erfolgreiche nationale Alleingänge während der Präsidentschaft zu vereiteln. Die Erwartungshaltung der europäischen Partner an eine Präsidentschaft ist, daß die anstehende Arbeit, vor allem im organisatorischen Bereich, möglichst professionell bewältigt und auf nationale Sonderwünsche verzichtet wird. Offenes Eintreten der Präsidentschaft für eigene Interessen wird daher sofort sanktioniert.

Die zweite Unterfrage ist wesentlich schwieriger zu beantworten, da es Tendenzen in beide Richtungen gibt. Zweifellos stellt der nationale Kontext den Hintergrund einer jeden Präsidentschaft dar und liefert auch die Motivation, eine erfolgreiche Präsidentschaft anzustreben. Nach einer positiv absolvierten Vorsitzführung, die die Anerkennung der anderen Mitgliedstaaten und der europäischen Institutionen erhält, ist die Ausgangsposition für die Durchsetzung nationaler Ziele wesentlich besser, als wenn die europäischen Partner wegen einer schlechten Präsidentschaft verärgert sind. Andererseits erkennen die Mitgliedstaaten nicht zuletzt durch die Erfahrungen der Präsidentschaft, daß eigene Ziele am besten dadurch erreicht werden, daß man sie frühzeitig an einer Gemeinschaftslösung orientiert.
Die Vorsitzführung gibt - vor allem in der Dritten Säule - die Gelegenheit, eigene Vorstellungen einzubringen, vorteilhafte Dossiers zu forcieren und unlieb-

same Themen unter den Tisch fallen zu lassen. Andererseits liegt gerade in diesem Aspekt der Präsidentschaft auch ein Vorteil für die gesamte Union, da für Abwechslung gesorgt ist, und immer wieder neue Themen, neue Lösungsstrategien und neue Anläufe versucht werden.
Dies bedeutet zwar auch Diskontinuität und somit eine Schwächung der Kohärenz der Union, was aber dadurch aufgewogen wird, daß sich die Mitgliedstaaten wesentlich stärker als Teil der Union fühlen, wenn sie selbst periodisch den Vorsitz führen. Andernfalls bestünde die Gefahr, daß sich die Union zu weit von den Sensibilitäten der Mitgliedstaaten entfernt und ein Gegensatz Nationalstaat - Union aufgebaut oder aufrecht erhalten wird.
Pointiert könnte man daher formulieren: Das Denken während einer Präsidentschaft ist nationalstaatlich orientiert, die Auswirkungen des Handelns allerdings stärken die Union.
Die direkte Beantwortung der Frage, ob die Präsidentschaft eher den Nationalstaat oder die Union stärkt, lautet meiner Ansicht nach: Es handelt sich nicht um ein Nullsummenspiel, beide Elemente werden gestärkt. Der dialektische Charakter der Präsidentschaft bewirkt, daß Nachteile auf der einen Seite durch Vorteile auf der anderen Seite aufgewogen werden, wobei insgesamt das Gewicht der Vorteile für beide Seiten überwiegt. Der vorsitzführende Staat wird intensiver in die Union eingebunden, was diesem bei der Wahrnehmung seiner Interessen nützt, und die Union profitiert vom größeren Zusammenhalt und der verbesserten Gesamteffizienz durch eine engere Vernetzung.

- **Welche Rolle spielen "nationale Interessen" während einer Präsidentschaft?**

– Wie gehen Mitgliedstaaten mit der doppelten Herausforderung der Präsidentschaft - neutrale Vorsitzführung und Vertretung der eigenen Interessen - um?
– Werden nationale Interessen tatsächlich zurückgestellt, und wenn ja, warum?

Die Mitgliedstaaten wenden verschiedene Strategien an. Grundsätzlich werden nationale Sonderinteressen während einer Präsidentschaft etwas zurückhaltender formuliert und vertreten und die Kompromißbereitschaft wird erhöht. Als Ausgleich dafür bietet das Amt der Präsidentschaft aber vielfältige Kompensationsmöglichkeiten an. Zum einen können eigene Interessen durch verschiedene Strategien der Vorsitzführung unterstützt werden, zum anderen erwartet man sich vom übergeordneten Ziel einer erfolgreichen Präsidentschaft größere Vorteile. Dazu kommen zusätzliche Möglichkeiten, von einer Präsidentschaft zu profitieren, von der erhöhten Kompetenz der Administration bis zum Prestigegewinn und zur Werbewirkung für das Veranstalterland. Insgesamt bieten sich also ausreichende Kompensationen, um eine vorübergehende Zurücknahme der eigenen Interessen auszugleichen.

Dabei ist der relative Vorteil, den kleinere Mitgliedstaaten aus der Präsidentschaft ziehen können, größer als jener großer Mitgliedstaaten, da erstere einen wesentlich höheren Prestigegewinn, nicht zuletzt durch die faktische Gleichstellung mit den Großen, verzeichnen können.
Allfällige mittel- oder langfristige Auswirkungen der Präsidentschaft auf die nationalen Präferenzen sind grundsätzlich nicht auszuschließen, können im Rahmen dieser Arbeit aber nicht untersucht werden.

Die dieser Arbeit zugrundeliegende Hypothese lautete: **Die Präsidentschaft des Rates der EU stellt in der Praxis ein Instrument der Integration dar, obwohl sie von nationalen Regierungen und ihren Verwaltungen ausgeübt wird.**
Diese Hypothese konnte am Beispiel der österreichischen Präsidentschaft im wesentlichen bestätigt werden. Allerdings hat sich auch deutlich gezeigt, daß die Präsidentschaft bestenfalls ein kleines Mosaiksteinchen im großen und unübersichtlichen Bild der europäischen Integration darstellt.

6. ANHANG

6.1. Abkürzungsverzeichnis

Abs	Absatz
AK	Arbeiterkammer
AKP	Afrikanische, karibische und pazifische Staaten
Art	Artikel
ASEAN	Association of South-East Asian Nations
ASEM	Asia-Europe Meeting
AStV	Ausschuß der Ständigen Vertreter
BGBl	Bundesgesetzblatt
BIP	Brutto-Inlandsprodukt
BKA	Bundeskanzleramt
BMaA	Bundesministerium für auswärtige Angelegenheiten
B-VG	Bundes-Verfassungsgesetz
BWK	Bundeswirtschafskammer
CEEP	Centre européen de l'entreprise publique (Europäischer Zentralverband der öffentlichen Wirtschaft)
COREU	Correspondance Européenne
Ecofin	Rat in der Zusammensetzung der Wirtschafts- und Finanzminister
ECU	European Currency Unit
EEA	Einheitliche Europäische Akte
EFTA	European Free Trade Association
EG	Europäische Gemeinschaft
EGB	Europäischer Gewerkschaftsbund
EGKS	Europäische Gesellschaft für Kohle und Stahl
EGV	EG-Vertrag: Vertrag zur Gründung der Europäischen Gemeinschaft
EP	Europäisches Parlament
EPZ	Europäische Politische Zusammenarbeit
ER	Europäischer Rat
EU	Europäische Union
EuGH	Europäischer Gerichtshof
EUV	EU-Vertrag: Vertrag zur Gründung der Europäischen Union
EWR	Europäischer Wirtschaftsraum
EZB	Europäische Zentralbank
FPÖ	Freiheitliche Partei Österreichs
G-8	Gruppe der Acht
GAP	Gemeinsame Argrarpolitik
GASP	Gemeinsame Außen- und Sicherheitspolitik (2. Säule)

GATT	General Agreement on Tariffs and Trade
GO	Geschäftsordnung
GP	Gesetzgebungsperiode
HA	Hauptausschuß (des österreichischen Parlamentes)
K.4	K.4-Ausschuß; Ausschuß hochrangiger Beamter der Innen- und Justizministerien in der Dritten Säule (nach dem zugrundeliegenden Artikel K.4; nach Inkrafttreten des Vertrages von Amsterdam Art. 36-Ausschuß)
Mio	Million(en)
MOEL	Mittel- und osteuropäische Länder
Mrd	Milliarde(n)
NATO	North Atlantic Treaty Organisation
NGO	Non-Governmental Organisation
ÖGB	Österreichischer Gewerkschaftsbund
ORF	Österreichischer Rundfunk
OSZE	Organisation für Sicherheit und Zusammenarbeit in Europa
ÖVP	Österreichische Volkspartei
PKK	Kurdische Arbeiterpartei
POKO	Politisches Komitee
RAA	Rat für Allgemeine Angelegenheiten (Außenministerrat)
RAG	Ratsarbeitsgruppe
SAARC	Vereinigung der südasiatischen Staaten
SADC	Southern African Development Community
SAL	Sonderausschuß Landwirtschaft
SPÖ	Sozialdemokratische Partei Österreichs
UCK	Kosovo-albanische Befreiungsarmee
UNHCR	United Nations High Commissioner for Refugees
UNICE	Union des Confédérations de l'Industrie et des Employeurs d'Europe (Union der Industrie- und Arbeitgeberverbände Europas)
UNO	United Nations Organisation
USA	United States of America
VÖI	Vereinigung Österreichischer Industrieller
WEU	Westeuropäische Union
WTO	World Trade Organisation
WWU	Wirtschafts- und Währungsunion
ZBJI	Zusammenarbeit in den Bereichen Justiz und Inneres (3. Säule)

6.2. Liste der Präsidentschaften von 1958 bis 2003

Jahr	1.1.-30.6.	1.7.-31.12.		Jahr	1.1.-30.6.	1.7.-31.12.
1958	*Belgien*	*Deutschland*		**1981**	Niederlande	GB
1959	*Frankreich*	*Italien*		**1982**	Belgien	Dänemark
1960	*Luxemburg*	*Niederlande*		**1983**	Deutschland	*Griechenland*
1961	Belgien	Deutschland		**1984**	Frankreich	Irland
1962	Frankreich	Italien		**1985**	Italien	Luxemburg
1963	Luxemburg	Niederlande		**1986**	Niederlande	GB
1964	Belgien	Deutschland		**1987**	Belgien	Dänemark
1965	Frankreich	Italien		**1988**	Deutschland	Griechenland
1966	Luxemburg	Niederlande		**1989**	*Spanien*	Frankreich
1967	Belgien	Deutschland		**1990**	Irland	Italien
1968	Frankreich	Italien		**1991**	Luxemburg	Niederlande
1969	Luxemburg	Niederlande		**1992**	*Portugal*	GB
1970	Belgien	Deutschland		**1993**	Dänemark	Belgien
1971	Frankreich	Italien		**1994**	Griechenland	Deutschland
1972	Luxemburg	Niederlande		**1995**	Frankreich	Spanien
1973	Belgien	*Dänemark*		**1996**	Italien	Irland
1974	Deutschland	Frankreich		**1997**	Niederlande	Luxemburg
1975	*Irland*	Italien		**1998**	GB	*Österreich*
1976	Luxemburg	Niederlande		**1999**	Deutschland	*Finnland*
1977	*GB*	Belgien		**2000**	Portugal	Frankreich
1978	Dänemark	Deutschland		**2001**	*Schweden*	Belgien
1979	Frankreich	Irland		**2002**	Spanien	Dänemark
1980	Italien	Luxemburg		**2003**	Griechenland	

Die erste Präsidentschaft eines Mitgliedstaates ist *kursiv* gesetzt.

Quelle: Westlake 1995, 50.

6.3. Zuständigkeitsbereiche der Präsidentschaft

Ebene Fachbereiche	Staats- und Regierungschefs	Minister	Hohe Beamte	Beamte, Experten
Europäische Gemeinschaften (1. Säule)	Europäischer Rat; Rat in Zusammensetzung der Staats- und Regierungschefs	Fachministerräte	AStV I+II, SAL, Art. 133-Ausschuss[2)]	Arbeitsgruppen
GASP (2. Säule)	Europäischer Rat	Rat Allgemeine Anglegenheiten	AStV II, POKO	Arbeitsgruppen
Polizeiliche und justitielle Zusammenarbeit (3. Säule)	Europäischer Rat[1)]	Rat für Justiz und Inneres	K.4-Ausschuss, AStV II	Arbeitsgruppen
Beziehungen zu Drittstaaten	zB. Europakonferenz, ASEM, bilaterale Kontakte	Assoziations- und Kooperationsräte, Beitrittsverhandlungen	AStV II, gemischter Ausschuss hoher Beamter	Expertentreffen
Informeller Bereich	Sondertagungen des Europäischen Rates	Informelle Ministerräte und -konferenzen	Seminare und Konferenzen	Seminare und Konferenzen
Völkerrechtlicher Bereich	Regierungskonferenz	Außenministertreffen	Expertengruppen[3)]	-

1) Der Europäische Rat ist im Unterschied zur Zweiten Säule nicht explizit ein Organ der Dritten Säule und im Titel VI des EU-Vertrages (Bestimmungen über die polizeiliche und justitielle Zusammenarbeit in Strafsachen) nicht erwähnt. Allerdings gibt der Europäische Rat gemäß Art. 4 EUV (ex-Art. D) die "erforderlichen Impulse" für die Entwicklung der Union - und damit auch der Dritten

Säule - und legt "die allgemeinen politischen Zielvorstellungen für diese Entwicklung fest".

2) Die Gemeinsame Handelspolitik ist Teil der Ersten Säule, weshalb der Art. 133-Ausschuß (ex-Art. 113-Ausschuß) hier zugeordnet wird und nicht unter der Rubrik "Beziehungen zu Drittstaaten", obwohl er die Aufgabe hat, bei der Verhandlung von Zoll- und Handelsabkommen mit Drittstaaten und Internationalen Organisationen mit der Kommision zusammenzuarbeiten.

3) Die "Expertengruppen" sind für die vorbereitenden Arbeiten vor und während einer Regierungskonferenz zuständig, deren Mitglieder von den Regierungen der Mitgliedstaaten benannt werden. Häufig handelt es sich dabei zweckmäßigerweise um die Ständigen Vertreter der Mitgliedstaaten.

Quelle: Eigene Zusammenstellung

6.4. Veranstaltungen der österreichischen Präsidentschaft

6.4.1. Veranstaltungsstatistik der österreichischen Präsidentschaft

Durchgeführte Konferenzen und Tagungen: insgesamt 1.767 Veranstaltungen

Veranstaltungen in Österreich: insgesamt 146 Veranstaltungen

- informelles Treffen der Staats- und Regierungschefs in Pörtschach
- Europäischer Rat von Wien
- 8 informelle Ministerräte
- 3 Konferenzen auf Ministerebene
- 8 sonstige Tagungen auf Regierungsebene (Kommissionsbesuch, SADC Außenministerkonferenz, 2. Euro-mediterrane Industrieministerkonferenz, Gipfeltreffen mit der Ukraine und Rußland, EU-US-Außenminister-Treffen, EU-Außenministertroika mit Algerien, Außenministertreffen EU-Kanada)
- 125 sonstige Veranstaltungen auf parlamentarischer Ebene sowie auf Experten- und Beamtenebene

Veranstaltungen am Sitz der Organe der EU: insg. 1.602 Veranstaltungen

- 43 Tagungen des Ministerrates in seinen verschiedenen Formationen
- Tagung der Europakonferenz auf Ebene der Außenminister
- 5 Assoziationsräte (Tunesien, Bulgarien, Polen, Ungarn und Tschechien)
- 2 Kooperationsräte (Moldau und Slowenien)
- 2 gemeinsame Räte (Mexiko, EWR-Staaten)
- Außenministertagung mit dem Golf-Kooperationsrat
- 1.548 Tagungen unterhalb der Regierungsebene (AStV, SAL, RAG etc.)

Veranstaltungen in Drittstaaten: insgesamt 19 Veranstaltungen

- Gipfeltreffen mit Kanada in Ottawa
- Gipfeltreffen mit den USA in Washington
- EU-ASEAN-Regionalforum und post Ministerial Conferences in Manila
- Troika der EU-Außenminister - Russische Föderation in Moskau
- EU-Außenministerwoche in New York (Treffen mit: Gruppe von San José, Mercosur, Golf-Kooperationsrat, SAARC, Blockfreienbewegung, Rußland, Ukraine, Japan, China und Israel)
- EU-Staatssekretärstroika mit Indien, New Delhi

Quelle: Außenministerium

6.4.2. Zusammensetzung der österreichischen Bundesregierung während der Präsidentschaft

Minister

Bundeskanzler	Viktor Klima	SPÖ
Vizekanzler und Auswärtiges	Wolfgang Schüssel	ÖVP
Finanzen	Rudolf Edlinger	SPÖ
Inneres	Karl Schlögl	SPÖ
Wirtschaftliche Angelegenheiten	Johannes Farnleitner	ÖVP
Arbeit, Gesundheit und Soziales	Eleonore Hostasch	SPÖ
Justiz	NikolausMichalek	parteilos
Land- und Forstwirtschaft	Wilhelm Molterer	ÖVP
Umwelt, Jugend und Familie	Barbara Prammer	SPÖ
Unterricht und kulturelle Angelegenheiten	Elisabeth Gehrer	ÖVP
Wissenschaft, Forschung und Verkehr	Caspar Einem	SPÖ
Frauenangelegenheiten	Barbara Prammer	SPÖ
Landesverteidigung	Werner Fasslabend	ÖVP

Staatssekretäre

im Bundeskanzleramt	Peter Wittmann	SPÖ
im Außenamt	Benita Ferrero-Waldner	ÖVP
im Finanzministerium	Wolfgang Ruttenstorfer	SPÖ

6.4.3. Ratstagungen unter österreichischem Vorsitz

Rat Nr.	Ratsformation	Datum	Vorsitz
2112. Rat	Ecofin	06.07.1998	Rudolf Edlinger
2113. Rat	Allgemeine Angelegenheiten	13.07.1998	Wolfgang Schüssel
2114. Rat	Haushalt	17.07.1998	Wolfgang Ruttenstorfer
2115. Rat	Landwirtschaft	20.07.1998	Wilhelm Molterer
2116. Rat	Justiz und Inneres	24.09.1998	Karl Schlögl/Nikolaus Michalek
2117. Rat	Binnenmarkt	24.09.1998	Johann Farnleitner
2118. Rat	Landwirtschaft	28.09.1998	Wilhelm Molterer
2119. Rat	Verkehr	01.10.1998	Caspar Einem
2120. Rat	Allgemeine Angelegenheiten	05.10.1998	Wolfgang Schüssel
2121. Rat	Umwelt	06.10.1998	Martin Bartenstein
2122. Rat	Ecofin	12.10.1998	Rudolf Edlinger
2123. Rat	Forschung	13.10.1998	Caspar Einem
2124. Rat	Landwirtschaft	19.10.1998	Wilhelm Molterer
2125. Rat	Fischerei	22.10.1998	Wilhelm Molterer
2126. Rat	Allgemeine Angelegenheiten	26.10.1998	Wolfgang Schüssel
2127. Rat	Arbeit und Soziales	27.10.1998	Eleonora Hostasch
2128. Rat	Konsumentenschutz	03.11.1998	Barbara Prammer
2129. Rat	Allgemeine Angelegenheiten	09.11.1998	Wolfgang Schüssel
2130. Rat	Binnenmarkt	09.11.1998	Johann Farnleitner
2131. Rat	Gesundheit	12.11.1998	Eleonora Hostasch
2132. Rat	Energie	13.11.1998	Johann Farnleitner
2133. Rat	Industrie	16.11.1998	Johann Farnleitner
2134. Rat	Kultur	17.11.1998	Peter Wittmann
2135. Rat	Arbeit und Soziales	20.11.1998	Eleonora Hostasch
2136. Rat	Ecofin	23.11.1998	Rudolf Edlinger
2137. Rat	Landwirtschaft	23.11.1998	Wilhelm Molterer
2138. Rat	Haushalt	24.11.1998	Wolfgang Ruttenstorfer
2139. Rat	Jugend	26.11.1998	Martin Bartenstein
2140. Rat	Telekommunikation	27.11.1998	Caspar Einem
2141. Rat	Entwicklung	30.11.1998	Benita Ferrero-Waldner

Rat Nr.	Ratsformation	Datum	Vorsitz
2142. Rat	Verkehr	30.11.1998	Caspar Einem
2143. Rat	Ecofin	01.12.1998	Rudolf Edlinger
2144. Rat	Ecofin/Arbeit und Soziales	01.12.1998	Eleonora Hostasch/Rudolf Edlinger
2145. Rat	Arbeit und Soziales	01.12.1998	Eleonora Hostasch
2146. Rat	Justiz und Inneres	03.12.1998	Karl Schlögl/Nikolaus Michalek
2147. Rat	Bildung	04.12.1998	Elisabeth Gehrer
2148. Rat	Allgemeine Angelegenheiten	07.12.1998	Wolfgang Schüssel
2149. Rat	Binnenmarkt	07.12.1998	Johann Farnleitner
2150. Rat	Haushalt	08.12.1998	Wolfgang Ruttenstorfer
2151. Rat	Landwirtschaft	14.12.1998	Wilhelm Molterer
2152. Rat	Fischerei	17.12.1998	Wilhelm Molterer
2153. Rat	Umwelt	20.12.1998	Martin Bartenstein
2154. Rat	Forschung	22.12.1998	Caspar Einem
2155. Rat	Ecofin	31.12.1998	Rudolf Edlinger

6.4.4. Informelle Ministertagungen in Österreich

In Österreich gab es acht informelle Tagungen des Ministerrates:

Ratsformation: **Minister für Arbeit, Soziales und Gleichstellung der Frauen**
Datum: 8. - 10. Juli 1998
Ort: Innsbruck
Themen: Beschäftigung und Chancengleichheit

Ratsformation: **Umweltminister** (inkl. Vertreter der Beitrittskandidaten)
Datum: 17. - 19. Juli 1998
Ort: Graz
Themen: erneuerbare Energieträger

Ratsformation: **Außenminister**
Datum: 5./6. September 1998
Ort: Salzburg
Themen: Arbeitsweise und Effizienz des Rates, Partnerschaft für Europa, Rußland, Kosovo

Ratsformation: **Verkehrsminister**
Datum: 15./16. September 1998
Ort: Feldkirch
Themen: Liberalisierung der Verkehrsmärkte und Konsequenzen, Probleme des LKW-Verkehrs

Ratsformation: **Landwirtschaftsminister**
Datum: 20. - 22. September 1998
Ort: St. Wolfgang
Themen: Integrierte Entwicklung des ländlichen Raums, Forststrategie

Ratsformation: **Ecofin**
Datum: 25. - 27. September 1998
Ort: Wien
Themen: Steuerharmonisierung, Euro-Außenvertretung, Agenda 2000, Rußland

Ratsformation: **Industrieminister** (inkl. Vertreter der Beitrittskandidaten)
Datum: 2./3. Oktober 1998
Ort: Klagenfurt
Themen: Globalisierungsprozeß, Kooperation in einem erweiterten Europa

Ratsformation: **Minister für Justiz und Inneres**
Datum: 29./30. Oktober 1998
Ort: Wien
Themen: Aktionsplan für einen Raum der Freiheit, der Sicherheit und des Rechts; Migration und Asyl, Eurodac

Hinzu kamen drei Konferenzen auf Ministerebene:

Ratsformation: **Gesundheitsminister**
Datum: 23./24. Juli 1998
Ort: Burg Schlaining
Themen: Qualitätssicherung im Gesundheitswesen

Ratsformation: **Minister für Kultur und Audiovisuelles** (inkl. Vertreter der Beitrittskandidaten)
Datum: 10. - 12. September 1998
Ort: Linz
Themen: Kultur und Beschäftigung, Kulturförderprogramme, Erstes Rahmenprogramm zur Kulturförderung inkl. Einbindung der Beitrittskandidaten

Ratsformation: **Bildungsminister**
Datum: 23./24. Oktober 1998
Ort: Baden
Themen: Anforderungen an Schule und Universität

6.5. Dokumente mit Bezug zur österreichischen Präsidentschaft[601]

6.5.1. Gemeinsamer Brief von Jacques Chirac und Helmut Kohl an den Präsidenten des Europäischen Rates, Tony Blair

Dear Mr. President,

Germany and France intend to outline in this letter the first common reflections and suggestions on means of enhancing the European Union's ability to act and its efficacy and increasing citizens' support for Europe.

The objective of European policy has never been and cannot be to build a central European State, i.e. a centrally organised Europe. All our efforts must be directed instead at creating a strong European Union capable of taking action, while preserving the diversity of political, cultural and regional traditions. We must guarantee that, in the future Europe, decisions will be taken at the closest possible level to citizens. Citizens will only subscribe further to the common Europe if decision-making processes are clear and transparent and if they have the feeling that 'Europe is there for them', that it is helping to defend their interests. It is therefore very important to keep in mind local, regional and national particularities when decisions are taken. To this effect, it is essential that the principle of subsidiarity, which must be strictly respected, as agreed in the framework of the Treaties of Maastricht and Amsterdam, is applied even more strictly in the future, correcting certain debatable developments and taking into account national constitutional and administrative structures. Citizens will only accept decisions at European level when it is obvious both that certain regulations cannot be developed satisfactorily at local, regional or national level, and that certain decisions must absolutely be taken at European level in the interest of the people.

Given the tendency of certain European institutions to remain distant from citizens and their daily problems, it is important to invite the Members of the European Council to hold a discussion on practical implementation of the subsidiarity principle in order to clarify the limits of the competencies of the European Union and of the Member States and to examine the extent to which the current

---

601 Auf den Abdruck der drei zentralen Dokumente der österreichischen Präsidentschaft - Arbeitsprogramm, Schlußfolgerungen der Präsidentschaft nach dem Europäischen Rat (ER) in Wien und Ergebnisbericht der Bundesregierung - wurde verzichtet, um den Umfang der Arbeit in erträglichem Ausmaß zu halten. Die erwähnten Dokumente sind im Internet auf der Homepage des Außenministeriums unter der Adresse http://www.bmaa.-gv.at/aussenpolitik/politindex.html.de erhältlich.

level of intervention is suitable. Far from being a renationalisation, this clarification is aimed at respecting the principles of efficacy, proportionality and proximity with the citizen and correcting excess centralisation. It is important in this regard to give directives their purpose back, giving national bodies a greater margin of manoeuvre in implementing European decisions.

It goes without saying that we must have more integration in certain areas, in particular in the CFSP. When it comes to internal security and justice, the Treaty of Amsterdam makes possible real advances and opens new perspectives. We suggest that the Justice and Home Affairs ministers be asked to present to the European Council in Vienna an Action Plan to ensure the best possible implementation of new provisions.

Lastly, we must reflect upon the institutional reforms envisioned in Amsterdam, which must be the subject of agreement prior to the next enlargement. To achieve a truly effective European Union that is close to its citizens, the working of the Council must be substantially improved. In particular, there must be better co-ordination of the Council's decision-making processes and structures in order to ensure better coherence in the Union's decisions. Likewise, there must be a thorough reform of the structures of the Commission and of its services.

Mr. President. As Heads of State and Government, we must not delegate this responsibility, but ourselves answer these questions so that the European Union may manage to master the challenges facing it. At the European Council of Cardiff, we must, in all transparency and objectivity, make a critical assessment of the EU's current situation and set out how we see its future so that it may, in the XXIst century too, assume its responsibility for peace, freedom, democracy, prosperity and social protection throughout Europe. To this end, we should agree on a timetable. The nomination of the new European Commission for the beginning of the year 2000 and the approaching enlargement are important deadlines. At the European Council to be held in Vienna in December 1998, we should deepen the debate on the topics broached today and, if possible, draw the initial conclusions.

We permit ourselves, Mr. President, also to inform the other members of the European Council of our thoughts and suggestions.

Quelle: "Agence Europe", 8./9.6.1998.

6.5.2. Europäischer Rat von Cardiff: Schlußfolgerungen des Vorsitzes (Auszug)

Agenda 2000 - Zeitplan

60. Der Europäische Rat begrüßt die Bereitschaft des Europäischen Parlamentes und des Rates, so rechtzeitig für eine umfassende Prüfung der in der Agenda 2000 enthaltenen Vorschläge zu sorgen, daß deren endgültige Annahme noch vor den nächsten Wahlen zum Europäischen Parlament im Juni 1999 erfolgen kann. Der Rat seinerseits sollte seine Arbeiten nun noch zügiger fortführen. Auf der Tagung des Europäischen Rates in Wien sollten bei den Hauptkomponenten des Pakets beträchtliche Fortschritte erreicht werden, damit bis spätestens März 1999 eine politische Einigung über das Gesamtpaket erzielt werden kann.

Europas Zukunft

61. Der Europäische Rat führte vor dem Hintergrund der bedeutenden politischen Entwicklungen des vergangenen Jahres - Vertrag von Amsterdam, Eintritt in die Wirtschafts- und Währungsunion und Aufnahme der Beitrittsverhandlungen, Wirtschaftsreform und beschäftigungspolitische Aktionspläne sowie Verstärkung der Bekämpfung der organisierten Kriminalität - eine ausführliche Aussprache über die künftige Entwicklung der Europäischen Union. Er einigte sich auf folgendes:

- Der Ratifikation des Amsterdamer Vertrages wird die erste Priorität eingeräumt;
- im Anschluß an die Ratifikation des Vertrags ist frühzeitig eine Entscheidung in der Frage erforderlich, wie und wann die im Amsterdamer Vertrag nicht gelösten institutionellen Fragen in Angriff genommen werden sollen;
- der Europäische Rat begrüßt die Initiative der Kommission zur Steigerung der Effizienz und zur Verbesserung der Verwaltung der Kommission im Lichte der künftigen Entwicklung der Union. Er nimmt zur Kenntnis, daß auch der Rat prüft, inwieweit sich seine eigene Funktionsweise verbessern läßt. Der Europäische Rat ersucht den Rat und die Kommission, während der Amtszeit des nächsten Vorsitzes über die Fortschritte auf diesen Gebieten Bericht zu erstatten;
- es ist erforderlich, die EU den Menschen näher zu bringen und sie auf die Fragen zu konzentrieren, die den Bürgern Europas am wichtigsten sind, wie die Stärkung der demokratischen Legitimität und die Verwirklichung des Subsidiaritätsprinzips in der Praxis.

Als ersten Schritt wird der Präsident des Europäischen Rates ein informelles Treffen der Staats- und Regierungschefs und des Präsidenten der Kommission einberufen, um die diesbezüglichen Beratungen zu vertiefen und zu prüfen, wie diese Themen am besten für eine Erörterung auf der Tagung des Europäischen

Rates in Wien im Hinblick auf die Fortsetzung ihrer Diskussion über die Zukunft Europas vorbereitet werden können.

6.5.3. Einladung von Bundeskanzler Klima zum Europäischen Rat in Wien

"Ich freue mich darauf, Dich und die anderen Kollegen am 11. und 12. Dezember zur Tagung des Europäischen Rates in Wien herzlich begrüßen zu dürfen. Wir hatten bereits die Gelegenheit, die Themen unseres Treffens zu erörtern, wofür ich Dir nochmals danke.

Die in Cardiff begonnene Debatte über die Zukunft Europas verleiht der europäischen Integration eine weitere Dynamik. Es geht darum, die wirtschaftliche und politische Kraft der Europäischen Union zu bündeln, um sie verstärkt in den Dienst der Menschen zu stellen. Wir haben unser informelles Treffen in Pörtschach genützt, um in den für die Bürger besonders relevanten Politiken Impulse zu setzen: bei der wirtschaftlichen Stabilität und der Beschäftigung, der inneren Sicherheit und der Stärkung der Europäischen Union nach außen.

Nun geht es darum, ganz im Sinne des Geistes von Pörtschach diese Entwicklungen beim Europäischen Rat von Wien und in den nächsten Präsidentschaften fortzuführen.

Unsere Tagung beginnt am Freitag, den 11. Dezember um 10.00 Uhr mit einem Gedankenaustausch mit dem Präsidenten des Europäischen Parlaments über die beim Europäischen Rat anstehenden Schlüsselfragen.

Die erste Arbeitssitzung des Europäischen Rates beginnt um 10.30 Uhr. Wie ich mit Dir besprochen habe, wollen wir zu Beginn die Entscheidung treffen, dem deutschen Bundeskanzler a.D. Helmut Kohl die Ehrenbürgerschaft Europas zu verleihen.

Im Mittelpunkt dieser Sitzung stehen sodann zentrale Fragen der Wirtschafts- und Beschäftigungspolitik, mit denen wir uns in Anwesenheit der Finanzminister auseinandersetzen werden. Es geht um zusätzliche, starke Impulse für gemeinsame europäische Anstrengungen, um Beschäftigung zu schaffen und die wirtschaftspolitische Koordination zu festigen. Dabei sollten wir uns insbesondere auf folgende Themen konzentrieren:

Überprüfung der Umsetzung und Fortentwicklung der europäischen Beschäftigungsstrategie;

Außenvertretung der Europäischen Union in Angelegenheiten der WWU;

Stärkung der wirtschaftspolitischen Koordination.

Am Ende der Vormittagssitzung sollten wir ferner darauf eingehen, wie wir bei der Integration der Umwelt in die Gemeinschaftspolitiken weitere Fortschritte erzielen können.

Im Anschluß daran wird die feierliche Verleihung der Ehrenbürgerschaft Europas an den deutschen Bundeskanzler a.D. Helmut Kohl stattfinden und das Familienfoto aufgenommen.

Der österreichische Bundespräsident Thomas Klestil hat gegen 13.15 Uhr die Mitglieder des Europäischen Rates und den deutschen Bundeskanzler a.D. Helmut Kohl zu einem Mittagessen in die Hofburg eingeladen.

Gleichzeitig findet das Mittagessen der Finanzminister im Hotel Bristol, das der in Wien anwesenden Europaminister und Europastaatssekretäre im Hotel Sacher statt.

Im Mittelpunkt unserer zweiten Arbeitssitzung, die nach dem Mittagessen um 15.00 Uhr beginnt, wird ein intensiver und substantieller Meinungsaustausch über die Schlüsselfragen der Agenda 2000 stehen. Dabei sollten wir den Zeitplan für den Abschluß der Agenda 2000 bestätigen.

Im Anschluß daran sollten wir in kurzer Diskussion auf Basis der geleisteten Vorarbeiten einige weitere Themen aufgreifen, die wir auch in Pörtschach erörtert haben. Besondere Bedeutung kommt dabei der künftigen Entwicklung im Bereich Inneres und Justiz zu, den Instrumenten und der Fortentwicklung der Gemeinsamen Außen- und Sicherheitspolitik, der Subsidiarität und den in Cardiff erteilten Aufträgen zur Verbesserung der Funktionsweise der Institutionen. Wie wir besprochen haben, sollten wir auch auf die Frage eines Auftrags an die Kommission eingehen, die Zusammenhänge zwischen dem Binnenmarkt und den gewachsenen Strukturen des Sports in unseren Ländern zu untersuchen.

Um 20.15 möchte ich Dich dann zu einem Arbeitsessen im Oberen Belvedere einladen. Ich schlage vor, dabei zunächst die Fortschritte im Erweiterungsprozeß zu erörtern. Dabei sollten wir auch auf die europäische Strategie für die Türkei und aktuelle Fragen in diesem Zusammenhang eingehen.

Anschließend werden wir einen Meinungsaustausch über die Situation in Rußland führen.

Parallel dazu werden sich die Außenminister bei ihrem Abendessen mit wichtigen außenpolitischen Fragen der Europäischen Union, insbesondere betreffend den Westbalkan und den Nahen Osten, auseinandersetzen.

Gleichzeitig findet ein Abendessen der Finanzminister und der Mitglieder des Währungsausschusses statt.

Am Samstag, den 12. Dezember, treffen wir uns erneut um 9.00 Uhr, um wie üblich die Schlußfolgerungen fertigzustellen, in denen auch der in Cardiff begonnene und in Pörtschach fortgesetzte Diskussionsprozeß zur Zukunft Europas zusammengefaßt als ‚Vienna Strategy' enthalten sein soll.

Gegen 13.00 Uhr werden dann, wie ich mit Dir besprochen habe, die Staats- und Regierungschefs und Außenminister der am Beitrittsprozeß teilnehmenden mittel- und osteuropäischen Länder und Zyperns zu uns stoßen. Wir sollten unsere Gäste im Rahmen einer Arbeitssitzung, während der wir auch das Mittagessen einnehmen, über die wesentlichen Ergebnisse unserer Beratungen unterrichten. Anschließend wird in diesem Teilnehmerkreis ein Familienfoto aufgenommen.

Ich freue mich, Dich in Wien begrüßen zu dürfen, und bin überzeugt, daß wir unser Treffen nützen werden, um die Europäische Union den Bürgern einen wichtigen Schritt näher zu bringen".

Quelle: "Agence Europe", 11.12.1998

6.6. Fragebogen

Zu Beginn möchte ich Sie bitten, sich kurz vorzustellen und Ihr Aufgabengebiet zu beschreiben:

Seit wann arbeiten Sie im Ministerium und seit wann vertreten Sie das Ministerium in Arbeitsgruppen des Rates der EU?

Sind Sie auch in anderen Gremien der EU vertreten?

Hat sich Ihre Position im Ministerium durch die Präsidentschaft verändert?

Ich möchte Ihnen jetzt einige Fragen zu Ihren Kontakten mit anderen Institutionen stellen:

Mit welchen Institutionen - österreichischen und europäischen - hatten Sie während der Präsidentschaft am häufigsten Kontakt?

Ich nenne Ihnen jetzt einige Institutionen, bitte sagen Sie mir, ob Sie mit diesen sehr oft, oft, gelegentlich oder nie zu tun hatten.

Österreichische Akteure:

Koordinationsressorts
andere Ministerien
österreichische Vertretung
Sozialpartner
Parlament
Länder
Parteien
Medien
Sonstige

Europäische Akteure:

Generalsekret. des Rates
Europäische Kommission
Europäisches Parlament
andere Mitgliedstaaten
europ. Interessenverbände
Sonstige

Gab es bei der Häufigkeit der Kontakte mit einigen Institutionen signifikante Unterschiede im Vergleich zu vor der Präsidentschaft? Mit wem hatten Sie deutlich mehr/deutlich weniger Kontakt?

Wie funktionierte die innerösterreichischen Koordination mit den anderen Institutionen?

Welche Beziehungen waren eher konfliktträchtig? Kam es eher zu Differenzen bzgl. der Zuständigkeit oder zu inhaltlichen Differenzen? (Kompetenz- oder Zielkonflikte)

Wie funktionierte die Koordination im Ressort selbst?

Wurden Strukturen oder Verfahren der Koordination im Hinblick auf die Präsidentschaft verändert?

Bestand die Notwendigkeit zu rascherer Koordination als sonst?

Wurden in der Praxis stets die vorgesehenen Koordinationsmechanismen und der Amtsweg eingehalten?

Wie erfolgte die Zusammenarbeit des Vorsitzes mit der österreichischen Delegation? Wurden die Sitzungen gemeinsam vorbereitet, das Verhalten der österr. Delegation genau abgesprochen?

Waren Sie als Vorsitzender weisungsfrei?

Wie funktionierte die Zusammenarbeit auf europäischer Ebene mit den europäischen Institutionen?

Gab es Konflikte mit manchen Institutionen? Wenn ja, welche?

Ich komme jetzt zu einigen Fragen, die die Vertretung der österreichischen Interessen betreffen:

Hat sich durch die Präsidentschaft etwas für die Vertretung österreichischer Interessen in den Arbeitsgruppen verändert? Wurden sie offensiver oder defensiver als sonst vertreten?

Gab es politische Vorgaben bezüglich der Art und Weise wie österreichische Interessen vertreten werden sollten?

Ist es leichter oder schwieriger während der Präsidentschaft die nationale Position zu vertreten?

Hatte die Tatsache, daß Österreich den Vorsitz führte, Ihrer Meinung nach Einfluß auf die Formulierung des österreichischen Standpunktes?

Haben Sie versucht, die Position des Vorsitzes auch zugunsten eines österreichischen Interesses zu nutzen? (durch mehr Information; die Möglichkeit, die Tagesordnung zu bestimmen; bessere Kontakte; die Ausarbeitung von Vorlagen und Kompromissen)?

Ist es schwieriger, die österreichische Position in den RAG zu vertreten oder die europäische Perspektive im Ministerium/in Österreich?

Einige Fragen zur österreichischen Vorsitzführung:

Wie viele Sitzungen haben Sie als Vorsitzender geleitet?

Was waren die wichtigsten Themen?

Wo lagen bei der Vorsitzführung die größten Herausforderungen?

Wer war in die Erstellung der Tagesordnungen einbezogen? Wer hatte das letzte Wort?

Gab es inhaltliche Initiativen Österreichs?

Haben Sie Kompromißvorschläge erarbeitet? Wenn ja, wer wurde in die Ausarbeitung einbezogen? Welche?

Hatten Sie konkrete Zielvorgaben, was während der österreichischen Präsidentschaft erreicht werden sollte?

Haben sich die Koordinationsressorts (bzw. die Vertretung) stärker als sonst für die Vorgänge in den Arbeitsgruppen interessiert? Wenn ja, in welcher Form?

Mußten Sie sich aufgrund der Vorsitzführung mit Themen intensiver auseinandersetzen, mit denen Sie sonst kaum zu tun gehabt hätten?

Zum Abschluß noch einige Fragen zur Bewertung der Präsidentschaft:

Welche Erkenntnisse haben Sie aus der Präsidentschaft gewonnen?

Werden die Erfahrungen der Präsidentschaft Auswirkungen auf Ihre künftige Arbeit haben?

Hat sich Ihre persönliche Einstellung gegenüber der EU bzw. gegenüber bestimmten Akteuren oder Institutionen durch die Präsidentschaft verändert?

Hat sich Ihr Verständnis für die spezifischen Interessen der anderen Mitgliedstaaten erhöht?

Hat die Präsidentschaft für Ihr Ressort eher Vor- oder Nachteile gebracht?

Was ist für Sie die positivste und was das negativste Erinnerung an die Präsidentschaft?

Sind Sie froh, die Präsidentschaft überstanden zu haben oder gibt es Dinge, die Sie bereits vermissen?

Wie beurteilen Sie die derzeitige Organisationsform und den Aufgabenumfang der Präsidentschaft? Gibt es aus Ihrer Sicht Reformbedarf?

Wären aus Ihrer Sicht Änderungen im Hinblick auf eine Stärkung supranationaler Elemente im europäischen Institutionengefüge sinnvoll? (Stärkung von Kommission und EP, Ausweitung von Mehrheitsvoten)

6.7. Eurobarometer-Umfragen

Zustimmung zur Mitgliedschaft in der Europäischen Union (in Prozent)

Eurobarometer	Jahr	Zustimmung	Ablehnung	Netto Ö	Netto EU
45	1996/1	27	27	0	33
46	1996/2	31	25	6	31
47	1997/1	30	27	3	31
48	1997/2	31	24	7	35
49	1998/1	36	19	17	39
50	1998/2	38	19	19	42
51	1999/1	36	23	13	37

Quelle: Europäische Kommission; http://europa.eu.int/comm/dg10/epo/eb.html

Die Eurobarometer-Umfragen werden regelmäßig zweimal pro Jahr, im Frühjahr und im Herbst, durchgeführt. Spalte 5 und 6 geben die Netto-Zustimmung der Bevölkerung Österreichs bzw. die durchschnittliche Zustimmung der Bevölkerungen aller Mitgliedstaaten an.

Entwicklung der Zustimmung und Ablehnung der EU in Österreich

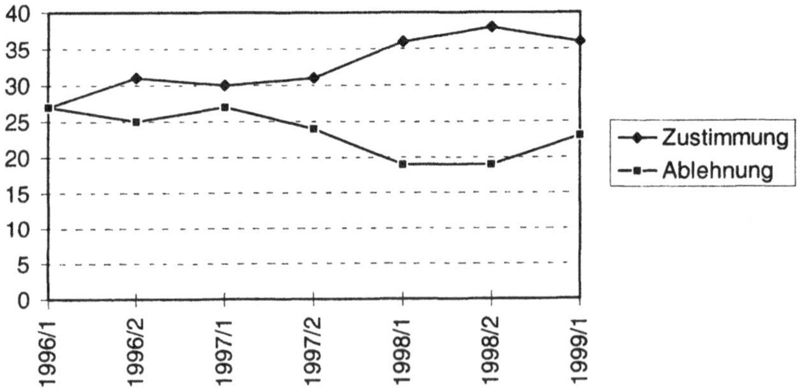

Entwicklung der Netto-Zustimmung zur Mitgliedschaft in der EU in Österreich und den EU-15

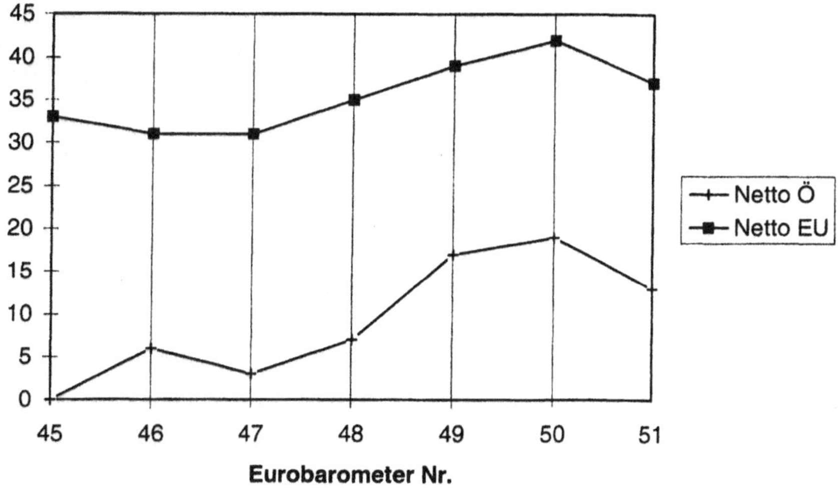

7. LITERATUR UND QUELLENVERZEICHNIS

7.1. Literatur

ANDERSEN Svein S., ELIASSEN Kjell A. (Hg.), 1996: *The European Union: How Democratic is it?*; Sage; London

BARBER Lionel, 1998: *Move over, Metternich*; in: Financial Times, 16.7.1998; S. 10

BASSOMPIERRE Guy de, 1988: *Changing the Guard in Brussels*; Praeger Publishers; New York

BATTISTELLI Fabrizio, ISERNIA Pierangelo, 1993: *Europa und die Integrationstheorien. Obsoleszenz oder Wachstumskrise?*; in: Bogdandy Armin von (Hg.) - Die europäische Option; Nomos-Verlag; Baden-Baden; S. 171-198

BELLERS Jürgen, 1990: *Integration*; in: Woyke Wichard (Hg.) - Handwörterbuch Internationale Politik; 4. Auflage; Leske & Budrich; Opladen; S. 215-220

BELLERS Jürgen, HÄCKEL Erwin, 1990: *Theorien internationaler Integration und internationaler Organisationen*; in: Rittberger Volker (Hg.) - Theorien der Internationalen Beziehungen; Politische Vierteljahresschrift, Sonderheft 21/1990; Westdeutscher Verlag; Opladen; S. 286-310

BETTELHEIM Peter, HARAUER Robert (Hg.), 1993: *Ostcharme mit Westkomfort*; Promedia; Wien

BOGDANDY Armin von, 1993: *Einleitung*; in: Bogdandy Armin von (Hg.) - Die europäische Option; Nomos-Verlag; Baden-Baden; S. 11-18

BRUNMAYR Hans, 1996: *Die Rolle Österreichs in der EU*; in: Khol Andreas, Ofner Günther, Stirnemann Alfred (Hg.) - Österreichisches Jahrbuch für Politik 1995; Verlag für Geschichte und Politik; Wien; S. 407-420

BUNDESWIRTSCHAFTSKAMMER, 1998: *Österreich in der EU. Eine Zwischenbilanz zu Beginn der 1. EU-Präsidentschaft Österreichs;* BWK; Wien

CORBETT Richard, 1993: *The Treaty of Maastricht*; Longman Group; Essex

DACHS Herbert ua. (Hg.), 1991: *Handbuch des politischen Systems Österreichs*; Manz; Wien

DEN BOER Monica, 1996: *Justice and Home Affairs*; in: Wallace Helen, Wallace William (Hg.) - Policy-Making in the European Union; 3. Auflage; Oxford University Press; Oxford; S. 389-410

DEUTSCH Karl et al., 1957: *Political Community and the North Atlantic Area*; Princeton University Press; Princeton, New Jersey

DI BUCCI Vittorio Carlo Maria, 1988: *La présidence des Communautés*; Centre européen universitaire; Nancy

EDWARDS Geoffrey, 1996: *National Sovereignty versus Integration? The Council of Ministers*; in: Richardson Jeremy (Hg.) - European Union. Power and Policy-making; Routledge; London, New York; S. 127-147

EDWARDS Geoffrey, WALLACE Helen, 1978: *Die Präsidentschaft im Ministerrat*; (The Council of Ministers of the European Community and the President-in-Office; Federal Trust; London; 1977); Europa Union Verlag; Bonn

EGGER Alexander, 1994: *Das Generalsekretariat des Rates der Europäischen Union*; Nomos; Baden-Baden

EICHENER Volker, 1996: *Die Rückwirkungen der europäischen Integration auf nationale Politikmuster*; in: Jachtenfuchs Markus, Kohler-Koch Beate (Hg.) - Europäische Integration; Leske & Budrich; Opladen; S. 249-280

EVANS Peter, JACOBSON Harold, PUTNAM Robert, 1993: *Double-Edged Diplomacy. International bargaining and domestic politics*; University of California Press; Berkeley, Los Angeles, London

FALKNER Gerda, 1998: *Österreichische Politiknetzwerke und EU-Mitgliedschaft. Ergebnisse und Trends*; in: Falkner Gerda, Müller Wolfgang (Hg.) - Österreich im europäischen Mehrebenensystem; Signum; Wien; S. 221-248

FALKNER Gerda, MÜLLER Wolfgang (Hg.), 1998a: *Österreich im europäischen Mehrebenensystem*; Signum; Wien

FALKNER Gerda, MÜLLER Wolfgang, 1998b: *Einleitung. Österreichs Politik im europäischen Mehrebenensystem*; in: Falkner Gerda, Müller Wolfgang (Hg.) - Österreich im europäischen Mehrebenensystem; Signum; Wien; S. 13-38

FALKNER Gerda, NENTWICH Michael, 1995: *European Union. Democratic Perspectives after 1996*; Service Fachverlag; Wien

FALKNER Gerda, 1999: *Korporatismus auf österreichischer und europäischer Ebene: Verflechtung ohne Osmose?*; in: Karlhofer Ferdinand, Tálos Emmerich (Hg.) - Die Zukunft der Sozialpartnerschaft; Signum-Verlag; Wien; S. 215-240

FISCHER Heinz, 1991: *Das Parlament*; in: Dachs Herbert ua. (Hg.) - Handbuch des politischen Systems Österreichs; Manz; Wien; S. 96-117

FISCHER Peter, KÖCK Heribert Franz, 1995: *Europarecht*; 2. Auflage; Linde Verlag; Wien

GAREL-JONES Tristan, 1993: *The UK Presidency: An Inside View*; in: Journal of Common Market Studies, Vol. 31, 2/1993; S. 261-267

GÄRTNER Heinz, 1997: *Modelle Europäischer Sicherheit*; Braumüller; Wien

GÄRTNER Reinhold, HÄMMERLE Kathrin (Hg.), 1994: *Zur politischen Kultur Österreichs. (Dis)Kontinuitäten und Ambivalenzen*; Symposion am 23.6.1994 in Wien

GEBETSROITHNER Judith, 1998: *Die Präsidentschaft aus der Sicht des Rates*; in: SPÖ-Internationales Sekretariat (Hg.) - Europa-Perspektiven 2/98; S. 11-12

GERLICH Peter, 1991: *Politische Kultur der Subsysteme*; in: Dachs Herbert ua. (Hg.) - Handbuch des politischen Systems Österreichs; Manz; Wien; S. 457-465

GIERING Claus, 1997: *Europa zwischen Zweckverband und Superstaat*; Europa Union Verlag; Bonn

GRANDE Edgar, 1996: *Demokratische Legitimation und europäische Integration*; in: Leviathan-Zeitschrift für Sozialwissenschaft 3/1996; Westdeutscher Verlag; Opladen; S. 339-360

GRILLER Stefan, 1995: *Zur demokratischen Legitimation der Rechtssetzung in der EU*; in: Journal für Rechtspolitik 3 (1995); S. 164-179

HAAS Ernst, 1958: *The Uniting of Europe*; Stevens & Sons Ltd.; London

HANISCH Ernst, 1993: *An erlaubten G'spaß - ka Silb'n Politik?*; in: Bettelheim Peter, Harauer Robert (Hg.) - Ostcharme mit Westkomfort; Promedia; Wien

HAYES-RENSHAW Fiona, 1996: *The Role of the Council*; in: Andersen Svein S., Eliassen Kjell A. (Hg.) - The European Union: How Democratic is it?; Sage; London

HAYES-RENSHAW Fiona, WALLACE Helen, 1995: *Executive Power in the European Union: the funcions and limits of the Council of Ministers*; in: Journal of European Public Policy 2:4 December 1995; S. 559-582

HAYES-RENSHAW Fiona, WALLACE Helen, 1997: *The Council of Ministers*; St. Martin's Press; New York

HILL Richard, 1997: *We Europeans*; Europublications; Brüssel

HOFFMANN Stanley, 1966: *Obstinate or Obsolete: the Fate of the Nation-State and the Case of Western Europe*; in: Daedalus 95, S. 862-915

HOFFMANN Stanley, 1995: *The European Sisyphus. Essays on Europe 1964-1994*; Westview Press; Boulder, San Francisco, Oxford

HOFFMANN Stanley, 1995: *Reflections on the Nation-State in Western Europe Today*; in: Hoffmann Stanley - The European Sisyphus. Essays on Europe 1964-1994; Westview Press; Boulder, San Francisco, Oxford; S. 211-226

HOKE Rudolf, 1992: *Österreichische und deutsche Rechtsgeschichte*; Böhlau Verlag; Wien, Köln

HORT Peter, 1988: *Eine Bilanz der deutschen EG-Präsidentschaft*; in: Europa-Archiv, 43/15; S. 421-428

HÖLL Otmar (Hg.), 1998: *The Austrian Presidency of the European Union* (Zusammenfassung der OIIP/TEPSA Konferenz am 15./16.5.1998 in Wien); Österreichisches Institut für Internationale Politik; Laxenburg

HRBEK Rudolf (Hg.), 1996: *Die Reform der Europäischen Union*; Nomos; Baden-Baden

HUMMER Waldemar, OBWEXER Walter, 1999: *Die "EU-Präsidentschaft"*; in: Europarecht 4/99 (Juli/August); S. 409-451

HUMMER Waldemar, SCHWEITZER Michael, 1987: *Österreich und die EWG. Neutralitätsrechtliche Beurteilung der Möglichkeit der Dynamisierung des Verhältnisses zur EWG*; Signum Verlag; Wien

JACHTENFUCHS Markus, 1996: *Politikwissenschaftliche Europaforschung*; in: Kohler-Koch Beate, Woyke Wichard (Hg.) - Lexikon der Politik, Bd. 5: Die Europäische Union; C.H. Beck; München; S. 214-219

JACHTENFUCHS Markus, KOHLER-KOCH Beate (Hg.), 1996: *Europäische Integration*; Leske & Budrich; Opladen

JOHNSTON Mary Troy, 1994: *The European Council. Gatekeeper of the European Community*; Westview Press; Boulder, San Francisco, Oxford

JUNGWIRTH Michael, 1998: *Im Chefsessel Europas. Österreich als Ratspräsident der EU*; Styria; Graz

KARLHOFER Ferdinand, TÁLOS Emmerich, 1996a: *Austrokorporatismus und EU*; in: Tálos Emmerich, Falkner Gerda - EU-Mitglied Österreich. Gegenwart und Perspektiven; Manz; Wien; S. 67-82

KARLHOFER Ferdinand, TÁLOS Emmerich, 1996b: *Sozialpartnerschaft und EU*; Signum-Verlag; Wien

KARLHOFER Ferdinand, TÁLOS Emmerich (Hg.), 1999: *Die Zukunft der Sozialpartnerschaft*; Signum-Verlag; Wien

KEOHANE Robert O., HOFFMANN Stanley, 1991: *Institutional Change in Europe in the 1980s*; in: Keohane, Hoffmann (Hg.) - The New European Community. Decisionmaking and Institutional Change; Westview Press; Boulder, San Francisco, Oxford; S. 1-40

KHOL Andreas, 1995: *Demokratieabbau durch EU-Gesetzgebung?*; in: Österreichische Parlamentarische Gesellschaft (Hg.) - 75 Jahre Bundesverfassung. Festschrift; Verlag Österreich; Wien; S. 271-288

KHOL Andreas, OFNER Günther, STIRNEMANN Alfred (Hg.), 1996: *Österreichisches Jahrbuch für Politik 1995*; Verlag für Geschichte und Politik; Wien

KHOL Andreas, OFNER Günther, STIRNEMANN Alfred (Hg.), 1997: *Österreichisches Jahrbuch für Politik 1996*; Verlag für Geschichte und Politik; Wien

KIRCHNER Emil Joseph, 1992: *Decision Making in the European Community. The Council Presidency and European Integration*; Manchester Univ. Press; Manchester, New York

KITTEL Bernhard, TÁLOS Emmerich, 1999: *Interessenvermittlung und politischer Entscheidungsprozeß: Sozialpartnerschaft in den 1990er Jahren*; in: Karlhofer Ferdinand, Tálos Emmerich (Hg.) - Die Zukunft der Sozialpartnerschaft; Signum-Verlag; Wien; S. 95-136

KLAUS Georg, BUHR Manfred (Hg.), 1975: *Philosophisches Wörterbuch*, Bd. 1; 11. Auflage; Verlag das europäische Buch; Westberlin

KLECATSKY Hans, MORSCHER Siegbert (Hg.), 1995: *Bundes-Verfassungsgesetz* (Stand 1.5.95); 7. Auflage; Manz; Wien

KOHLER-KOCH Beate, SCHMIDBERGER Martin, 1996: *Integrationstheorien*; in: Kohler-Koch Beate, Woyke Wichard (Hg.) - Lexikon der Politik, Bd. 5: Die Europäische Union; C.H. Beck; München; S. 152-162

KRAMER Helmut, 1991: *Strukturentwicklung der Außenpolitik (1945-1990)*; in: Dachs Herbert ua. (Hg.) - Handbuch des politischen Systems Österreichs; Manz; Wien; S. 637-657

KUNNERT Gerhard 1992: *Spurensicherung auf dem österreichischen Weg nach Brüssel*; (Schriftenreihe Europa des Bundeskanzleramtes, Sonderband); Verlag der Österreichischen Staatsdruckerei; Wien

LEIDWEIN Alois, 1998: *Agrarrecht. Europäische Regelung und österreichische Umsetzung*; Österreichischer Agrarverlag; Klosterneuburg

LUDLOW Peter, 1993: *The UK Presidency: A View from Brussels*; in: Journal of Common Market Studies, Vol. 31, 2/1993; S. 246-260

LUDLOW Peter, ERSBØLL Niels, 1995: *Preparing for 1996 and a larger European Union. Principles and Priorities*; CEPS Special Report Nr. 6; Brüssel

LUDLOW Peter, 1998: *A View from Brussels. The UK Presidency*; CEPS-Paper Nr. 6; Brüssel

LUIF Paul, 1991: *Außenwirtschaftspolitik*; in: Dachs Herbert ua. (Hg.) - Handbuch des politischen Systems Österreichs; Manz; Wien; S. 674-689

LUIF Paul, 1995: *On the Road to Brussels*; Braumüller; Wien

LUTHER Kurt Richard, OGILVIE Iain (Hg.), 1998: *Austria and the European Union Presidency: Background and Perspectives*; Keele European Research Centre; Keele University

LUTHER Kurt Richard, 1998: *From West European Periphery to the Centre of Europe?*; in: Luther Kurt Richard, Ogilvie Iain (Hg.) - Austria and the European Union Presidency: Background and Perspectives; Keele European Research Centre; Keele University; S. 3-22

MENTLER Michael, 1996: *Der Ausschuß der Ständigen Vertreter bei den Europäischen Gemeinschaften*; Nomos; Baden-Baden

MICKEL Wolfgang (Hg.), 1994: *Handlexikon der Europäischen Union*; Omnia Verlag; Köln

MIDDLEMAS Keith, 1995: *Orchestrating Europe. The Informal Politics of the EU 1973-95*; Fontana Press; London

MORASS Michael, 1996: *Österreich im Entscheidungsprozeß der Europäischen Union*; in: Tálos Emmerich, Falkner Gerda - EU-Mitglied Österreich. Gegenwart und Perspektiven; Manz; Wien; S. 32-49

MORAVCSIK Andrew, 1999: *The Coice for Europe*; UCL-Press; London (erstmals erschienen 1998, bei Cornwell University Press; Ithaca, New York)

MORAVCSIK Andrew, NICOLAIDIS Kalypso, 1999: *Explaining the Treaty of Amsterdam: Interests, Influence, Institutions*; in: Journal of Common Market Studies, Vol. 37, 1/1999; S. 59-85

MUSIL Robert, 1938: *Der Mann ohne Eigenschaften*; Bermann-Fischer; Wien

NICOLL William, 1993: *Note the Hour - and File the Minute*; in: Journal of Common Market Studies, Vol. 31, 4/1993; S. 559-566

NOHLEN Dieter (Hg.), 1998: *Lexikon der Politik*; Bd. 7: *Politische Begriffe*; C.H. Beck; München

NUGENT Neill, 1994: *The Governments and Politics of the European Union*; 3. Auflage; Duke Univ. Press; Durham, NC

O NUALLAIN Colm, HOSCHEIT Jean-Marc (Hg.), 1985: *The Presidency of the European Council of Ministers: impacts and implications for national governments*; Croom Helm; London

PELINKA Anton, SCHALLER Christian, LUIF Paul, 1994: *Ausweg EG?. Innenpolitische Motive einer außenpolitischen Umorientierung*; Böhlau Verlag; Wien, Köln

PELINKA Anton, 1998: *Austria. Out of the Shadow of the Past*; Westview Press; Boulder, San Francisco, Oxford

PETITE Michel, 1998: *The Treaty of Amsterdam*; Harvard Jean Monnet Working Paper 2/1998; http://www.law.harvard.edu/Programs/JeanMonnet/papers/papers98.html

PIJPERS Alfred, REGELSBERGER Elfriede, WESSELS Wolfgang (Hg.), 1989: *Die Europäische Politische Zusammenarbeit in den 80er Jahren*; Europa Union Verlag; Bonn

PUNTSCHER RIEKMANN Sonja, 1998a: *Die kommissarische Neuordnung Europas*; Springer; Wien, New York

PUNTSCHER RIEKMANN Sonja, 1998b: *Management gegen Vision? Zu einem falschen Widerspruch der österreichischen EU-Präsidentschaft*; in: Die Union, 2/98; S. 31-42

PUTNAM Robert, 1988: *Diplomacy and domestic politics. The logic of two-level games*; in: International Organisation 42, 3, Summer 1988; S. 427-460

RAUCHENBERGER Josef (Hg.), 1995: *Entscheidung für Europa*; PR-Verlag; Wien

REGELSBERGER Elfriede, WESSELS Wolfgang, 1985: *The Presidency of the Council of Ministers of the European Communities: National Paper on the Federal Republic of Germany*; in: O Nuallain Colm, Hoscheit Jean-Marc (Hg.) - The Presidency of the European Council of Ministers: impacts and implications for national governments; Croom Helm; London; S. 73-100

REITERER Michael, 1997: *Die innerösterreichische Willensbildung in EU-Angelegenheiten am Beispiel der Wirtschaftskammer Österreich*; in: Österreichische Zeitschrift für Politikwissenschaft, 26 (1997) 2; S. 193-207

RICHARDSON Jeremy (Hg.), 1996: *European Union. Power and Policy-making*; Routledge; London, New York

RIEGER Elmar, 1996a: *The Common Agricultural Policy*; in: Wallace Helen, Wallace William (Hg.) - Policy-Making in the European Union; 3. Auflage; Oxford University Press; Oxford; S. 97-123

RIEGER Elmar, 1996b: *Agrarpolitik: Integration durch Gemeinschaftspolitik?*; in: Jachtenfuchs Markus, Kohler-Koch Beate (Hg.) - Europäische Integration; Leske & Budrich; Opladen; S. 401-428

RITTBERGER Volker, 1994: *Internationale Organisationen. Politik und Geschichte*; Leske & Budrich; Opladen

SCHALLENBERG Alexander, THUN-HOHENSTEIN Christoph, 1999: *Die EU-Präsidentschaft Österreichs*; Manz; Wien

SCHALLER Christian, 1994: *Die innenpolitische EG-Diskussion seit den 80er Jahren*; in: Pelinka Anton, Schaller Christian, Luif Paul - Ausweg EG?. Innenpolitische Motive einer außenpolitischen Umorientierung; Böhlau Verlag; Wien, Köln, Graz; S. 27-269

SCHARSACH Gilbert, 1996: *EU-Handbuch. Das große Nachschlagewerk der österreichischen EU-Diskussion*; Verlag Österreich; Wien

SCHEFBECK Günther, 1997: *Der Nationalrat zwischen Rechtssetzungsorgan und Tribüne*; in: Journal für Rechtspolitik 1997/2; Springer-Verlag; Wien, New York; S. 117-135

SCHIEDER Peter, 1995: *Österreichs Weg in die Europäische Union*; in: Rauchenberger Josef (Hg.), 1995: Entscheidung für Europa; PR-Verlag; Wien; S. 15-32

SCHMIDT Manfred G., 1995: *Wörterbuch zur Politik*; Alfred Körner Verlag; Stuttgart

SCHMUCK Otto, 1995: *Entwicklungspolitik*; in: Weidenfeld Werner, Wessels Wolfgang (Hg.) - Europa von A-Z; 4. Auflage; Europa Union Verlag; Bonn; S. 127-131

SCHNEIDER Heinrich, 1977: *Leitbilder der Europapolitik 1. Der Weg zur Integration*; Europa Union Verlag; Bonn

SCHNEIDER Heinrich, 1990: *Alleingang nach Brüssel*; Europa Union Verlag; Bonn

SCHNEIDER Heinrich, 1992: *Europäische Integration: die Leitbilder und die Politik*; in: Kreile Michael - Die Integration Europas; Politische Vierteljahresschrift (PVS), Sonderheft 23/1992; Westdeutscher Verlag; Opladen; S. 3-35

SCHNEIDER Heinrich, 1996: *Österreich*; in: Hrbek Rudolf (Hg.) - Die Reform der Europäischen Union; Nomos; Baden-Baden; S. 137-155

SCHOUTHEETE Philippe de, 1989: *Die Präsidentschaft und das Management der politischen Zusammenarbeit*; in: Pijpers Alfred, Regelsberger Elfriede, Wessels Wolfgang (Hg.) - Die Europäische Politische Zusammenarbeit in den 80er Jahren; Europa Union Verlag; Bonn; S. 95-109

SCHÜSSEL Wolfgang, 1998a: *The Priorities of the Austrian Presidency*; in: Luther Kurt Richard, Ogilvie Iain (Hg.) - Austria and the European Union. Presidency: Background and Perspectives; Keele European Research Centre; Keele University; S. 87-101

SCHÜSSEL Wolfgang, 1998b: *Das Programm der österreichischen EU-Präsidentschaft 1998*; in: Die Union, 2/98; S. 7-19

SMERAL Egon, WÜGER Michael, 1999: *Die gesamtwirtschaftliche Bedeutung der Übernahme der EU-Präsidentschaft durch Österreich*; Österreichisches Institut für Wirtschaftsforschung (WIFO); Wien

STENGG Werner, 1998: *Reformbedarf und Reformperspektiven aus der Sicht des Praktikers*; Papier für die Tagung "Europa zwischen Integration und Anschluß", von 5.-7.6.1998 in der Universiät Wien

TÁLOS Emmerich, FALKNER Gerda, 1996: *EU-Mitglied Österreich. Gegenwart und Perspektiven*; Manz; Wien

THUN-HOHENSTEIN Christoph, CEDE Franz, 1995: *Europarecht*; Manz; Wien

THUN-HOHENSTEIN Christoph, 1996: *Österreichs Einfluß und Einflußmöglichkeiten in Brüssel*; Sozialwissenschaftliche Arbeitsgemeinschaft; Wien

THUN-HOHENSTEIN Christoph, 1997: *Der Vertrag von Amsterdam*; Manz; Wien

TÖLLER Annette Elisabeth, 1998: *Die Komitologie: Funktionsweise und Reformperspektive*; Papier für die Tagung "Europa zwischen Integration und Anschluß", von 5.-7.6.1998 in der Universität Wien

UNTERLECHNER Josef, 1997: *Die Mitwirkung der Länder am EU-Willensbildungs-Prozeß*; Braumüller; Wien

WALLACE Helen, 1985a: *The Presidency: Tasks and Evolution*; in: O Nuallain Colm, Hoscheit Jean-Marc (Hg.) - The Presidency of the European Council of Ministers: impacts and implications for national governments; Croom Helm; London; S. 1-22

WALLACE Helen, 1985b: *The Presidency of the Council of Ministers of the European Communities: A Comparative Perspective*; in: O Nuallain Colm, Hoscheit Jean-Marc (Hg.) - The Presidency of the European Council of Ministers: impacts and implications for national governments; Croom Helm; London; S. 261-279

WALLACE Helen, 1986: *The British presidency of the European Community's Council of Ministers: the opportunity to persuade*; in: International Affairs, 61, 4; S. 583-599

WALLACE Helen, EDWARDS Geoffrey, 1976: *European Community: the Evolving Role of the Presidency of the Council*; in: International Affairs, 52, 4; S. 535-550

WALLACE Helen, WALLACE William (Hg.), 1996: *Policy-Making in the European Union*; 3. Auflage; Oxford University Press; Oxford

WALLACE William (Hg.), 1990: *The Dynamics of European Integration*; Pinter Publishers Ltd.; London

WEIDENFELD Werner, WESSELS Wolfgang (Hg.), 1995: *Europa von A-Z*; 4. Auflage; Europa Union Verlag; Bonn

WELZ Christian, ENGEL Christian, 1993: *Traditionsbestände politikwissenschaftlicher Integrationstheorien. Die EG im Spannungsfeld von Integration und Kooperation*; in: Bogdandy Armin von (Hg.) - Die europäische Option; Nomos-Verlag; Baden-Baden; S. 129-170

WESSELS Wolfgang, 1990: *Administrative Interaction*; in: Wallace William (Hg.) - The Dynamics of European Integration; Pinter Publishers Ltd.; London; S. 229-241

WESSELS Wolfgang, 1991: *The EC-Council: The Community's Decisionmaking Center*; in: Keohane, Hoffmann (Hg.) - The New European Community. Decisionmaking and Institutional Change; Westview Press; Boulder, San Francisco, Oxford; S. 133-154

WESSELS Wolfgang, 1992: *Staat und (westeuropäische) Integration. Die Fusionsthese*; in: Kreile Michael - Die Integration Europas; Politische Vierteljahresschrift (PVS), Sonderheft 23/1992; Westdeutscher Verlag; Opladen; S. 36-61

WESSELS Wolfgang, 1995: *Europäischer Rat*; in: Weidenfeld Werner, Wessels Wolfgang (Hg.) - Europa von A-Z; 4. Auflage; Europa Union Verlag; Bonn; S. 179-183

WESSELS Wolfgang, 1998: *The Presidency of the Council. From the capability/expectation gap to the trap of overstretchment. Remarks in view of the Austrian Presidency 1998*; in: Höll Otmar (Hg.) - The Austrian Presidency of the European Union (Zusammenfassung der OIIP/TEPSA Konferenz am 15./16.5.1998 in Wien); Österreichisches Institut für Internationale Politik; Laxenburg; S. 143-149

WESTLAKE Martin, 1995: *The Council of the European Union*; Cartermill Publishing; London

WINTONIAK Alexis, 1997: *Die Regierungskonferenz 1996*; in: Khol Andreas, Ofner Günther, Stirnemann Alfred (Hg.) - Österreichisches Jahrbuch für Politik 1996; Verlag für Geschichte und Politik; Wien; S. 171-198

WOHNOUT Helmut, 1996: *Parlamentarismus im Wandel. Politische Bilanz der XIX. Gesetzgebungsperiode des Nationalrates*; in: Khol Andreas, Ofner Günther, Stirnemann Alfred (Hg.) - Österreichisches Jahrbuch für Politik 1995; Verlag für Geschichte und Politik; Wien; S. 665-696

WOSCHNAGG Gregor, 1996: *Die EU-Erwartungen und die eingetretenen Veränderungen*; in: Khol Andreas, Ofner Günther, Stirnemann Alfred (Hg.) - Österreichisches Jahrbuch für Politik 1995; Verlag für Geschichte und Politik; Wien; S. 383-406

WOSCHNAGG Gregor, 1998: *The Challenges of Administering the Austrian Presidency*; in: Luther Kurt Richard, Ogilvie Iain (Hg.) - Austria and the European Union Presidency: Background and Perspectives; Keele European Research Centre; Keele University; S. 103-114

7.2. Quellen

BUNDESKANZLERAMT, BUNDESMINISTERIUM FÜR AUSWÄRTIGE ANGELEGENHEITEN, 19.1.1996: *Rundschreiben über "Rechtliche und organisatorische Fragen der EU-Mitgliedschaft"*; Geschäftszahl 671.982/2-V/8/95 (BKA) bzw. 1055.01/609-I.A-GL/96 (BMaA) (veröffentlicht im Anhang von Unterlechner Josef, 1997)

BUNDESKANZLERAMT, BUNDESMINISTERIUM FÜR AUSWÄRTIGE ANGELEGENHEITEN, 30.10.1997: *Österreichische EU-Präsidentschaft 1998. Schwerpunkte der Ressorts*; Wien

BUNDESKANZLERAMT, BUNDESMINISTERIUM FÜR AUSWÄRTIGE ANGELEGENHEITEN, 1998: *Handbuch für den Ratsvorsitz*; Wien

BUNDESMINISTERIUM FÜR AUSWÄRTIGE ANGELEGENHEITEN, 1998: *Außenpolitischer Bericht 1997*; Wien

BUNDESMINISTERIUM FÜR AUSWÄRTIGE ANGELEGENHEITEN, 1999a: *Außenpolitischer Bericht 1998*; Wien

BUNDESMINISTERIUM FÜR AUSWÄRTIGE ANGELEGENHEITEN, 1999b: *Außenpolitische Dokumentation - Erste Präsidentschaft Österreichs in der Europäischen Union* (Sonderdruck); im Internet unter: www.bmaa.gv.at/aussenpolitik/politindex.html.de

BUNDESMINISTERIUM FÜR INNERE ANGELEGENHEITEN, 1.7.1998: *Strategiepapier zur Migrations- und Asylpolitik*; als Papier der Präsidentschaft dem Rat vorgelegt; Dokumentennummer: Rat der EU: 9809/98; CK4 27, ASIM 170

BUNDESMINISTERIUM FÜR LAND- UND FORSTWIRTSCHAFT, 1999: *Arbeitsbilanz der österreichischen Präsidentschaft*; Wien

DER STANDARD, 1.7.1998: *Sonderbeilage zur Präsidentschaft Österreichs*; Wien

DUDEN, Band 7 - Etymologie: 1989 (2. Auflage); Dudenverlag; Mannheim, Wien

EU- und EG-Vertrag - Konsolidierte Fassungen im Rahmen des Vertrages von Amsterdam; 1997 (1.Auflage); Nomos, Baden-Baden; Bundesanzeiger, Köln; Verlag Österreich, Wien; Schulthess Polygraphischer Verlag, Zürich

EUROPÄISCHE KOMMISSION, 1996: *Der Haushalt der Europäischen Union: Was geschieht mit Ihrem Geld?*; Amt für amtliche Veröffentlichungen der Europäischen Gemeinschaften; Luxemburg

EUROPÄISCHE KOMMISSION, 1998: *Gesamtbericht über die Tätigkeit der EU 1997*; Amt für amtliche Veröffentlichungen; Luxemburg

EUROPÄISCHE KOMMISSION, 1998: *Arbeitsprogramm 1998*; http://europa.-eu.int/comm/off/work/1998

EUROPÄISCHE KOMMISSION - DG 10, 1998: *Eurobarometer 45-51*; http://europa.eu.int/en/comm/dg10/infcom/epo/eb.html

EUROPÄISCHER RAT VON LUXEMBURG, 12./13. Dezember 1997: *Schlußfolgerungen des Vorsitzes*

EUROPÄISCHER RAT VON CARDIFF, 15./16. Juni 1998: *Schlußfolgerungen des Vorsitzes*

EUROPÄISCHER RAT VON WIEN, 11./12. Dezember 1998: *Schlußfolgerungen des Vorsitzes*

EUROPÄISCHER RAT VON KÖLN, 3./4. Juni 1999: *Schlußfolgerungen des Vorsitzes*

FISCHER WELTALMANACH, 1999; Fischer Taschenbuch Verlag; Frankfurt/Main

KLIMA Viktor, 16.12.1998: *Bericht über den Europäischen Rat von Wien*; (Rede vor dem Europäischen Parlament); in: Bundesministerium für auswärtige Angelegenheiten, 1999b: Außenpolitische Dokumentation - Erste Präsidentschaft Österreichs in der Europäischen Union (Sonderdruck); S. 17-24

MARKET-INSTITUT, 1998: *Das aktuelle Wirtschaftsklima sowie die EU- und Euro-Stimmungslage in der österreichischen Bevölkerung*; Dokumentation der Umfrage M83; Februar 1998

MARKET-INSTITUT, 1998: *Der EU-Vorsitz*; Ergebnisse einer repräsentativen Telefonumfrage; Kommentarbericht; März 1998

MARKET-INSTITUT, 1999: *Market-Studienblätter 26/99. Die EU-Bilanz - Auf dem Weg zu selbstbewußten Europabürgern*; Linz

ÖSTERREICHISCHE BUNDESREGIERUNG, 1995: *Leitlinien zu den voraussichtlichen Themen der Regierungskonferenz 1996*; beschlossen am 3.5.1995

ÖSTERREICHISCHE BUNDESREGIERUNG, 1996: *Regierungskonferenz 1996. Österreichische Grundsatzpositionen*; beschlossen am 26.3.1996

ÖSTERREICHISCHE BUNDESREGIERUNG, 1998: *Das Programm der österreichischen EU-Präsidentschaft 1998*; beschlossen am 1.7.1998

ÖSTERREICHISCHE BUNDESREGIERUNG, 1999: *Ergebnisbericht über die österreichische EU-Präsidentschaft 1998*; im Ministerrat vorgelegt am 23.2.1999

ÖSTERREICHISCHE GESELLSCHAFT FÜR EUROPAPOLITIK, Oktober 1998: *Veränderung des Meinungsklimas in Österreich zur Osterweiterung der Europäischen Union vom März bis Oktober 1998*

ÖSTERREICHISCHE GESELLSCHAFT FÜR EUROPAPOLITIK, Jänner 1999: *Die österreichische Präsidentschaft in der Europäischen Union*; Zusammenfassung von zwei Telefonumfragen, durchgeführt von der Sozialwissenschaftlichen Studiengesellschaft vom 28.5. bis 12.6.1998 und vom 7. bis 17.12.1998.

ÖSTERREICHISCHES PARLAMENT, 1997-1999:
Schriftliche Beantwortungen parlamentarischer Anfragen mit den Nummern:

3217/AB XX. GP
3218/AB XX. GP
3220/AB XX. GP
3632/AB XX. GP
4415/AB XX. GP
4510/AB XX. GP
5205/AB XX. GP
5326/AB XX. GP
5359/AB XX. GP

Beilagen zu den Stenographischen Protokollen des Nationalrates, XX. GP:

IV-9: HA-Sitzung vom 3. Juli 1997
IV-17: HA-Sitzung vom 20.5.1998
IV-18: HA-Sitzung vom 3.6.1998

IV-19: HA-Sitzung vom 15.9.1998
IV-20: HA-Sitzung vom 23.10.1998
IV-21: HA-Sitzung vom 10.11.1998
IV-22: HA-Sitzung vom 2.12.1998

Die parlamentarischen Materialien sind über Internet erhältlich: www.parlinkom.gv.at

RAT DER EUROPÄISCHEN UNION, 20.12.1988: *Schlußfolgerungen des Rates vom 19.12.1988 zur Verbesserung der Arbeitsmethoden*; Dok.Nr. 10446/88 EXT 1

RAT DER EUROPÄISCHEN UNION, 24.5.1995: *Bericht des AStV an den Rat, betreffend die Arbeitsmethoden des Rates*; Dok.Nr. 7495/95

RAT DER EUROPÄISCHEN UNION, 1997a: *Handbuch für den Rat, Band 1: Leitfaden für den Vorsitz*; Amt für amtliche Veröffentlichungen der Europäischen Gemeinschaften, Luxemburg

RAT DER EUROPÄISCHEN UNION, 1997b: *Handbuch für den Rat, Band 2:Erläuterungen zur Geschäftsordnung des Rates*; Amt für amtliche Veröffentlichungen der Europäischen Gemeinschaften, Luxemburg

RAT DER EUROPÄISCHEN UNION, 1997c: *Handbuch für den Rat, Band 3: Leitfaden für die Delegierten*; Amt für amtliche Veröffentlichungen der Europäischen Gemeinschaften, Luxemburg

SCHÜSSEL Wolfgang, 24.10.1998: *Punktuationen des Vorsitzenden des Rates der Europäischen Union, Vizekanzler Dr. Wolfgang Schüssel, anläßlich des informellen Treffens der Staats- und Regierungschefs in Pörtschach*; in: Bundesministerium für auswärtige Angelegenheiten, 1999b: Außenpolitische Dokumentation - Erste Präsidentschaft Österreichs in der Europäischen Union (Sonderdruck); S. 81-87

SCHÜSSEL Wolfgang, 16.12.1998: *Tätigkeitsbericht des Bundesministers für auswärtige Angelegenheiten, Vizekanzler Dr. Wolfgang Schüssel, über die österreichische EU-Präsidentschaft vor dem Europäischen Parlament*; in: Bundesministerium für auswärtige Angelegenheiten, 1999b: Außenpolitische Dokumentation - Erste Präsidentschaft Österreichs in der Europäischen Union (Sonderdruck); S. 25-35

SCHÜSSEL Wolfgang, 14.1.1999: *Politische Führung in Europa. Erfahrungen der EU-Ratspräsidentschaft*; http://www.bmaa.gv.at/presseservice/reden

SCHÜSSEL Wolfgang, 9.2.1999: *Die Europäische Union als "global player"? Erfahrungen aus dem österreichischen EU-Vorsitz*; http://www.bmaa.gv.at/-presseservice/reden

SOZIALDEMOKRATISCHE PARTEI ÖSTERREICHS UND ÖSTERREICHISCHE VOLKSPARTEI, 1996: *Koalitionsabkommen zwischen der Sozialdemokratischen Partei Österreichs und der Österreichischen Volkspartei*; beschlossen am 11.3.1996

STÄNDIGE VERTRETUNG ÖSTERREICHS BEI DER EUROPÄISCHEN UNION, 1995: *Organisatorische Vorbereitung auf die EU-Präsidentschaft*; Zl. 205.001/61/95

VERWALTUNGSAKADEMIE DES BUNDES und DIPLOMATISCHE AKADEMIE WIEN, 1997: *Vorbereitung der österreichischen Präsidentschaft des Rates der Europäischen Union 1998*; Wien

7.2.1. Verwendete Periodika

	Erscheinungsort	Erscheinungsweise
Agence Europe	Brüssel	täglich
Der Standard	Wien	täglich
Economist	London	wöchentlich
Falter	Wien	wöchentlich
Financial Times	London	täglich
Kurier	Wien	täglich
Profil	Wien	wöchentlich

Fallweise wurde auch der "Österreich-Bericht" (Faksimiles von in österreichischen Printmedien erschienenen Artikeln) und die "Auslands-Presseschau" (Zusammenfassungen ausländischer Medienberichte) des Bundespressedienstes im Bundeskanzleramt unter den Internet-Adressen http://www.oebericht.-bka.gv.at/ und http://www.austria.gv.at/aktuell verwendet.

7.2.2. Wichtige Internetadressen

http://europa.eu.int: Homepage der EU mit Links zu allen Institutionen
http://www.austria.gv.at: Homepage des Bundeskanzleramtes
http://www.bmaa.gv.at: Homepage des österreichischen Außenministeriums
http://www.bmaa.gv.at/aussenpolitik/politindex.html.de: Download der wichtigsten Dokumente der österreichischen Präsidentschaft
http://www.parlinkom.gv.at: Homepage des österreichischen Parlamentes

http://www.presidency.gv.at: Homepage der österreichischen EU-Ratspräsidentschaft (nur bis 30.6.1999 aktiv)
http://www.oebericht.bka.gv.at: Österreich-Bericht des Bundespressedienstes im BKA
http://www.austria.gv.at/aktuell: Auslands-Presseschau des Bundespressedienstes im BKA
http://www.ris.bka.gv.at: Rechtsinformationssystem
http://www.ceps.be: Homepage des CEPS (Centre of European Policy Studies)

7.2.3. Interviews[602]

BAYER Nicole; Bundeskanzleramt; 5.10.1999
BERGER Maria; Mitglied des Europäischen Parlamentes; 24.4.1998
BRANDTNER Thomas; Generalsekretariat des Rates; 10.9.1998
BROCZA Stefan; Generalsekretariat des Rates; 15.9.1998
BRUNMAYR Hans; Generalsekretariat des Rates; 12.2.1999
FISCHER Doris; Innenministerium; 11.3.1999
GREDLER Martina; Abgeordnete zum Nationalrat des Liberalen Forums; 1.4.1998
GUSENBAUER Alfred; Abgeordneter zum Nationalrat der SPÖ; 26.3.1998
JANELE Wolfgang; Referent der FPÖ für den Hauptausschuß des österreichischen Nationalrates; 26.3.1998
JUNGWIRTH Michael; Korrespondent für zwei österreichische Tageszeitungen in Brüssel; 3.2.1998
KARABACZEK Thomas; Korrespondent für die Austria Presse Agentur (APA) in Brüssel; 2.2.1999
LEHNE Stefan; Außenministerium; 12.5.1999
LERNHART Andreas; Generalsekretariat des Rates; 15.9.1998
MORS Mathias; Europäische Kommission; 21.9.1998
OBERREITER Thomas; Außenministerium; 14.1.1999
PIRZIO BIROLI Corrado; Europäische Kommission; 7.1.1999
SCHALLENBERG Alexander; Außenministerium; 29.9.1999
SCHWAB Klaus; Generalsekretariat des Rates; 16.9.1998
SPINDELEGGER Michael; Abgeordneter zum Nationalrat der ÖVP; 15.4.1998
STEINHÄUSL Helene; Außenministerium; 11.9.1998
STENGG Werner; Europäische Kommission; 8.9.1998
STRUB Andreas; Kabinett des Generalsekretäres des Rates; 10.2.1999 (Telefoninterview)
THUN-HOHENSTEIN Christoph; Außenministerium; 6.5.1999

---

602 Auf die Angabe der akademischen Titel wird verzichtet.

TICHY Helmut; Außenministerium; 7.9.1998
VANA Monika; Europareferentin der Grünen; 26.3.1998
WATSON Rory; Journalist der European Voice; 24.2.1999
Je ein Mitglied von zwei Ständigen Vertretungen anderer Mitgliedstaaten in Brüssel

7.2.4. Tagungen und Vorträge

7.2.4.1. Tagungen

Die österreichische Ratspräsidentschaft und ihre Agenda; 13.3.1998; Renner-Institut; Wien

Der Nordische Ministerrat; veranstaltet von der Österreichischen Gesellschaft für Außenpolitik und Internationale Beziehungen und dem Österreichischen Institut für Internationale Politik; 6.5.1998; Palais Palffy; Wien

EU-Podiumsgespräch zur bevorstehenden österreichischen Präsidentschaft; veranstaltet von der Wirtschaftskammer Österreichs; 13.5.1998; Haus der Wirtschaft; Wien

The Austrian Presidency of the European Union; veranstaltet vom Österreichischen Institut für Internationale Politik und der Trans European Policy Studies Association; 15.-16.5.1998; Palais Eschenbach; Wien

Europa zwischen Integration und Anschluß; veranstaltet von der Österreichischen Gesellschaft für Politikwissenschaft gemeinsam mit der Deutschen Vereinigung für Politische Wissenschaft und der Schweizerischen Vereinigung für Politische Wissenschaft; 5.-7.6.1998; Universität Wien

The Austrian Presidency of the European Union: Assessment and Perspectives; veranstaltet von der Österreichischen Akademie der Wissenschaften, dem Österreichischen Institut für Internationale Politik und der Trans European Policy Studies Association; 19.-20.3.1999; Wien

7.2.4.2. Vorträge

ANGERHOLZER Wolfgang, 1998: Vortrag und Diskussion zur organisatorischen Vorbereitung Österreichs auf die Präsidentschaft; im Hörsaal des Institutes für Politikwissenschaft der Universität Wien (Währingerstraße 28, 1090 Wien) im Rahmen eines Seminares zur österreichischen Präsidentschaft (Seminarleiter: Dr. Paul Luif); am 13.5.1998

GEBETSROITHNER Judith, 1998: Vortrag anläßlich der Tagung "Die österreichische Präsidentschaft und ihre Agenda" im Kreisky-Saal des Renner-Institutes, Wien, am 13.3.1998

SCHEICH Manfred, 19.1.1999: *Knochenarbeit und Harmonie. Eine Bilanz der österreichischen EU-Präsidentschaft*; Vortrag im "Wien-Haus" in Brüssel

SCHWEPPE Reinhard, 1998: Vortrag anläßlich der Tagung "Die österreichische Präsidentschaft und ihre Agenda" im Kreisky-Saal des Renner-Institutes, Wien, am 13.3.1998

UNGEHEUER Marc, 1998: Vortrag anläßlich der Tagung "Die österreichische Präsidentschaft und ihre Agenda" im Kreisky-Saal des Renner-Institutes, Wien, am 13.3.1998